Deutschland –
deine Politiker

Friedemann Weckbach-Mara (Kürzel: fwm) wurde 1947 in Uchtelfangen (Saarland) geboren. Nach dem Volontariat in Bonn begann er 1976 seine Arbeit als Mitglied der Bundespressekonferenz, zunächst bei der „Bild"-Zeitung und „Bild am Sonntag". In der Zeit beriet er mit ausdrücklicher Zustimmung des Chefredakteurs Loki Schmidt mit ihrem Engagement zum Schutz gefährdeter Pflanzen. Ab 1983 war fwm bei „ddp, Deutscher Depeschendienst AG" in Bonn erst Chef vom Dienst, dann stellvertretender Chefredakteur, zuletzt Chefredakteur der Neugründung ddp-TV. Im April 1985 übernahm fwm als Chefkorrespondent die Leitung der Parlamentsredaktion des Kölner „Express", in dem er 1986 die SDI-Verträge veröffentlichte. 1989 Buchveröffentlichung: „Unser Bundespräsident – Reisen, Reden, Leben des Richard von Weizsäcker". Im selben Jahr holte ihn Michael Spreng zu „Bild am Sonntag", wo er als Chefkorrespondent deren Hauptstadtredaktion leitete. Nach dem Ausscheiden von Spreng wechselte fwm 2001 als Chefkorrespondent zur „Welt am Sonntag", übernahm dort 2003 die Leitung der Parlamentsredaktion. 2005 wurde er politischer Chefkorrespondent der Berliner Zeitung „B. Z." und „B. Z. am Sonntag". Seit Juli 2011 ist fwm freier Autor.

Friedemann Weckbach-Mara

Deutschland – deine Politiker

Machtkämpfe, Staatsgeheimnisse, Amtsmissbrauch und Privates von Helmut Schmidt bis Angela Merkel

mitteldeutscher verlag

Für Ute

Inhalt

Vorwort 11

I. Politiker entdecken ihre neue Liebe 13
Nachrichtenfälschung mit Hans-Dietrich Genscher 13
Genschers PR-Freundschaft 18
Die Scheidungsbeichten 19
Bonner Politiker heiratet seine Ostagentin 24
Der Ewiggestrige verlässt den Bundestag 40

II. Geheimnisse um kranke Politiker 48
Ludwig Erhard stirbt 48
Vertuschungsversuche und Todeskämpfe der Mächtigen 51
So war das mit Schäuble wirklich 62

III. Skandale, Amtsmissbrauch und der Griff in die Kasse ... 74
Watergate in Deutschland 74
Der Griff in die Staatskasse 83
Krause und die Minister-Putzfrau 90
Möllemann und der Einkaufschip 91
Amigo-Affäre mit Stoiber 93
Sozialwohnungen für Abgeordnete 93
Ex-Juso-Chef verlangt das große Geld 96
Reisespesen mit Kohl als Kronzeuge 97
Lustreisen im Verkehrsministerium 99
Kommt ein Teppich auf Staatskosten geflogen 103

IV. Von Terroristen und Spionen 106
Deutscher Terror im Ausland und bei uns 106

Ein Umschlag mit Geld für Willy Brandt 110
Der Terror kommt nach Deutschland 111
Sonderbehandlung für Politikerkinder 118
Pannen im Kampf gegen den Terror 118
Terroristen gehen in die Falle 121
Khomeinis Dichtung und Wahrheit 122
Verschollen in Libyen 130
Eine große Frau, ein Verrückter und nackte Gewalt 131
Bonner Nachtleben und Stimmenkauf im Bundestag 139
Ostspione in Westministerien 144
Der letzte große Spionage-Coup der DDR 151
Ein Bundestagspräsident am Abgrund 159
So kam das Staatsgeheimnis SDI in die Zeitung 161
Deshalb starb der Rote Admiral des BND 167
BND intern 169
Ein Spion in Ausbildung 172

V. Im Auslandseinsatz 175
Richard von Weizsäcker in schwieriger Mission 175
Mit der Jugendfreundin bei der Queen 178
Das war Lady Di live 181
Kohls Gorbi-Fauxpas mit Folgen 186
Jetlandung auf der grünen Wiese 192
Die Katastrophentour mit Weizsäcker 193
Berater von Loki Schmidt 202
Mit der Kanzlergattin im Dschungel von Borneo 205
Der Trick zum Vorzimmer der russischen Macht 212
Mit der Bundeswehr im Kriegsgebiet 216
Krieg um Afghanistan 221

VI. So stürzen Kanzler 242

Im Auf und Ab von Bundeskanzler Helmut Schmidt 242
Risse in der Koalition 247
Helmut Schmidt und der NATO-Doppelbeschluss 248
Helmut Schmidt im Umgang mit dem Osten 251
Interview im Dauerlauf am Strand 256
Partnertausch: Lambsdorff lässt die Koalition platzen 260
Stimmungsmache: SPD-Kanzlerkandidat unter
   Naziverdacht 279
Blüm muss CDU-Chef werden 284
SPD-Kanzlerkandidat Johannes Rau verliert 285
Die Mauer fällt 288
SPD-Kanzlerkandidat Oskar Lafontaine verliert 279
Die Wende: So wird Kohl in Moskau zum Kanzler
   der Einheit 300
Kinkel und Stoiber als neue Politstars 314
Stoiber greift nach der Macht 317
Ein Interview wird zum Gebrüll 321
Helmut Kohls Funkstille und der Zusammenstoß
   mit Angela Merkel 322
Präsidentensuche auf dem Weg zum Wahljahr 326
Der letzte Sieg des Helmut Kohl 331
Ringen mit Kinkel 332
Herzogs Träume von einer Steuerreform 336
Kohls letzter Kampf 339
Gerd besiegt Helmut 344
Das Riesenrad am Personalkarussell 346

VII. Kohls Kriegserbe und Merkels Weg zur Macht 350
Neustart bei der Union 358
Vom Interview-Mut verlassen 360
Was Fischer unter Gastfreundschaft versteht 365

Wie Schröder mit Irakkrieg und Hochwasser
gegen Stoiber gewinnt 368
Das erste TV-Duell 371
Halbwahrheiten im Irakkrieg 373

Nachwort – Rundgang durch den Reichstag 377

Anhang 383

Danksagung 423

Vorwort

Ein Satz, den Historiker Ludwig XIV. zuschreiben, geht mir nicht aus dem Sinn: „Zwei Dinge darf das Volk niemals erfahren: was wirklich in der Wurst ist und wer wirklich die Macht hat."
Mit der Wurst bin ich schnell durch. Spät, sehr spät habe ich meine erste Currywurst gegessen, als der damalige Bundeskanzler Gerhard Schröder uns im Dezember 1999 in der neuen Berliner Kanzlervilla am Ende des Interviews für „Bild am Sonntag" dazu einlud. Erst schickte er seine Leibwächter mit sonorer Stimme zum Einkaufen, dann ließ er die Berliner Originalkost (Hamburger mögen mir die Bezeichnung verzeihen) auf Porzellan mit Silberbesteck servieren. Dazu gab es Champagner. Beim anschließenden Schreiben des Interviews rebellierte mein Innenleben mächtig, aber inzwischen habe ich mit der Currywurst meinen Frieden gemacht und genieße sie gelegentlich, Champagner eher seltener.
Mit der Macht ist es komplizierter. Das habe ich in gut 30 Jahren als Hauptstadtkorrespondent immer wieder erlebt. Wer wo an den Fäden zieht, ist schon eine spannende Geschichte, besonders wenn man als Journalist an zahlreichen vertraulichen Gesprächen teilnehmen kann. Allerdings durfte ich über die Hintergrundinformationen gerade wegen der Vertraulichkeit bisher nicht berichten. Erst mit dem Ende der 17. Wahlperiode, also für die Zeit nach der Bundestagswahl 2013, bekam ich von den wichtigsten Gesprächspartnern grünes Licht für dieses Buch. Dafür danke ich meinen Freunden in der Politik.
Das Erlebte reicht von der ganz menschlichen Seite wie dem immer wiederkehrenden Austausch der Ehepartner unter Politikern, verschwiegene Krankheiten über Partnertausch zum Regierungswechsel bis zu Terrorgefahren, Krieg und der Arbeit von Geheim-

diensten. Natürlich gehören dazu auch Indiskretionen wie die Veröffentlichung von Staatsgeheimnissen oder die Erinnerung daran, wie Helmut Kohl Angela Merkel aufforderte, mit mir nicht mehr zu reden, sie mich später zwar einen „gefürchteten Journalisten" nannte, mir aber trotzdem regelmäßig Interviews gab. Übrigens auch Kohl wieder, als seine Umfragewerte sanken.

Die Summe der Einzelereignisse mag eine kleine Antwort auf die große Frage geben, wer wirklich die Macht hat, wie das so läuft in unserer Politik und wie aus Stimmungen Stimmen werden. Dabei greife ich auf meine unveröffentlichten Recherchedokumente und einige meiner 6.500 veröffentlichten Artikel zurück.

I. Politiker entdecken ihre neue Liebe

Nachrichtenfälschung mit Hans-Dietrich Genscher

Beginnen wir doch gleich mit dem größtmöglichen Ärgernis, das Reporter zu bieten haben, mit der Falschmeldung. Wie sie entstand und was daraus wurde. Zuletzt habe ich das so richtig erlebt, als der Kurzzeit-Bundespräsident Christian Wulff[1] noch CDU-Vize und niedersächsischer Ministerpräsident war. 2008 trennte er sich von seiner Ehefrau Christiane. Eindrucksvoll legte er ein dankbares Bekenntnis zu wunderbaren gemeinsamen Zeiten mit ihr ab – so eindrucksvoll, dass sich jeder fragen konnte, warum die Trennung

---

1 CHRISTIAN WULFF (*1959) trat 1975 in die CDU ein, war seit 1998 stellvertretender Bundesvorsitzender, ab 2003 (mit 48,3 Prozent gewählt) Ministerpräsident von Niedersachsen, wurde am 30. Juni 2010 im dritten Wahlgang mit 625 Stimmen (notwendige Mehrheit: 621) zum zehnten Bundespräsidenten gewählt. Sein Gegenkandidat Joachim Gauck erhielt 494 Stimmen, darunter auch welche aus der FDP. Umfragen und Meinungsmacher waren bereits vor der Wahl mehrheitlich für Gauck. In seinen ersten Reden setzte sich Wulff engagiert für mehr Integration ein. Gleich nach seiner Wahl geriet er in Negativschlagzeilen wegen preisgünstiger Flugtickets und Nobelurlaube. Im Dezember 2011 wurde ein zinsgünstiger Privatkredit über 520.000 Euro bekannt für ein Haus im Wert von etwa 415.000 Euro. Wulffs Versuche, mit Druck Veröffentlichungen zu beeinflussen waren Teil seines viel kritisierten Krisenmanagements. Als die Staatsanwaltschaft Hannover die Aufhebung seiner Immunität beantragte, trat Wulff am 17. Februar 2012 zurück. Nach langen Ermittlungen erhob das Landgericht Hannover am 27. August 2013 Klage wegen Vorteilsnahme, am 27. Februar 2014 erfolgte Wulffs Freispruch, der am 13. Juni 2014 rechtskräftig wurde. Da hatte ihn seine zweite Frau vorerst verlassen, bis sie 2015 wieder zusammenfanden und die kirchliche Trauung nachholten. Sein Amtsnachfolger Joachim Gauck war bereits am 18. März 2012 mit den 991 von 1.228 Stimmen aus allen demokratischen Parteien zum Bundespräsidenten gewählt worden. (Quelle für den Datenabgleich: Bundespräsidialamt und Deutscher Bundestag)

überhaupt stattfand. Dann wurde sein Scheidungsgrund bekannt: Er tauschte nach 19 Ehejahren seine gleichaltrige Ehefrau gegen die 13 Jahre jüngere Bettina Körner. Nur, wie sieht sie aus? Sofort begann die Suche nach einem Foto der Neuen. Plötzlich kommt sonntags eines auf den Markt, von dem einschlägige Klatschinformanten behaupten: „Das ist sie." Prompt prangt das Foto Montag exklusiv auf Seite Eins. Sieht prima aus.

Den Sonntag hatte ich bei meiner Familie in Bonn verbracht, nahm am Montag die Frühmaschine nach Berlin. Im Flugzeug las ich die tolle Exklusiv-Story, ohne zu wissen, wie sie zustande kam. Kaum hatte ich nach der Landung das Handy wieder eingeschaltet, da meldete sich Wulffs Sprecher, der schwergewichtige Olaf Glaeseker (im Amt bis zu seiner Entlassung am 22. Dezember 2011): „Warum haben Sie mich nicht angerufen? Das Foto ist falsch." Erschrocken versprach ich Aufklärung und den baldigen Rückruf. Gespannt fuhr ich zu den Kollegen.

In unserem Großraumbüro angekommen, gibt es die nächste Überraschung: Blond, schlank mit Schuhen wie aus dem Bleistiftspitzer, so steht dort die aufstrebende, junge Redakteurin vor mir und verblüfft mich mit dem Satz: „Warum denn recherchieren? Es liest sich doch gut." So ein Unsinn. Mit einer Richtigstellung auf Seite Eins umgehen wir nur mühsam eine formale Gegendarstellung. In der Überheblichkeit des Älteren brumme ich: „Das hat es früher nicht gegeben." Dabei denke ich an die beschauliche Bonner Republik am schönen Rhein. An der Spree ist alles ein paar Nummern größer. Da eilen allein zu Silvester dreimal mehr begeisterte Menschen zum Brandenburger Tor, als Bonn insgesamt Einwohner hat. Aber von wegen, früher war alles besser. Schon Sekunden nach dem Anflug von Wehmut fällt mir das Wahljahr 1976 ein.

◆

Damals war ich mit Ausweisnummer 168 gerade neues Mitglied der Bundespressekonferenz. Das ist laut Satzung „ein Zusammenschluss deutscher Parlamentskorrespondenten, die aus Berlin und/oder Bonn ständig und weit überwiegend über die Bundespolitik berichten". Der eingetragene Verein ist regelmäßig Gastgeber für Pressekonferenzen. Dabei gelten drei Zitierregeln, die auch sonst im Umgang mit Informanten eingehalten werden: A unter Eins = zur beliebigen Verwendung, B unter Zwei = zur Verwendung ohne Quelle und ohne Nennung der Auskunftgebenden, C unter Drei = vertraulich. Also Stillschweigen. Das war in Bonn eine unumstößliche Regel.
Bei meinem ersten großen Auftrag in der Parlamentsredaktion der „Bild"-Zeitung ging es allerdings weniger um Zitierregeln, dafür umso mehr um eine faustdicke Lüge.
Wir schreiben den ersten September 1976. Der neue Außenminister und FDP-Chef Hans-Dietrich Genscher[2] ist auf Wahlkampftour. Ein BMW mit Journalisten fährt im Kreis Uelzen dem Promi-Tross hinterher und stößt mit einem „Triumph"-Sportwagen frontal zusammen. Zwei Personen werden schwer verletzt. Ein Kollege stirbt. Als die Nachricht über den Ticker der Agenturen läuft, rufe ich bei Genschers Büroleiter Klaus Kinkel[3] an und erfahre: „Herr Genscher

---

2 HANS-DIETRICH GENSCHER (*1927): 1969–1974 Bundesinnenminister, 1974–1985 FDP-Bundesvorsitzender, ab 1992 Ehrenvorsitzender, 1974–1992 Außenminister und Vizekanzler: am 17. September 1982 trat er als Minister der sozialliberalen Koalition von SPD-Bundeskanzler Helmut Schmidt zurück, kam am 4. Oktober 1982 in der schwarz-gelben Koalition mit CDU-Bundeskanzler Helmut Kohl wieder ins Amt, verheiratet von 1958 bis 1966 mit Luise, geborene Schweizer (aus der Ehe stammt seine Tochter Martina) und seit 1969 mit Barbara, geborene Schmidt. Mehr über die Person Genscher im Anhang „Genscher aus Sicht seines engsten Vertrauten". (Quelle für den Datenabgleich, auch der folgenden Lebensläufe: Deutscher Bundestag, soweit dort vorhanden)
3 Dr. jur. KLAUS KINKEL (*1936) war seit 1970 (zunächst parteilos, eher kon-

war schon weg, als der Unfall passierte, er hat davon nichts mitbekommen." Mein Büroleiter Michael Spreng schickt ein Fernschreiben – damals gab es noch diese ratternden Dinger mit Lochstreifen – an die Zentralredaktion: „Lieber Hans-Erich, das Rührstück mit Genscher geht nicht. Er war schon weg, als der Unfall passierte." Für uns war ist Thema durch. Am nächsten Morgen fahre ich hoffnungsfroh zur Heinrich-Brüning-Straße in die Redaktion. Auf meinem Schreibtisch liegt die „Bild"-Zeitung mit der Schlagzeile: „Genscher kniete im Gras – sein Freund starb".
Ich kann es nicht fassen. Unter der Autorenzeile „Von Friedemann Weckbach-Mara" steht wörtlich: „Kreidebleich, am ganzen Körper zitternd, kniete Außenminister Genscher im Gras neben der grauenhaften Unfallstelle an der Landstraße. Nacheinander hielt er die Hand der schwer verletzten Journalisten. Fassungslos presste der Minister hervor: ‚Es ist ja furchtbar.' Zu seinem Vertrauten Verheugen[4] gewandt: ‚Sagen Sie alle Termine ab.'"
Als vermeintlicher Autor stand ich plötzlich im Zentrum der Kollegenschelte, sie starteten eine Unterschriftensammlung gegen mich

---

servativ) enger Mitarbeiter von Minister Genscher, zunächst im Innenministerium und ab 1974 im Außenministerium (lehnte noch 1976 den Eintritt in die FDP ab). 1981 wurde Kinkel Präsident des deutschen Auslandsgeheimdienstes Bundesnachrichtendienst (BND), 1982 Justizstaatssekretär, 1991 Justizminister, erst am 29. Januar 1991 FDP-Mitglied, am 18. Mai 1992 Genscher-Nachfolger im Außenministerium, ab 1993 auch Vizekanzler bis zum Ende der Kohl-Regierung, am 11. Juni 1993 zu seiner eigenen Überraschung FDP-Bundesvorsitzender, bis zu seinem Rücktritt am 18. Mai 1995. Am 9. Juni wurde Wolfgang Gerhardt sein Nachfolger. (Quelle für den Datenabgleich: Deutscher Bundestag)
4 GÜNTER VERHEUGEN (*1944): 1969 Genschers Referatsleiter im Innenministerium, wechselte mit ihm 1974 ins Auswärtige Amt, ab 1977 Bundesgeschäftsführer und ab 1978 Generalsekretär der FDP. Als 1982 seine Partei den Koalitionspartner SPD gegen die CDU tauschte, wechselte Verheugen zur SPD, für die er bis 1999 im Deutschen Bundestag saß, danach wurde er bis 2010 EU-Kommissar.

Genscher kniete im Gras — sein Freund starb

Total zusammengequetscht: Der BMW, in dem Genschers Freund saß

Nach dem tödlichen Unfall stammelte der Minister: „Furchtbar, es ist ja furchtbar!"

Von FRIEDEMANN WECKBACH-MARA

Bonn, 2. September

Kreidebleich, am ganzen Körper zitternd, kniete Außenminister Genscher im Gras neben der grauenhaften Unfallstelle an der Landstraße Tätendorf/Eppensen (Kreis Uelzen). Nacheinander hielt er die Hand der schwer verletzten Journalisten Dr. Mauersberg, Wagener und Dr. Hirsch. Fassungslos preßte der Minister hervor: „Es ist ja furchtbar." Zu seinem Vertrauten Verheugen gewandt: „Sagen Sie alle Termine ab."

zu Sekunden vorher, gegen 18 Uhr am Dienstagabend, hatte sich der grüne BMW aus der Begleitkolonne des FDP-Vorsitzenden mit etwa 100 Stundenkilometern frontal in einen entgegenkommenden „Triumph"-Sportwagen gebohrt. Auf dem Rücksitz des BMW saß auch Genschers Freund, der Bonner Journalist Peter Lohse (Handelsblatt).

Wie eine Rakete schoß Lohse mit dem Kopf zuerst gegen das Armaturenbrett und wieder auf den Sitz zurück. Mit einem Schädelbasisbruch und schweren Gehirnquetschungen sackte Genschers Freund bewußtlos zusammen. **(Weiter Seite 9)**

Der Artikel zum Unfall

und meine Lügenstory, wie sie es nannten. Ich hatte keine Chance zur Richtigstellung. Während ich noch meine Wunden leckte, kam die Stimmungsmache mit der Rühr-Story im Wahlkampf außerhalb Bonns gut an. Genscher fuhr mit 7,9 Prozent seinen ersten Wahlsieg als FDP-Chef ein, und die Zeitung hatte eine wahrlich exklusive Story. Eine für mich neue Variante von Geben und Nehmen zwischen Politikern und Journalisten.

Genschers PR-Freundschaft

Andererseits besiegelte der Vorgang eine enge, dauerhafte Freundschaft zwischen Genscher und Redakteur Hans-Erich Bilges, dem tatsächlichen Autor des originellen Textes. So eng, dass sie in einer einträglichen PR-Firma dauerhaft zusammenfanden. Mehr über „Genschers PR-Firma" im Anhang.
Kein Wunder also, dass Genscher zu allen Zeiten eine besondere Vernetzung mit Chefredaktionen genießen konnte. Dieser enge Kontakt ermöglichte es ihm sogar, ein ungeliebtes Interview zurückzuziehen, das er gar nicht gegeben hatte, sondern sein umtriebiger Parteifreund Jürgen Möllemann.[5] Mehr noch – selbst eine

---

5 JÜRGEN WILHELM MÖLLEMANN (1945–2003) gehörte erst der CDU an (1962–1969) und ab 1970 bis drei Monate vor seinem Tod der FDP, hatte dort immer wieder Spitzenfunktion in NRW und dem Bund, bis hin zum stellvertretenden Bundesvorsitzenden 2001–2002. Ab 1982 war Möllemann Genschers Staatsminister (und politischer Ziehsohn) im Auswärtigen Amt, ab 1987 Bundesbildungsminister, ab 1991 Bundeswirtschaftsminister und nach Genschers Rücktritt im Mai 1992 sogar Kohls (ungeliebter) Vizekanzler, bis Möllemann Anfang 1993 zurücktreten musste, weil er auf einem Ministerbriefbogen für eine „pfiffige Idee" (Plastikchip für Einkaufswagen, später „Möllemännchen" genannt) seines angeheirateten Vetters geworben hatte. Seine Kariere ging stets auf und ab. Mit seiner Strategie schaffte die FDP 2000 mit 9,8 Prozent nach fünf Jahren Wiedereinzug in den NRW-Landtag.

unerwünschte Schlagzeile konnte Genscher mit diesen Kontakten schon mal verhindern, wie wir später im Kapitel über Regierungswechsel erfahren werden. Besonders wenn es um sein Privatleben ging, zog er alle Register, um Veröffentlichungen zu bremsen. Dabei griff er auch schon mal zur Unwahrheit, etwa um seine Krankheit zu vertuschen.

Die Scheidungsbeichten

Dagegen war bei seiner Scheidung nicht so viel Mühe notwendig, denn zu der Zeit stand das Thema nicht besonders hoch im Kurs der Medien. Entsprechend gab es im Gegensatz zu späteren Scheidungen nur ein paar kleine Meldungen, als Genscher 1969 seine Ehefrau Luise gegen seine jüngere Sekretärin Barbara Schmidt tauschte. Genscher-Mutter, Neu-Ehefrau und Tochter aus erster Ehe bildeten mit ihrem Hans-Dietrich schnell eine harmonische Familie und keiner fragte mehr nach.

Erst Ende der 80er Jahre wurde der Partnertausch unter Politikern offener diskutiert. So kam CSU-Bundesinnenminister Friedrich Zimmermann (1925–2012, Bundesminister des Inneren 1982–1989, für Verkehr bis 1991) im Februar 1988 schnell in die Schlagzeilen, als er nach 17 Ehejahren die Scheidung von seiner Frau Christel ver-

---

Seine persönlichen und wirtschaftlichen Verbindungen (auch über Briefkastenfirmen) nach Nahost und sein Verständnis für Selbstmordattentate gegen Israel brachten ihn in die Kritik. Im Bundestagswahlkampf 2002 ließ er Flugblätter mit Angriffen gegen Israel verteilen. Da distanzierte sich auch die eigene Partei von ihm. Als seine illegalen Praktiken zur Wahlfinanzierung bekannt wurden (dafür musste die FDP später gemäß dem Parteiengesetz 4,3 Millionen Euro Strafe zahlen), sprang der erfahrene Fallschirmspringer am 5. Juni 2003 in den Tod. (Quelle für den Datenabgleich: Deutscher Bundestag)

kündete. Man habe sich schließlich längst getrennt. Nun wolle der 62-jährige eine 30-jährige Arzthelferin heiraten. Ein neues Haus für beide sei schon im Bau.

◆

Als sich Willy Brandt[6] 1980 von seiner zweiten Frau Rut[7] scheiden ließ, sorgte das mehr unter den Genossen als in den Medien für Diskussionen. Aufsehen erregten schon eher Fotos, die zeigten, wie er mit seiner neuen Frau Brigitte Seebacher (*1946, 26 Jahre jünger als Rut) in der Bonner Beethovenhalle zum Bundespresseball kam. Üblicherweise tragen Damen bei der Gelegenheit vorzugsweise lange Abendkleider. Dagegen erschien die eingetauschte neue Frau Brandt im kurzen Kleid, das viel Bein zeigte. Er strahlte an ihrer Seite verschmitzt in die Kameras. Noch Jahrzehnte später ging die angesehene Fernsehjournalistin Wibke Bruhns darüber hart mit

---

6   WILLY BRANDT (1913–1992): Geboren in Lübeck, lernte seinen Vater nie kennen. 1989 enthüllte Claus Peter Bruns in „Bunte", dass der Lehrer John-Heinrich Möller (aktiver Sozialdemokrat) 1913 mit der damals 18-jährigen Verkäuferin Martha Frahm zusammentraf, die ohne weitere Kontakte zum Vater im Dezember ihren Sohn Herbert zur Welt brachte, der ab 1949 offiziell Willy Brandt hieß. Sein Lebenswerk ist so umfangreich, dass hier nur ein paar dürre Zahlen genannt werden können: 1957–1966 Regierender Bürgermeister von Berlin (dabei erreichte er 1958 für die SPD 52, Prozent, 1963 sogar 61,9 Prozent), 1966–1969 Bundesaußenminister und Vizekanzler von Kurt Georg Kiesinger (CDU), 1969–1974 vierter Bundeskanzler, Friedensnobelpreis am 10. Dezember 1971, SPD-Bundesvorsitzender (1964–1987), danach Ehrenvorsitzender. 1990 eröffnete er letztmalig als Alterspräsident den Deutschen Bundestag. Verheiratet war Brandt von 1941 bis 1948 mit Carlota Thorkildsen, bis 1980 mit Rut (vormals Bergaust, geborene Hansen, 1920–2006) und von 1983 bis zu seinem Tod mit Brigitte Seebacher (*1946). (Quelle für den Datenabgleich: Deutscher Bundestag)
7   RUT BRANDT (1920–2006), mit ihm verheiratet von 1948 bis 1980, als Willy Brandt bereits Brigitte Seebacher kannte.

Willy Brandt in der „Express"-Parlamentsredaktion. Rechts mein damaliger Stellvertreter Georg Streiter, wurde 2011 Vizeregierungssprecher in Berlin

Brandt ins Gericht. Gefragt, ob dieser tatsächlich ein großer Frauenfreund gewesen sei, sagte sie der „Hör zu" im Februar 2012:
Er hat ein Buch geschrieben, „Über den Tag hinaus", in dem er nicht ein einziges Mal seine Frau Rut erwähnt. Auch die Art, wie er sich getrennt hat nach über 30 Jahren Ehe für diese Ziege ... – wie heißt die noch mal?
„Hör zu": Brigitte Seebacher.
Ja. Nicht zu glauben. Er hatte ein tief gestörtes Verhältnis zu Frauen.
Von ihm selbst hörte sich das ganz anders an. Als er im Dezember 1986 in meine Bonner „Express"-Redaktion kam, erzählte uns Brandt – damals SPD-Bundesvorsitzender – über seine neue Ehe-

frau Brigitte: „Für mich ist es eine große Hilfe, wenn wir miteinander über Geschichte und langfristige Zusammenhänge reden."

◆

Freundinnen neben der Ehefrau blieben im Gegensatz zu Scheidungen in der Bonner Republik über Jahrzehnte schlicht tabu. Davon profitierte CSU-Chef und Bundesfinanzminister Theo Waigel[8], Katholik wie Zimmermann. Jahrelang hatte Waigel schon die ehemalige Skiläuferin Irene Epple (Olympiazweite 1980, 18 Jahre jünger als Theo Waigel) zur Freundin, aber das war kein Thema für die Öffentlichkeit. Parteiintern schon eher. Mitten im Wahlkampf plakatierte die örtliche CSU nur einen Steinwurf von Waigels Haus entfernt ein riesiges Plakat mit überlebensgroßer Stoiber-Familie. Glücklich strahlten sie in Richtung Waigel, ganz nach dem Motto: Seht her, unsere Familie ist in Ordnung. In der Zeit versprach Waigel gleich reihenweise den stillhaltenden Journalisten in die Hand, jeder würde exklusiv erfahren, wenn es offiziell zu Trennung und neuer Heirat käme.

Die Vorgeschichte blieb so erst einmal in der Schublade: 1988 verließ er die Diplomvolkswirtin Karin Waigel nach 22 Ehejahren. Der Minister lebte allein in seinem Heimatdorf Oberrohr (660 Einwohner), Karin blieb in der Münchner Stadtwohnung, Tochter Birgit (damals 16 Jahre) kam ins Internat.

---

[8] Dr. jur. THEODOR (THEO) WAIGEL (*1939) war CSU-Vorsitzender (1988–1999, ab 2009 Ehrenvorsitzender), Bundesminister der Finanzen (1989–1998), Bundestagsabgeordneter (1972–2002), Vorsitzender der CSU-Landesgruppe im Bundestag (1982–1989), Berater von Leo Kirch (1999–2002), verheiratet mit Karin (1966–1993), danach mit Irene Epple. (Quelle für den Datenabgleich: Deutscher Bundestag)

Waigel als Gast auf meiner Geburtstagsfeier

Am 23. Oktober 1994 erschien Waigel (damals 54 Jahre) um 19.00 Uhr in der Münchner Innenstadt beim Notar. Nach zwei Stunden war der Scheidungsvertrag unterschrieben. In der Folgewoche besiegelte das zuständige Familiengericht in Günzburg die Scheidung. Ergebnis: Der CSU-Chef zahlte seiner Frau einen monatlichen Unterhalt in Höhe von knapp 6.000 D-Mark, statt Abfindung erhielt Karin Waigel die Eigentumswohnung (Schätzwert damals: 550.000 D-Mark) mit Möbeln. Am 26. November 1994 folgte die Hochzeit um 11.00 Uhr im Standesamt der neuen Heimat Seeg im Allgäu. Mit Kohl und Co. Im nächsten Jahr kam der Sohn zur Welt und die drei wurden eine erkennbar glückliche Familie.

Bonner Politiker heiratet seine Ostagentin

1995 erzählte mir mein langjähriger Bekannter Karsten Voigt[9] von einer Ost-West-Heirat der besonderen Art – seiner eigenen: Erst hatte die 36-jährige DDR-Journalistin Brigitta Richter jahrelang für den Ostberliner Geheimdienst MfS den damals 54-jährigen Voigt (zu der Zeit außenpolitischer Sprecher der SPD-Fraktion und Vorsitzender des Verteidigungsausschusses des NATO-Parlaments) ausspioniert, dann gaben sich beide am ehemaligen Tag der Deutschen Einheit (17. Juni) in Berlin vor dem Standesbeamten das Jawort. Für seine „ganz große Liebe" aus der DDR hatte er sich nach 20 Ehejahren von der Architektin Inge Voigt scheiden lassen: „Wir haben uns ohne Streit einvernehmlich getrennt. Durch die Politik lebt man sich halt auseinander."

Oder anderweitig zueinander. Denn bereits Jahre vor dieser Scheidung hatte Voigt seine Neue in Westberlin auf einer Tagung kennengelernt. Ein „Aha-Erlebnis" (Voigt) mit Folgen. Die beiden telefonierten regelmäßig und trafen sich immer häufiger. Kurz vor dem Fall der Mauer kam sie über Ungarn in den Westen. Voigt: „Ich habe sie damals auf dem Flughafen abgeholt."

Danach arbeitete sie in seinem Abgeordnetenbüro, später in einer Berliner Werbeagentur. Dass seine neue Geliebte ein Stasi-Spitzel war, sah Karsten Voigt mit „großer Gelassenheit. Natürlich musste sie nach Gesprächen mit mir berichten, sonst hätte sie ja nie mehr

---

9 KARSTEN VOIGT (*1941) war Juso-Vorsitzender (1969–1972), Bundestagsabgeordneter (1976–1998), Mitglied der Parlamentarischen Versammlung der NATO (1977–1998, ab 1994 deren Präsident) und Koordinator der Bundesregierung für die deutsch-amerikanischen Beziehungen (1999–2010). (Quelle für den Datenabgleich: Deutscher Bundestag)

ausreisen dürfen. Doch das gehört alles längst der Vergangenheit an."
Genauso wie die Erinnerung daran, dass der einstige MfS-Führungsoffizier von Brigitta Richter diese beim Verfassungsschutz angeschwärzt hat, Voigt und seine Geliebte von Beamten des Bundeskriminalamts (BKA) vernommen wurden und am Ende der zuständige Richter wegen „geringer Schuld" auf Klageerhebung verzichtete. So gab es keine Hindernisse mehr für ihre deutsch-deutsche Liebesgeschichte.

◆

Ganz anders verlief Mitte der 90er Jahre der Frauenwechsel des Rudolf Scharping.[10] Der damalige Bundesverteidigungsminister hatte mir wie so oft eine Exklusivgeschichte zugesagt und übrigens wie immer auch eingehalten. Diesmal ging es um sein neues Familienleben.
Seit Monaten gab es Trennungsgerüchte. Zur Klarstellung lud er mich zum gemeinsamen Gespräch mit seiner Noch-Ehefrau Jutta, die ich zuvor mehrmals bei Urlaubsinterviews getroffen hatte. Sein Plan war einfach: „Wir machen eine große Geschichte mit Ihnen

---

10 RUDOLF SCHARPING (*1947), SPD-Mitglied seit 1966, war Ministerpräsident von Rheinland-Pfalz (1991–1994), am 13. Juni 1993 gewinnt er die erstmals in der SPD durchgeführte Mitgliederbefragung über den Parteivorsitz, entsprechend wählt ihn der Sonderparteitag am 25. Juni 1993 in Essen zum SPD-Bundesvorsitzenden (1993–1995, als er in Mannheim von Oskar Lafontaine in einer überraschenden Kampfkandidatur abgelöst wurde), Bundestagsabgeordneter (1994–2005), SPD-Fraktionsvorsitzender im Bundestag (1994–1998), Bundesminister der Verteidigung (1988–2002). Der passionierte Radrennfahrer wurde nach seinem Ende als Politiker 2005 Präsident des Bundes Deutscher Radfahrer. (Quelle für den Datenabgleich: Deutscher Bundestag)

und das war es dann. Wir hoffen, dass danach unser Privatleben respektiert wird, und werden uns künftig zu diesem Thema nicht mehr äußern." Ein Verfahren, das sich mehrfach bewährt hat, wenn man es einhält.

Wir treffen uns in der gemeinsamen Wohnung in Lahnstein. Rudolf und Jutta Scharping nach 29 Ehejahren: „Ja, wir werden uns trennen und scheiden lassen. Aber es wird keine Schlammschlacht geben. Im Gegenteil. Wir bleiben auch nach der Trennung Freunde." Die drei Töchter sind zu dem Zeitpunkt 18, 24 und 26 Jahre alt. Als Grund für ihren Entschluss nennen Rudolf und Jutta Scharping „die Belastung durch die Politik, den Umgang damit und unterschiedliche Lebensperspektiven". Aber: „Trotzdem werden wir uns auch in Zukunft gegenseitig unterstützen, uns immer wieder sehen, Feste miteinander feiern, denn auch in Zukunft verbinden uns die Kinder, eine große Familie, viele Freunde und die gute gemeinsame Zeit der Vergangenheit. Jeder von uns beiden hat seinen eigenen beruflichen Weg eingeschlagen."

Auf die Frage nach einem neuen Partner antworten sie gemeinsam: „Eine neue Beziehung ist kein Grund für die Scheidung." Zumindest nicht für sie, denn nach unserem Gespräch fuhr Rudolf Scharping für ein paar Tage in Urlaub nach Südfrankreich – und traf sich schon bald immer häufiger mit seiner Neuen.

Erst ein paar Jahre später sickern Gerüchte darüber durch, aber noch kennt niemand den Namen der Neuen. Über Handy rufe ich Scharping in Irland an. Es ist Freitag, der 25. August 2000. Ich habe Sorge, dass mir die Exklusiv-Story im Laufe der nächsten Woche durch die Lappen geht. Denn als Leiter der „BamS"-Parlamentsredaktion brauchte ich die Story nun mal punktgenau zum Sonntag. Das sieht er ein („Ich halte Wort!") und verkürzt seine Gesprächsrunde mit dem irischen Amtskollegen und den europäischen Sozialdemokraten, beordert seine Challenger der Luftwaffe und verabredet sich mit mir für den folgenden Samstag um elf Uhr am Bonner Flughafen.

Vor dem Gebäude der Flugbereitschaft will ich auf die Panzerlimousine des Ministers warten, doch nichts davon ist in Sicht. Plötzlich sehe ich in einem einsamen roten VW Touran den Mann am Steuer heftig gestikulieren. Er ist es, ganz allein. Ich steige ein und frage, wohin der Fotograf kommen soll: „Später, wir fahren erst einmal los. Er soll in Richtung Taunus fahren, mehr sagen wir ihm unterwegs." Mehr Geheimniskrämerei geht nicht. Unterwegs erinnere ich ihn daran, dass am Samstag um 18.00 Uhr normaler Redaktionsschluss ist. Er drückt auf die Tube. Am Elzer Berg geht es noch einmal gut. Die Blitzlichtkameras reagieren nicht.

Erst nach Stunden erfahre ich, ab welcher Kreuzung Marc Darchinger, der erfahrene Foto-Kollege und Sohn des legendären Jupp Darchinger, hinter uns herfahren darf. Vorbei an kleinen Taunusdörfern, kommen wir zu einer romantisch verborgenen Block-Hütte. Er steigt aus, wir warten noch. Vor der Garage steht ein Jaguar und schon bin ich bis zur Halskrause voller Vorurteile. Das unfeine Wort von der Cartier-Hippe geht mir durch den Kopf: „Was will er nur mit der?" Doch dann kommt eine völlige unkapriziöse Frau in einfachem T-Shirt auf uns zu: „Schön, dass Sie da sind, kommen Sie doch rein!" Meine Vorurteile gehen über Bord. Rudolf Scharping kommt um die Ecke wie ein verliebter Pennäler mit einem Silbertablett, auf dem er für seine neue große Liebe Kristina Gräfin Pilati-Borggreve (damals 51) jede Menge Gummibärchen in Herzform angeordnet hat. Beide posieren turtelnd vor der Kamera. Als alles im Kasten ist, suchen wir gemeinsam wie verabredet die Fotos aus. Sie sollten für Marc Darchinger zum Verkaufsschlager werden.

Ich stimme mit Scharping den Text ab. Dann suchen wir im Dorf nach einer geeigneten Telefonverbindung zum Übermitteln der Fotos und werden beim örtlichen Arzt fündig. Die Zeit drängt. Erst

die Fotos, dann gebe ich meinen Text durch. Ungläubig unterbricht mich die Redaktionssekretärin: „Das gibt's doch nicht, hat er das wirklich gesagt, das ist ja wie bei Hedwig Courths-Mahler." Ich brumme: „Ruhe, weiterschreiben!", und gebe durch: Das erste Wochenende ohne Heimlichkeit, dort, wo sie sich bisher nur ganz diskret treffen konnten – in der romantischen Block-Hütte eines verschwiegenen Freundes im Taunus. Beide wirken frisch verliebt wie Schüler: „Kopf und Herz sind sehr jung. So passen wir beide sehr gut zusammen", strahlt Scharping seine „Tina" an. Sie, die so erfolgreiche Anwältin und Notarin aus Frankfurt. Er hat seine Ministerakten dabei, sie ihre Prozessakten – aber erst mal fallen sie sich in die Arme: „Jetzt hat die Arbeit eine Pause!" Rudolf Scharping ist erleichtert, dass er endlich seine neue Liebe auch öffentlich zeigen kann: „Wir wollen zusammenleben, so lange uns der liebe Gott leben lässt. Und vor allem ist jetzt Schluss mit der Heimlichkeit. Jetzt brauchen wir nicht mehr zu Hause kochen, sondern können auch mal essen gehen, tanzen, ins Konzert und ins Theater. Hartmut Engler von der Gruppe ‚Pur' hat vor ein paar Tagen angerufen und uns ins Konzert eingeladen. Jetzt können wir ja in aller Öffentlichkeit zusammen hingehen." Er nennt sie: „eine gut aussehende, kluge, sehr zärtliche und fürsorgliche Frau, dabei selbständig und selbstbewusst." Und Tina schwärmt: „Ich bin wunschlos glücklich und hoffe, dass es ganz, ganz lange so bleibt."
Seine blind anmutende Verliebtheit hält an. Alle sollen seine Tina sehen. So lässt er sich später sogar mit ihr im Pool auf Mallorca ablichten. Der Flug dorthin im Luftwaffenjet und die Plansche-Fotos, während seine Soldaten in gefährlichem Auslandseinsatz sind, werden für ihn zum politischen Sargnagel. Er muss 2002 das Verteidigungsministerium verlassen, aber Tina hält zur Verwunderung skeptischer Beobachter (mich eingeschlossen) zu ihm. Sie lässt sich für ihren Rudolf scheiden und 2003 heiraten beide neu.

◆

Von einer besonders verblüffenden neuen Heirat mit ungewöhnlichem Hintergrund erfuhr ich Ende 2001. In der zweiten Dezemberwoche rief mich die grüne Außen- und Sicherheitspolitikerin Angelika Beer[11] an, um mir diese „Überraschung" zu versprechen: „Sie waren doch gerade in Skopje. Es hat etwas damit zu tun, aber mehr noch mit der Art, wie Sie über Scheidungen und neue Verbindungen von Politikern geschrieben haben. So wie die anderen will ich auch Ihnen etwas anvertrauen." Ich war mächtig gespannt. Wir verabredeten uns zum Mittagessen im „Tucher" am Brandenburger Tor. Das ist nicht nur ein Treffpunkt-Restaurant, sondern mit seiner großen Galerie zugleich so etwas wie ein Buchladen mit Messer und Gabel. Da kann man Bücher nicht nur lesen, sondern auch kaufen.

Bei Salat und Mineralwasser plauderte Angelika Beer über ihren „Mann fürs Leben". Selbst langjährige Freunde überraschte die bekannte Antimilitaristin mit der Mitteilung, dass der Neue an ihrer Seite ausgerechnet Oberstleutnant der Bundeswehr ist. Das erklärt sie so: „Ich besuche regelmäßig die Bundeswehr auch im Ausland. Dabei habe ich mehrmals den deutschen Militärattaché in Mazedonien getroffen. Es waren normale Dienstgespräche. Wir haben viel über Bundeswehreinsätze diskutiert. Am 17. September hat beim

---

11 ANGELIKA BEER (*1957) war 1991 Mitbegründerin der Grünen in Schleswig-Holstein, Mitglied im Bundesvorstand (1991–1994), Bundesvorsitzende (2002–2004), Bundestagsabgeordnete (1987–1990 und 1994–2002) und verteidigungspolitische Sprecherin, Europaabgeordnete (2004–2009), trat im März 2009 aus ihrer bisherigen Partei aus und im November 2009 in die Piratenpartei ein, für die sie von Platz sechs der Landesliste in den Kieler Landtag einzog. Beers Vater starb an Krebs, als sie 14 war, ihre Mutter beim fünften Suizidversuch, als Angelika Beer 15 war. Mit 16 war sie verheiratet und bekam Sohn Markus, mit 18 wurde sie wieder geschieden und heiratete mit 44 Jahren Peter Matthiesen. (Quelle für den Datenabgleich: Deutscher Bundestag)

Abschied nach einer Besprechung der Blitz aus heiterem Himmel eingeschlagen. Der Abschied war nur von kurzer Dauer und seit dem 1. Dezember steht für uns fest, dass wir unser weiteres Leben gemeinsam verbringen werden."

Oberstleutnant Peter Matthiesen (damals 55) ordnete für sie sein ganzes bisheriges Leben neu, zog in Skopje aus der gemeinsamen Wohnung mit seiner Ehefrau aus: „Nach 27 Ehejahren habe ich ihre Gefühle tief verletzt. Ich hoffe auf eine gütliche Trennung. Wir sind und bleiben darüber im Gespräch." Er hat sieben Kinder: „Die drei Kinder in Mazedonien sind sehr enttäuscht. Es ist sicher schwer für sie. Aber ich laufe nicht weg, sondern bin auch in Zukunft für sie da."

Auch Angelika Beer hatte mit ihrem 27-jährigen Sohn Markus aus einer kurzen frühen Ehe gesprochen, er freute sich auf ein gemeinsames Treffen, zumal es das neue Paar offenbar sehr ernst meinte. Für beide war „das Zusammensein das schönste Weihnachtsgeschenk. Die Heimlichkeit hat ein Ende. Wir lieben uns und stehen dazu."

Als sie mir damals ihre neue Liebe gestand, schaute Angelika Beer so glücklich drein, dass ich zum Ende unseres Gesprächs aufstand, ein wunderschön gestaltetes Buch mit Liebesgedichten aus dem Regal nahm, um es ihr zu schenken. An der Kasse setzte die Verkäuferin ein maximal breites Grinsen auf. Für sie war sonnenklar, warum ich Angelika Beer Liebesgedichte schenkte. Unser Lachen darüber konnten wir gerade noch bis zum Restaurantausgang unterdrücken.

Später erzählte sie mir am Telefon, dass seine Scheidung zügig lief. Ihr Oberstleutnant verließ nicht nur seine bisherige Familie, sondern auch die Bundeswehr, um nur noch mit seiner Angelika zu leben.

◆

So schnell ging es nicht beim engagierten Sozialdemokraten Rudolf

Dreßler.[12] Vielmehr dauerte es gut drei Jahre, bis er mir am 23. April 1999 abends in Niederdollendorf seinen Scheidungserfolg verkündete: „Dieser Freitag ist einer der glücklichsten Tage in meinem Leben." Frisch geschieden von seiner zweiten Ehefrau Leocadia, meinte der damalige SPD-Fraktionsvize: „Ich bin froh, dass wir uns am Ende außergerichtlich gütlich geeinigt haben. In 15 Minuten war die Scheidung vollzogen." Gegenüber seiner zweiten Frau wollte er „nicht kleinlich sein": Sie bekam die Hälfte aus dem Verkaufserlös des einst gemeinsamen Wohnhauses in Wuppertal und noch monatlich fast die Hälfte seiner Diäten von rund 13.000 D-Mark. Den Beginn seines neuen Lebensabschnitts feierten Rudolf Dreßler und seine neue Partnerin, die Journalistin Doris Müller (39), im Gasthof „Bredershof" in Niederdollendorf bei Bonn. Dort tranken wir gemeinsam ein Glas Sekt „auf die deutschen Richter". Für sie war nun der Weg frei für ein unbeschwertes gemeinsames Glück: „Sobald die Gerichtsurkunde zugestellt ist, wollen wir heiraten." Taten sie auch. Als ich ihn Jahre später als hilfsbereiten Botschafter in Israel traf, hielt das Glück immer noch an.

◆

Etwas weniger offensiv agierte sein Parteifreund Hans Eichel.[13] Er wollte sich nur einmal outen und dann sollte Ruhe sein. Dazu rief mich sein Sprecher Torsten Albig (der spätere Ministerpräsident

---

12 RUDOLF DRESSLER (*1940), der gelernte Metteur und Redakteur wurde 1969 SPD-Mitglied, 1980 Bundestagsabgeordneter (bis 2000) und 1987 stellvertretender Vorsitzender der SPD-Bundestagsfraktion. 2000 schickte Bundeskanzler Gerhard Schröder den streitbaren Sozialexperten Dreßler aus Bonn weg als Botschafter nach Israel. Im Schnellkurs lernte dieser Englisch und erwarb sich Ansehen in Nahost. (Quelle für den Datenabgleich: Deutscher Bundestag)
13 HANS EICHEL (*1941) war SPD-Oberbürgermeister von Kassel (1975–1991), Ministerpräsident von Hessen (1991–1999) und Bundesfinanzminister (1999–2005). (Quelle für den Datenabgleich: Deutscher Bundestag)

von Schleswig-Holstein) an mit dem Hinweis: „Ja, er lebt getrennt. Aber auch ein Minister braucht eine Schulter zum Anlehnen. Wir machen die Story exklusiv mit Ihnen und das war es." Er hat sich daran gehalten. So erfuhr die Öffentlichkeit mitten in der wichtigen Haushaltsdebatte des Bundestages vom neuen Glück des Finanzministers, das so gar nicht zu seinem bisherigen Erscheinungsbild passen will. Farblos, ein Mann ohne Sinn für das Schöne im Leben. Und dann die Meldung, er hat eine Neue: Gabriela Wolf, 47, eine Architektin aus Kassel. Eichel: „Wir kennen uns seit mehr als 20 Jahren und sind seit über einem Jahr miteinander befreundet." Beide hatten sich 1978 auf einem Volksfest bei Kassel kennengelernt und kamen sich sehr schnell näher. Eichel: „Weitere Erklärungen zu unserer Beziehung werden wir nicht abgeben und bitten die Medien, unsere Privatsphäre zu respektieren." Damit zogen beide eine klare Trennlinie zur Selbstdarstellung von Parteifreund Rudolf Scharping.

Noch weniger mitteilsam ging es bei Oskar Lafontaine[14] zu. Er wollte den Partnerwechsel am liebsten ganz ohne Medien vollziehen. Von 1967 bis 1982 war er mit Ingrid verheiratet. 1982 folgte Margret für sechs Jahre und 1993 Christa Müller („Püppi"). Dieser Frauenwechsel wurde erst am 14. Januar 1994 durch ein kleines Wort publik. Beim Sülze-Essen in Oskars Heimatort Dillingen-Pachten langte der damalige Saar-Ministerpräsident mit seiner Begleiterin kräftig zu und verblüffte die Genossen mit dem Satz: „Ich bedanke

---

14 OSKAR LAFONTAINE (*1943), Ministerpräsident des Saarlandes (1985–1994), mit ihm als Kanzlerkandidat erhielt die SPD 1990 33,5 Prozent (1987 waren es 37,0 und 1994 36,4 Prozent), er war SPD-Bundesvorsitzender (1995–1999), Bundesfinanzminister (1998–1999), kam 2005 über die WASG zur Linkspartei, wurde im selben Jahr deren Co-Fraktionsvorsitzender im Bundestag bis 2009 und 2007 Co-Parteivorsitzender bis 2010. (Quelle für den Datenabgleich: Deutscher Bundestag)

mich auch im Namen meiner Frau Christa Müller." So kam heraus, dass der damals 50-jährige Oskar seine strohblonde Freundin Christa Müller (damals 37) nach fünf gemeinsamen Jahren in aller Stille standesamtlich geheiratet hatte – mit anschließenden Flitterwochen auf der Karibik-Insel St. Lucia. Zuvor hatte er auf vorsichtige Fragen, ob Christa Müller seine Ehefrau Nummer drei werde, mal mürrisch, mal grinsend geantwortet: „Das geht sie einen feuchten Kehricht an." Noch ungnädiger reagierte er nach dem Verlassen von SPD und seiner Christa Müller. Inzwischen zum Star der SED-Nachfolgeorganisation Linkspartei avanciert, erschien die 26 Jahre jüngere Vorzeigefrau der Kommunistischen Plattform immer öfter an seiner Seite. Als der Spiegel 2009 erstmals über eine Affäre Lafontaines mit Sahra Wagenknecht (damals verheiratet mit Filmproduzent Ralph-Thomas Niemeyer) berichtete, reagierte der Ertappte indigniert. Erst im November 2011 bekannte der inzwischen 68-jährige Lafontaine wie beiläufig zum Ende seiner Rede auf dem Linke-Parteitag in Saarbrücken: „Ich lebe seit einiger Zeit getrennt und bin seit einiger Zeit mit Sahra eng befreundet." Damit sollte Schluss dieser Debatte sein: „Es ist alles gesagt." Bleibt nachzutragen, dass sie am 22. Juni 2012 ganz zu ihm zog, sich dort offiziell anmeldete und von Hochzeit sprach.

◆

Im Laufe der Jahre veränderte sich die Berichterstattung über dieses Privatthema. Inzwischen musste schon viel geschehen, um damit in die Schlagzeilen zu kommen. Gerhard Schröder[15] schaffte das erst

---

15 GERHARD SCHRÖDER (*1944), SPD-Mitglied seit 1963, war Juso Bundesvorsitzender (1978–1980), Ministerpräsident von Niedersachsen (1990–1998) und Bundeskanzler (1998–2005). In seiner Kanzlerzeit sank zunächst die Arbeitslosenquote von 11,1 auf 9,4 Prozent im Jahre 2001, stieg dann aber wieder an auf

im dritten Anlauf. Zunächst war er drei Jahre mit Eva (bis 1971) verheiratet, dann folgten Anne (bis 1983) und Hiltrud (Hillu), die ihm im März 1996 die Koffer vor die Tür stellte. Das war dann eine Schlagzeile wert.

Als Schröder später Kanzlerkandidat wurde, fragten einige Genossen besorgt, ob es im Wahlkampf Probleme mit Schröders Privatleben geben könne. Fraktionschef Peter Struck beschwichtigte damals: „Wir haben auch über sein Privatleben gesprochen, aber das gibt für die Konservativen nichts her. Gerd heiratet ja immer seine Frauen." Und tatsächlich kündigte Doris Köpf (*1963) im Juni 1996 an, sie werde voraussichtlich im folgenden Jahr zu ihrem Gerd ziehen.

Kennengelernt hatte sie ihn schon viel früher. Dazu ein kurzer Rückblick auf das Jahr 1987. Im September wurde ich auf die strebsame junge Journalistin aufmerksam. Ihre Arbeit bei der „Bild"-Zeitung

---

11,7 Prozent bei seiner Abwahl 2005. Gegen den Widerstand vieler Genossen brachte Schröder 2003 seine Reformen zur Stärkung der Wirtschaft unter der Überschrift Agenda 2010 durch. Grundlage war ein gemeinsames Papier mit dem Briten Tony Blair von 1999. Zusätzlich führte er den von ihm aufgehobenen Demografie-Faktor im Rentenrecht 2004 unter dem Namen Rentennachhaltigkeitsgesetz doch ein, um wie schon von seinem Vorgänger Helmut Kohl vorgesehen, das Rentenniveau den finanziellen Möglichkeiten anzupassen. Die Reform der Sozialgesetze bis hin zur Lockerung des Kündigungsschutzes kostete ihn bei den folgenden Wahlen zunehmend Stimmen, zumal die positiven Wirkungen der „Agenda 2010" auf die Wirtschaft erst mit Zeitverzögerung eintraten und damit für Schröder zu spät. Seine Nachfolgerin Angela Merkel hat mehrfach darauf verwiesen, dass die Agenda 2010 eine wichtige Voraussetzung für den Wirtschaftsaufschwung in ihrer Amtszeit war. Als Bundeskanzler a. D. ließ sich Schröder von der New Yorker Agentur Harry Walker als Redner vermitteln und wurde mit einem Jahresgehalt von 250.000 Euro (nach eigenen Angaben) Aufsichtsratschef der russischen Firma Gazprom, für die 2011 eine Gasleitung nach Europa fertiggestellt wurde. Das Vier-Milliarden-Euro-Projekt hatte Schröder als Bundeskanzler gemeinsam mit seinem guten Bekannten, dem russischen Präsidenten Wladimir Putin (laut Schröder ein lupenreiner Demokrat) unterstützt. (Quelle für den Datenabgleich: Deutscher Bundestag)

Doris Köpf mit Klaus Töpfer in der „Express"-Parlamentsredaktion

ließ bei ihr schon nach wenigen Monaten Wandergelüste aufkommen. Also holte ich sie zum 1. Oktober in meine Parlamentsredaktion des „Express". Die vielseitig interessierte, mädchenhaft junge, blonde Doris Köpf kniete sich voll in die Arbeit und gewann rasch Kontakte zu Politikern. Früh lernte sie Wolfgang Kubicki (FDP) näher kennen, aber auch Prominente aus der CSU wie Peter Gauweiler und besonders Johnny Klein. Ebenso namhafte CDU-Politiker und Berufskollegen wie Sven Kuntze, den Vater ihrer Tochter. Als ich meine Redaktion zur Hauseinweihung einlud, saß sie abends mit ihm platzsparend auf unserer Kaminbank.

Unter den SPD-Politikern lernte sie schon bald Gerhard Schröder („Gerd") kennen, den sie 1997 heiratete und mit ihrer Tochter zu ihm zog.

Kurz drauf erklärte sie mir: „Ich habe die SPD-Mitgliedschaft beantragt und erwarte jeden Tag mein Parteibuch, auf das ich mich sehr freue." Bekanntlich war es ihr damit ernst, denn 2012 startete sie sogar eine Kariere als Landtagsabgeordnete.

Joschka Fischer als junger Grüner

Mit dieser vierten Heirat kam bei Autofan Schröder spätestens im Jahr seiner Kanzlerwahl 1998 der Spruch auf, dass er nun wie beim Audi-Markenzeichen auf dem Kühlergrill den vierten Ring am Finger habe. Sein Vizekanzler Joschka Fischer[16] brachte es bald da-

---

16 JOSEPH MARTIN FISCHER (*1948), auf eigenen Wunsch Joschka genannt,

nach auf die fünf olympischen Ringe. Etwas sparsamer war Franz
Müntefering[17], kurz Münte genannt, mit seinen Ringen.

◆

Wie das mit Münte anfing, erfuhr ich erst 2004 auf seiner Wahlkampftour. Es war die Zeit des Sturzflugs der SPD. Im sauerländischen Arnsberg (katholisch, CDU) empfingen gerade mal 68 Bürger, einschließlich Bierzapfer, den hohen Gast aus Berlin auf ihrem Marktplatz. Der regionale Spitzenkandidat Franz-Georg Schröder gab mir seine Visitenkarte. Auf der und auf seinem kleinen Werbe-Smart stand alles Mögliche von „ganz nah dran" bis zu seinem Namen, aber kein Wort von Sozialdemokratie, nicht einmal das Kürzel SPD. So wollte er dem Abwärtssog der eigenen Schröder-Partei

---

war nach Abbruch von Schule und Lehre ab 1967 in der Außerparlamentarischen Opposition (APO) aktiv, Taxifahrer, Aushilfe in einem Buchladen, bis 1975 als Mitglied der Gruppe „Revolutionärer Kampf" in einer so genannten Putzgruppe an Straßenschlachten beteiligt, bei denen Polizisten schwer verletzt wurden. 1978 erklärte Fischer nach der Ermordung von Hanns-Martin Schleyer und anderen durch RAF-Terroristen: „Bei den drei hohen Herren mag mir keine rechte Trauer aufkommen, das sage ich ganz offen für mich." 1983 wurde er Parlamentarischer Geschäftsführer der neu in den Bundestag gewählten Grünen, 1985 Umweltminister in Hessen, dann erneut Bundestagsabgeordneter (1994 bis September 2006) und bis 2005 als Bundesminister des Auswärtigen Vizekanzler, danach Unternehmensberater und Lobbyist. (Quelle für den Datenabgleich: Deutscher Bundestag)

[17] FRANZ MÜNTEFERING (*1940, genannt Münte), gelernter Industriekaufmann, seit 1966 SPD-Mitglied, Vorsitzender des SPD-Landesverbandes Nordrhein-Westfalen (1998–2001), ab 1992 Mitglied im Parteivorstand, Bundesgeschäftsführer der SPD (1995–1998), Generalsekretär (1999–2002), SPD-Bundesvorsitzender (März 2004 bis November 2005 und erneut vom 18. Oktober 2008 bis zum 14. November), Bundestagsabgeordneter (1975–1992 und seit 1998), Vorsitzender der SPD-Fraktion (2002–2005), Bundesminister für Verkehr, Bau- und Wohnungswesen (1998–1999), Bundesminister für Arbeit und Soziales und Vizekanzler (2005–2007). Katholik Franz Müntefering ist zum dritten Mal verheiratet. (Quelle für den Datenabgleich: Deutscher Bundestag)

entgehen. Dann setzte auch noch Regen dem Sommerfest ein Ende. Schröder war da vorsichtiger als Münte, kam erst Stunden später in die Schützenhalle von Sundern, um den Genossen weltmännisch Mut zuzusprechen. Münte blieb eher hausbacken, erzählte mal wieder, wie er nach dem Krieg den SPD-Ortsverein „Altes Testament" gründete, benannt nach der Region aus zwölf Gemeinden. Und das in der Kneipe mit dem beziehungsreichen Namen „Himmel".
Am Abend wurde es bei diversen Bierchen etwas persönlicher. Christoph Plass beklagte erst seine Probleme mit der Netzhaut, gab sich als ältester Freund von Münte aus und erinnerte an die vergangenen Jahre der engen Gemeinsamkeiten. Ihn beschäftigte immer noch, dass sein Freund „damals" die Mutter von der eigenen Ehefrau Renate (verheiratet seit 1961) bis zum Ende pflegen ließ und „sich gleichzeitig bereits eine neue Frau gesucht" habe.
Ende 1980 folgte die Scheidung. 1995 heiratete er seine Freundin Ankepetra, die SPD-Bundestagsmitarbeiterin. Im katholischen Sauerland kam das nicht so gut an. Aber im fernen Berlin erlebten wir ihn nur in erkennbarer Liebe zu seiner zweiten Frau. Dass seine Tochter Mirjam aus erster Ehe ihre Freundin Sabine offiziell heiratete, war nach der Jahrtausendwende schon keine Sensation mehr. Anhaltender waren da die Schlagzeilen, als sich Münte 2007 immer mehr um seine krebskranke Ankepetra kümmerte und deswegen sogar am 13. November als Arbeitsminister und Vizekanzler zurücktrat. Die Bundeskanzlerin hatte ihm eine Auszeit angeboten. Doch er wollte keine halben Sachen.
Ein klarer Fall von Rücktritt aus Liebe. Am 31. Juli 2008 verstarb seine Ankepetra.
Monate später spielte eine Frau, jünger als seine Tochter, im Leben des Franz Müntefering zunehmend eine Rolle. Sie kannten sich aus der Parteiarbeit mindestens seit 2004.

Als im Mai 2009 das neue Glück des Franz Müntefering durchsickert, erlebe ich reihenweise staunende Genossen wie Peter Struck, die sich fragen, ob das ernst gemeint ist. Die damaligen Daten sind auch bemerkenswert: Münte 69 Jahre, Michelle Schumann 29 Jahre. Aber sie heiraten. Kurz nach den Flitterwochen auf Madeira („Zwei Wochen. Das war der längste Urlaub meines Lebens.") kommt er Ende Januar 2010 mit seiner Michelle ins Berliner Tempodrom zu Peter Maffay, der zu seinem 60. rockt. Ich frage das junge Paar, wer von beiden der größere Maffay-Fan sei. Münte: „Ich bin 1,76 Meter, sie ist 1,63 Meter." Was immer das heißen soll. Sein Glück erscheint dauerhaft. Sie strahlt ebenfalls. Und sie hat noch beruflich einiges vor. Mit dem großen alten Mann der SPD an ihrer Seite startete sie 2013 in den Bundestagswahlkampf, um als Abgeordnete in Müntes Fraktion einzuziehen, der selbst nicht mehr antrat.

◆

Ein fraktionsinternes Bäumchen-Wechsel-Dich lieferten im Frühjahr 2000 die SPD-Bundestagsabgeordneten Christine Lambrecht (damals 35) und Hans-Joachim Hacker (50). Sie fielen zwar sonst nie auf, aber als die Mannheimerin Lambrecht ihren Freundinnen ein süßes Geheimnis anvertraute, machte das schnell die Runde. Die Noch-Verheiratete bekam ein Kind von ihrem Fraktionskollegen aus Schwerin. Der Familienvater mit vier Kindern reichte daraufhin die Scheidung ein und verkündete: „Ich werde alle Verpflichtungen erfüllen, aber die Trennung von Tisch und Bett ist unumkehrbar." Seine Begründung: „Die Politik ist sicherlich ein Grund, warum wir uns nach 25 Ehejahren auseinandergelebt haben. Natürlich ist das neue Leben hier in Berlin auch ein wesentlicher Grund."

Der Ewiggestrige verlässt den Bundestag

Das war nur noch eine Meldung auf Seite Drei. Denn der Partnertausch bei Hinterbänklern reichte nach der Jahrtausendwende kaum noch für eine Schlagzeile. Der ziemlich konservative CSU-Politiker Norbert Geis wirkte da eher wie ein übriggebliebenes Fossil, als er 2012 „Spiegel"-Redakteuren kurz vor seinem eigenen Kariereende als Abgeordneter zu Protokoll gab, er könne jemanden nicht wählen, wenn dieser sein Heiratsversprechen nicht einhält. Selbst Bundespräsident Joachim Gauck[18] wollte Geis raten, seine „persönlichen Verhältnisse zu ordnen, um nicht angreifbar zu sein". Was immer das heißen sollte: Rückkehr zur Ehefrau, von der Gauck getrennt lebt, oder Trennung von der heutigen Lebensgefährtin? Unsinn. Über solches Ansinnen ist die Zeit erfreulicherweise hinweg.

---

18 JOACHIM GAUCK (*1940 in Rostock) war Pastor der Evangelisch-lutherischen Landeskirche Mecklenburgs, gehörte 1989 zu den Mitbegründern des Neuen Forum, wurde in Rostock dessen Sprecher. Er war Mitinitiator des kirchlichen und öffentlichen Widerstandes gegen die SED-Diktatur, leitete die wöchentlichen „Friedensgebete", aus denen die Protestdemonstrationen hervorgingen. Im März 1990 wurde Joachim Gauck Abgeordneter der Bürgerbewegungen, zusammengeschlossen im Bündnis 90, in der ersten und einzigen frei gewählten Volkskammer. Joachim Gauck wurde zum Vorsitzenden des Parlamentarischen Sonderausschusses zur Kontrolle der Auflösung des Ministeriums für Staatssicherheit gewählt. Am 3. Oktober 1990 berief ihn der Bundespräsident auf Vorschlag der Bundesregierung zum Sonderbeauftragten der Bundesregierung für die personenbezogenen Unterlagen des ehemaligen Staatssicherheitsdienstes, von 1991 bis 2000 war er Bundesbeauftragter für die Unterlagen des Staatssicherheitsdienstes der ehemaligen DDR, im Volksmund die „Gauck Behörde". Am 18. März 2012 wählte ihn die Bundesversammlung im ersten Wahlgang zum elften Bundespräsidenten. Joachim Gauck ist seit 1959 verheiratet, lebt seit 1991 von Gerhild Gauck getrennt, ist nicht von ihr geschieden. Er lebt seit 2000 mit der Journalistin Daniela Schadt zusammen. Gemeinsam repräsentieren sie Deutschland. (Quelle für den Datenabgleich: Bundespräsidialamt)

◆

Ein so kompliziertes Privatleben allerdings, wie es Horst Seehofer[19] jahrelang praktizierte, finden die Bürger (und vor allem die Bürgerinnen) wohl zu jeder Zeit spannend.

Angefangen hat diese Seehofer-Berichterstattung mit dem Hinweis, dass sich der Familienvater in Berlin eine Geliebte hält. Das machte richtig neugierig, als Anfang Januar 2007 auch noch herauskam, dass die Neue an seiner Seite schwanger war. Klar: Die Abende im Regierungsviertel fernab der Familie sind einsam. Im fünften Stock des riesigen schlangenförmigen Appartement-Hauses für Politiker nahe dem Reichstag aß Horst Seehofer oft zum Tagesabschluss allein eine deftige Brotzeit oder er ging zum Abschluss noch zu einem der vielen Empfänge. Genau dabei hat er 2004 die gut 20 Jahre jüngere quirlige Büroleiterin seines damaligen Fraktionskollegen Laurenz Meyer kennengelernt. Sie war mehr als einen Kopf kleiner, schlank, sehr gebildet – und eben da. Aus interessanten Gesprächen bei Abendempfängen wurden Gemeinsamkeiten während der Berliner Tage des Horst Seehofer. Zunächst in großer Verschwiegenheit.

Der erste Wohnsitz Ingolstadt blieb seine eine Welt, Berlin die andere. In beiden fühlte er sich wohl.

---

19 HORST SEEHOFER (*1949) wurde 1971 CSU-Mitglied, 1994 stellvertretender CSU-Vorsitzender, war Bundestagsabgeordneter (1980–2008), Parlamentarischer Staatssekretär beim Bundesminister für Arbeit und Sozialordnung (1989 bis Mai 1992), danach bis 1998 Bundesminister für Gesundheit und Bundesminister für Ernährung, Landwirtschaft und Verbraucherschutz (2005–2008). Am 29. September 2007 kandidierte Seehofer erfolglos mit 39,1 Prozent für den CSU-Vorsitz, den Bayerns Wirtschaftsminister Erwin Huber damals mit 58,19 Prozent gewann. Im zweiten Anlauf klappte es dann. Er wurde im Oktober 2008 Ministerpräsident von Bayern und CSU-Vorsitzender. Der Katholik Seehofer ist zum zweiten Mal verheiratet und hat mit Karin Seehofer drei Kinder. Hinzu kommt eine außereheliche Tochter. (Quelle für den Datenabgleich Deutscher Bundestag)

Plötzlich ist seine Berlinerin im vierten Monat schwanger. Sie vertraut ihr süßes Geheimnis Kolleginnen auf dem Flur und im Fitnessraum an, zeigt stolz das Ultraschallbild. Seehofer selbst schwieg dazu („Kein Kommentar") und verzichtete nach Mitteilung seines Ministeriums „vorerst" auf öffentlichkeitswirksame Auftritte. Dazu verschickte das Bundeslandwirtschaftsministerium am 18. Januar 2007 um 11.16 Uhr dieses Fax auf Briefbogen der Anwaltskanzlei Prinz, Neidhardt, Engelschall in Hamburg und Berlin:
„Zu den zahlreichen Medien-Veröffentlichungen der vergangenen Tage über mein Privatleben möchte ich nur folgendes mitteilen. Über meine privaten und familiären Angelegenheiten werde ich mich in der Öffentlichkeit nicht äußern. Eine Diskussion auf dieser Ebene ist unter meinem Niveau. Als Politiker bin ich es gewohnt, wenn die Sache es erfordert, mit harten Bandagen zu kämpfen. Dies ist auch der Maßstab, an dem ich meine politische Arbeit gemessen sehen will. Traurig finde ich allerdings, dass in bestimmten Medien eine Kampagne läuft, die insbesondere auch meine Familie stark beeinträchtigt. Ich werde hiergegen nachhaltig mit allen rechtlichen Möglichkeiten vorgehen und habe diese Vorgänge an meine Anwälte von der Sozietät Prinz übergeben. Berlin, den 17. Januar 2006 Horst Seehofer."
Dabei feierte Horst Seehofer noch einen Monat zuvor im bayerischen Ingolstadt fernab von seiner Geliebten mit Ehefrau Karin und den drei Kindern im gemütlichen Vororthaus seinen 21. Hochzeitstag.
In seinem Wahlkreis ist er zu der Zeit die absolute Nummer Eins, wird mit dem Rekordergebnis von 65,9 Prozent gewählt. Sein Versprechen seit zehn Jahren: „Die Kinder sind jetzt in einem Alter, wo die Probleme von meiner Frau allein nicht mehr zu bewerkstelligen sind. Ich werde mir da auch mehr Zeit nehmen müssen." Daran hält er sich nach außen sichtbar, gibt sich gern als Familienmensch. Die

weiß-blaue Welt scheint für ihn in Ordnung, die Kinder haben viel Verständnis für den arbeitsintensiven Berufsalltag.

Sich selbst sah Seehofer zu keiner Zeit als Querdenker, sondern „schlicht und einfach als standfest: Ich bemühe mich, dass Denken, Reden und Handeln übereinstimmen – eigentlich die natürlichste Sache für jeden Menschen." In seiner persönlichen Alltagspraxis sah das dann allerdings so aus: Seehofer ließ lange Zeit offen, ob er mit neuer Frau und deren Kind oder mit seiner bisherigen Ehefrau und deren Kindern künftig zusammenleben wolle.

Da es in Bayern gleichzeitig um das politische Erbe des langjährigen Landesvaters Edmund Stoiber ging, geriet das Privatleben zum Politikum. Ganz nach dem Motto: „Horst Seehofer hat sich im Kampf um den CSU-Vorsitz disqualifiziert." Wer die heile Familie als politisches Argument zelebriert, obwohl er sich gleichzeitig mit einer weiteren Frau auf ein Kind freut und sie in der Hoffnung auf ein gemeinsames Leben wiegt, der erschien so manchem Beobachter schlicht unglaubwürdig. Genau das habe ich ihm an einem langen Abend bei Rotwein erzählt, während er sich über die Verfolgung durch Journalisten beklagte – in einigen Fällen nicht ganz zu Unrecht. Im Beisein seiner damaligen Sprecherin saßen wir im Steak-Restaurant, das in den Innenhof des ZDF-Hauptstadtstudios reicht. Die Kellnerin stellte schon Stühle hoch, brachte uns aber trotzdem noch Rotwein. Seehofers unterhaltsame Ausdauer kannte ich nicht zuletzt von meiner eigenen Geburtstagsparty Jahre zuvor. Nur diesmal war das Gespräch ernster und, ehrlich gesagt, ohne richtiges Ergebnis, denn wir verabschiedeten uns herzlich, aber mit geteilter Meinung.

Im folgenden Februar gab es erste Anzeichen für eine Neuordnung. Es hieß, die Aussöhnung mit Ehefrau Karin (damals 48) in Ingolstadt komme „gut voran". Allerdings war das Problem mit seiner gut 20 Jahre jüngeren Ex-Geliebten in Berlin noch nicht gelöst. Sie fand sich nur schwer damit ab, dass Seehofer nun doch bei seiner Familie bleiben und sie in der Hauptstadt allein lassen könnte.

Am 14. Februar kritisierte der Kölner Kardinals Joachim Meisner im dortigen „Express": „Wenn ein Politiker permanent ein Desaster nach dem anderen in seiner Familie erlebt, heißt es bei uns: Blendet das Private aus, in der Politik geht es um etwas ganz anderes. Warum? Haben wir es denn bei ihm mit zwei verschiedenen Menschen zu tun? Oder ist er eine gespaltene Persönlichkeit? Dann ist er schizophren und gehört zum Arzt, aber nicht auf einen Ministersessel. Wenn wir über Wertevermittlung reden, muss man an das private Leben öffentlicher Personen besondere Ansprüche stellen dürfen. Was soll denn ein mehrfach geschiedener Politiker über eheliche Treue sagen? Da lachen doch alle." Im Fall Seehofers müsse man sich fragen: „Wie will er denn Vorsitzender einer christlichen Partei werden?" Wurde er auch diesmal nicht.

Offiziell verkündete Seehofer zu der Zeit noch, er werde sich „in absehbarer Zeit zu Medienberichten über eine angebliche Affäre äußern." Seine Wähler hätten ein Recht auf eine klare Aussage, aber man müsse ihm die Chance für die nötige Klärung zubilligen. Seine Geliebte ließ sogar von ihrem Anwalt verkünden, dass sie schweigen werde.

Doch nicht von langer Dauer.

Als ihr dämmerte, dass Seehofer zu seiner Frau zurückkehren werde, ging sie in die Offensive. Auf Seite Eins der „Bunten" vom 1. August präsentierte sie sich mit vollem Namen samt Tochter Anna Felicia und beklagte, die Art und Weise der Trennung habe sie „tief getroffen und verletzt. Ich war bestürzt und konnte es nicht begreifen". Seehofer habe zuerst seine Parteifreunde und erst dann sie informiert. Die junge Mutter weiter: „Leider hat er mir seine Entscheidung nicht persönlich, sondern am Telefon mitgeteilt. Vor allem hätte ich sie als Betroffene gern als Erste erfahren." Sie sei je-

Seehofer, mit dem „Bunte"-Titel konfrontiert

doch „erleichtert, dass jetzt endlich diese Ungewissheit weg ist." Der CSU-Politiker habe ihr „bis zum Schluss Hoffnungen gemacht." Sie hätte nicht gedacht, dass es so lange dauert, bis er sich entscheidet. Mit einem druckfrischen Exemplar dieser Anklage unterm Arm fuhr ich ins bayerische Markt Rettenbach. Dort hatte die CSU zur Diskussion mit Seehofer geladen. Der Adlersaal war proppenvoll, die Gäste gespannt auf ihren großen Redner aus dem fernen Berlin. Der kommt pünktlich um 20.00 Uhr, redet viel über die Bedeutung der Landwirtschaft, EU, Hilfen aus Brüssel und über die CSU, deren Vorsitzender er gern würde. Als er mit korrekt weiß-blauer

Krawatte verspricht: „Ich werde die deutschen Interessen in der EU mit Nachdruck vertreten", kommt Gemurmel auf. Seehofer irritiert: „Was ist das für ein Echo?" Parteifreund Kurt Rossmanith aus der Region: „Die wollen wissen, wie lange du noch im Amt bist."
Seehofer ballt die Faust: „Da werden sich manche noch wundern, wie lange ich im Amt bin. Ich bin schon durch so manches Stahlbad gegangen."
Ich wechsle im Saal mehrfach meinen Platz. Mit Bierkrug in der Hand, Wurstsalat auf dem Teller, sagt mir mancher hinter vorgehaltener Hand, was er heute von Seehofer hält: „Die Art des Umgangs mit seiner Ex-Freundin und seine Entscheidungsschwäche schaden seinem Ansehen." Die Sekretärin Gerlinde Kössler („Ich bin 50 plus, wie die CSU in Bayern") redet frei heraus: „Das Wie seines Umgangs lässt Rückschlüsse auf seinen Charakter zu. Das schadet dem Seehofer sicher, obwohl er als Minister so kompetent wirkt." Der wohlbeleibte Jochen Wölfe (damals 53) sieht das ganz anders: „Das hätt' die doch wissen müssen, dass der Seehofer Horst verheiratet ist."
Nach seiner Rede als Wahlkämpfer um das Amt des CSU-Vorsitzenden wird Horst Seehofer immer einsilbiger. Im Ausgang des Landgasthofs Adler nahe Ottobeuren meint er zu mir: „Da ist ja sogar ein Gast aus Berlin." Doch sein Lächeln schwindet sofort, als ich ihm die Titelseite mit dem Interview seiner (inzwischen wohl eher) Ex-Geliebten Anette Fröhlich zeige und wissen will: Was halten Sie davon?
Seehofer: „Dazu kein Kommentar."
Frage: Schadet Ihnen das bei der Bewerbung um den Parteivorsitz?
Seehofer: „Auch dazu kein Kommentar."
Frage: Wie finden Sie denn die Fotos von Ihrer Tochter?
Seehofer: „Dazu sage ich nichts."

Frage: Wo fahren Sie denn jetzt hin?
Seehofer: „Ich fahre jetzt dorthin, wo ich hingehöre."
Spricht's und entschwindet, den goldenen Ehering am rechten Ringfinger, im illustriertenfreien Audi nach Hause. Zum Abschied spielt die Kapelle „Auf, auf zum fröhlichen Jagen". Zur selben Zeit ist Anette Fröhlich bei ihren Eltern in Franken.
Die Distanz zwischen Horst Seehofer und ihr wird nun auch im ganz persönlichen Gespräch deutlich. Unter vier Augen redet er mir gegenüber nur noch von „Frau Fröhlich" und kehrt offiziell zur Familie zurück. Es wächst zwar Gras über das zeitweilige Doppelleben, aber nicht schnell genug. Am 29. September verliert Seehofer die Wahl um den CSU-Vorsitz mit 39,1 Prozent. Wirtschaftsminister Erwin Huber gewinnt mit 58,19 Prozent. CSU-Parteichef in München wird Seehofer im Oktober 2008. Fünf Jahre später residiert seine Ex-Anette in Berlin als verbeamtete Sprecherin der staatlichen Regulierungsbehörde – zur Überraschung der 2.700 Mitarbeiter im Bonner Stammhaus der Behörde.

II. Geheimnisse um kranke Politiker

Ludwig Erhard stirbt

Heimlichkeiten beim Privatleben gab es lange Zeit erst recht im Umgang mit Krankheiten von Politikern. So blieb die verhängnisvolle Ursache für das Leiden von Ludwig Erhard[20] für die Öffentlichkeit lange im Dunkeln, obwohl der Hergang sehr klar war: Der Vater des deutschen Wirtschaftswunders hatte sich Anfang März 1977 die Rippen schwer geprellt, als sein damals 33-jähriger Fahrer Dieter Räbsch mit 1,3 Promille einen leichten Verkehrsunfall baute. Der Fahrer bekam einen neuen Job als Bote. Erhard erholte sich von den Folgen des Unfalls nie mehr ganz. Zwar durfte er am 27. April das Krankenhaus verlassen, aber er hatte bereits Gedanken an den Tod. Erhard rief seine engsten Mitarbeiter zu sich: Die beiden Se-

---

[20] Prof. Dr. rer. pol. LUDWIG ERHARD (1897–1977) wurde als Soldat im Ersten Weltkrieg schwer verwundet, promovierte über „Wesen und Inhalte der Werteinheit", war Lehrbeauftragter an der Nürnberger Handelshochschule, danach Professor in München und Bonn, wurde 1966 Bundesvorsitzender und 1967 Ehrenvorsitzender der CDU, ohne jemals einen Mitgliedsantrag unterschrieben zu haben. 1947 wurde Erhard in der britisch-amerikanischen Bizone zuständig für Geld und Kredit, ab März 1948 für die Verwaltung der Wirtschaft in den westlichen Besatzungszonen und bereitete die Währungsreform vom 20. Juni 1948 vor. Damit schuf er die wichtige Voraussetzung für das deutsche Wirtschaftswunder. Erhard wollte weder amerikanischen Kapitalismus noch sowjetischen Sozialismus. Er wählte stattdessen den Weg der sozialen Marktwirtschaft. Nach der Bundestagswahl von 1949 wurde Erhard erster Bundeswirtschaftsminister. Schon damals gehörte die tägliche Zigarre zum Markenzeichen des Vaters der sozialen Marktwirtschaft. 1963 übernahm Erhard für drei Jahre das Amt des Bundeskanzlers. (Quelle für den Datenabgleich: Deutscher Bundestag)

Ludwig Erhard bei einem seiner letzten Interviews

kretärinnen Dorothea Bilda (seit 20 Jahren bei ihm) und Eva-Marie Schattenberg (seit 14 Jahren) sowie seinen engsten Vertrauten Karl Hohmann, schenkte jedem zum Abschied eine wertvolle Grafik des Mahlers Ernst Günter Hansing (1929–2001). Dann ordnete er seinen Nachlass: Die Ludwig-Erhard-Stiftung soll mit 1,5 Millionen D-Mark junge Wissenschaftler fördern. Außerdem verleiht sie jährlich eine 120 Gramm schwere Goldmedaille „für Verdienste um die soziale Marktwirtschaft". Für die beiden Töchter wird eine halbe Million D-Mark in bar vorgesehen.

An diesem Mittwochabend sah Erhard sich das Fußballspiel

Deutschland-Nordirland (5:0) im Fernsehen an, bekam aber schon nach dem Spiel wieder heftige Brustschmerzen und fuhr am folgenden Donnerstag mit einem Krankenwagen zurück ins Bonner Elisabethkrankenhaus. Chefarzt Dr. Hubert Westermann konnte die Schmerzen lindern und das Fieber auf 38 Grad senken. Der Vater des Wirtschaftswunders hing am Tropf und fiel meist in einen Dämmerschlaf. Bei einem kurzen Aufwachen am Abend des 2. Mai sagte er mit erstaunlich fester Stimme „Ich weiß, dass ich sterben muss." Das waren seine letzten Worte. Am Mittwoch, den 4. Mai, wurde seine Tochter Elisabeth Klotz an das Krankenbett ihres Vaters gerufen. Ein absolut zuverlässiger Informant erklärte mir, dass keine Hoffnung mehr bestehe und Erhard die kommende Nacht sicher nicht überstehen werde. Dazu durfte ich ihn als einen ungenannten Arzt zitieren: „Wir haben alles versucht. Es gibt keine Chance mehr." Mit dieser Exklusiv-Information entschieden wir uns für die Schlagzeile „Erhard stirbt". Die „Bild"-Ausgabe vom 5. Mai war damit längst gedruckt, als Dr. Westermann um 2.50 Uhr offiziell den Tod feststellte. Sechs Stunden später erhoben sich Abgeordneten des Deutschen Bundestages von ihren Plätzen, um den großen Kollegen zu ehren, denn Erhard war seit 26 Jahren bis zu seinem Tode Abgeordneter. Beim Staatsakt erklärte Bundeskanzler Helmut Schmidt: „Wir Sozialdemokraten waren häufig ganz anderer Meinung als Ludwig Erhard, aber ich weiß schon seit langem und habe ihm das auch selbst gesagt: Der schnelle wirtschaftliche Aufstieg wäre ohne Ludwig Erhard so nicht möglich gewesen. […] Wir verneigen uns vor ihm in Dankbarkeit und Respekt." Bundespräsident Scheel appellierte: „Es ist an uns, ob wir sein Erbe in gedankenlosem Egoismus verschleudern oder aber zur Mehrung der Freiheit unserer Bürger nutzen." Bei diesem Staatsakt fehlte lediglich SPD-Chef Willy Brandt, der sich mit Genossen in Oslo traf.

Vertuschungsversuche und Todeskämpfe der Mächtigen

Beim späteren Bundeskanzler Helmut Schmidt[21] sollte die erste schwere Erkrankung in seiner Amtszeit ganz geheim bleiben. Es ist der 12. Oktober 1981. Schmidt fliegt im Alter von 62 Jahren mit dem Hubschrauber zu seinem Arzt Dr. Völpel ins Bundeswehrzentralkrankenhaus von Koblenz. Offizielle Erklärung: „Fieberhafter Infekt." Diese Beschwichtigung war kein Einzelfall.

Helmut Schmidt beim Interview vor seiner Krankheit

---

21 HELMUT SCHMIDT (*1918): 1967–1969 SPD-Fraktionschef im Deutschen Bundestag, 1968–1984 stellvertretender SPD-Bundesvorsitzender (nie Parteichef, was er später als Fehler bezeichnete), 1969–1972 Verteidigungsminister, bis 1974 Bundesfinanzminister (1972 zugleich auch Wirtschaftsminister), 1974–1982 fünfter Bundeskanzler, seit 1983 Mitherausgeber der „Zeit", verheiratet ab 1942 mit Hannelore (Loki), geb. Glaser (1919–2010). (Quelle für den Datenabgleich: Deutscher Bundestag)

So hatten „Spiegel", Nachrichtenagenturen und Zeitungen bereits am 27. Januar 1981 gemeldet, Bundeskanzler Schmidt sei herzkrank und habe keine rechte Lust mehr am Regieren. Das Dementi des damaligen Regierungssprechers Kurt Becker: „Der Kanzler ist gesund und in einem erstklassigen Leistungszustand. Da müssen Intriganten am Werk gewesen sein, die ich aber noch nicht ausgemacht habe." Am 13. Oktober 1981 meldete Becker harmlos „einen fieberhaften Infekt". Meine Recherche vor Ort ergab dagegen: Tatsächlich ist Schmidt während einer Voruntersuchung im Bundeswehrzentralkrankenhaus mehrmals bewusstlos geworden.

Statt der angeblichen Grippe beginnt unter Leitung von Professor Satter und Dr. Völpel um 17.00 Uhr der einstündige Eingriff: Unter örtlicher Betäubung erhält Schmidt einen Herzschrittmacher, 40 Gramm schwer, so klein wie eine flache Streichholzschachtel, gibt 70 Stromstöße in der Minute. Danach erstes Telefonat mit seiner Loki, die mir hinterher sagt: „Jetzt bin ich sehr erleichtert, dass er mir sagte, es geht ihm wieder besser." Seinem Vertrauten Wischnewski kündigt er an: „Nächste Woche bin ich wieder an Deck." Am 17. Oktober lässt Loki Schmidt ein weißes Papierband vor die Tür zum Krankenzimmer ihres Mannes spannen, zerschneidet es am Abend, als Helmut Schmidt die Tür öffnet: „Ein Symbol für den neuen Lebensabschnitt." Noch Jahrzehnte später erleben wir, wie er geistig topfit mit über 90 Jahren am Schreibtisch sitzt, Schnupftabak und Zigarette in der Hand Rauchverbote als „Prohibition" (englisch ausgesprochen) abtut oder in Talkshows hellwach die große Politik erklärt.

Die damalige Geheimniskrämerei um die ersten Tage im Krankenhaus ist auch nicht auf seinem Mist gewachsen, sondern das Werk des glücklosen Regierungssprechers Kurt Becker mit seinen 16 Monaten Amtszeit. Im Umgang mit Krankheiten seines Chefs hatte er sich offenbar an früheren Beispielen orientiert. So erlitt der damalige SPD-Chef Willy Brandt Mitte November 1978 einen Herzinfarkt. Erste vorsichtige Meldungen darüber dementierte die Parteizentrale energisch. Statt eine Lungenentzündung und einen Infarkt der vorderen Herzwand einzugestehen, beschimpften Brandt-Mitarbeiter die Journalisten und verbreiteten: „Der SPD-Vorsitzende hat eine Grippe. kein Anlass zur Sorge!" Ähnlich ging auch Schmidts Amtsnachfolger Helmut Kohl[22] Jahre später vor.

Im November 1995 erklärte das Bonner Bundeskanzleramt immer wieder, Helmut Kohl habe eine schwere Grippe und schone sich für

---

22 Dr. phil. HELMUT KOHL (*1930) war Ministerpräsident von Rheinland-Pfalz (1969–1976), CDU-Bundesvorsitzender (1973–1998 und bis 2000 Ehrenvorsitzender), ab 1976 Oppositionsführer im Bundestag (verfehlte mit 48,6 Prozent nur knapp die absolute Mehrheit), war als Nachfolger von Helmut Schmidt (SPD) der sechste Bundeskanzler (1982–1998) auch zum Zeitpunkt der Wiedervereinigung („Kanzler der Einheit"). In Kohls Amtszeit stieg die Arbeitslosenquote von gut sieben Prozent auf zuletzt 11,1 Prozent. Das konnte auch die neu von seinem Arbeitsminister Norbert Blüm eingeführte vorzeitige Rente mit 58 Jahren nicht verhindern. Diese Maßnahme kostete die Rentenversicherung Milliarden und wurde später wieder abgebaut. – Vor der Bundestagswahl 1998 ernannte Helmut Kohl Wolfgang Schäuble gegen dessen Wunsch zu seinem Kronprinzen. Dennoch erklärte sich Kohl trotz der allgemeinen Wechselstimmung durch 16 Kohljahre vor der Wahl wieder zum Kanzlerkandidaten. Nach der verlorenen Bundestagswahl holte ihn seine Spendenaffäre ein: Er verschwieg konsequent die Herkunft von bis zu zwei Millionen D-Mark mit Hinweis auf ein Ehrenwort, das er Spendern gegeben habe. Das verstößt gegen die gesetzliche Veröffentlichungspflicht. Als sein Nachfolger im CDU-Vorsitz verlangte auch Schäuble vergebens die Offenlegung. Stattdessen wurde Kohls Wissen um eine Spende des Waffenlobbyisten Schreiber an Schäuble allgemein bekannt. Nach widersprüchlichen Aussagen über den Ablauf der Spendenübergabe trat Schäuble zurück. Kohls Gerichtsverfahren wurde im März 2001 gegen eine Geldbuße von 300.000 D-Mark eingestellt. Damit gilt er nicht als vorbestraft. Die Geldbuße konnte Kohl leicht bezahlen, denn nach seiner Kanzlerschaft erhielt er als Berater seines Freundes Leo Kirch (damals Medienmogul und Springeraktionär) drei Jahre lang jeweils 600.000 D-Mark. Im Februar 2008 stürzte Kohl bei einem Schlaganfall schwer, musste operiert werden und blieb auf den Rollstuhl angewiesen, betreut von Maike Richter (*1964), die er am 8. Mai 2008 heiratete. (Quelle für den Datenabgleich: Deutscher Bundestag)

die Asien-Reise. Kohls Helfer schilderten sogar detailliert, wie der Kanzler zu Hause in Oggersheim von Ehefrau Hannelore[23] mit frischem Zitronen- und Orangensaft und heißem Tee kuriert werde. Doch das alles war nicht einmal die halbe Wahrheit: Tatsächlich hatte Helmut Kohl so starke Schmerzen, dass er in die Mainzer Universitätsklinik fuhr. Dort gab es statt Zitronensaft eine Operation an der Prostata. Gleichzeitig erfuhren wir, dass Kohl sechs Jahre zuvor schon einmal von Professor Rudolf Hohenfellner operiert wurde und 1992 ein zweites Mal.

Als das Magazin „Focus" am 4. November um 8.16 Uhr die Nachricht über Kohls Prostata-Operation veröffentlichte, dementierte die Bundesregierung den Krankenhausaufenthalt des Kanzlers zunächst entschieden. Um 10.36 Uhr tickerte Reuter: „Bericht über Kohls Operation dementiert". Dann, gegen 11.00 Uhr, erklärte ein Regierungssprecher vorsichtig: „Wir suchen jetzt nach einer offiziellen Sprachregelung. " Um 12.04 Uhr tickerte die Agentur ap: „Kohl war doch an Prostata erkrankt – Neu: Bundespresseamt relativiert frühere Aussagen". Kohl sei an einem „grippalen Infekt, verbunden mit einer Prostata-Infektion" erkrankt.

◆

Noch dauerhafter als Schmidt und später Kohl verschwieg Vizekanzler Genscher seine Krankheiten. Über Jahre dementierte er heftig alle Berichte über Herzinfarkte. Davon ist mir der 24. No-

---

23 HANNELORE KOHL, geborene Renner (1933–2001): Mit 15 lernte sie beim Klassenfest in Ludwigshafen den 18-jährigen Helmut Kohl kennen, am 27. Juni 1960 heiraten sie. Sprachgewandt (sie sprach fließend Englisch und Französisch) unterstützte sie ihn, litt nach eigenen Angaben seit 1993 an einer zunehmend schmerzhaften Lichtallergie, verfasste umfangreiche Abschiedsbriefe und starb am 5. Juli 2001 an einer Tablettenüberdosis. Mehr über Hannelore Kohl und wie sie über ihren Mann dachte, im Anhang unter „Bekenntnisse der Hannelore Kohl".

Hannelore Kohl in der Bonner Beethoven-Halle (links meine Frau Ute)

vember 1977 in besonderer Erinnerung. Für diesen Donnerstag hatten wir, wie Tage zuvor bereits angekündigt, die Leser aufgerufen, Vizekanzler, Außenminister und FDP-Chef Hans-Dietrich Genscher bei uns in der Redaktion anzurufen. Zwei Extraleitungen waren für die Telefonaktion geschaltet. Der Ankündigungstext ließ auf einen erfolgreichen Tag hoffen: „Heute, wenige Tage nach der weltbewegenden Reise Sadats nach Israel, können Sie mit Bundesaußenminister Genscher zwischen elf und zwölf Uhr am ‚Bild'-Telefon über alle wichtigen Fragen sprechen: Wird die FDP 1980 wieder mit der SPD zusammengehen? Was halten Sie von einer Großen Koalition? Wann gibt es eine internationale Konvention gegen Luftpiraten? Wird die Regierung neue Initiativen ergreifen, um die Zahl der Arbeitslosen von fast einer Million spürbar zu senken? Wie bewähren sich die CDU/FDP-Regierungen in Niedersachsen und im Saarland?"

Der junge Hans-Dietrich Genscher im Interview

Kurz nach neun Uhr kam ein Anruf, Genscher habe leider Fieber, deshalb müsse an seiner Stelle FDP-Fraktionschef Wolfgang Mischnick kommen. Spontan rief ich in Genschers Privatwohnung an. Seine Frau, die ich von zahlreichen Auslandsreisen an der Seite ihres Mannes kannte, wirkte bedrückt und meinte, es gebe einen Verdacht auf Herzinfarkt. Doch schon wenige Minuten danach rief Genschers Sprecher bei mir an und erklärte mit aller Bestimmtheit, ich hätte Frau Barbara Genscher falsch verstanden. Von Herzinfarkt könne keine Rede sein. Es gebe den Verdacht auf eine verschleppte Lungenentzündung. Deshalb sei er am späten Mittwochabend begleitet von seiner Frau in das Bonner Malteser-Krankenhaus gebracht worden. Das mussten wir so hinnehmen. Trotzdem habe ich in der Folgezeit mehrmals Genscher direkt darauf angesprochen. Er hat mir stets klipp und klar gesagt, es habe nie einen Herzinfarkt gegeben. Bei dieser glatten Lüge betonte er sogar: „Dass es keinen Herzinfarkt gab, kann man heute bei jedem EKG erkennen."

Erst im November 1981 gestand Genscher beim Redaktionsbesuch: „Ich hatte am 23. November 1977 einen Herzinfarkt. Deshalb musste ich damals sechs Wochen pausieren." Der dritte Herzinfarkt holte ihn im Sommer 1989 ein, dazwischen gab es immer wieder verschwiegene Herzrhythmusstörungen. 2005 kam ein lebensge-

Mit Barbara Genscher in Moskau

fährlicher Darmverschluss hinzu und am 27. März 2012 musste er, gerade 85 Jahre geworden, an der Herzklappe operiert werden.

◆

Im Gegensatz zu Genscher ging Franz Josef Strauß[24] mit seinen Erkrankungen offen um. Als es mit ihm zu Ende ging, wurde die Krankengeschichte traurig kompliziert. Der CSU-Chef und Ministerpräsident von Bayern steuerte noch mit seinen 73 Jahren leidenschaftlich gern das Flugzeug und wie Kenner bestätigten gekonnt. So auch bei seinem letzten Flug. Da gab es plötzlich einen Druckabfall in der Kabine. Begleiter berichteten, dass er „bilderbuchmäßig" die Maschine im schnellen Sinkflug stabilisierte. Trotzdem bereitete der heftige Druckabfall den Passagieren erhebliche Unannehmlichkeiten. Für den Kreislauf älterer Menschen ein Problem, das oft länger anhält. Offenbar auch bei Strauß. Zurück in

---

24 FRANZ JOSEF STRAUSS (1915–1988), legte sich den zweiten Vornamen erst später zu, in seinem Musterungsausweis von 1935 steht nur Franz: 1949 Generalsekretär der CSU, 1953 Bundesminister für besondere Aufgaben, ab 1955 für Atomfragen (bis 1956), danach bis 1962 Bundesminister der Verteidigung, ab 1966 der Finanzen und ab 1978 bis zu seinem Tod bayerischer Ministerpräsident, seit 1961 CSU-Chef. Strauß hatte früh weltweit Kontakte zu Spitzenpolitikern – eindrucksvoll nachzulesen in seinen Erinnerungen (abgeschlossen am 22. September 1988); er trat 1980 als Herausforderer von Bundeskanzler Helmut Schmidt (SPD) an, erreichte dabei 44,5 Prozent im Gegensatz zu 48,6 Prozent von Helmut Kohl 1976. Strauß war verwickelt in zahlreiche Skandale. In der „Spiegel"-Affäre ordnete er als Verteidigungsminister über den Militärattaché an der deutschen Botschaft in Madrid die Festnahme von „Spiegel"-Autor Conrad Ahlers wegen des Verdachts auf Landesverrat an mit dem (unbestätigten) Hinweis, das geschehe im Einvernehmen mit Bundeskanzler und Auswärtigem Amt. Für Schlagzeilen sorgten auch Berichte über seinen Lebensstil. So meldete ein Taxifahrer am 27. Juli 1961 dem „San Francisco Examiner", er habe Strauß mit einer dunkelhäutigen Prostituierten zum noblen Hotel St. Francis gefahren. (Mehr über Strauß im Anhang unter „Trendumkehr: Franz Josef Strauß will 1975 die ‚Spiegel'-Affäre umschreiben".) (Quelle für den Datenabgleich: Deutscher Bundestag)

Franz Josef Strauß, in Bonn auf der Straße zum Interview eingefangen

München, ging er mit Verteidigungsminister Rupert Scholz (CDU, bekannter Verfassungsrechtler, für ein Jahr bis April 1989 Verteidigungsminister) am 1. Oktober 1988 zum Oktoberfest und gleich anschließend auf die Jagd ins Revier des Fürsten Johannes von Thurn und Taxis.

Um 16.00 Uhr bricht er vor der Jagdhütte zusammen. Herbeigeeilte Notärzte stellen „tiefe Bewusstlosigkeit" fest und unternehmen die üblichen Wiederbelebungen. Dabei können schon mal Rippen brechen. Beim Luftröhrenschnitt erwischt es auch die Speiseröhre. Ein Rettungshubschrauber fliegt den Patienten ins Krankenhaus der Barmherzigen Brüder in Regensburg. Zusätzliches Medizingerät wird aus München eingeflogen. Doch Strauß wacht nicht mehr auf. Am 3. Oktober 1988 stirbt er um 11.45 Uhr. Nachfolger im CSU-Vorsitz wird Theo Waigel.

◆

Der große SPD-Politiker Peter Struck[25] hatte da zunächst mehr Glück mit seinen Schlaganfällen und Herzinfarkten. Es ist der 24. Juni 2000. Ich fahre nichtsahnend zu dem sympathischen Vollblutpolitiker nach Uelzen. Er sitzt mir vergnügt mit der obligatorischen Pfeife gegenüber, da sehe ich eine frische Narbe am Hals. Freimütig erzählt er: „Ich war zur Routineuntersuchung beim Hausarzt und sagte ihm, dass ich wiederholt sekundenlang Sehstörungen habe. Da hat er mich direkt zum Chef der gefäßchirurgischen Abteilung unseres Krankenhauses hier in Uelzen geschickt. Mit Ultraschall und Computertomographie stellte der Arzt fest, dass meine Halsschlagader zu 95 Prozent verschlossen war. Kurz danach wurde ich operiert." Dabei wurden aus der zum Gehirn führenden Halsschlagader die Ablagerungen aus Kalk, Fettrückständen und Blutgerinnsel entfernt: „Wenn ich heute die Narbe im Spiegel sehe, wird mir bewusst: Ich war kurz vor einem Schlaganfall, wäre sicherlich linksseitig gelähmt und möglicherweise als Pflegefall im Rollstuhl gelandet. Ich bin froh, dass ich noch einmal davongekommen bin." Struck versprach damals seiner Frau Brigitte weniger Tabak und

---

25 Dr. jur. PETER STRUCK (1943–2012), SPD-Mitglied seit 1964, Bundestagsabgeordneter (1980–2009), SPD-Fraktionschef (1998–2002 und 2005–2009), Bundesminister der Verteidigung (2002–2005), Vorsitzender der Friedrich-Ebert-Stiftung (2010–2012). Als sein letztes großes Politik-Ziel erreichte er in der Föderalismuskommission 2009 die Einführung der Schuldenbremse ins Grundgesetz. Das fördert nicht nur die Generationengerechtigkeit, weil der Staat nicht länger nahezu unbegrenzt heute auf Kosten der Generationen von morgen leben darf, die Verfassungsänderung wurde auch zum Vorbild für die Euro-Staaten und zur Voraussetzung für die Stabilität der Gemeinschaftswährung. Außerdem senkt die Verfassungsreform die Blockademöglichkeiten des Bundesrates, weil die Zuständigkeiten neu getrennt wurden. Das bei Parlamentariern beliebte, von ihm erdachte „Strucksche Gesetz" beschreibt, dass kein Gesetz den Bundestag so verlässt, wie es eingebracht wurde. (Quelle für den Datenabgleich: Deutscher Bundestag)

mehr Bewegung. Für seine Berliner Wohnung kaufte er einen Hometrainer, der aber schnell zum Kleiderständer mutierte. Die Pfeife blieb sein Markenzeichen, auch als im Reichstag ein Rauchverbot verhängt wurde.

Dann der nächste Schlag für ihn Anfang Juni. Spät und sehr müde geht Verteidigungsminister Peter Struck zu Bett. Es ist lange nach Mitternacht, da wacht er auf. Ihm ist übel, er fühlt sich wie gelähmt, versucht mit seinen Personenschützern zu telefonieren, heraus kommt aber nur unklares Gestammel. Die Leibwächter erkennen sofort, dass ein Notarzt kommen muss: „Chef, der Arzt ist schon unterwegs." Der Schlaganfall wird in der Charité behandelt. Die Öffentlichkeit erfährt nichts davon. Sein Sprecher und Freund Norbert Bicher erklärt die Abwesenheit des Ministers mit Kreislaufproblemen und einem Schwächeanfall. Zehn Wochen muss Struck um seine Rückkehr ins gesunde Leben kämpfen, seine Sprache wiederfinden. Gerüchte vom möglichen Schlaganfall kursieren in Berlin,

Selbst in der „Challenger" der Luftwaffe griff Peter Struck zur Pfeife

aber Bicher schweigt so lange eisern, bis Struck wieder – wenn auch mit etwas Mühe – reden kann. Mitte August erklärt Struck seinen Schlaganfall in der Nacht vom 9. zum 10. Juni und fügt hinzu, dank der Behandlung in der Berliner Charité sei er jetzt wieder fit: „Die gesundheitlichen Probleme sind ausgeräumt – und ich bin wieder hundertprozentig einsatzfähig. Ich habe dem Kanzler gesagt: Du kannst auf mich zählen. Bis 2006 auf jeden Fall – und wenn der Wähler es will, dann auch darüber hinaus."
Auch diesmal raten ihm die Ärzte zu mehr Bewegung und das Pfeiferauchen aufzugeben. Wie zur Bestätigung sagt er mir: „Ich weiß, nach dem Schlaganfall ist vor dem Schlaganfall." Er nimmt zahlreiche Medikamente und ist froh, noch einmal davongekommen zu sein, denn mit erkennbaren Sprachproblemen wäre seine Politikerlaufbahn jäh zu Ende gegangen.
Stattdessen folgten noch glückliche Jahre, bis ihn der dritte Herzinfarkt kurz vor Weihnachten 2012 einholte. Die Beerdigung am 3. Januar verlief in Uelzen (vom Regenwetter abgesehen) ganz nach seinen Wünschen mit militärischen Ehren und beim Gottesdienst in St. Marien mit Bonhoeffers Lied „Von guten Mächten treu und still umgeben …"

So war das mit Schäuble wirklich

Ähnlich wie Struck nach seinem schweren Schlaganfall fürchtete auch Wolfgang Schäuble[26] nach seiner schweren Schussverletzung

---

26 Dr. jur. WOLFGANG SCHÄUBLE (*1942), CDU-Mitglied seit 1965, Bundestagsabgeordneter seit 1972, als Bundesminister Chef des Kanzleramtes (1984–1989), Bundesinnenminister (1989–1991 und 2005–2009), Fraktionsvorsitzender (1991–2000), CDU-Bundesvorsitzender (1998–2000). In der Zeit blieb Helmut Kohl ein-

trotz fortschreitender Genesung um seine politische Zukunft. Gemeint ist nicht der Rollstuhl, mit dem er sich unglaublich schnell zurechtfand, sondern eine Gesichtsoperation, die durch seine Schussverletzungen notwendig wurde. Diese OP war hochgradig riskant.

Dazu ein kurzer Rückblick auf das, was er seinen Unfall nennt. Den Vertrag zur Wiedervereinigung (294 Seiten lang) hatte Schäuble bis zum 31. August 1990 maßgeblich verhandelt. Nun ist Wahlkampf. Freitagabend, 12. Oktober. Sechs Beamte des Bundeskriminalamtes sichern die Umgebung und den Innenraum der Brauereigaststätte „Bruder" in Oppenau (Schwarzwald). Ein Streifenwagen steht vor der Tür. Drinnen spricht Innenminister Wolfgang Schäuble über die Widervereinigung. 280 Zuhörer applaudieren lautstark. Um 21.55 Uhr geleitet der örtliche CDU-Chef Gerd Hoferer seinen prominenten Gast zum Ausgang. Dort wartet Schäubles Tochter Chris-

---

flussreicher CDU-Ehrenvorsitzender. Schäuble war ihm gegenüber jahrzehntelang loyal bis zur Freundschaft, so auch beim Bremer CDU-Bundesparteitag (10.–13. September) 1989, als er ihm beim „Zwergen-Aufstand" von Heiner Geißler, Lothar Späth, Rita Süssmuth und Co. den Rücken freihielt. Als Kohl vor seiner letzten Bundestagswahl Wolfgang Schäuble zu seinem Kronprinzen ernannte, reagierte dieser zurückhaltend. Schäuble sagte Jahre später erst in vertraulichen Gesprächen, dann in Interviews: „Ich war völlig überzeugt, dass er niemals freiwillig abtreten wird." Und er behielt Recht, obwohl Kohls Stern erkennbar sank. Schäuble: „Keiner hat sich getraut, ihm zu sagen, dass er aufhören muss." Schäuble hat es dann doch getan. Ab da ging es mit der Freundschaft bergab, besonders als Schäuble Kohl nach verlorener Wahl auch noch aufforderte, er möge seine illegal anonymen Spender benennen, wie es im Gesetz vorgeschrieben ist. Wenig später wurde Kohls Wissen um eine Barspende an Schäuble bekannt. Nach widersprüchlichen Aussagen über den Ablauf der Spendenübergabe trat Schäuble zurück. 2009 wurde er Bundesminister der Finanzen. Als Bundesinnenminister war Schäuble Bonner Verhandlungsführer beim Einigungsvertrag 1990. Am 12. Oktober schoss ihn ein geistesgestörter Attentäter bei einer Wahlkampfveranstaltung in Rückenmark und Kiefer. Seitdem ist er ab dem dritten Brustwirbel gelähmt. (Quelle für den Datenabgleich: Bundesministerium der Finanzen)

tine (damals 19). Als ihr Vater fast den Ausgang erreicht hat, zieht Dieter Kaufmann (damals 37) unter seiner Lederjacke eine entsicherte Pistole vom Typ „Smith & Wesson", Kaliber 38, feuert aus 60 Zentimeter Entfernung und trifft den Minister mit zwei Kugeln in Brust und Unterkiefer. Die dritte Kugel verletzt Schäubles Leibwächter Klaus-Dieter Michalski (damals 28) an Bauch und Hand, als der Hauptwachtmeister schützend vor den Minister springt. Zehn Minuten später ist der Notarzt da. Eine Kugel steckt bei Schäuble noch im Kiefer, die zweite in der Wirbelsäule. Hubschrauber, Krankenhaus, Notoperation.

Der Täter gesteht, die Waffe seinem Vater gestohlen zu haben und erweist sich als psychisch krank.

Am nächsten Tag wacht Schäuble gegen 16.00 Uhr aus der Narkose auf. In einem langen Telefonat gibt er mir aus seinem Krankenzimmer das erste Interview. Dabei schildert er seine Umgebung so genau, dass mir unser Gespräch vorkommt, als wäre ich bei ihm vor Ort: Im hellgestrichenen Krankenzimmer der Rehaklinik von Langensteinbach sitzt neben einem Berg von Akten ein Mann, der sein schweres Schicksal akzeptiert hat. Gefasst und voller Zukunftspläne spricht er zum ersten Mal darüber: „Den Umständen entsprechend geht es mir inzwischen ganz ordentlich, wobei die Ungewissheit, was aus der Lähmung wird, bleibt. Ich konzentriere mich einstweilen darauf, das Leben im Rollstuhl zu lernen und hoffe, in absehbarer Zeit wieder zumindest zeitweilig in Bonn zu sein."

In seinem Ministerium sind die schweren Türen schnell ausgetauscht, damit er sie vom Rollstuhl aus selbst öffnen kann, Fußschwellen werden beseitigt. Bald kann Schäuble mit dem Rollstuhl perfekt umgehen, sich selbst herausstemmen. Sein Privathaus in Gengenbach (Baden-Württemberg) wird rollstuhlgerecht umgebaut. Er meistert das neue Leben.

Wolfgang Schäuble auf Sylt vor dem Attentat und danach mit dem Hand-Bike

Doch da war noch ein anderes Problem, das Außenstehenden verborgen blieb: Die zweite Kugel hatte Schäubles Wange schwer verletzt. Da musste noch etwas geschehen. Dazu sagte er mir: „Mein Arzt hat zu Vorbereitung die Operation an einer Leiche geübt, denn er musste sehr vorsichtig mit den Nervensträngen sein. Ein Schnitt auch nur um einen halben Millimeter daneben und mein Gesicht wäre unweigerlich schief geblieben. Mit einem so schiefen Mund wäre meine Politikerlaufbahn zu Ende gewesen." Wäre. War sie aber nicht. Die Operation verlief erfolgreich.

Wie zäh er auch physisch kämpft, konnte ich später mehrmals erleben. So lud er mich zum Interview „mit Radtour" in seine Heimat ein. Bei dem Wort entstand bei mir eine kleine Schrecksekunde der Sprachlosigkeit, bis er erläuterte: „Ich fahre mit meinem Hand-Bike." Gemeint war der Rollstuhl mit Handkurbel, die im Gegensatz zum Fahrrad parallel gedreht wird. Da mein Rad nicht in den Kofferraum ging, nahm ich meine Inline-Skates mit.

So fuhren wir gemeinsam über die asphaltierten Wege der Weinberge von Gengenbach in der Nähe von Offenburg. Er hielt problemlos das Tempo und zeigte mir mit einem Hauch von Stolz, dass sein T-Shirt über den starken Muskeln der Oberarme schon bedenklich spannte. Und in Berlin staunte ich jedes Mal, wenn wir uns beim Sommerfest des Bundespräsidenten trafen. Traditionell regnet es an dem Tag, zumindest ist meist der Rasen nass und schwer. Trotzdem schuftete Schäuble sich mit bewundernswerter Energie durch das Menschengetümmel.

Bei jeder Begegnung habe ich seine Energie gespürt, mit der er kämpft, privat wie in der Politik. Daher war es für mich geradezu selbstverständlich, dass Schäuble auch 2013 erneut für den Bundestag kandidierte.

◆

Georg Leber vor seiner Erkrankung

Bei dem legendären Sozialdemokraten Georg Leber ging es 1976 auch buchstäblich ums Überleben.
Am Dienstag, den 10. November, hat er bei starken Schmerzen im Bauchbereich 40 Grad Fieber. Die Wehrdebatte im Bundestag wird abgesetzt. Oberstabsarzt Dr. Schiefgen gibt ihm eine Penicillinspritze. Mitten in Generals- und Spionageaffären will Leber un-

bedingt weiter arbeiten. Mittwochmorgen sitzt Leber[27] mit Schüttelfrost kreidebleich am Kabinettstisch (sein Staatssekretär kuriert gerade eine Lungenentzündung aus, der Generalinspekteur liegt mit Schädelbruch im Krankenhaus).

Schmerzgebeugt steigt er nach der Sitzung in seinen dunkelblauen Opel Diplomat, bricht auf der Fahrt zusammen. Ein Rettungshubschrauber bringt ihn nach Koblenz ins Bundeswehrzentralkrankenhaus. In einer zweistündigen Operation entfernen die Ärzte den Blinddarm. Da wir seit Jahren vertrauensvoll miteinander umgehen, empfängt er mich früh in seinem Krankenzimmer, schenkt mir ein Bundeswehrtaschenmesser (wie scharf es ist, spürte unsere Tochter später unfreiwillig am Finger) und erzählt mir mit seiner tiefen, ruhigen Stimme: „Der Blinddarm war so vereitert, dass jeden Moment die akute Gefahr des Durchbruchs bestand. Ich hatte Riesenglück, dass ich noch einmal davongekommen bin."

◆

Das konnte auch Johannes Gerster[28] sagen, obwohl seine Chancen besonders problematisch waren. Die Diagnose: Krebs an den Lymphknoten.

Es ist Freitag, nicht gerade der 13., sondern der 23. April 1993, als

---

27 GEORG LEBER (1920–2012), als Gewerkschafter SPD-Mitglied seit 1951, Bundestagsabgeordneter (1957–1983), Bundesverkehrsminister (1966–1972, dabei ab 1969 auch Postminister), als Nachfolger von Helmut Schmidt Bundesminister der Verteidigung (1972–1978), Bundestagsvizepräsident (1979–1983). (Quelle für den Datenabgleich: Deutscher Bundestag)

28 JOHANNES GERSTER (*1941, Ehrendoktor der Ben-Gurion-Universität des Negev), seit 1960 CDU-Mitglied, war als Bundestagsabgeordneter (1992–1976 und 1977–1994) Innenexperte und aktiv in der deutsch-israelischen Gesellschaft, Leiter der Außenstelle in Jerusalem der Konrad-Adenauer-Stiftung (1979–2006), wurde als Generalfeldmarschall der Ranzengarde eine feste Größe in der Mainzer Fastnacht. (Quelle für den Datenabgleich: Deutscher Bundestag)

wir uns in seiner Mainzer Wohnung treffen. Äußerlich ruhig erzählt der erfahrene CDU-Politiker: „Ende November kam ich nach einer langen Klausurberatung über Asylgesetze nach Hause mit einem dicken Hals. Meine Frau sagte gleich, das kommt nicht vom Ärger, morgen gehst du zum Arzt. Gut, dass ich ihrem Rat gefolgt bin, denn am folgenden Montag ging alles Schlag auf Schlag. Vom Hausarzt zum Radiologen. Mein Hals war wirklich inzwischen so geschwollen, dass Speise- und Luftröhre bereits verbogen wurden. Das hätte ich nicht lange überlebt. Am Donnerstag wurden mir Lymphknoten herausoperiert, um zu sehen, was los ist." Statt auszuruhen, fährt er wieder nach Bonn zu den Beratungen über neue Asylgesetze: „Ich wollte dabei sein, wenn wir das Ergebnis langer harter Arbeit einfahren." Danach zu Hause der nächste Besuch im Krankenhaus: „Die Ärzte machten so ein komisches Gesicht, das ließ nichts Gutes ahnen. Dann haben sie mir eröffnet, dass die Lymphknoten von Krebs befallen waren. Das nennen die Ärzte wohl Hodgkinsche Krankheit. Ich war zuerst sehr niedergeschlagen, bin richtig in die Knie gegangen. Dann habe ich an meine Familie gedacht, wie schwer es für sie ist, eine solche Nachricht aufzunehmen. Nach schweren Stunden und Tagen hatte ich mich wieder gefangen und bin seitdem entschlossen, zu kämpfen."
Seine Frau Regina lädt zur Fischsuppe. Ihr Mann sinniert: „Wir sind Spatzen in Gottes Hand. Mir hat der Glaube sehr geholfen." Der Katholik fügt hinzu: „Ich weiß, ich kann die Krankheit niederkämpfen. Ich werde sie besiegen. Diesen Kampf aufzunehmen, ist die wichtigste Voraussetzung, um wieder gesund zu werden. Ich sage das auch offen, um anderen Mut zu machen, die vielleicht an dieser Krankheit verzweifeln würden." Ein bisschen Arbeit, aber nicht zu viel, ist sein Rezept. Deshalb hat er mit Bundeskanzler Helmut Kohl und Fraktionschef Wolfgang Schäuble verabredet, dass er „vorläufig keine Termine in Bonn wahrnehme. Nur an meiner

wöchentlichen Sprechstunde halte ich eisern fest, denn ich meine, jeder Abgeordnete ist das seinen Wählern schuldig. Nachher wird es meine 1.984. Sprechstunde." Aus dem Kanzleramt erfahre ich, dass Kohl ihn schon morgens um 8.15 Uhr angerufen hat, um ihm Mut zu machen: „Gerster, du schaffst das schon."
Nach Operationen und einer Chemotherapie über fünf Monate meint er: „Gestern war ich das letzte Mal für Stunden am Tropf, da habe ich heute noch Pudding in den Beinen. Als nächstes kommt die Bestrahlungstherapie auf mich zu." Er blickt auf den Rhein und fügt etwas trotzig hinzu: „Bis auf die eine Krankheit bin ich ja gesund. Freunde, Bekannte, meine Kinder und meine Frau sagen immer wieder: Du packst das doch. Heute bin ich überzeugt, sie haben Recht, ich werde es packen und komme in zwei Monaten wieder gesund nach Bonn zurück."
Auf der Heimfahrt von diesem ergreifenden Termin rufe ich meine Frau an. Den Tränen nahe gestehe ich ihr: „Ich werde schreiben, was ich bei dem Treffen erlebt habe, aber es fällt mir schwer, seinen Optimismus und seine Hoffnung zu teilen." Erfreulicherweise ein Irrtum. Johannes Gerster habe ich als gesunden Freund noch Jahre später in Jerusalem und in Mainz getroffen.

◆

Ebenfalls mit großer Zuversicht ging Manfred Wörner (1934–1994, ab 1982 Bundesminister der Verteidigung und seit 1988 erster deutscher NATO-Generalsekretär) mit seiner Krebserkrankung um. Als ich Anfang Januar 1994 morgens mit ihm telefonierte, schwärmte er von seiner neuen Krebsdiät, die ihn heilen würde. Genau daran habe ich mich erinnert, als ich im März 2011 die Berliner Charité nach erfolgreicher Darmkrebsoperation verließ. Der großartige Chirurg Professor Dr. Joachim M. Müller gab mir mit auf den Weg: „Sie sind wieder gesund. Lassen Sie sich jetzt nichts Falsches einre-

Johannes Gerster gesund in Jerusalem

den. Es gibt keine Diät gegen Krebs, leben Sie einfach gesund weiter." Das sah Wörner anders. Der sportlich-dynamische Jetpilot litt seit 1992 an Darmkrebs, wurde im April operiert, doch der Krebs kam wieder. Ende Juni 1993 dauerte die zweite Operation sechs Stunden. Dann rieten ihm seine Ärzte zur – wie sie es nannten – ,Krebsdiät'. Seit dem Sommer aß er nur noch Nüsse und Gemüse, kein Fleisch, trank jede Menge Karottensaft. Trotzdem musste er Mitte Dezember erneut operiert werden. Vorsorglich blieb er bis Heiligabend in der Klinik. Diesmal waren die Ärzte zuversichtlich, dass alles überstanden sei. Wörner selbst nannte es „ein Wunder" und fügte hinzu: „Meine Ärzte waren selbst überrascht. Der Darm ist völlig krebsfrei. Nur an der Narbe saßen noch zwei Geschwülste, die aber schon in Auflösung waren. " Seine Diät sollte die Gesund-

Manfred Wörner im Interview

heit absichern. Leider ohne Erfolg. Am 13. August erlag Manfred Wörner dem Darmkrebs.

◆

Dagegen war die Krankheit von Hans Eichel geradezu eine Lappalie, mit der er im Februar 2001 er sehr offen umging. Gut beraten von seinem Sprecher Torsten Albig machte Eichel seinen Krankenhausaufenthalt ganz bewusst öffentlich: Als Ursache für seinen Bandscheibenvorfall wurde eine Verrenkung bei der Hausarbeit („Putzen") des sparsamen Ministers genannt. Das kam gut an. War wohl auch fast wahr. Nach der Bandscheibenoperation besuchte ich ihn in seinem kargen Krankenzimmer. Professor Wolfgang Lanksch erklärte mir am ersten Februarwochenende 2001 im Eichel-Krankenzimmer: „Die Operation hat 50 Minuten gedauert. Es ist alles so gut verlaufen, dass Herr Eichel bereits am Freitag zum ersten Mal aufstehen konnte. Er wird auch schneller als sonst üblich am Montag oder Dienstag das Krankenhaus verlassen. Doch dann muss er mindestens 14 Tage kürzer treten, sich schonen. Am

besten gar nicht sitzen, erst recht nicht im Flugzeug." Der Eingriff ist für Mediziner zwar Routine, doch Professor Lanksch schränkte ein: „Natürlich kann eine solche Operation auch schiefgehen. Wenn die Nervenwurzeln verletzt werden, hat der Patient hinterher noch mehr Lähmungserscheinungen und Schmerzen, die sogar chronisch werden können. In Deutschland gibt es etwa 40.000 bis 50.000 Bandscheibenoperationen. Ich muss aber leider sagen, dass viele davon gar nicht notwendig wären." Zur Vorbeugung, um einen Bandscheibenvorfall zu verhindern, wusste Professor Lanksch auch keinen Rat: „So was trifft selbst Hochleistungssportler genauso wie Nicht-Sportler. Ab dem 15. Lebensjahr degeneriert die Bandscheibe bei jedem Menschen. Das Einzige, was man wirklich raten kann, ist: möglichst wenig sitzen."
Genau das nahm sich Hans Eichel zu Herzen: „In Zukunft vertausche ich meinen Schreibtisch mit einem Stehpult. Das finde ich ohnehin ganz angenehm." Angst hatte Eichel nach eigenen Worten vor der Operation „überhaupt keine. Mir geht es auch schon wieder richtig gut. Ich hoffe, bald ist alles wieder wie vorher." Wurde es auch.

III. Skandale, Amtsmissbrauch und der Griff in die Staatskasse

Watergate in Deutschland

Erheblich länger hatten so manche Politiker an ganz anderen Problemen zu knabbern. Vor allem an ihren Skandalen bis hin zum Amtsmissbrauch. Das gilt besonders für eine Affäre an der norddeutschen Waterkant, die unsere Republik so heftig erschütterte, dass schon früh das Wort von ‚Waterkantgate' die Runde machte. In Anlehnung an die Watergate-Affäre, bei der im Juni 1972 Einbrecher in den Räumen der Demokratischen Partei im Washingtoner Watergate-Häuserblock erwischt wurden, wie sie für das Wahlkomitee von US-Präsident Richard Nixon beim politischen Konkurrenten Abhörwanzen anbringen wollten. Zwei Jahre später trat bekanntlich Nixon zurück.
Für CDU-Ministerpräsident Uwe Barschel[29] kam das Ende viel schneller. Bei seinem SPD-Herausforderer Björn Engholm[30] dauerte

---

29 Dr. jur. phil. UWE BARSCHEL (1944–1987), CDU-Mitglied seit 1962, war Mitglied des Landtages von Schleswig-Holstein (1971–1987), Ministerpräsident von Schleswig-Holstein (1982–1987). „Stern"-Reporter entdeckten Barschel am 11. Oktober 1987 im Genfer Hotel „Beau-Rivage" tot in der Badewanne, bekleidet und äußerlich unverletzt (einen Tag vor der angesetzten Befragung im Ersten Untersuchungsausschuss zur Bespitzelungsaffäre). Nach dem offiziellen Ergebnis der polizeilichen Ermittlungen war es Suizid, aber Zweifel daran wurden nie ganz ausgeräumt.
30 BJÖRN ENGHOLM (*1939), SPD-Mitglied seit 1962, war Bundestagsabgeordneter (1969–1983), Bundesminister, erst für Bildung, dann für Landwirtschaft (1981–1982), seit 1950 erstmals für die SPD Ministerpräsident von Schleswig-Holstein (1988–1993), SPD-Bundesvorsitzender von 1991, bis er, des Meineides über-

es umso länger. Er stieg erst noch mächtig auf, wurde als angeblich unwissendes Barschel-Opfer dessen Nachfolger, SPD-Bundesvorsitzender und sollte bereits Kanzlerkandidat werden, als ihn seine Lügen einholten und er alles verlor.

Auch im kleinen Kiel (240.000 Einwohner) gab es in der Affäre Barschel-Engholm wie in Washington den geplanten Einsatz von Wanzen. Aber nicht etwa, um den ungeliebten Gegner – in dem Fall die SPD – auszuspionieren, sondern um den falschen Verdacht aufkommen zu lassen, der Gegner SPD habe Wanzen bei der CDU-Spitze eingesetzt. Es war auch sonst alles etwas komplizierter. Im Hauptstadt-Distrikt der USA mit 7,6 Millionen Einwohnern gab es die Partei der Bösen mit dem Präsidenten an der Spitze und die Oppositionspartei der ahnungslosen Guten. Anfangs sah es zwar auch in Kiel danach aus, aber nur anfangs.

Und das kam so: Punktgenau am Montag vor der Landtagswahl vom 13. September in Schleswig-Holstein meldet der „Spiegel", dass SPD-Spitzenkandidat Björn Engholm von Privatdetektiven beschattet wird, gegen ihn eine anonyme Anzeige wegen Steuervergehen vorliege und das alles mindestens mit Wissen des amtierenden CDU-Ministerpräsident Uwe Barschel. Dann legt der „Spiegel" nach. Am Samstag direkt vor der Wahl liefert das Magazin in Vorabmeldungen eine eidesstattliche Erklärung, wonach Barschels Medienreferent Reiner Pfeiffer (*1939) die Anzeige wegen Steuerhinterziehung und die Bespitzelungsaktion in direktem Auftrag seines Chefs Uwe Barschel gestartet habe. Genauer, Barschel habe ihm im Januar die anonyme Anzeige bei der Steuerfahndung und ein Schreiben an den Finanzminister „selbst diktiert". Die Ty-

---

führt, Anfang Mai 1993 von allen Ämtern zurücktrat. (Quelle für den Datenabgleich: Deutscher Bundestag) penräder der genutzten Schreibmaschine seien danach „in einen privaten Mülleimer" geworfen worden. Obendrein habe Barschel „persönlich" Ende Januar angeordnet, Engholm zu überwachen. Eine zuverlässige Agentur solle mit Fotos beweisen, dass Engholm als smarter Frauentyp „homosexuell" sei, zugleich aber auch ein „ausschweifendes Leben mit dem anderen Geschlecht führt". Die Kosten von 50.000 D-Mark für die Bespitzelung Engholms wollte demnach der Direktor des Schwarzkopf-Kosmetikkonzerns, Karl Josef Ballhaus, übernehmen.

Pfeiffers Schmutzkampagne steigerte sich von Warnungen vor „rotgrünem Chaos" über Engholm als Mann mit „Gummirückgrat", der „Kommunisten und Neonazis" in den Staatsdienst holen und „Abtreibung bis zur Geburt freigeben" will. Mit Telefonaten streute er das Gerücht, Engholm sei AIDS-infiziert, er und seine SPD wollten „straffreien Sex mit Kindern".

Am Dienstag vor der Wahl will Pfeiffer nach eigenen Angaben von Barschel auch noch die Anweisung erhalten haben, eine „Wanze oder ein ähnliches Abhörgerät" zu beschaffen. Angebracht nicht im Engholm-Büro, sondern am Telefon des Ministerpräsidenten, sollte die Wanze dort bei einer von Barschel angeordneten Überprüfung als SPD-Werk gefunden werden. Dazu habe Barschel gesagt, wenn das gelingt, dann „sähe Herr Engholm ja wohl schlecht aus". Später wird Pfeiffer dazu erklären, diese geplante Abhörintrige habe ihn veranlasst, nicht mehr mitzumachen.

Besorgt fragt der amtierende SPD-Bundesvorsitzende Hans-Jochen Vogel am 8. September bei SPD-Landeschef Günther Jansen an, was es mit dem „Spiegel"-Artikel über die Barschel-Aktionen gegen Engholm auf sich habe. Jansen sinngemäß: Es gibt Informationen, dass dies stimmen könne. Vogel darauf: „Um Gottes Willen, das ist doch unmöglich! Seid bloß vorsichtig und macht jetzt im Wahlkampf keinen Fehler!"

"EXPRESS" vom 16. Oktober 1987

Reiner Pfeiffer und die SPD

Eine EXPRESS-Dokumentation

Von FRIEDEMANN WECKBACH-MARA

Am 3. August 1987 fand im Büro von SPD-Oppositionschef Björn Engholm ein etwa 90minütiges Gespräch mit dem Kieler Finanzstaatssekretär Carl Hermann Schleifer statt. Engholm hatte darum gebeten, weil er gehört habe, daß irgend etwas wegen seiner Steuererklärung im Gange sei.

■ Schleifer informierte ihn über die bisherigen Aktivitäten im Finanzministerium in diesem Zusammenhang und bestätigte, daß schriftlich eine anonyme Anzeige gegen Engholm vorliege. Bereits am nächsten Tag erhielt Engholm wunschgemäß den Wortlaut der Anzeige mit der Unterschrift eines anonymen „besorgten Bürgers".

■ In der SPIEGEL-Ausgabe vom 7. September 1987 (normaler Redaktionsschluß spätestens 4. September) heißt es auf Seite 18: „Gegen einen anderen Anwurf will sich Engholm diese Woche mit einer Strafanzeige zur Wehr setzen. Ein „H. Sapiens" aus der Kieler Holstenstraße 3 bezichtigte Engholm per Einschreibebrief bei der Steuerfahndungsstelle des Finanzamtes Lübeck der »fortgesetzten Steuerhinterziehung« in Höhe von mehreren hunderttausend Mark und erstattete Anzeige."

■ Am 7. September 1987 erstattete der Rechtsanwalt Peter Schulz (Hamburg) um zehn Uhr fernschriftlich im Namen und natürlich mit Vollmacht des Oppositionsführers Björn Engholm Strafanzeige gegen Unbekannt. Dazu liegt dem EXPRESS die Bestätigung des leitenden Oberstaatsanwaltes vom 6. Oktober vor.

■ Ebenfalls am 7. September treffen sich die Herren Schulz,

SPD-Spitzenkandidat Björn Engholm

Der ehemalige CDU-Medien-Referent Reiner Pfeiffer

Nilius, Jansen und Pfeiffer um 21.45 Uhr. Nach übereinstimmenden Angaben wurden dabei die Aktivitäten des Reiner Pfeiffer durchgesprochen. Pfeiffer berichtete später, die Herren hätten ihm empfohlen, „mit gebremstem Schaum weiterzuarbeiten".

Juristischer Hinweis: Unterrichtungspflicht des Rechtsanwaltes seinem Mandanten gegenüber ist in der Standesordnung geregelt. Zuwiderhandeln kann ein Ende der anwaltlichen Tätigkeit nach sich ziehen.

Auch für Nicht-Juristen gilt: Wer eine Anzeige gegen Unbekannt aufgibt und anschließend erfährt, wer der Unbekannte ist, (wie etwa, wenn sich Pfeiffer gegenüber dem Anwalt offenbart), so muß der Anzeigenerstattende umgehend die Staatsanwaltschaft darüber informieren, sonst kann er sich strafbar machen.

■ Am 8. September ruft Pfeiffer beim polizeilichen Kriminalamt an und erbittet hochoffiziell eine Wanze. Nach Pfeiffers Worten war seine Absicht, daß die Polizei bei der folgenden Überprüfung ihre eigene Wanze an Uwe Barschels Telefon finden sollte. Im Zusammenhang mit der Ermunterung zu weiteren Taten durch die Herren Nilius, Schulz, Jansen werfen Juristen den SPD-Politikern eine „psychische Beihilfe zur Tat vor".

■ Am 13/9. September (Wahltag) empört sich Björn Engholm nach Bekanntwerden der Pfeiffer-Geschichte im SPIEGEL, daß Uwe Barschel in jedem Fall die politische Verantwortung für die Machenschaften des Reiner Pfeiffer zu übernehmen hat, egal ob er davon wußte oder sonstwie beteiligt war. In diese Verantwortung ziehen später SPD-Vorsitzender Hans Jochen Vogel und Bundesgeschäftsführerin Anke Fuchs genau wie FDP-Vize Kubicki vom Landesvorsitzenden Gerhard Stoltenberg ein. Engholm betont in der Wahlnadht mehrfach, daß er unwissendes Opfer all dieser Pfeiffer-Vorgänge gewesen sei.

■ Am 18. September gibt Björn Engholm eine Pressekonferenz im Anschluß an den Rücktritt von Uwe Barschel. Dabei wird Engholm gefragt, ob sich Reiner Pfeiffer zuvor auch einmal an die SPD gewandt hat. Engholm: „Also an mich, ein Gremium meiner Partei hat sich Pfeiffer nicht gewandt. Wir haben das nachgeprüft. Es gibt weder beim Landesvorstand noch beim Fraktionsvorstand noch sonstwo eine erkennbare Anlaufstelle für Herrn Pfeiffer."

Der Kieler Skandal im ersten Überblick

Was Jansen verschweigt: Zu dem Zeitpunkt hatte Pfeiffer bereits selbst die gesamte SPD-Spitze von Schleswig-Holstein über seine Schmutzkampagne informiert, ohne dass ihn jemand aus der SPD aufgefordert hätte, damit aufzuhören. Diese guten Kontakte der SPD zu Pfeiffer liefen als geheime Kommandosache weiter. So entsteht in der Öffentlichkeit der kuriose Eindruck, dass Pfeiffer in direktem Auftrag des amtierenden CDU-Ministerpräsidenten Barschel den ahnungslosen SPD-Kandidaten mit einer nie dagewesenen Schmutzkampagne um einen Wahlerfolg bringen soll. Diese angebliche Wahrheit wird durch Pfeiffer selbst gerade rechtzeitig vor der Wahl am 13. September bekannt. Die Stimmung der Wähler für die CDU schlägt um und bringt der SPD jede Menge Stimmen. So verliert die CDU mit Ministerpräsident Uwe Barschel ihre Regierungsmehrheit im Kieler Landtag. Die SPD legt von 43,7 auf 45,2 Prozent zu, die CDU fällt von 49 auf 42,6 Prozent und die FDP schafft mit 5,2 Prozent (2,2 Prozent) den Sprung in den Landtag.

Noch am Wahlabend behauptet Pfeiffer, er könne alles über den schuldigen Barschel belegen, und der „Spiegel" versichert: „Die Geschichte ist hundertprozentig wasserdicht." Außerdem habe Pfeiffer kein Geld bekommen. In der Wahlnacht betont der in Wirklichkeit längst informierte Björn Engholm mehrfach, dass er unwissendes Opfer der Pfeiffer-Machenschaften sei.

Der erste Untersuchungsausschuss des Kieler Landtags verstärkt zunächst bis zur vorgezogenen Neuwahl den Eindruck von Barschel als Oberbösewicht und Pfeiffer als dessen gehorsames Werkzeug für die Schlammschlacht. Engholm betont immer wieder, von den Pfeiffer-Hintergründen nichts gewusst zu haben. Der SPD-Spitzenkandidat beschwört diese Unwahrheit sogar vor dem Ausschuss. Dass Pfeiffer nach seinen krummen Machenschaften am Ende auch noch bares Geld von der SPD-Spitze bekam, soll selbstverständlich geheim bleiben.

Pfeiffers Aussagen wurden im folgenden Untersuchungsausschuss immer fragwürdiger. Doch das spielt in der öffentlichen Meinung kaum eine Rolle. Es blieb erst einmal dabei: Die Schwarzen sind die Bösen, die Roten die ahnungslos Guten. So gewann Björn Engholm als scheinbar wahrheitsliebender SPD-Spitzenkandidat am 8. Mai 1988 die vorgezogene Neuwahl in Schleswig-Holstein mit 54,8 Prozent. Er wurde als neuer Regierungschef am 29. Mai sogar SPD-Bundesvorsitzender und designierter Kanzlerkandidat.

Was dann geschah, klingt im 21. Jahrhundert mit seiner multimedialen Vernetzung schlicht unglaublich: Nicht nur SPD-Mitglieder, deren Anhänger bis in den Journalismus, sondern die Öffentlichkeit insgesamt hatte genug von den kritischen Veröffentlichungen über Engholm. Er war nun mal Ministerpräsident und Vorsitzender der altehrwürdigen SPD, da sollte es langsam gut sein mit der Kritik über ihn. Schlussstrich unter seine Vergangenheit war angesagt.

Weil ich aber immer neue Belege für Engholms Lügenversion fand, blieb ich trotzdem am Thema dran. Engholm reagierte gereizt, beschwerte sich bei meinem Verleger massiv, diffamierte mich als Kampagnenjournalist „wie in den Nazi-Zeiten". Auch etliche Genossen verlangten, es müsse endlich Schluss sein. Doch Verleger Alfred Neven DuMont blieb gelassen und ließ mich im „Express" weiter arbeiten, auch am Thema Engholm. So notierte ich, dass der Barschel-Mitarbeiter Pfeiffer bereits am 22. April 1987 und damit Monate vor der Barschel-Abwahl dem Bremer Finanzsenator Claus Grobekker (*1935, SPD-Finanzsenator bis 1991) erklärt hatte, er sei in der Kieler Staatskanzlei beschäftigt und suche einen Kontakt zur SPD. Mit Erfolg. In vier Gesprächen (am 16., 21., 27. Juli und am 3. August 1987) offenbarte Reiner Pfeiffer seine üblen Wahlkampfmethoden in angeblichem Barschel-Auftrag ausführlich dem Kieler SPD-Sprecher Klaus Nilius und in weiteren Gesprächen die anderen SPD-Oberen.

Am 18. September beteuert Barschel über vier Stunden vor der Presse seine Unschuld, bekräftigt dies durch eine siebenseitige Erklärung an Eides statt und erklärt in die Mikrofone: „Über diese Ihnen gleich vorzulegende eidesstattlichen Versicherungen hinaus gebe ich Ihnen, gebe ich den Bürgerinnen und Bürgern des Landes Schleswig-Holsteins und der gesamten deutschen Öffentlichkeit mein Ehrenwort, ich wiederhole: Ich gebe Ihnen mein Ehrenwort, dass die gegen mich erhobenen Vorwürfe haltlos sind."
Danach verkündet Engholm wahrheitswidrig in seiner Pressekonferenz: „Wir haben das nachgeprüft. Es gibt weder beim Landesvorstand, noch beim Fraktionsvorstand, noch bei mir, noch sonst wo eine erkennbare Anlaufstelle für Pfeiffer."
Barschel tritt als Ministerpräsident zurück, beteuert aber weiter, Pfeiffer nicht mit den Schmutzkampagnen beauftragt zu haben und verbringt Anfang Oktober einen Urlaub auf Gran Canaria.
Am 11. Oktober gehen die beiden „Stern"-Reporter Sebastian Knauer und Hanns-Jörg Anders (Fotograf) durch die offene Tür in das Zimmer Nummer 317 im Genfer Hotel „Beau-Rivage". Dort sehen sie kurz vor ein Uhr durch die halboffene Badezimmertür den toten Uwe Barschel bekleidet in der Badewanne. Die Reportage mit dem Foto geht um die Welt. Nach dem offiziellen Ergebnis der polizeilichen Ermittlungen hat sich Barschel mit Medikamenten das Leben genommen, aber Zweifel daran werden nie ganz ausgeräumt. Noch Jahrzehnte danach gibt es Meldungen über Geheimdienste und Waffenlieferungen, die als Hintergrund für den Barschel-Tod herhalten sollen. SPD-Bundesgeschäftsführerin Anke Fuchs erklärt direkt nach dem Tod: „Barschel war wohl dem Druck nach dem Aufdecken der Affäre nicht mehr gewachsen gewesen. Sein Tod sollte uns Anlass sein, über den Umgang miteinander, den politischen Stil und die politische Kultur unserer Demokratie nachzudenken."
Am 14. Oktober erfahre ich aus Schweitzer Polizeikreisen, dass es

dort ein Foto gebe, auf dem Pfeiffer im Gespräch mit SPD-Landeschef Günther Jansen zu sehen ist. Dieses Foto habe ein Mann mit Tarnnamen „Robert Roloff" Barschel in Genf übergeben. Damit habe dieser möglicherweise die Aktionen seines Referenten Pfeiffer als Komplott enttarnen wollen. Die Meldung sorgt in der SPD für Unruhe. Hatte doch Barschel in seinen letzten Telefonaten aus Genf mit seiner Frau Freya und seinem Bruder Eike „ganz begeistert von Beweisen seiner Unschuld und von einem Komplott politischer Gegner" gesprochen, die er „möglicherweise enttarnen könne".

Im Oktober fasst Wolfgang Kubicki (damals noch stellvertretender FDP-Fraktionschef, später Fraktionschef im Kieler Landtag) zusammen, was Engholm noch jahrelang leugnen wird: „Wir fordern Björn Engholm jetzt glasklar auf, sich an seine eigenen Worte zu erinnern. Dann bleibt ihm nur der Rücktritt als Spitzenkandidat. Denn juristisch und menschlich gilt: Wer wissentlich gegen sich selbst schmutzige Tricks geschehen lässt, ohne einzugreifen, ist kein Opfer, wie Engholm gern von sich behauptet. Es passte vielmehr der SPD in ihre Strategie, die CDU am Ende des Wahlkampfes als Dreckschleuder zu entlarven." Und mehr noch: „Führende SPD-Mitglieder haben, nach Pfeiffers eigenen Angaben, ihm zur Seite gestanden, obwohl dieser seinen ersten Auftrag von der CDU hatte. So was nennt man nicht nur im Krimi Doppelagent."

Mitte Februar 1988 erfahren wir, dass Pfeiffer 165.000 D-Mark vom „Spiegel" kassiert hat. Am 10. November 1988 übergibt Nilius an Pfeiffer mindestens 25.000 D-Mark, die SPD-Landeschef Günther Jansen nach eigenen Angaben über Monate in kleineren Beträgen in der Schublade gesammelt haben will. Daraus entsteht das Wort von der „Schubladenaffäre". Trotzdem kann Engholm seine Karriere weiter auf dem Fundament seiner Lüge ausbauen.

Im August 1992 treffen wir (inzwischen als Redakteure der „Bild am Sonntag") den Ministerpräsidenten und SPD-Chef Björn Engholm im Kieler Restaurant „Damper" zum Interview mit Abendessen. Bei merkwürdig zerschnittenem (statt filetiertem) Fisch, Wein und Bier geht es um Asylgesetze und soziale Gerechtigkeit. Barschel und Co. sollten nach eindringlichem Hinweis der Parteisprecher tabu sein. Doch am späteren Abend fragen wir höflich, wie es denn war, als er damals von den Pfeiffer-Machenschaften erfuhr. Zu meinem Chefredakteur Michael Spreng gewandt, meint Engholm sinngemäß, als darüber gesprochen wurde, sei er „in einer existenziellen Krise" gewesen. Mehr will er nicht sagen. Meine unbewiesene Vermutung läuft darauf hinaus, dass er wohl zum Zeitpunkt der ersten Information ein paar Gläser getrunken hatte und deshalb in einer Art Bewusstseins-Grenzbereich die Bedeutung nicht realisierte und dann konsequent verdrängte. Mit Erfolg, bis er fünf Jahre nach seiner Lügen-Aktion zur Kanzlerkandidatur greift. Da wird es plötzlich für die Öffentlichkeit wieder interessant, Details aus dem wahren Leben des Möchtegern-Kanzlers zu erfahren. Die Chance habe ich natürlich genutzt.

Anfang März 1993 erklärt mir Wolfgang Kubicki (inzwischen FDP-Fraktionschef): „Engholm will die Bevölkerung für dumm verkaufen." CDU/CSU-Fraktionschef Wolfgang Schäuble meint: „Erst hieß es, Engholms engste Mitarbeiter hätten sich nicht getraut, ihren Chef einzuweihen, weil dieser solche problematischen Informationen nicht verkraften könne. Dann gesteht der Ministerpräsident unter dem Druck der Öffentlichkeit, dass er doch etwas wusste, aber keinen Handlungsbedarf gesehen habe. Engholm disqualifiziert sich damit selbst als Ministerpräsident und Kanzlerkandidat."

Andere Medien haken nach. Engholm gesteht am Hessen-Wahlabend dem Sender VOX auf die Frage, ob die Affäre Pfeiffer/Jansen ihn als Kanzlerkandidaten beschädigt habe: „Objektiv kann man das nicht leugnen." Die Verwicklungen würden „nicht ohne Folgen bleiben".

Ende April meldet auch der „Spiegel", dass Engholm über die Machenschaften des Reiner Pfeiffer, früher als bisher zugegeben, gewusst hat und darüber den Untersuchungsausschuss falsch informiert habe.

Anfang Mai gesteht Engholm in der „BamS" seine Lügengeschichte, die er für eine „Petitesse" gehalten habe und erklärt am 3. Mai seinen Rücktritt von allen Ämtern. Mehr dazu im Anhang unter „Waterkantgate 1987–1993".

Der Griff in die Staatskasse

Andere Fälle von Amtsmissbrauch verliefen zwar nicht so langwierig, waren aber auch nicht ohne. So geriet Anfang August 1990 Berlins Regierender Bürgermeister Walter Momper (SPD) mit Gratisflügen in die Schlagzeilen. DDR-Verteidigungsminister Rainer Eppelmann (CDU) hatte ihm Honeckers Luxus-Hubschrauber gleich mehrmals kostenlos zur Verfügung gestellt, obwohl die Flugstunde normalerweise 4.611 D-Mark kostete. Mit an Bord Ehefrau und Freunde. Und da waren noch die Gratis-Flüge von Klaus Wowereit (SPD, *1953, Berlins Regierender Bürgermeister ab 2001), die meine findigen BZ-Kollegen 2012 beschrieben. Demnach hatte Wowereit nicht nur wie Christian Wulff Urlaub auf der spanischen Finca von Party-König Manfred Schmidt verbracht, sondern war auch im Privatjet von Unternehmer und Ex-Bahnchef Heinz Dürr nach London geflogen. Demnach kostete die Cessna 525 (Kennzeichnen S-IAME) auf der Strecke Berlin-London/Luton-Berlin am 13./14. Juli 2002 ganze 5.625 Euro. Senatssprecher Meng: „Da Herr

Wowereit für die Kosten des Fluges mit Herrn Dürr nicht bezahlen musste, hat er privat den Preis eines Linienfluges nach London über 300 Euro einem guten Zweck gespendet, dem Beratungszentrum für Schwule ‚Mann-o-Meter'." Dann wuchs Gras darüber.

◆

Weit höhere Wellen schlug ein Diätenskandal in der DDR-Volkskammer. Deren Präsidentin Sabine Bergmann-Pohl[31] schickte Bundeskanzler Helmut Kohl ein Fax („Eilt sehr!") mit Kopie an DDR-Chefunterhändler Günther Krause (nach der Wiedervereinigung CDU-Verkehrsminister) und den Bonner Unterhändler Wolfgang Schäuble. Als amtierendes Staatsoberhaupt der DDR warnte sie vor den Folgen, wenn nach der Wiedervereinigung am 3. Oktober nur 144 Volkskammerabgeordnete in den gesamtdeutschen Bundestag einziehen, aber die restlichen 256 vorzeitig „ausscheiden und ihre Rechte als Abgeordnete verlieren". Unverblümt drohte sie, dies könne zu Verärgerungen und „Unsicherheiten für die Schlussabstimmung über den Einigungsvertrag" führen. Deshalb empfahl sie „dringend" allen Volkskammerabgeordneten den gewohnten Status „bis zum 2. Dezember 1990" zu sichern. Das würde ihnen die Einnahmen von 5.900 D-Mark (plus 2.300 DM Kostenpauschale und 3.600 DM Entschädigung) um zwei Monate verlängern. Kostenpunkt für den deutschen Steuerzahler:

---

31 Dr. med. SABINE BERGMANN-POHL (1946), seit 1981 Mitglied der CDU als Blockpartei der DDR, wurde nach der ersten demokratischen Volkskammerwahl vom 18. März 1990 Parlamentspräsidentin und damit nach Auflösung des Staatsrates zugleich letztes Staatsoberhaupt der DDR, nach der ersten gesamtdeutschen Wahl am 3. Oktober 1990 CDU-Bundestagsabgeordnete und bis 1998 Parlamentarische Staatssekretärin im Bundesgesundheitsministerium.

Damit war der große Karriere-Traum zu Ende

3.020.800 D-Mark. Bundeskanzler Helmut Kohl und sein Innenminister Wolfgang Schäuble waren sich sofort einig, dass eine Verlängerung des Abgeordneten-Status' für alle nicht infrage kommt. Ein Freund gab mir eine Kopie des Erpressungsschreibens, das wir am 16. September als Faksimile veröffentlichen. Alle Nachrichtensender griffen den Skandal auf, Bergmann-Pohl schlug eine Welle der Empörung entgegen. Der innenpolitische Sprecher der FDP, Burkhard Hirsch, sagte mir: „Wenn Bonn darauf eingehen würde, bekäme die Abstimmung DDR den Makel, gekauft zu sein. Das wäre unerträglich. Dieses Schreiben von Frau Bergmann-Pohl wird in die deutsche Parlamentsgeschichte als Negativbeispiel eingehen." Damit waren alle Hoffnungen für Frau Bergmann-Pohl begraben, als Nachfolgerin von Rita Süssmuth[32] Bundestagspräsidentin zu werden.

◆

Allerdings kam auch Rita Süssmuth schon bald nach ihrer Wiederwahl in Negativschlagzeilen. Anfang März 1991 fanden Kollegen des Magazins „Stern" heraus, dass ihr Mann mehrmals am Steuer des präsidialen Dienst-Mercedes saß. Schnell wurde daraus ein Streit zwischen den politischen Parteien, zumal sie gerade für eine Gesetzesänderung stritt, damit Abtreibung nicht länger wie bisher unter Strafe gestellt bleibe.

Da die Vorwürfe vom Ehemann am Steuer des Dienstwagens in allen Details auf dem Markt waren, gab es für die nächste Sonntagsausgabe nichts mehr zu holen. Also entschied ich mich für die umgekehrte Variante nach dem Motto: Jetzt redet die Angeschuldigte exklusiv. Als Begleitmusik gaben wir eine Umfrage in Auftrag: Nach dem Ergebnis des Meinungsforschungsinstituts Forsa hielten es 68 Prozent für möglich, dass die Vorwürfe gegen Rita Süssmuth von politischen Gegnern hochgespielt wurden, um sie wegen ihrer abweichenden Ansichten in Misskredit zu bringen. Nur 24 Prozent der 1.014 Befragten hielten das nicht für möglich. Überraschend: Noch nicht einmal ein Fünftel der Wahlberechtigten (17 Prozent) hielten die Dienstwagenaffäre für so schwerwiegend, dass die Bundestagspräsidentin deshalb zurücktreten müsse. 77 Prozent sagten, für einen Rücktritt bestehe kein Anlass. 40 Prozent glaubten allerdings, dass durch die Affäre die Glaubwürdig-

---

[32] Prof. Dr. phil. RITA SÜSSMUTH (*1937), CDU-Mitglied seit 1981, war Bundesministerin für Familie und Gesundheit (1985–1988) und Bundestagspräsidentin 1988–1998). (Quelle für den Datenabgleich: Deutscher Bundestag)

Rita Süssmuth besucht die „BamS"-Parlamentsredaktion

keit der deutschen Politik weiter Schaden leide. 53 Prozent fürchteten keinen weiteren Schaden.
Genau dazu wollte ich mein Interview führen. Rita Süssmuth kam wie meistens eine halbe Stunde zu spät. Dann lief das Bandgerät. Zumindest glaubte ich das. Doch am Ende war nichts drauf. Erstmals in meiner Laufbahn. Also rekonstruierte ich nach meinen kurzen Notizen ihren O-Ton: „Natürlich würde ich mich als Bürger

empören, wenn ich so etwas lese. Aber das hat mit den Tatsachen nichts zu tun. In Wirklichkeit handelt es sich um eine durchsichtige Kampagne gegen mich – nicht mehr und nicht weniger." Nein, den Dienstwagen habe ihr Mann nie privat genutzt, sondern: „Mein Mann hat mich häufig gefahren. Er hat für mich mit dem Dienstwagen den Chauffeur gespielt – wenn ich zum Beispiel in meinem Wahlkreis zu Veranstaltungen musste; oder er ist gefahren, wenn er in meinem Auftrag an politischen Veranstaltungen teilgenommen hat. Dadurch haben wir oft den Fahrer gespart."

Das kam an, der Sturm legte sich. Bis der nächste kam. Plötzlich wurden ihre Flüge mit der Flugbereitschaft der Bundeswehr zu ihrer Tochter in die Schweiz bekannt. Ein Freund spendierte mir die Daten aus den Unterlagen der Flugbereitschaft. Demnach war die damalige Bundestagspräsidentin im Zeitraum vom 1. Januar 1995 bis 8. Juni 1996 insgesamt 152,55 Stunden mit Bundeswehrmaschinen unterwegs. Dabei entstanden Betriebskosten in Höhe von 1,283 Millionen D-Mark. Der damalige Vorsitzende der Deutschen Steuergewerkschaft, Dieter Ondracek, verlangte eine Prüfung der Süssmuth-Flüge durch die Finanzbehörden: „Das für Frau Süssmuth zuständige Finanzamt sollte prüfen, ob die Flüge von Frau Süssmuth zu privaten Treffen mit ihrer Tochter als geldwerter Vorteil zu zählen und damit zu versteuern sind. Schließlich gilt genau dieses Prinzip für jeden Steuerzahler, der seinen Dienstwagen auch privat nutzt. Mit dieser Frage sollte sich zumindest das Finanzamt auseinandersetzen, das die Steuererklärung von Frau Süssmuth prüft." Doch dann sprang ihr Bundestagsvizepräsident Hans-Ulrich Klose (SPD) zur Seite. In seinem Bericht für den Ältestenrat des Bundestags kam er zu dem Ergebnis, Frau Süssmuth habe „die Flugbereitschaft nur zu dienstlichen Anlässen in Anspruch genommen". Denn in der Schweiz gab es nicht nur die Tochter, sondern auch Hinweise auf rein zufällig dort zeitgleich mit dem Tochterbe-

such stattfindende Redaktionsbesuche und ähnliche Diensttermine. Wieder davongekommen.
Als Konsequenz schlug der Bundesrechnungshof dem Haushaltsausschuss eine Neuregelung vor: „Grundsätzlich sollen Dienstfahrzeuge nur noch für Dienstfahrten genutzt werden." Das sollte auch für Minister gelten. Doch daraus wurde nichts. Es blieb dabei, Minister sind immer im Dienst und dürfen immer mit dem Dienstwagen fahren.

◆

Das nahm auch Ulla Schmidt[33] in Anspruch. Die SPD-Gesundheitsministerin ließ sich sogar im Spanienurlaub gern vom Fahrer in ihrer Dienstlimousine chauffieren. Natürlich musste dieser dazu eigens auf Staatskosten anreisen (auch mit seinem Sohn an Bord) und in der Urlaubsregion schöne Tage verbringen.
Peinlich aufgeflogen ist das Ganze, als spanische Medien im Juli 2009 meldeten, dass die sozialdemokratische Ministerin aus Deutschland bei der spanischen Polizei den Diebstahl ihres Dienstwagens (Mercedes S-Klasse) gemeldet habe. Zwei Tage später erklärte ihr Ministerium dem verblüfften Berlin, sie habe den Wagen im Urlaub „privat und dienstlich genutzt". Die Ministerin selbst meinte zur Begründung: „Ich habe in Spanien Deutschland repräsentiert." Dazu hatte sie das Auto samt Fahrer ganze 72 Kilometer dienstlich genutzt. Dann kamen immer neue Details ans Licht. Plötzlich gestand sie, dass im letzten Jahr ein Verwandter von ihr im offiziellen Dienstwagen zu ihrem Urlaubsort nach Südspanien

---

33 ULLA SCHMIDT (*1949), SPD-Mitglied seit 1983, Bundestagsabgeordnete seit 1990, war stellvertretende Vorsitzende der SPD-Fraktion (1998–2001) und Bundesgesundheitsministerin (2001–2009). (Quelle für den Datenabgleich: Deutscher Bundestag)

gefahren ist. Ulla Schmidt versprach: „Ich persönlich würde die gleiche Entscheidung nicht noch einmal treffen, weil es trotz einer korrekten Anwendung der Richtlinien solche Debatten gibt." Und schon war sie aus dem Schneider.

Krause und die Minister-Putzfrau

Weniger gut kam Bundesverkehrsminister Günther Krause, damals 34, davon. Der einstige Hoffnungsträger der DDR-CDU stolperte er über die Vermittlung von Raststätten-Konzessionen und seine eigene Putzfrau. Anfangs behauptete er, sich an Bemühungen der holländischen Firma Van der Valk um Konzessionen für Raststätten nicht erinnern zu können. Dann erfuhr ich von Briefen, die belegten, wie sehr sich Krause für die Raststätten-Firma eingesetzt hatte. Er schlug etwa vor, dass „neben den sechs Standorten auch an der Autobahn nach Rostock und noch zusätzlich an der Verbindung der jetzigen Fernverkehrsstraße von Lübeck nach Stralsund" – Hinweis: dort lag Krauses Wahlkreis – „ein solches Vorhaben realisiert werden kann." Die Kritik an diesem Krause-Engagement zog sich länger hin, bis 1993 der nächste Schlag kam. Mitte März wurde die sogenannte Putzfrauen-Affäre bekannt. Wieder stritt er zunächst alles ab. Dann wurde belegt, dass er 660 D-Mark vom Arbeitsamt als Zuschuss zum Lohn seiner Putzfrau Edith Boelter kassiert hatte. Mehr noch. Krause und seine Frau Heidrun (damals 36) hatten massiv um den Zuschuss gefeilscht, denn das Arbeitsamt wollte zunächst nur 257 D-Mark (30 Prozent) zum Monatslohn von Frau Boelter (858 DM) zuschießen. Erst mit ihrem zweiten Antrag setzte das Ehepaar Krause den Zuschuss von 70 Prozent durch, der dann rückwirkend gezahlt wurde.

Auch Unionspolitiker, die Krause lange im Amt halten wollten, befürchteten nun, dass sein Negativ-Image zur Belastung für die Regierung würde. Ein Abgeordneter: „Krause wird Kohls Möllemann." Am 6. Mai 1993 musste Krause zurücktreten. Später folgten Offenbarungseid, Prozesse wegen Untreue, Betrug und Steuerhinterziehung.

Möllemann und der Einkaufschip

Tragisch im Sinne des Wortes endete Jürgen Möllemann, der vier Monate vor Krause zurücktreten musste, obwohl er so gern FDP-Bundesvorsitzender geworden wäre: 1993 stolperte er mit 47 Jahren über einen kleinen Einkaufchip.
In vielen vertrauensvollen Gesprächen mit ihm entstand über Jahre fast so etwas wie Freundschaft. Deshalb rief ich ihn warnend an: „Jetzt wird es eng. Das ist wie mit einer Lawine, die schon so lange bedrohlich am Berg hängt, dass nur noch jemand in die Hände klatschen muss, und schon geht alles krachend zu Tal." Seine Antwort war ehrlich wie immer: „Ich bin schon längst jenseits der Schmerzgrenze." Doch der Schmerz kam, obwohl es gemessen an seinen früheren Eskapaden eher einen kleineren Anlass gab. Also doch vergleichbar mit der Lawine. Ursache war diesmal ein Werbebrief auf offiziellem Ministerbogen zu Gunsten seines angeheirateten Vetters. Dieser produzierte kleine Plastikchips, die man statt der Geldmünze in das Schloss von Einkaufswagen schieben kann, was im Ministerbrief als „pfiffige Geschäftsidee" gepriesen wurde und später im Volksmund „Möllemännchen" hieß.
Massive Kritik kam aus der eigenen Partei mit Sätzen wie: „Ich habe große Zweifel, dass ein solcher Minister noch der deutschen Wirt-

schaft und seiner Partei erfolgreich dienen kann." Selbst der damalige FDP-Chef Otto Graf Lambsdorff machte „ein Fragezeichen hinter dem Namen von Bundeswirtschaftsminister Möllemann".
Diese Kritik galt einem Mann, der selbst nie einen Zweifel daran gelassen hatte, wohin er will: ganz nach oben. 1969 trat Möllemann aus der CDU aus und in die FDP ein, weil bei den Liberalen schneller Karriere zu machen war: vom Grundschullehrer (Deutsch, Geschichte, Sport) 1972 in den Bundestag, 1982 Staatssekretär, 1987 Bildungsminister, 1991 Wirtschaftsminister, dann sogar Vizekanzler. Den Kollegen in Bonn war der Senkrechtstarter unheimlich. Es hagelte Spitznamen: „Magic Molli", „Speedi", „Mümmelmann", „Minenhund". Als PR-Fachmann (Mitinhaber einer Werbeagentur) störte ihn das wenig. Sein Motto: „Besser, die Leute reden schlecht über mich als gar nicht." Dabei war er im Amt auch stets fleißig, schuftete – bis ihn die Lust auf Schlagzeilen neu packte. Er versprach sogar, zehn Milliarden Mark Subventionen einzusparen und zurückzutreten, wenn ihm dies nicht gelänge. Es gelang nicht. Am 21. Januar wurde Günter Rexrodt (FDP) Möllemanns Nachfolger im Ministerium. Möllemann verstrickte sich danach bekanntlich in Spendenaffären und zunehmende Eigenentscheidungen, die nicht mit der FDP-Spitze abgestimmt waren. Das alles aufzuzeigen, ergibt Stoff genug für ganze Bücher.

Amigo-Affäre mit Stoiber

Im skandalträchtigen Jahr 1993 musste Bayerns Ministerpräsident Max Streibl (1932–1998, Ministerpräsident seit 1988) am 27. Mai seinen Hut nehmen. Zu viele Reisen mit Amigos in Flugzeugen des Rüstungskonzerns MBB waren ans Tageslicht gekommen. Auch sein damaliger Innenminister und CSU-Parteifreund Edmund Stoiber geriet in den Strudel der Amigo-Affäre, trat aber rechtzeitig die Flucht nach vorn an. Sein Berater und Sprecher Friedrich Wilhelm Rothenpieler erwies sich als wahrer Freund mit seinem Rat: Schnell intern alles überprüfen und dann in einer Pressekonferenz alles auf den Tisch. Stoiber gab selbst zu, jahrelang zu privaten und dienstlichen Zwecken mit Flugzeugen des Rüstungskonzerns MBB gejettet zu sein, außerdem für etliche Urlaubsreisen kostenlose Leihwagen von Mercedes, BMW und Audi benutzt zu haben. Strauß habe Wert auf gemeinsame Urlaube gelegt, rechtfertigte Stoiber Privat-Flüge beider Familien in MBB-Jets nach Frankreich und Italien: „Wer Franz Josef Strauß kannte, kann sich gut vorstellen, dass das keine reinen Vergnügungsreisen waren." Dazu gestand der frühere CSU-Generalsekretär und Chef der Münchner Staatskanzlei: „Mir ist bewusst, dass heute in der Öffentlichkeit solche Firmen-Leistungen kritisch betrachtet werden. Ich beurteile das heute anders als früher." Er beauftragte einen Steuerberater mit der Prüfung der Reisen. Das Geständnis brachte ihm ein paar Tage Schlagzeilen ein, dann war die Story alt und überholt. So kam er davon.

Sozialwohnungen für Abgeordnete

Danach sorgten Ende Oktober Bonner Politiker gleich reihenweise für Schlagzeilen, weil sie in staatlich subventionierten Wohnungen zu Mini-Mieten lebten. Auslöser war mein Artikel, in dem ich aufzählte:
Genau 10.366 D-Mark bekommt ein Bundestagsabgeordneter im Monat an Diäten. Dazu gibt's 5.978 D-Mark als steuerfreie Kostenpauschale – unter anderem, um eine Zweitwohnung in Bonn zu be-

zahlen. 134 Abgeordnete machen damit ein Riesengeschäft. Sie kassieren wie Großverdiener und wohnen billig wie Sozialmieter – und zwar auf Kosten der Staatskasse. Die Apartments in bester Stadtlage sind in den Fraktionen heißbegehrt, man muss schon einige Bonner Jahre auf dem Buckel haben, um einziehen zu dürfen. Zu den Billig-Mietern gehören Bundespostminister Wolfgang Bötsch (CSU), die SPD-Spitzenpolitiker Rudolf Dreßler und Herta Däubler-Gmelin sowie Ex-Unionsfraktionschef Alfred Dregger. Auch die Ex-Minister Heinz Riesenhuber (CDU), Jürgen Möllemann (FDP) und Hans Engelhard (FDP) haben schon als Regierungsmitglieder von dem Mietskandal profitiert und wohnen noch heute in ihrem Appartement. Nur 280 D-Mark bezahlen die Politiker für ihre 41-Quadratmeter-Unterkünfte mit Kochecke und Balkon ganz in der Nähe des Bundestages Das ist eine Kaltmiete von knapp 6,83 Mark pro Quadratmeter. Vermieter ist die bundeseigene Immobilienfirma Baugrund. Die Appartements wurden Anfang der sechziger Jahre mit Bundeszuschüssen gebaut.

Wegen dieser Zuschüsse, so fordert die Kölner Oberfinanzdirektion, müssen die Bundestags-Appartements juristisch behandelt werden wie normale Sozialwohnungen. Das heißt: Wer zu viel verdient und zu wenig zahlt, muss eine „Fehlbelegungsabgabe" entrichten. 247 D-Mark pro Monat verlangt die Behörde von jedem Abgeordneten.

Doch der SPD-Abgeordnete Peter Conradi, Wohnungsbau-Experte seiner Partei, zerstörte selbst diesen Versuch, ein wenig Mietgerechtigkeit herzustellen. Conradi wälzte die einschlägigen Gesetze und stellte fest: Nach der Rechtslage in Nordrhein-Westfalen dürften für die Abgeordneten-Appartements in Bonn insgesamt lediglich 8,20 Mark pro Quadratmeter verlangt werden. Die Oberfinanzdirektion kuschte vor dem Widerspruch des Abgeordneten und reduzierte die Fehlbelegungsabgabe auf 56 D-Mark.

Conradi, der sofort seine Nachbarn – wie Minister Bötsch – über seinen Erfolg informierte, blieb uneinsichtig. Er sagte mir: „Wenn das Land die Gesetze ändert, zahle ich auch mehr, vorher nicht." Die 134 Abgeordneten zahlten künftig also – Miete plus Abgabe – nur 336 D-Mark für ihr Appartement statt der sonst üblichen 800 D-Mark im Monat.

Die damalige Bundeswohnungsbauministern Irmgard Schwaetzer (FDP) beendete dann doch die Vorzugsbehandlung mit dem Hinweis: „Die Fehlbelegungsabgabe ist auf Sozialwohnungen zugeschnitten und daher für diese Abgeordneten-Wohnungen nicht geeignet. Daher bleibt uns nur ein Ausweg, um diese offensichtliche Ungerechtigkeit zu beseitigen: Wir verpflichten die zuständige bundeseigene Wohnungsgesellschaft, die öffentlichen Kredite vorzeitig zurückzuzahlen. Damit fallen diese Wohnungen aus der Mietpreisbindung heraus und werden mietrechtlich praktisch wie frei finanzierte Mietwohnungen behandelt. Abgeordnete brauchen eine Bleibe in Bonn, aber keine Begünstigungen wie bedürftige Sozialmieter."

◆

Anfang 1994 hätte Carola von Braun (FDP) beinahe ihr politisches Köfferchen packen und ihren Job als Parteichefin und Fraktionsvorsitzende der Liberalen im Berliner Abgeordnetenhaus an den Nagel hängen müssen. Sie hatte immerhin acht Friseur-Rechnungen (1.238 DM) über die Fraktionskasse abgerechnet. Fraktionsgelder sind zum großen Teil Zuschüsse aus dem Landeshaushalt – also Steuergelder. Die Politikerin (Jahresgehalt 165.000 DM) rechnete auch für 8.000 D-Mark Flüge ab, um bei den Bundesvorstandssitzungen ihrer Partei in Bonn dabei zu sein. Rechtsanwalt Ekkehard Plöger (auch FDP-Mitglied) bekam von der haarigen Angelegenheit Wind, stellte Strafantrag wegen Veruntreuung von Steuermitteln.

Kritik auch aus Bonn. FDP-Haushaltsexperte und Fraktionsvize Wolfgang Weng: „Das ist völlig unmöglich und spottet jeder Beschreibung." Felix-Erik Laue, Landesvorsitzender vom Berliner Bund der Steuerzahler, ging noch weiter: „Ein eklatantes Beispiel für Selbstbedienung, Frau von Braun sollte sich aus der Politik zurückziehen."

Die FDP-Fraktion sah das nicht so eng und beließ nach einer Abstimmung Carola von Braun (Nichte des verstorbenen Raketenforschers Wernher von Braun) in ihrem Amt. Noch einmal gutgegangen.

Ex-Juso-Chef verlangt das große Geld

Mitte Juni 1994 traf ich wie so oft Wolfgang Roth (*1941, Juso-Vorsitzender 1972–1974, Bundestagsabgeordneter 1976 bis September 1993) mittags bei „Ossi" an der Bar. Es war der Bonner Polit-Treffpunkt im Bundeshaus unter der gastronomischen Leitung von Ossi Cempellin. Roth mit Bier in der Hand spottete wie üblich, weil ich zum Essen ein Glas Milch trank. Aber sonst verstanden wir uns über die Jahre recht gut. Bis ich auf seine neuen Geldforderungen zu sprechen kam.

Zur Erinnerung: Mehr als 10.000 D-Mark solle niemand in Deutschland monatlich verdienen dürfen, hatte er 1974 als Vorsitzender der Jungsozialisten gefordert. Im weiteren Verlauf seiner Karriere hat der Mann aus Schwaben den Wert des Geldes durchaus schätzen gelernt. Inzwischen schien er sogar zu jenen Politikern zu gehören, die nicht genug davon bekommen können. Jedenfalls verklagte Roth (damals 53) den Deutschen Bundestag, dem er 17 Jahre lang angehörte. Es ging dabei um Pensionszahlungen in sechsstelliger Höhe. Roth, zuletzt Wirtschaftssprecher seiner Fraktion, wechselte 1993 von Bonn nach Luxemburg und wurde dort Vizepräsident der EU-eigenen Europäischen Investitionsbank. Monatsgehalt: gut 26.000 D-Mark. Seine Amtszeit endete 1999. Roth stand danach als 58-jährigem sofort eine Pension für seine Bundestagszeit in Höhe von knapp 8.000 D-Mark zu.

Doch dem SPD-Mann war das zu wenig. Er wollte zusätzlich 3.000 D-Mark monatlich für sechs Jahre als Bankdirektor kassieren. Als die Bundestags-Verwaltung ihm ankündigte, die Luxemburger Pension werde mit den Bonner Zahlungen verrechnet, reicht Roth die Klage ein. Er hält die Bonner Rechtsposition für „eine blanke Unverschämtheit". Bei seinem zweiten Bier sagte Roth: „Ich muss doch wohl für die sechs Jahre, die ich in Luxemburg tätig bin, eine zusätzliche Pension bekommen. Hier geht es schließlich um etwa 3.000 Mark, bei durchschnittlicher Lebenserwartung also um ein Gesamttruhegeld von zusätzlich gut 200.000 Mark. Es kann doch wohl nicht sein, dass ich am Ende mit dem Viertel meines letzten Einkommens in Rente gehen soll, nur weil die Pension aus Luxemburg mit der des Abgeordneten verrechnet wird." Hinter verschlossenen Türen schüttelten selbst Parteifreunde den Kopf über ihren langjährigen Fraktionsvize. Aber Roth setzte sich durch. Danach habe ich ihn nicht mehr bei Ossi gesehen.

Reisespesen mit Kohl als Kronzeuge

Mit Reisespesen der besonderen Art machte 1996 ein Bonner Staatsmanager von sich reden und berief sich dabei auch noch auf Bundeskanzler Helmut Kohl, der das gar nicht lustig fand.
Wie mir ein Freund erzählte und mit Dokumenten belegte, reiste der Chef der staatlichen Deutschen Entwicklungshilfe-Gesellschaft

(DEG), Rainer von Othegraven (damals 59), mit Frau Marie-Luise regelmäßig dreimal im Jahr hochoffiziell zu den festlichen Empfängen der Weltbank. Mal stiegen die beiden im Washingtoner Nobelhotel „Madisson", mal im Madrider „Palace"-Hotel ab – und immer ging alles, vom First-Class-Flug bis zum Luxushotel, auf Kosten der deutschen Staatsfirma. Für die Dame gab es sogar Tagegeld. Auf Wunsch stand ihr selbstverständlich ein eigener Dolmetscher zur Verfügung.

Der Bundesrechnungshof fand heraus, dass die aufwendigen Reisen des Geschäftsführers des deutschen Staatsunternehmens in der Zeit von 1990 bis 1994 insgesamt rund 820.000 D-Mark gekostet haben. Zwischen 66 und 86 Tage pro Jahr war Rainer von Othegraven (Jahresgehalt: 470.000 DM) unterwegs. Dazu steht in dem vertraulichen Gutachten des Bundesrechnungshofs auf Seite 11: „Auf die Ehefrau entfielen dabei an Fahrtkosten und Tagegeld mindestens 170.000 D-Mark."

Ausgaben, die nach Auffassung der Rechnungsprüfer nicht korrekt sind: „Der Bundesrechnungshof ist der Ansicht, dass die DEG die Kosten für die Mitreise der Ehefrau des Geschäftsführers nicht hätte übernehmen sollen."

Das sah Rainer von Othegraven völlig anders. Der DEG-Chef sagte mir am Telefon: „Das Reisen mit der Ehefrau hat absolut einen Sinn. Es ist Teil meines Erfolgs. Die Herren Kohl und Kinkel machen das ja auch so."

Dagegen heißt es auf Seite 18 des Rechnungshofberichts: „Der Bundesrechnungshof sieht in Übereinstimmung mit dem Bundesministerium der Finanzen in den geleisteten Erstattungen über einen Zeitraum von fünf Jahren einen Verstoß gegen die eindeutige Regelung des Anstellungsvertrages."

Kaum hatte ich darüber berichtet, reagierte das Kanzleramt empört auf die Othegraven-Behauptung, der Bundeskanzler handle schließlich genauso wie er. Dieser Vergleich mit Kanzler und Vizekanzler ging der Regierung entschieden zu weit. Sofort schwenkte der reisefreudige Othegraven um und wollte das so nicht mehr gesagt haben. Am Rosenmontag, den 19. Februar, zog der „Spiegel" nach mit dem Hinweis, dass Othegraven nach Angaben des Bundesrechnungshofes eindeutig gegen seinen Anstellungsvertrag verstieß.

Das rief das Kanzleramt erneut auf den Plan. Kohl und seine Mitarbeiter zogen gegen mich als Urheber der Story alle juristischen Register, verlangten von mir Gegendarstellung, Unterlassungserklärung und was sonst noch möglich schien, denn Kohl wollte nicht in einem Atemzug mit der Reiseaffäre genannt werden.

Zu dem Zeitpunkt war ich gerade auf die Insel Juist dem Karneval entflohen. Eigentlich wollte ich sofort wieder zurück nach Bonn, aber es herrschten Eis und Schnee wie selten. Fähre und Flugzeuge standen still. Also gingen die meterlangen Faxe zwischen meinem Anwalt, meinem Büro und meinem Hotel hin und her. Da der Kohl-Anwalt gleich alles wollte, entschied der zuständige Richter, dass es notwendig sei, in der Sache zu ermitteln, statt sofort einer Gegendarstellung zu entsprechen. Gut für uns, denn Gegendarstellungen sind sonst bei Einhaltung der einfachen Rechtsnorm sehr leicht auch ohne sachliche Richtigkeit durchzusetzen. Am Ende hatten wir das Recht auf unserer Seite. Kohls Anwalt bekam nichts, nicht einmal die Gegendarstellung. Nur Othegraven bekam einen Rüffel.

Lustreisen im Verkehrsministerium

Ebenfalls um vermeidbare Kosten ging es 2002 im Bereich von Bundesverkehrsminister Kurt Bodewig (SPD). Seine Mitarbeiter hatten beim Kauf wichtiger Geräte einen Aufpreis verlangt, um attraktive Fernreisen zu finanzieren. Das erfuhr ich aus streng vertraulichen Protokollen der Innenrevision des Ministers. Diese sechsköpfige Sondereinheit zur Bekämpfung von Korruption ist zuständig für die Beobachtung von über 13 Milliarden Euro staatlicher Investitionen des Bundesministeriums für Verkehr, Bau- und Wohnungswesen.

Nach dem Vermerk gestand am 29. Januar 2002 Dr. Volker W. dem Personal-Referatsleiter Volker Sch.: „Während meiner Zeit als Mitarbeiter im Sachgebiet M 35, unter Leitung von Herrn Dr. T. war ich schon von Beginn an öfter verwundert, dass er selbst, aber auch seine Mitarbeiter bei einer Neubeschaffung eines Großgerätes in das Ausland fuhren, um dort die Geräteeinweisungen, meist einwöchiger Einführungskurs, teilweise aber auch mehrmals, zu bekommen." In dem anschließend angefertigten Vermerk zum Disziplinarverfahren beschreibt Volker W., wie das von ihm gewünschte Messgerät, ein Massenspektrometer, für sein Arbeitsgebiet genehmigt wurde: Der dafür angesetzte Beschaffungsbetrag von 500.000 D-Mark wurde nicht ausgeschöpft, es blieben 75.000 D-Mark „übrig, die schnell ausgegeben werden mussten". Dafür wurde ein „Ion-Trap-Detektor" genehmigt mit der Aufforderung, den Anschaffungspreis soweit zu erhöhen, dass ein einwöchiger Auslandskurs für einen Mitarbeiter in Kalifornien ermöglicht würde. So habe ein Mitarbeiter für eine Woche nach Kalifornien fliegen können. Das sei „kein einmaliger Vorgang, sondern mehrfach so geschehen, selbst in jüngster Zeit". So sind die Korruptionsbekämpfer des Verkehrsministeriums im nachgeordneten Bundesamt für Seeschifffahrt und Hydrographie (BSH) auf weitere besonders schöne Traumreisen gestoßen, die dessen Mitarbeiter auf Staatskosten unternommen haben. Scarlett B. durfte im Oktober 2001 aus dem kühlen Hamburg für zwei Wochen in die tropische Inselwelt von Indonesien fliegen. Zwei Tage

Bundes
rechnungshof

Bericht

an den Haushaltsausschuss des Deutschen Bundestages

nach
§ 88 Abs. 2 BHO

zur Übernahme der Kosten der Personalvertretungen im Geschäftsbereich des Bundesministeriums für Verkehr, Bau und Stadtentwicklung

Gz.: VII 3 - 2011 - 0612 /
V 1 - 2011 - 0244

Bonn, den 25. Januar 2012

Dieser Bericht des Bundesrechnungshofes ist urheberrechtlich geschützt. Eine Veröffentlichung ist nicht zulässig.

Der Bundesrechnungshof urteilt über das Bundesverkehrsministerium

0 Zusammenfassung

Aufgrund einer Bitte des Haushaltsausschusses des Deutschen Bundestages hat der Bundesrechnungshof die Übernahme der Kosten für die Teilnahme von Personalräten an Personalrätekonferenzen und ein Treffen auf der Insel Helgoland durch das Bundesministerium für Verkehr, Bau und Stadtentwicklung (BMVBS) geprüft. Die Prüfung hat im Wesentlichen ergeben:

0.1 Die Reise der Bezirkspersonalräte der Wasser- und Schifffahrtsdirektionen Nord und Nordwest auf die Insel Helgoland im Jahr 2010 war zur Erfüllung ihrer Aufgaben nicht notwendig. Die Übernahme der Kosten durch die Dienststellen des BMVBS war nicht zulässig. (Tz. 4)

0.2 Zwei in den Jahren 2007 und 2010 von einer Gewerkschaft in Berlin veranstaltete Personalrätekonferenzen waren keine Schulungs- und Bildungsveranstaltungen im Sinne des § 46 Absatz 6 Bundespersonalvertretungsgesetz. Trotzdem hat das BMVBS die Kosten für die Teilnahme von Personalratsmitgliedern an den Konferenzen übernommen. Dem Bundeshaushalt sind dadurch unnötige Aufwendungen entstanden. (Tz. 5)

Laut Bundesrechnungshofbericht von 2012 eine unzulässig abgerechnete Veranstaltung im Bereich des Bundesverkehrsministers

später folgte ihre Kollegin Elke H. nach Surabaya. Zur Begründung heißt es in ihren Reiseanträgen übereinstimmend: „Probeentnahme von Wasser- und Sedimentproben im Surabaya River und der Madura Bight."

Nach dem Bericht an das Forschungszentrum Karlsruhe (Aktenzeichen 4391/01-M3) hat die Ermittlung der Schadstoffe im indonesischen Fluss Brantas in einem Jahr den Steuerzahler insgesamt 134.000 D-Mark gekostet, darunter Reisekosten für zwei Personen mit 12.000 D-Mark. Dafür haben die zwei Mitarbeiterinnen des BSH in Indonesien Wasser geschöpft, eine der beiden brachte das Schmutzwasser nach Deutschland zur Analyse, Elke H. blieb vor Ort, um noch zwei private Urlaubswochen anzuhängen.

Die offizielle Begründung dieses über Jahre beliebten Reise-Projekts für BSH-Mitarbeiter lautet, es sei ihre Aufgabe, Analysen von Wasserproben als Ergänzung zu automatischen Messungen zu nehmen. Das führte dann zu der Erkenntnis: „Der Brantas ist ein extrem hochbelasteter Fluss durch Einleitungen aus Industrie, Agrarwirtschaft und Kommunen. Es scheint daher angezeigt, ein umfangreiches Umwelt-Screening auf organische Schadstoffe und Schwermetalle durchzuführen. Dies soll in einer ausführlichen Beprobung von Wasser und Sediment erfolgen." So waren weiterhin Reisegründe gesichert. Aber nach meiner Veröffentlichung nahmen diese Reisefreuden ein jähes Ende. Allerdings wurden weiterhin Veranstaltungen auf Kosten der Allgemeinheit im Bereich des Bundesverkehrsministeriums beanstandet, wie der nebenstehende Bericht des Bundesrechnungshofes belegt.

Kommt ein Teppich auf Staatskosten geflogen

Um ein eher alltägliches Reisemitbringsel der beliebten Art ging es im Fall von Dirk Niebel[34] im Jahre 2012. Der Entwicklungshilfeminister hatte ohnehin schon einen schweren Start, weil seine FDP jahrelang die Abschaffung genau dieses Ministeriums gefordert hatte, da es „überflüssig" sei. Trotz dieser Ansage vor der Wahl wurde der FDP-Politiker nach der Wahl ebendort Ressortchef und wechselte schon bald zahlreiche Mitarbeiter ohne FDP-Nähe aus. Ein Jahr vor der nächsten Bundestagswahl kaufte Niebel einen Teppich in Kabul, den er ohne Zoll zu bezahlen als Sondergepäck im Jet des BND nach Deutschland transportieren ließ. Kaum stand das in den Zeitungen, da begann die Berliner Staatsanwaltschaft zu ermitteln. Niebel sagte dazu meinem Freund und Kollegen Martin Lambeck treuherzig: „Ich wollte das Kleingewerbe in Afghanistan unterstützen und einen Teppich für mein Esszimmer kaufen." Weil ihm das Stück mit 30 Kilo in der Linienmaschine zu schwer war, überließ er dem BND den Transport.

In die Schlagzeilen geraten, wollte er das Stück nachverzollen. Damit nicht genug. Er musste sich in einer aktuellen Stunde des Bundestages entschuldigen. Hohn, Spott und Rücktrittsforderungen waren die Antwort. Das lesenswerte Protokoll dazu steht im Anhang. Und als Clou verkündete Niebel am nächsten Tag auf seiner Homepage, was er herausgefunden habe: „Der Teppich war nicht zollpflichtig. Als eines der am wenigsten entwickelten Länder unterliegt Afghanistan einer Sonderregelung der Europäischen Union, wonach auch Privatpersonen Gegenstände wie Teppiche zollfrei nach Deutschland einführen dürfen." Fall erledigt, aber der Spott blieb.

---

34 DIRK NIEBEL (1963), FDP-Mitglied seit 1990, FDP-Generalsekretär (2005–2009), Fallschirmjäger, Diplomvolkswirt, Bundestagsabgeordneter (1998–2013), Bundesminister für wirtschaftliche Zusammenarbeit und Entwicklung (2009–2013). (Quelle für den Datenabgleich: Deutscher Bundestag)

◆

Zum Schluss noch ein fast versöhnlich harmloser Fauxpas. Es ging um Kohls knappe Wiederwahl im Deutschen Bundestag am 15. November 1994. Trauriger Held war der neue und bis dahin weitgehend unbekannte CDU-Abgeordnete Roland Richter (*1957) aus Karlsruhe. Ohne Wecker verschlief er die Abstimmung und erschien erst, als alles vorbei war. Fraktionschef Wolfgang Schäuble wusch ihm gehörig dem Kopf, die Nation lachte über den Langschläfer und schickte ihm gleich dutzendweise Wecker. „Eine Kohl-Wahl verschlafe ich bestimmt nicht mehr", versprach er und entschuldigte sich bei Bundeskanzler Helmut Kohl, der versöhnlich reagierte: „Das musst du in den nächsten vier Jahren wieder wettmachen." Danach war seine Abgeordnetenkarriere zu Ende.

IV. Von Terroristen und Spionen

Deutscher Terror im Ausland

Kommen wir nun vom Privatleben zu einer besonders gefährlichen Seite der Politik, der Terrorgefahr, die in Deutschland seit den 70ern eine traurig-wichtige Rolle spielt. Dazu ein kurzer Blick auf die Daten. Der Terror gehört naturgemäß zu den wichtigen Beobachtungszielen von BND und Verfassungsschutz. Das galt auch für deren DDR-Gegenspieler, der dortigen Staatssicherheit (Stasi) – spätestens seit dem Erscheinen der RAF. Zu ihr hatte die Stasi sogar ganz besondere Beziehungen. Wie wir später erfuhren gab es aus der DDR Geld und in der DDR ruhige Unterkünfte. So lebte Susanne Albrecht, die mutmaßliche Mörderin des Frankfurter Bankiers Jürgen Ponto, seit 1980 unbehelligt in der DDR mit Mann und Kind, zuletzt im Ostberliner Stadtteil Marzahn, Rosenbecker Straße 3, zweite Etage links.
Ihre selbsternannte Rote Armee Fraktion (RAF) war in gut zwanzig Jahren für mindestens 34 Morde, Terroranschläge und Banküberfälle verantwortlich. Dazu kamen immer wieder gewaltsame Versuche, inhaftierte Terrorgenossen freizupressen.
Bundeskanzler Helmut Schmidt (SPD) war zwar strikt dagegen. Doch als am 27. Februar 1975 der CDU-Spitzenkandidat Peter Lorenz drei Tage vor der Berliner Abgeordnetenhauswahl entführt wurde, lag Schmidt mit einer fiebrigen Grippe danieder – diesmal war es wirklich eine Grippe. Freunde aus seiner engsten Umgebung erklärten mir, die Erkrankung sei ein wesentlicher Grund, warum Schmidt den Deal mit den Terroristen nicht verhindert habe. Fünf Terroristen wurden aus Deutschland in den Jemen ausgeflogen und

Lorenz kam am 5. März frei. Im folgenden Jahr endete die nächste große Aktion tödlich.

Dazu noch einmal kurz die Fakten. Acht Palästinenser und zwei deutsche Terroristen (Wilfried Böse und Brigitte Kuhlmann) bringen am 28. Juni 1976 die Air France Maschine vom Typ Airbus A300 mit Nummer 139 auf dem Weg von Tel Aviv über Athen nach Paris in ihre Gewalt, zwingen den Piloten zum Auftanken in Bengasi und zum Weiterflug nach Uganda, denn der dortige Diktator Idi Amin[35] hatte offen seine Sympathie mit Terroristen bekundet. Nach der Landung in Entebbe am Viktoriasee, nur 35 Kilometer von der Hauptstadt Kampala entfernt, begrüßt Amin die Terroristen freundlich und verspricht ihnen jede Hilfe.

Wilfried Böse sondert die jüdischen Geiseln aus, die anderen lässt er laufen. Mit der Aktion wollen sie 53 Terroristen in Israel, Deutschland (sechs Mitglieder der Baader-Meinhof-Bande), Frankreich und der Schweiz freipressen und verlangen noch fünf Millionen Dollar für die Freigabe des Flugzeuges. Als die ersten Meldungen dazu über den Ticker laufen, bitte ich einen israelischen Freund und Kollegen um Hilfe bei der Recherche, denn schnell wird klar, dass Israel handeln wird.

Israel lehnt die Freilassung der 40 Terroristen ab, Deutschland verweigert die Freilassung der sechs Terroristen, die Schweiz ist nicht bereit, die 38-jährige Baader-Meinhof-Terroristin Petra Krause freizulassen. Aus Frankreich habe ich noch keine Meldung, aber das Ultimatum der Erpresser ist schon aus zeittechnischen Gründen nicht mehr einzuhalten.

---

35 IDI AMIN (vermutlich 1928–2003): Der Ex-Boxmeister von Uganda beherrschte das Land als brutaler Diktator von 1971 bis 1979. Zu seinem Bildungsstand erklärte er am 8. März 1978 einer deutschen Wirtschaftsdelegation: „Ich habe gerade Schnellkurse in Lesen und Schreiben hinter mir."

Mein Freund informiert mich, dass der israelische Geheimdienst Mossad die Befreiungsoperation vorbereitet. Am 3. Juli landen israelische Transportmaschinen gegen 23.00 Uhr. Sie entladen erst einen schwarzen Mercedes, als wäre dieser für Amin vorgesehen, und Jeeps vom Typ Land Rover. Als zwei ugandische Soldaten die Fahrzeugkolonne auf dem Weg zum Terminal anhalten wollen, werden sie erschossen. Weitere israelische Flugzeuge mit gepanzerten Fahrzeugen und Elitesoldaten landen. Am frühen Morgen erfährt mein Freund mehr: „Kurz nach Mitternacht stürmen zwei Dutzend Elitesoldaten durch Fenster, Türen und Toiletten in die Empfangshalle. Ein Unteroffizier meldet: „Die Terroristen waren für einige Sekunden sprachlos. Sie hatten Handgranaten, konnten sie aber nicht mehr werfen. Wir schossen sofort." Als Erste sterben die beiden Deutschen. Sie dösen in der Halle auf Korbsesseln, die Maschinenpistolen auf den Knien. Ein 13-jähriger Augenzeuge: „Sie fielen um und sagten nichts mehr." Ein Araber flüchtet in eine Ecke. Er versteckt sich hinter einer Matratze und schießt von dort mit einer Maschinenpistole. Er trifft einen Israeli in den Kopf, der aufgesprungen war, um seinen 12-jährigen Jungen zu suchen. Als die israelischen Soldaten Mündungsfeuer sehen, schießen zehn von ihnen gleichzeitig auf die Matratze. Nach etwa acht Minuten haben die israelischen Soldaten die Terroristen und mindestens zehn ugandische Soldaten in der Empfangshalle getötet. Beim Rückzug aus der Halle wird der 30-jährige Kommandeur Jonathan Netanjahu[36] von ugandischen Soldaten aus dem Kontrollturm mit einer MG-Garbe in den Rücken getötet. Sofort schießen die Israelis den Kontrollturm mit Bazooka-Geschützen zusammen und töten alle

---

36 JONATHAN NETANJAHU war der jüngere Bruder von Benjamin Netanjahu, Israels Ministerpräsident von 1996 bis 1999 und wieder ab April 2009, also auch als der große Gefangenenaustausch 2011 stattfand.

Soldaten im Turm. Sie fotografieren die sieben Terroristen, lassen sie auf dem Flughafen zurück und fliegen davon.

Idi Amin schwört Rache, lässt Sympathisanten der Aktion ermorden und im August den deutschen Entwicklungshelfer Dietrich Babeck (damals 48) foltern: Babeck kam am 1. Juli auf Einladung des ugandischen Erziehungsministers ins Land, um an der Hochschule Wirtschaftswissenschaften zu unterrichten.

Am 1. August wird er auf offener Straße von Geheimpolizisten umringt und aus dem Auto gezerrt mit der Begründung: „Du siehst so jüdisch aus." Unter Stock- und Peitschenfolter wird ihm das Geständnis abgepresst, für den israelischen Geheimdienst zu arbeiten. Erst am 20. August erfahre ich durch einen Freund den ganzen Hintergrund, so wie Babeck es selbst beschrieb: „Ich wurde mit den Federsträngen meines eigenen Expanders verprügelt, den glühenden Tauchsieder, den ich aus Deutschland mitgebracht hatte, hielten sie mir unter die Füße. Als Beweis für meine angebliche Spionagetätigkeit zeigten sie mir meinen Fotoapparat und meinen Radiorekorder. Der sei meine Funkausrüstung als Geheimagent. Selbst meine Kontonummer und meine Versicherungspolice bezeichneten sie als Spionagematerial. Als ich das erklären wollte, schlugen sie zu. Die Karabinerhaken knallten auf Kopf und Rücken. Da gestand ich schließlich, was sie hören wollten. Am nächsten Morgen sollte ich meine Hintermänner nennen. Ich sagte aber nur die Wahrheit, da schlug ein zweiter Peiniger mit einer Peitsche zu. Ich gab zu, Mitglied Nummer 300 des israelischen Geheimdienstes zu sein mit Codenummer 220. Was der dann noch wollte, habe ich nicht verstanden. Da hielt er mir seine Pistole ins Genick. Ich konnte nicht mehr und sagte: ‚Schieß!' Aber er hat mich nicht erlöst. Stattdessen hielten sie mir wieder den Tauchsieder unter die Füße. Als sie dann noch drohten, Nägel durch meine Fingerspitzen zu treiben, erfand ich noch mehr Einzelheiten. Keine stimmte. In der Nacht nach diesem Verhör war ich sicher, dass mein Leben zu Ende ging. Ich hatte keine Hoffnung mehr."

Der nächste Tag begann mit neuen Verhören. Aber als Babeck in seine Zelle zurückkam, wurde er nur noch von einem Mann bewacht. Das Scherengitter im Hof hatten sie vergessen zu schließen: „Da bat ich meinen Bewacher um ein Glas Wasser, stieß die schlecht verriegelte Tür auf und rannte um meine Leben." Das schrieb ich für die Samstag-Ausgabe von „Bild" mit der Unterzeile „Nur in Bild: Die ersten Aussagen des Hamburger Entwicklungshelfers".

Der Umschlag mit Bargeld für Willy Brandt

Zur selben Zeit war ein Team der „Bild am Sonntag" mit großem Aufwand in Uganda unterwegs, um genau das herauszubekommen. Hoffnungsfroh inserierte „BamS" großflächig nichts ahnend in derselben Samstag-Ausgabe von „Bild" mit meinem Bericht die Ankündigung, morgen steht in „BamS", was Babeck erlebt hat. Ein typisches Beispiel für den gesunden Konkurrenzkampf innerhalb des Springer-Konzerns, von wegen alles auf einer Linie, wie etwa lange Zeit von der SPD-Spitze propagiert, bis hin zu dem Beschluss, keine Interviews mit „Bild" zu führen. Ein Beschluss, der nie konsequent umgesetzt wurde; selbst Ex-Bundeskanzler Willy Brandt schrieb als SPD-Chef Gastkommentare für Bild – gegen Bares. So sein Wunsch bei der Übermittlung seines Textes. Das brachte mich zunächst in Verlegenheit, denn dafür hatten wir in der Redaktion keine Barkasse. Also ging ich zur Kreissparkasse am Fuße des Abgeordnetenhochhauses, genannt „Langer Eugen" nach Bundestagspräsident Eugen Gerstenmeier aus der Zeit, als das für Bonner Verhältnisse riesige Gebäude errichtet wurde. Dort hob ich von meinem Privatkonto 300 D-Mark ab (für das schmalbrüstige Konto eines Jungredakteurs viel Geld), lieferte die Scheine artig im Umschlag in Brandts Abgeordnetenvorzimmer ab und bekam es mit der nächsten Gehaltsüberweisung vom Verlag zurück.

Der Terror kommt nach Deutschland

Doch zurück zum Thema Terror, der 1977 mit Macht die Schlagzeilen in Deutschland beherrschte. Am 5. September rief mich wenige Minuten vor 18.00 Uhr ein Freund an, der mit dem Polizeieinsatz im Bereich Köln und Bonn befasst war. Kurz und für den frühen Zeitpunkt erstaunlich präzise informierte er mich: „Schwere Schießerei mit Verletzten, Schleyer wurde offenbar entführt. Sie entkamen in einem VW-Bulli." Mein Kollege, der zum Arbeitgeber- und BDI-Präsidenten Hanns-Martin Schleyer (1915–1977) als Wirtschaftsredakteur den Kontakt hielt, hatte die Privatnummer und rief sofort dort an. Ehefrau Waltrude ging ran: „Sie können meinen Mann nicht sprechen, der ist bereits weggefahren." Sie wusste also noch nichts von der Entführung.
Es folgte bekanntlich der Versuch, mit Schleyer als Geisel 14 inhaftierte Terroristen freizupressen. In der Zeit habe ich erstmals erlebt, wie im Ernstfall Sicherheitsbehörden, Regierung und Journalisten zusammenarbeiten. Im Krisenstab hatte ich einen guten Freund sitzen, der Jahrzehnte später zu einem international anerkannten Künstler avancierte. Mit ihm konnte ich damals täglich zur verabredeten Zeit ein kurzes Telefonat führen. Manchmal schaute die ganze Redaktion dabei zu, denn das war unsere einzige Originalquelle. Trotzdem war stets klar, dass wir nur schrieben, was nach Rücksprache mit Sicherheitskräften und Regierungssprecher Klaus Bölling (in diesem Amt 1974–1981) vertretbar erschien. So meinte Bölling einmal, es sei aus Sicherheitsgründen hilfreich, wenn wir

schreiben, Schleyer werde wohl in einem rollenden LKW gefangen gehalten. Oder am 27. September schrieben wir in Absprache: „Schleyer auf Schiff gefangen?" Gleichzeitig hörte ich aus dem Krisenstab unmissverständlich, dass Bundeskanzler Helmut Schmidt zwar alles für Schleyer tun wollte, wozu die Sicherheitskräfte in der Lage waren, aber der Erpressung von Terroristen wollte er nicht nachgeben. Dazu haben ihn erfahrene Sicherheitsexperten ausdrücklich ermutigt. So sagte mir der langjährige Chef des israelischen Geheimdienstes, Iser Harel, der Staat dürfe „unter keinen Umständen nachgeben. Denn jedes Nachgeben bei Kidnapping führt nur dazu, dass beim nächsten Mal die Forderungen noch dreister werden. Wenn sie heute nachgeben, muss morgen ein anderer denselben Preis bezahlen. Mit jeder Nachgiebigkeit der Regierung verringert sich für Terroristen beim nächsten Mal das Risiko. Und wer garantiert, dass selbst bei Nachgiebigkeit der Entführte mit dem Leben davonkommt?" Zugleich warnte er, dass „Deutschland eine lange Terrorkette bevorsteht".

Wie entschlossen Helmut Schmidt war, den deutschen Terroristen mit ihren palästinensischen Genossen nicht nachzugeben, darüber gibt es zahlreiche Dokumentationen, bis hin zur Veröffentlichung von Telefonaten wie im „Spiegel" vom 13. August 2012. Demnach sagte Schmidt seinem Freund und Staatsminister und Hans-Jürgen Wischnewski[37] am 14. Oktober 1977, als die entführte Lufthansa-

---

[37] HANS-JÜRGEN WISCHNEWSKI (1922–2005) war von 1957 bis 1990 SPD-Bundestagsabgeordneter, von 1979 bis 1982 stellvertretender Bundesvorsitzender der SPD, war Bundesminister, Parlamentarischer Staatssekretär, Staatsminister im Bundeskanzleramt und als enger Vertrauter von Helmut Schmidt mehrfach dessen internationaler Sonderbeauftragter, mit Spitznamen „Ben Wisch" im arabischen Raum oder „Sven Fisch" bei Verhandlungen über zulässige Fangmengen auf den Weltmeeren. Er war im Tower von Mogadischu, als die GSG 9 dort die Geiseln befreite. (Quelle für den Datenabgleich: Deutscher Bundestag)

Maschine in Dubai morgens gelandet war: *"Hans-Jürgen, auf keinen Fall etwas zulassen, was einen Abflug der Maschine erleichtert oder ermöglicht. Auf keinen Fall. Es muss hingenommen werden, wenn tatsächlich einzelne Menschen getötet werden. Hast Du mich verstanden?*
Wischnewski: *Ja, ich habe verstanden. Schmidt: Auf keinen Fall zulassen, dass der Abflug erleichtert oder ermöglicht wird. Tötung einzelner Menschen muss hingenommen werden."*
Zuvor war Wischnewski Ende September um den Globus geflogen. Um für alle Fälle gerüstet zu sein, suchte er vorsorglich ein Land, das im Falle einer Einigung mit den Entführern die elf inhaftierten Terroristen aufnähme. Die Reise ging in jeder Hinsicht schief: In Damaskus (Syrien) holte sich die Besatzung seiner Luftwaffenmaschine ein Fischvergiftung, musste durch eine neu eingeflogene Crew ersetzt werden und „Ben Wisch" (Wischnewskis Spitzname wegen seiner Araber-Verbindungen) bekam die erste Abfuhr.
Über Algerien fielen in 12.000 Metern Höhe drei Triebwerke des vierstrahligen Jet-Star aus. Im Sinkflug meldete der Copilot: „Herr Minister, die Maschine befindet sich in einer Notlage. Wir müssen notlanden." In Istre bei Marseille stieg er in eine Ersatzmaschine um. Sein Erkundungstrip nach Asien verlief ähnlich. Um die Reise möglichst geheim zu halten, meldete er sich offiziell krank. Doch der Flug nach Vietnam endete wegen Motorschadens erst einmal in Guam (Mikronesien). Dann wurde der Luftraum über Hanoi gesperrt, nachdem ein Flugzeug wegen extremer Turbulenzen abgestürzt war. Also flog er nach Ho-Chi-Minh-Stadt (vormals Saigon), von dort bis Da Nang. Die restlichen 800 Kilometer ging es im Auto nach Hanoi. Dort wurde er „lediglich aus Höflichkeit" empfangen, wie wir vor Ort erfuhren. Keine Chance, niemand war zur Aufnahme der deutschen Terroristen bereit. Das bestärkte Schmidt zusätzlich in seiner Haltung.

Den Eindruck gewinnen zu dem Zeitpunkt auch die Entführer. Zur Erinnerung: Sie planen mit palästinensischen Terrorgenossen generalstabsmäßig die Entführung der Lufthansa-Maschine Landshut LH 181, um ihre Forderung zu verstärken. Am 13. Oktober hebt die Boeing um 13.00 Uhr von Palma de Mallorca Richtung Frankfurt am Main ab. An Bord 82 Passagiere (darunter ein Zuckerkranker ohne Insulin im Handgepäck), fünf Besatzungsmitglieder und im Frachtraum zwei Zinksärge mit Leichen zur Überführung in die Heimat. Unter den Passagieren ein vierköpfiges palästinensisches Terrorkommando. Die beiden Frauen aus dem Terrorquartett zogen aus ihren Kosmetikkoffern und die Männer aus einem Radio zwei Pistolen, vier Handgranaten und Plastiksprengstoff, die sie an den laschen Sicherheitskontrollen vorbeischmuggeln konnten.
Die Terroristen zwingen Pilot Jürgen Schumann (37, verheiratet, zwei Kinder) mit vorgehaltener Waffe zur Landung in Rom, wo der 23-jährige Terrorist Zohair Youssif Akache als Anführer der Bande Auftanken verlangt und den Weiterflug über Zypern und Bahrain nach Dubai. Am 14. Oktober um 4.00 Uhr früh erhält der Genfer Anwalt Denis Payot als Vermittler den Anruf eines Unbekannten, der ihm auf Tonband in Englisch das Ultimatum der Terroristen verliest:

Freilassung der elf namentlich aufgelisteten RAF-Terroristen aus deutschen Gefängnissen und für jeden 100.000 D-Mark in bar.
Freilassung von zwei palästinensischen Terroristen aus türkischem Gefängnis, die im Vorjahr in Istanbul beim Überfall auf eine El-Al-Maschine vier Menschen ermordeten.
Die Zahlung von 15 Millionen Dollar nach einer genauen Anweisung.
Vereinbarung mit „irgendeinem" der Länder Vietnam, Somalia oder Jemen zur Aufnahme der freigelassenen Gefangenen.

Die deutschen Gefangenen müssen über Istanbul ausgeflogen werden, um dort die beiden Palästinenser aufzunehmen.
Wenn die Forderungen nicht bis zum 16. um 9.00 Uhr erfüllt werden, dann „werden Herr Hanns-Martin Schleyer und alle Passagiere und die Besatzung des Lufthansa-Flugzeuges LH 181 sofort getötet".
„Wenn Sie unsere Anordnung erfüllen, werden alle freigelassen."
„Wir werden uns nicht noch einmal mit Ihnen in Verbindung setzen. Das ist unser letzter Kontakt zu Ihnen."
„Jeder Versuch der Verzögerung oder Täuschung von Ihrer Seite bedeutet die Hinrichtung von Herrn Hanns-Martin Schleyer und aller Passagiere und der Mannschaft des Flugzeugs."

Direkt an den Bundeskanzler gerichtet folgt noch die dreiste Botschaft: „Wir haben Helmut Schmidt jetzt genug Zeit gelassen, um sich in seiner Entscheidung zu winden … nach 40 Tagen Gefangenschaft von Schleyer wird es eine Verlängerung des Ultimatums nicht mehr geben."
Diese Mitteilungen gehen an Zeitungen in Deutschland und Frankreich. Gleichzeitig schicken die Schleyer-Entführer an die französische Zeitung „France Soir" ein aktuelles Schleyer-Foto, auf dem man ihm die Strapazen der menschenverachtenden Geiselfolter ansieht.
Der Bundeskanzler berät sich mit Regierungs- und Oppositionsspitzen. Dazu erfahre ich, dass auch 15 Angehörige der Flugzeuggeiseln zu ihm ins Kanzleramt kommen. Der zehnjährige Mike Brod bittet: „Herr Bundeskanzler, ich will meine Mutti wiederhaben." Sein Vater: „Alle Interessen sind im Krisenstab vertreten – ich möchte einmal wissen, wer die Interessen der Geiseln vertritt."
Schmidt versprach: „Wir werden alles tun, um die Geiseln lebend zu befreien." Dazu war die deutsche Antiterror-Einheit GSG 9 bereits auf dem Weg, gefolgt von Hans-Jürgen Wischnewski.

Plötzlich kommt die Nachricht, dass Terrorchef Akache Flugkapitän Schumann kaltblütig mit einem Kopfschuss ermordet hat. Da fahre ich in den Schwarzwald zur „Bühler Höhe", um in dem Nobelhotel Bundespräsident Walter Scheel[38] zu befragen. Er will kein Exklusiv-Interview geben, sondern appelliert über das Fernsehen: „Mit der sinnlosen Eskalation von Gewalt und Tod muss Schluss sein. Die ganze Welt, Ost und West, steht gegen Sie. Kehren Sie zurück zu menschlichem Handeln. Dieser Augenblick gibt Ihnen eine letzte Chance." Die verstreicht.

An der Hotelbar treffe ich Scheels Leibwächter, die wegen der besonderen Terrorlage von der GSG 9 kommen. Tief deprimiert wiederholen sie mehrfach: „Es ist schlimm, dass wir hier Wache schieben müssen und nicht bei dem ersten großen Einsatz dabei sein dürfen." Wie der am 18. Oktober direkt nach Mitternacht unserer Zeit unter dem Kommando von Ulrich Wegener mit seinen 60 Helden in Somalias Hauptstadt Mogadischu innerhalb von gerade mal sieben Minuten erfolgreich ablief, ist in Büchern und Filmen ausgemalt. Die Bilanz: Der Terroranführer und zwei Komplizen sind tot. Die arabische Israelin Suhaila Sayeh aus dem Terrorkommando überlebt, Stewardess Gabi Dillmann (23) aus Frankfurt und ein

---

38 WALTER SCHEEL (*1919), FDP-Mitglied seit 1946, betrieb 1956 mit Parteifreunden wie Erich Mende und Willi Weyer in NRW den Koalitionswechsel der FDP zur SPD, ebenso wie nach der Bundestagswahl 1969 in Bonn. Er wurde 1961 Entwicklungshilfeminister, 1969 Außenminister und Vizekanzler von Willy Brandt, 1968 FDP-Bundesvorsitzender. Am 15. Mai 1974 wählte ihn die Bundesversammlung mit 350 Stimmen aus SPD und FDP zum vierten Bundespräsidenten. Gegenkandidat Richard von Weizsäcker (CDU) erhielt 498 Stimmen. In der Präsidentenzeit ruhte wie üblich seine Parteimitgliedschaft. Danach wurde Scheel 1979 FDP-Ehrenvorsitzender. Er verzichtete auf die erneute Kandidatur, weil die damalige Opposition inzwischen in der Bundesversammlung von 1.035 Wahlmännern (und Frauen natürlich) 531, also die Mehrheit stellte: „Mit verdeckten Mehrheiten kandidiere ich nicht."

Walter Scheel als Bundespräsident

GSG-9-Polizist werden leicht verletzt. Noch am selben Tag töten sich die deutschen RAF-Terroristen Jan-Carl Raspe, Gudrun Ensslin und Andreas Baader in ihren Zellen des Gefängnisses von Stammheim. Am 19. Oktober danken Bundeskanzler Helmut Schmidt mit Ehefrau Loki, Bundestagspräsident Carl Carstens und 400 Gläubige in der Bonner Kreuzkirche für die glückliche Befreiung der Geiseln und beten zugleich für das Leben von Hanns-Martin Schleyer. Bischof Claas erinnert daran, dass die Schleyer-Entführer dessen Auto mit einem Kinderwagen zum Halten gezwungen hatten: „Was sind das für Menschen, die einen Kinderwagen über die Straße rollen lassen – ein Sinnbild behüteten Lebens?"
Am selben Tag wird der Leichnam von Hanns-Martin Schleyer in Mülhausen (Elsass) gefunden – von RAF-Terroristen ermordet.

Deutschland dankt Somalias Diktator Siad Barre für die Erlaubnis zum deutschen Einsatz in Mogadischu, sein Botschafter avanciert zum Star auf dem Bonner Parkett, mit Beifall im Bundestag, Sonderbesuch im Kabinett, dem Versprechen neuer Entwicklungshilfe und einem Besuch des Bundespräsidenten. Der entwicklungspolitische Sprecher der CDU/CSU-Bundestagsfraktion, Jürgen Todenhöfer[39], fordert ganz offen, Waffen im Wert von 25 Millionen D-Mark als Dank an Somalia zu liefern. Im Januar 1978 sagt er mir: „Moskau beliefert den somalischen Kriegsgegner Äthiopien massiv mit Waffen. Da können wir Mogadischu nicht länger allein lassen. Die Bundesregierung muss endlich den Mut haben, dem Steuerzahler zu sagen, dass wir dort, wo schwere Gefahren für die Sicherheit unseres Landes und des Westens drohen, unter bestimmten Umständen auch Waffen in Spannungsgebiete liefern." Später sollte das im Zusammenhang mit Afghanistan von ihm ganz anders klingen. In Bonn bekommt Botschafter Jusuf Adan Bokah nach der Mogadischu-Befreiung vorsichtshalber einen GSG-9-Mann zur Bewachung.

Sonderbewachung für Politikerkinder

Gleichzeitig wird die Bewachung aller Spitzenvertreter aus Politik und Wirtschaft verstärkt. Selbst deren Kinder, wie die von Bun-

---

39 Dr. jur. JÜRGEN TODENHÖFER (*1940), wurde 1970 CDU-Mitglied, 1972 Bundestagsabgeordneter (bis 1990), war zuständig für Entwicklungshilfe und Abrüstung, ging 1980 illegal über Pakistan ins afghanische Kampfgebiet, protestierte immer wieder gegen die sowjetische Besatzung und forderte später auch den Abzug der NATO-Truppen aus Afghanistan. Ab 1987 übernahm er bis 2008 Führungspositionen bei seinem Schulfreund Hubert Burda. (Quelle für den Datenabgleich: Deutscher Bundestag)

despräsident Walter Scheel, bekommen Leibwächter. So muss auch Cornelia Scheel (damals 15) streng bewacht zum Abschlussball fahren. Ihr damaliges 17-jähriger Partner Karsten Bergemann darf sie nicht einmal begleiten: „Immer sind wenigstens zwei Autos mit Sicherheitsleuten bei ihr, die bringen sie auch nach Hause, sobald die Tanzstunde vorbei ist." Einmal lädt er sie in eine Altstadtkneipe ein, meint aber hinterher: „Auf dem Weg dorthin saß ich mit Cornelia auf dem Rücksitz. Ein Bewacher vor uns hatte die Maschinenpistole auf den Knien. Das war schon ein komisches Gefühl. Selbst in der Kneipe blieben die Sicherheitsleute dabei." Ursula Albrecht (damals 19, später Bundesministerin von der Leyen) soll als Tochter des niedersächsischen Ministerpräsidenten Ernst Albrecht (CDU) aus Sicherheitsgründen sogar die Universität wechseln. Ihre Mutter Heide sagt mir Anfang Juni 1978: „Während der Schleyer-Entführung wurde uns nahegelegt, dass Ursula die Göttinger Universität verlassen soll. Im nächsten Semester musste sie dann nach London zur School of Economics." Anderen geht es nicht viel besser.
Loki Schmidt entscheidet: „Schon aus Rücksicht auf die Sicherheitsbeamten gehe ich kaum noch aus dem Haus."

Pannen im Kampf gegen den Terror

Zwei Monate später passiert eine schwere Panne im Bereich von FDP-Bundesinnenminister Werner Maihofer (1918–2009). Ein mutmaßlicher Schleyer-Entführer kann unbehelligt sein Terroristenversteck in Erftstadt-Liblar nahe Köln aufsuchen und wieder fliehen: Das Haus wird von 20 Polizeibeamten unauffällig bewacht. Vor der Tür des ehemaligen Schleyer-Verstecks im dritten Stock liegt Post von vier Monaten. Der Mann sieht alles durch und nimmt die Stromrechnung mit. Die Bewacher in der gegenüberliegenden

Wohnung beobachten ihn durch eine Kamera im Türschloss. Entsprechend ihren Anweisungen, nicht selbst einzugreifen, alarmieren sie über Funk das Einsatzkommando im achten Stock des gegenüberliegenden Hochhauses. Doch deren Aufzug kommt nicht rechtzeitig. Der Unbekannte, 1,80 Meter groß, kräftig, kurzgeschnittene Haare, schwarze Hose, großkarierte Jacke, entkommt unbehelligt, bezahlt später die Stromrechnung, um zu verhindern, dass die Hausverwaltung Nachforschungen anstellt.
Im Mai sind die Fahnder des Bundeskriminalamtes (BKA) erfolgreicher. Sie spüren Stefan Wisniewski auf, verfolgen den 25-Jährigen durch Österreich und Jugoslawien bis nach Frankreich. Bei der Landung in Orly nimmt ihn die französische Polizei fest, dabei wehrt er sich mit Händen und Füßen, zeigt einen Pass, der ihn als österreichischen Kriminalbeamten mit Namen Lager ausweisen soll. Angeschuldigt als führender Kopf der Terrorbande RAF, wandert er am 11. Mai 1978 in eine Einzelzelle der Haftanstalt von Frankenthal. Gut zwei Wochen später werden Brigitte Mohnhaupt (28), Rolf Klemens Wagner (33), Peter Boock (26) und Sieglinde Hoffmann (32) in Jugoslawien festgenommen, aber nicht ausgeliefert. Wagner raubt am 19. November 1979 in Zürich eine Bank aus, erschießt auf der Flucht eine 56-jährige Hausfrau, bevor ihn die Polizei festnimmt. Die Überschriften reichen von „Endlich im Netz: Die Manager des Terrors" bis zu „Schleyers Mörder gefasst".
Trotz einiger Fahndungserfolge wächst die Kritik an der Terrorbekämpfung. Deshalb wird Gerhart Baum[40] am 8. Juni als neuer Bundesinnenminister im Bundestag vereidigt und verspricht wenig

---

40 GERHART RUDOLF BAUM (*1932) war seit 1972 Parlamentarischer Staatssekretär beim Bundesinnenminister, dessen Amt er von 1978 bis 1982 übernahm, von 1966 bis 1968 Vorsitzender der Judos und von 1982 bis 1991 stellvertretender FDP-Bundesvorsitzender. (Quelle für den Datenabgleich: Deutscher Bundestag)

später: „Wir werden den Terroristen das Leben schwer machen!" Dennoch können drei RAF-Köpfe, nach denen im Zusammenhang mit dem Schleyer-Mord gefahndet wird, entkommen. Christian Klar (26), Willi Peter Stoll (28) und Adelheid Schulz (23) hatten seit dem 26. Juni als angebliches Filmteam für Dokumentaraufnahmen einen Hubschrauber gechartert.

Am 4. August meldet sich die Hubschrauberfirma beim BKA, das sofort die Observation aufnimmt. Fünf BKA-Fahrzeuge sind im Einsatz, als das Terrorteam am 6. August in Michelstadt (Odenwald) observiert und fotografiert von einem Dutzend Polizisten aus dem Hubschrauber steigt und mit einem blauen Mercedes 230 aus Heidelberg davonfährt. Das Fluchtauto hält hinter einem Bauernhof. Um nicht aufzufallen, fahren die Polizisten außer Sichtweite, steigen aus und gehen zu Fuß zurück. Doch als sie ankommen, sind die Terroristen bereits verschwunden.

Ein paar Wochen später können die Täter wieder entweichen. Als sie am 22. August in Worms ein einmotoriges Flugzeug chartern wollen, ruft ein Angestellter die Polizei an, doch der Zugriff misslingt, die Gesuchten fliehen wiederum in einem blauen Mercedes mit Heidelberger Kennzeichen.

Terroristen gehen in die Falle

Am 6. September ruft mich ein Freund aus der Baum-Umgebung kurz vor dem normalen Redaktionsschluss an und fragt, wie spät ich noch die Schlagzeile ändern kann, es laufe gerade in Düsseldorf eine große, erfolgversprechende Aktion. Meine Antwort ist einfach: Je später, desto teurer wird das Ändern der Seite Eins. Also bleiben wir in minütigem Telefonkontakt. Um 18.30 Uhr sagt er mir, dass eine Frau im Polizeirevier in der Karlstraße meldet: „Ich habe im

China-Lokal ‚Shanghai' einen Terroristen gesehen." Auf den Fahndungsfotos tippt sie sofort auf Willi Peter Stoll, obwohl dieser inzwischen einen dünnen Schnurrbart trägt. Polizisten in Zivil rasen mit ihr zum Lokal in der Düsseldorfer Innenstadt. Dort hat Stoll einen gekochten Hummer auf Sojabohnen für 26 D-Mark geordert, trinkt vorweg ein Altbier, löffelt eine süß-saure Suppe, der Kellner räumt ab, er murmelt „Vielen Dank!", holt ein Taschenbuch hervor, merkt nicht, dass inzwischen zwei junge Männer am Nebentisch Platz nehmen und Cola bestellen. Es sind zwei Polizisten in Zivil. Einer bleibt sitzen, um zu sichern, der andere steht auf, zieht seine Dienstpistole und fordert: „Hände hoch, Polizei!" Stoll zieht sofort seine 9-Millimeter-Parabellum mit Dum-Dum-Munition, um zu schießen. Doch der Beamte reagiert schneller. Von mehreren Kugeln getroffen sackt Stoll blutüberströmt zusammen. Zurück bleiben ein umgestürztes Bierglas, eine blutige Zigarette, Stolls Pistole mit Wildlederhalfter, zwei Magazine mit 16 Schuss Dum-Dum-Munition und ein Notizbuch mit verschlüsselten Daten. In der Wand und in der grünen Sitzbank stecken zwei Kugeln. Ein Rettungswagen bringt Stoll zur Ambulanz C der Düsseldorfer Universitätsklinik. Stoll stirbt um 19.40 Uhr auf dem Operationstisch an inneren Blutungen. In seiner Jacke finden die Beamten einen britischen und einen österreichischen Pass auf den Namen Herbert Wendel.

Khomeinis Dichtung und Wahrheit

Natürlich gingen wir in diesen Tagen des Jahres 1979 auch Hinweisen auf Terroristen nach, wenn diese nicht unser Land direkt betrafen. Rechtsfreie Räume, Revolutionen wie im Iran waren damals wie heute von höchstem Interesse. 1978 wird es in dem Land immer unruhiger. Der noch amtieren den Schah Mohammad Reza Pahlewi[41] warnt vor einem Komplott und lässt blutig gegen Demonstranten vorgehen.

Mein alter Freund Hosni Mograb aus Teheran versorgte mich mit wichtigen Informationen – seinen Namen verfremde ich verabredungsgemäß hier, da er und seine Familie inzwischen vom Mullah-Regime verfolgt werden. Jahre zuvor hatte ich ihn bei einer privaten Geburtstagsparty kennengelernt. Lange versuchte er, den Schah zu verteidigen, er glaubte offenbar bis zuletzt wirklich, dass Pahlewi es mit dem Iran „immer noch gut meint". Dazu bot er mir Mitte Dezember an: „Frag ihn doch selbst. Dann wirst du sehen, dass er anders ist, als du denkst." Hosni, verheiratet mit einer Deutschen, war ein hochgebildeter, charmanter Plauderer, aber Witze waren nie sein Ding. Er meinte es ernst: „Ich hab' schon alles vorbereitet. Morgen gegen Mittag rufen wir in Teheran an. Der persönliche Sekretär des Schahs gibt mir noch die genaue Uhrzeit. Dann rufst du selbst dort an und wirst hören, dass der Palast am Gerät ist."

Das stimmte tatsächlich. In britisch angehauchtem Englisch wurde ich telefonisch weitergeleitet, bis der Sekretär meinte, es wäre besser, wenn Hosni meine Fragen dem Schah in Farsi stellen würde, um mir dann die Antwort in Deutsch zu übersetzen. Und so

---

41 SCHAH MOHAMMAD REZA PAHLEWI (1919–1980) wurde 1941 als Letzter seiner Dynastie Herrscher, vergleichbar einem Kaiser, auf dem persischen Pfauenthron. Im Gegensatz zu seinem Vater suchte er zunächst die Aussöhnung mit der Geistlichkeit, holte 1942 Ayatollah Gomi mit Geldgeschenken unter dem Jubel der Bevölkerung zurück. Er überlebte zwei Attentate, führte umfangreiche Reformen durch, wurde in den Hauptstädten von Peking über Paris und Bonn bis nach Washington hofiert. 1971 kamen 69 Staatsoberhäupter (einschließlich Bundespräsident Heinemann) zur 2.500-Jahrfeier der persischen Monarchie zu den Prunkzelten in den Ruinen von Persepolis und ließen sich reich beschenken. Ab 1975 nahm die Kritik an ihm im In- und Ausland zu. Statt Demokratisierung setzte er auf Unterdrückung. Am 16. Januar 1979 übergab er die Amtsgeschäfte an Premierminister Schapur Bachtiar und verließ das Land für immer.

geschah es. Demnach behauptet der Kaiser glatt: „Hinter diesen schweren Krawallen stehen die Kommunisten." Damit habe er gerechnet: „Ich selbst habe gesagt: Aufruhr wird der Preis sein, den wir für die Demokratisierung zu zahlen haben, allerdings wusste ich da noch nicht, dass der Preis so hoch sein wird." Er sprach von Liberalisierung, während auf den Straßen Blut floss.

Zwar war ich Hosni für die Vermittlung dankbar, zumal er mir später noch viele wichtige Telefonnummern von Promis in Teheran und anschließend im Pariser Exil geben sollte. Aber die Schah-Version klang doch reichlich unglaubwürdig. Ich wollte unbedingt hören, wie die Schah-Gegner das sahen. Die Gelegenheit kam einen Monat später.

Anfang 1979 hörte ich von einem befreundeten Geheimdienstexperten im Kanzleramt, dass der Schiitenführer Khomeini[42] sein Exil in der Nähe von Paris bezogen hatte. Der große, bärtige Mann war noch im Jahr zuvor Anführer der Revolution im Iran. Diesen ersten Machtkampf gewann der Schah und Khomeini musste in den Irak fliehen. Von dort wählte er – wie zuvor und später viele seiner Landsleute – Frankreich als Exilheimat.

Mein Freund im Kanzleramt sagte mir, dass der Religions- und Revolutionsführer in dieser für ihn sicheren Umgebung möglicherweise zu einem Interview mit einer großen deutschen Zeitung bereit sei. Dazu spendierte er mir ein paar Telefonnummern, mit denen ich mich ans Werk machte.

---

42 AJATOLLAH RUHOLLAH MUSAVI KHOMEINI (1902–1989) führte als schiitischer Religionsführer die Islamische Revolution im Iran von 1978 an, kam am 6. Oktober 1978 aus dem Irak nach Neauphle-le-Château und stürzte aus dem französischen Exil den Schah, zog am 1. Februar 1979 in Teheran ein, wurde als Gründer der Islamischen Republik Iran auch deren Oberhaupt bis zu seinem Tod 1989.

Nach Stunden erreiche ich jemanden, der sich als enger Gefolgsmann des Ayatollah ausgibt und bereit ist, mit mir vor Ort zu reden. Da ich in meiner Kindheit Französisch gelernt hatte und davon noch etwas hängengeblieben ist, werde ich von meiner Redaktion in Marsch gesetzt. Auf nach Neauphle-le-Château vor den Toren von Paris zum neuen starken Mann des künftigen Iran.

Es liegt Schnee, die Luft ist nasskalt. Menschentrauben umgeben das einfache Haus des geistlichen Führers. Der Putz ist alt und grau. In beiden Stockwerken fehlen Vorhänge. Ich bahne mir den Weg zur alten braunen Holztür mit kleinen Fenstern, ziehe artig vor der Schwelle wie alle anderen vor mir die Schuhe aus, denke noch: „Jetzt marschiert die halbe Revolution über meine frischgeputzten Schuhe."

Im ersten Vorraum mit Kleiderhaken statt Möbeln stehen vier junge Männer ohne sichtbare Waffen im Halbkreis. Keine Jeans, keine T-Shirts, sondern alle in der üblichen Kleidung, die wir aus streng islamischen Ländern kennen. Zwei treten vor und kontrollieren mit grimmigen Gesichtern meine Jacke, tasten mich nach Waffen ab. Dabei frage ich nach meinem Telefonpartner, der sich mit Yusuf gemeldet hatte. Ein junger Bartträger von kaum mehr als 20 Jahren tritt vor, antwortet in fließendem Französisch, er habe mich schon erwartet, führt mich in den nächsten Raum, der sicher früher mal ein Wohnzimmer war. Heute gibt es nur Regale an den Wänden und davor kleine Tische. Darauf kopieren nach seinen Worten ein Dutzend Kassettenrecorder die hehren Worte des Ajatollah: „Das ist für die Revolution in der Heimat."

Das Stichwort ist prima: „Ja, genau darüber möchte ich ein Interview mit Ajatollah Khomeini führen." Eine endlos erscheinende Diskussion über Revolution und Journalismus, der natürlich der Revolution zu dienen hat, zieht sich bis in den Abend hin. Kurz, ich soll am nächsten Tag wiederkommen.

Am nächsten Tag dasselbe Spiel, nur der Raum ist nicht mehr ganz so gefüllt mit wartenden Journalisten. Am dritten Tag haben die meisten bereits aufgegeben. Gegen Mittag des 20. Januar bin ich nur noch mit einem italienischen Kollegen übrig. Er verschwindet mal kurz in den Waschraum. Ich rühre mich seit dem Morgen nicht vom Fleck. Nichts trinken, dann muss ich auch nicht raus. Plötzlich beschimpft mich einer der jungen Bartträger, ich sei von der Springerpresse, die habe Sympathien mit den Juden. Ob ich denn auch einer sei oder Christ, dann bräuchte ich gar nicht mehr auf ein Interview zu hoffen. In dem Moment passiert das Unerwartete. Noch bevor ich antworten kann, greift ein anderer Khomeini-Gefolgsmann ebenfalls in Französisch ein: „So geht das nicht. Wir tolerieren, ja, wir respektieren sogar andere Religionen. Hier wird niemand wegen seines Glaubens benachteiligt. Der junge Reporter aus Deutschland erhält sein Interview. Kommen Sie."

Nur zu gern. Ein Zimmer weiter sitzt der große Ajatollah Khomeini in einem alten Ledersessel. Tisch, Stühle, Regal, sonst keine Möbel. Er reicht mir die Hand ohne festen Druck. Nickt wortlos, bedeutet mit einer Handbewegung, dass ich mich setzen darf. Er winkt mit dem Zeigefinger einen der vier jungen Männer, die neben ihm stehen wie Leibwächter (je zwei rechts und links) nach vorn. Dieser nickt zur Begrüßung und fordert mich in Französisch auf, meine Fragen zu stellen. Ich versuche einen vorsichtigen Interviewseinstieg: Der Schah hat das Land verlassen. Besteht jetzt eine Gefahr für Deutsche im Iran?

Khomeini antwortet leise. Der Dolmetscher wartet eine Pause ab und übersetzt: „Nein. Niemals. Wir hegen gegen niemanden irgendwelche Feinseligkeiten. Alle Ausländer im Iran werden wie Gäste behandelt. Wenn wir sie benötigen, werden wir sie auch bit-

ten, wie vereinbart zu bleiben. Oder sie können das Land verlassen, in Freundschaft und ohne jeden Schaden für sie."
Was ist mit den Wirtschaftsverträgen zwischen Deutschland und dem Iran?
Khomeini: „Die meisten Verträge, die der Schah mit Regierungen geschlossen hat, sind vom Inhalt her nicht nützlich und widersprechen sogar den Interessen unseres Volkes. Wir werden alle Vereinbarungen und Verträge überprüfen."
Wann werden Sie Präsident im Iran?
Khomeini: „Dieses Amt werde ich nicht annehmen. Aber ich werde Hüter der islamischen Sache für denjenigen, der vom Volk gewählt wird. Ich werde auch darüber wachen, dass islamische Grundsätze in die Verfassung aufgenommen werden. Ich werde Volk und Regierung anleiten, aber ohne jede offizielle Position in der Regierung."
Was geschieht künftig mit dem Schah und seiner Regierung?
Khomeini: „Die werden nach Recht und Gesetz abgelöst." Was er unter Recht und Gesetz versteht, will ich genauer wissen. Doch Khomeini winkt ab. Statt einer Antwort auf meine Frage gibt es noch ein paar freundliche Worte über die guten Beziehungen zwischen Iran und Deutschland, dann beendet der großgewachsene Mann mit der ruhigen, leisen Stimme das Interview. Genauer, er nickt und zeigt zur Tür. Im Vorraum muss ich als Zeichen von Freundschaft nach getaner Arbeit auf dem Boden mit Khomeini-Getreuen Brot essen und eine undefinierbar süße Limonade trinken. Da ich an dem Tag bis dahin stur gewartet hatte, statt zu trinken und zu essen, ist das besser als nichts, aber nicht viel besser. Zufrieden fahre ich mit dem Bandgerät nach Paris in mein Hotel, schreibe, was mir Khomeini so absichtsvoll diktiert hatte.
Am 1. Februar 1979 fliegt Khomeini mit einer Boeing 747 nach Te-

heran, wird als Befreier umjubelt, verweigert jede Zusammenarbeit mit Ministerpräsident Schapur Bachtiar[43], der tritt notgedrungen zurück, flieht vor seiner Verhaftung nach Paris.

Khomeini ernennt Mehdi Bazargan (1907–1995) zum Ministerpräsidenten, einen Mann der in Frankreich ausgebildet wurde, dort als Freiwilliger gegen Nazideutschland kämpfte und später als Schah-Kritiker in Teheran mehrmals ins Gefängnis musste. Als dieser Vorkämpfer für Menschenrechte im Iran merkt, wie die Mullahs alle Macht übernehmen, geht er auf kritische Distanz zum Klerus und tritt am 5. November aus Protest gegen die Geiselnahme in der US-Botschaft zurück.

Khomeini löst bereits im Februar das Parlament auf, lässt im Schnellverfahren ehemalige Schah-Getreue und Hunderte Mitarbeiter (bis Oktober sind es offiziell 652) aburteilen und hinrichten, schränkt die Pressefreiheit ein und fungiert später selbst als Oberhaupt der Islamischen Republik. So sieht seine Version von Recht und Gesetz aus.

In den Hauptstädten der Welt bekennen sich die Botschafter schnell zum neuen Regime. In Bonn beteuert mir Botschafter Sadegh Sadrieh: „Auch nach der großen Volksrevolution haben wir keine Vorurteile gegen Europäer." Er kündigt gute Wirtschaftsbeziehungen und jede Menge Öllieferungen an und meint: „Wir hoffen, dass schon bald die Ruhe wieder einkehren wird, damit wir mit dem Aufbau beginnen können." Mein Teheraner Freund Hosni

---

43 Dr. rer. pol. SCHAPUR BACHTIAR (1914–1991) kämpfte im Zweiten Weltkrieg als Freiwilliger in der französischen Armee, seinen Vater ließ der Vater des letzten Schahs umbringen, trotzdem übernahm Bachtiar mitten in der Revolutionszeit auf Bitten des letzten Schahs das Regierungsamt, wurde am 5. Februar von Khomeini entmachtet und verfolgt, bis er im April nach Frankreich floh, wo es im iranischen Auftrag mehrere Anschläge gegen ihn gab, der vom 6. August 1991 war tödlich.

Schapur Bachtiar bei meinem ersten Interview mit ihm in Paris

Mogharab vermittelt mir am 4. April ein Interview mit Bazargan-Stellvertreter Entezam, der meint: „Ich denke, dass wir die Lage in unserem Land nach dem Revolutionsfieber in wenigen Monaten unter Kontrolle haben." Darum sollen sich die Milizen kümmern. Gefragt nach Todesstrafe und Auspeitschungen, behauptet er, das sei ganz einfach nur Sache der Justiz: „Es wird nicht wie früher ein Mann befehlen und alle Exekutivorgane tanzen danach." Von wegen.

Am 10. und 11. April lässt Khomeini elf nur mit Unterhosen bekleidete Leichen von hingerichteten Ministern und Generälen öffentlich zur Schau stellen. Noch am selben Tag frage ich in einem Telefonat, das wieder mein Freund Mogharab vermittelt hatte, den Ministerpräsidenten in Teheran, wann die Erschießungen endlich aufhören. Bazargan in Englisch: „Das ist Sache der Gerichte, da stecken wir unsere Nase nicht hinein. Aber ich hoffe, dass diese Revolutionsgerichte innerhalb eines Jahres aufhören und dass unser Justizministerium danach die Arbeit übernimmt." Nachgefragt nach den gerade vollzogenen Hinrichtungen fügt er hinzu: „An dem Tag saßen wir bis 22.30 Uhr in einer Kabinettssitzung und haben erst hinterher von der Exekution erfahren. Aber natürlich sind wir damit einverstanden."

Verschollen in Libyen

Zur selben Zeit geht es in anderen Krisenländern friedlicher zu. Selbst Libyen sendet freundliche Signale. Junis Belgassem kommt Ende Januar als Innenminister (später Außenminister und Geheimdienstchef) nach Deutschland, um mit seinem Kollegen Baum und den Spitzen des BKA über Terrorbekämpfung zu reden.
Bei der Gelegenheit kann ich ihn mit Baums Hilfe in einem Konferenzraum des BKA unter vier Augen treffen. Er nennt deutsche Terroristen „gefährliche Kriminelle, die nichts mit Politik zu tun haben. Sie begehen Verbrechen gegen die Menschheit". Wenn sie nach Libyen kämen, würden sie sofort festgenommen und ausgeliefert. Er betont die Freundschaft mit Deutschland und verspricht: „Wir sind bereit, für das fehlende iranische Öl einzuspringen." Als besonders starken Eindruck von Deutschland schildert er die Berliner Mauer: „Ich habe mir nicht vorstellen können, dass mit einer solchen Brutalität eine Mauer durch eine Stadt gezogen wird. Wenn man das sieht und ein Mann mit Herz ist, kommen einem die Tränen."
Bei der dritten Tasse Kaffee erzählt er vom Zweiten Weltkrieg: „Da habe ich unter Rommel im Afrika-Korps gekämpft." Das Gespräch wird so freundschaftlich, dass ich ihn um seine Hilfe in Libyen bitte. Prompt verspricht er mir ein Interview mit Gaddafi. Tatsächlich

meldet sein Büro vier Wochen später: „Kommen Sie, es gibt das gewünschte Interview. Formalitäten sind nicht nötig, der Minister holt Sie am Flughafen ab."

Eine große Frau, ein Verrückter und nackte Gewalt

Wenn es um Gaddafi ging, sprachen wir intern zwar gern von dem „Verrückten", doch wie unberechenbar der brutale Diktator im Alltag war, sollte ich erst noch erfahren – allerdings auch, was aus dem Land nach ihm wurde.

Wie verabredet fliege ich mittags nach Tripolis. Nach der Landung finde ich im Flughafengebäude weder den angekündigten Belgassem, noch einen seiner Mitarbeiter. Nichts. Niemand. Ich warte. Vergebens. Stunden vergehen.

In der Zwischenzeit rufen meine Kollegen aus der „Bild"-Redaktion meine Frau an: „Wo ist denn Ihr Mann?" Wieso, der ist doch in Libyen. „Da ist er aber nicht angekommen." Zur Hochblüte von Terrorismus und Flugzeugentführungen eine herbe Ansage. Es werden bange Stunden für meine Frau. Freunde aus der Nachbarschaft trösten sie – mit mäßigem Erfolg.

Derweil wechsle ich am Flughafen vorsorglich etwas Geld, denn die Einfuhr von Landeswährung ist verboten. Dazu unterschreibe ich alles, was mir vorgelegt wird, ohne zu wissen, was draufsteht. Immer wieder versuche ich, im Büro Belgassem anzurufen. Niemand geht ran. Was ich noch nicht wissen konnte: An dem Morgen ist Belgassem plötzlich bei Gaddafi in Ungnade gefallen, steht unter Hausarrest. Es ist diesmal zwar für ihn nur vorübergehend (1994 landet er endgültig im Gefängnis), aber für mich der falsche Tag. Da die regierungsamtliche Einladung nur mündlich war, habe ich nichts in der Hand. Es wird langsam Abend.

Um nicht als illegal aufzufallen, will ich in ein Hotel und am nächsten Morgen zur Botschaft. Da ich kein Arabisch spreche, versuche ich es mit Englisch, aber die Sprache steht gerade nicht hoch im Kurs. Endlich ist ein Taxifahrer bereit, mit mir Französisch zu reden, bringt mich für sündhaft viel Geld in ein Hotel, das nicht lange nach Regierungsdokumenten fragt. Teuer, schmuddelig. Mit „Sagrotan"-Spray verscheuche ich das Ungeziefer aus Bett und Dusche. Jedenfalls für den Augenblick. Am nächsten Morgen wieder für viel Geld zur deutschen Botschaft. Eine lange Schlange von Menschen mit Visaanträgen versperrt den Eingang. Ich rufe auf Deutsch: „Kann mal jemand die Tür öffnen!" Das wirkt. Ich komme rein. Drinnen bitte ich um Zugang zum Fernschreiber, um meine Redaktion zu benachrichtigen. „Geht nicht, dazu müssen wir erst den Kanzler fragen und der ist nicht da." Gemeint ist nicht der Bundeskanzler, sondern, wie ich auf Nachfrage erfahre, der zuständige Beamte. Und wann der kommt, ist noch unklar. Telefonieren geht erst recht nicht. Mir platzt der Kragen. Ich zeige meinen Presseausweis. „Bild"-Zeitung. Millionenauflage. Oh Schreck! Plötzlich ist alles nicht so gemeint: „Wir helfen Ihnen gern, wir stellen Ihnen ein Auto zur Verfügung." Natürlich darf ich sofort an den Fernschreiber, melde mich in Bonn: „Hänge zwar in der Kurve, aber mir geht es sonst gut, sagt das bitte auch meiner Frau."

Mit Hilfe der Botschaft bin ich nun legal im Land, komme in Kontakt mit Regierungsstellen. Drei Tage später gibt es, wenn schon nicht mit Gaddafi, so doch ein Interview mit seinem Außenminister Achmed Schahati, der weitere Öllieferungen verspricht, aber mit dem Zusatz: „Nur muss die Bundesregierung wissen, dass Öl für uns auch eine Waffe zur Durchsetzung der Politik ist."

Gegen wen?

Schahati: „Gegen jeden, der unsere Ziele stört. Wenn zum Beispiel der deutsche Geheimdienst enger mit Israel zusammenarbeitet."

Jehan Sadat auf Schloss Gymnich

Gesund zurück in Deutschland, ging ich genau dem Thema Israel und Nahostkrise nach. Dazu ein kurzer Blick auf die Faktenlage: Bereits am 17. September des Vorjahres hatten Israels Regierungschef Menachem Begin und Ägyptens Präsident Anwar Sadat (1918–1981) auf Einladung von US-Präsident Jimmy Carter in Camp David Rahmenabkommen über den Abschluss eines Friedensvertrages zwischen Ägypten und Israel unterzeichnet, wurden dafür am 10. Dezember 1978 mit den Friedenanobelpreis ausgezeichnet, verabredeten den Austausch von Botschaftern (erfolgt am 24. Februar 1980) und für Ägypten besonders wichtig: Israel gibt am 25. Juli den eroberten Sinai (6.000 Quadratkilometer) wieder zurück an Ägypten. Anfang April 1979 besucht die ägyptische First Lady Jehan Sadat (*1933) Deutschland und logierte auf Schloss Gymnich, dem damaligen (gepachteten) Gästehaus der Bundesregierung. Mit freundlicher Hilfe des Schlossbesitzers Jörg von Holzschuher konnte ich sie im Eichensalon des Wasserschlosses nahe Bonn treffen.

Erwartungsgemäß kommt sie sofort auf den Friedensnobelpreis zu sprechen: „Da hatte ich Tränen in den Augen und mein Herz klopfte heftig." Als gläubige Muslimin fügt sie hinzu: „Als wir im Fernsehen sahen, wie in der Knesset eine Abgeordnete gegen den Frieden wetterte, tröstete ich meinen Mann: ‚Gott ist mit dem, der ehrenhaft handelt. Gott wird immer mit Dir sein.'" Der Wunsch ging bekanntlich nicht in Erfüllung, denn am 6. Oktober 1981 ermordeten ihn Fanatiker.

Ihre Erwartungen an Deutschland sind klar: „Sie können sehr viel für unser Volk tun, nicht nur mit Geld. Die Stabilität in Ägypten ist auch wichtig für den Westen, für ganz Europa und die Welt. Schauen Sie nur, was um uns herum geschieht, im Iran und überall. Nur Ägypten ist gefestigt, ist stabil." Über sich selbst sagt sie: „Ich kämpfe für die Gleichberechtigung der Frau."

Auch zu Hause?

Sadat: „Ja. Aber wenn ich meinen Mann zu heftig bedränge, erreiche ich gar nichts. Von Zeit zu Zeit sagt er: ‚Oh Jehan, da sind noch so viele Dinge jetzt wichtiger als dein Wunsch.'"

Welcher Wunsch?

Sadat: „Ich will jetzt die Vielehe abschaffen und die Scheidung und das Sorgerecht für Kinder neu regeln. Die Gleichberechtigung in Schulen, am Arbeitsplatz und bei Löhnen habe ich schon durchgesetzt."

Können Ihre Enkel einmal einen Israeli heiraten?

Sadat: „Die Mädchen nicht, weil ihnen das die Religion verbietet, aber die Jungen sind da frei in ihrer Entscheidung. Es kommt jetzt eine neue Generation und Sie können ihr doch nicht verbieten, in eine Jüdin verliebt zu sein."

Im selben Jahr trifft sich SPD-Chef Willy Brandt mit PLO-Chef Jassir Arafat und Israel reagiert verschnupft. Von früheren Treffen mit Israels Oppositionsführer Shimon Peres (später Friedensnobelpreisträger und Staatspräsident) habe ich noch seine direkte Telefonnummer. Also rufe ich ihn wegen der Brandt-Visite an. Sein Kommentar: „In Israel herrscht große Sorge. Wir sind sehr verwundert über die veränderte deutsche Außenpolitik – die Hinwendung zur PLO und sogar Treffen mit deren Vertretern." Seine Erwartungen an deutsche Politiker: „Dass sie mehr auf die Sicherheitsbedürfnisse Israels eingehen und die ägyptische-israelischen Friedensverträge stärker unterstützen, ohne stets nach den anderen arabischen Staaten zu schielen." Was er nicht sagt: Auch schon damals gab es nicht nur im Ausland, sondern gerade auch in Israel höchst unterschiedliche Meinungen. So trat Israels berühmter Außenminister Moshe Dayan im Oktober aus Protest gegen Ministerpräsident Begin und dessen starre Ablehnung der Palästinenser zurück.

Genau einen Monat später rückt der Iran in die Schlagzeilen der Welt.

In Teheran passiert das Unfassbare. Am Sonntag, den vierten November stürmen gut 400 junge Iraner, die sich als Studenten ausgeben, von der iranischen Polizei ungehindert die amerikanische Botschaft in Teheran. Die US-Wachsoldaten können auch mit Tränengas den Angriff nur knapp zwei Stunden hinauszögern, aber nicht verhindern. Die Gewalttäter nehmen das 59-köpfige Personal als Geiseln und fordern die Auslieferung von Schah Reza Pahlewi, der sich in USA gegen Krebs im Endstadium behandeln lässt. Schon am nächsten Tag lobt Khomeini die Geiselnahme als „revolutionären Akt". Der Kommandeur der Revolutionsgarden verkündet: „Wir sind bereit, die Studenten unter Einsatz ihres Lebens zu verteidigen und dafür unseren letzten Tropfen Blut zu vergießen." Die Botschaftsbesetzer tönen: „Wir werden keine Geisel freilassen,

ehe wir nicht den verhassten Schah hier zur Rechenschaft ziehen können." Deutschen Korrespondenten ruft er zu: „Ihr seid nicht anders als die Amerikaner. Auch Helmut Schmidt muss weg." Am 6. November tritt Ministerpräsident Bazargan wie erwähnt aus Protest gegen das Geiselchaos zurück. Am 10. November bekomme ich nach stundenlangen Versuchen direkten Telefonkontakt mit den Geiselnehmern in der Botschaft. Einer gibt sich als Sprecher aus: „Stellen sie Ihre Fragen. Ich bin autorisiert, im Namen aller die Antworten zu geben."
Wie ist Ihr Name?
Geiselnehmer: „Wir haben unseren bürgerlichen Namen abgelegt. Ich werde hier nur mit Y angesprochen, das muss auch für Sie genügen."
Warum müssen die Geiseln leiden?
Y: „Von Leiden kann keine Rede sein. Sie dürfen nur keinen Kontakt nach draußen haben, können sich aber in den Räumen ohne Fesseln frei bewegen. Sie werden gut behandelt und mit Nahrungsmitteln ausreichend versorgt."
Wie lange noch?
Y: „Bis sie freikommen, und das dauert so lange, bis der Schah in Teheran vor Gericht steht. Vorher verhandeln wir auch nicht."
Der kranke Schah hat inzwischen angeboten, die USA zu verlassen …
Y: „Das hat überhaupt keine Bedeutung. Die Geiseln bleiben so lange gefangen, bis der Schah ausgeliefert ist."
Werden anderenfalls die Geiseln getötet?
Y: „Darüber wird entschieden, wenn es soweit ist. Im Augenblick ist das Leben der Geiseln nicht in Gefahr."
Zum Beweis der angeblich guten Behandlung lässt er einen US-Diplomaten mit verbundenen Augen für wenige Minuten ins Freie führen. Zur gleichen Zeit nehmen Gesinnungsgenossen von Mr. Y

auf den Straßen von Teheran einen iranischen Chauffeur der US-Botschaft gefangen. Später lassen sie einige Nicht-Amerikaner frei.
In Paris verabrede ich mich Mitte April 1980 mit Schapur Bachtiar, der als Regierungschef entmachtet vor den Häschern Khomeinis geflohen ist. Wie bei all meinen Interviews mit ihm in Frankreich geht es hochkonspirativ zu. Die Ortsangaben wechseln mehrmals. Erst unmittelbar vor dem Termin erfahre ich telefonisch den Treffpunkt. Vor dem Haus hält ein Polizist mit Karabiner Wache. Ziviles Wachpersonal steht betont unauffällig herum. Im ersten Stock vor der Wohnung, die als Büro dient, Personenkontrolle. Dann stehe ich einem ruhigen, freundlichen Mann gegenüber, der mich in akzentfreiem Französisch höflich anspricht. Gleich zu Beginn geht er auf die US-Geiseln in Teheran ein: „Wenn alle Verbündeten gemeinsam mit den USA politischen und wirtschaftlichen Druck auf den Iran ausüben, können sie freikommen."

Wenn das nichts nützt?

Bachtiar: „Ich hätte Verständnis, wenn die USA eine Militäraktion starten, um die Geiseln zu befreien. Die schwache iranische Armee wäre schon am ersten Tag geschlagen."

Was macht Khomeini?

Bachtiar: „Er hat allen gezeigt, dass er nicht regieren kann. Er gaukelt den Bürgern eine heilige Mission vor, die in Wahrheit ein Kampf gegen Fortschritt und Wohlstand des Volkes ist. So will er alle in den Abgrund stürzen. Er ist wie die Pest. Und die Gefahr ist groß, dass er seine Revolution erfolgreich in andere Nahostländer trägt."

Haben Sie Verständnis für Sadat, der dem Schah in Ägypten Asyl gewährt?

Bachtiar: „Ja. Ich habe dem Schah seine schlimmen Fehler ins Gesicht gesagt. Dafür war ich mehrmals im Gefängnis. Aber es ist etwas anderes, ihm heute als Kranken Asyl zu gewähren."

Kurz darauf, am 25. April 1980 scheitern die USA mit ihrem militärischen Befreiungsversuch kläglich an eigener Unfähigkeit und nicht etwa am iranischen Militär. Der erste von acht Hubschraubern (Typ Sea Stallion) fällt schon bald nach dem Start vom Flugzeugträger Nimitz im Persischen Golf aus, die nächsten zwei kurz darauf im Sandsturm, der dritte zerschellt beim Zusammenstoß mit einer Herkules-Transportmaschine, die anderen werden vom vorhersehbaren Sand beeinträchtigt. Die Aktion wird abgebrochen. Bei ihrer Flucht in Transportflugzeugen lassen die Soldaten fünf Hubschrauber mit Dokumenten, einschließlich einer Liste von CIA-Agenten, im Iran zurück. Erst Boykott und internationaler Druck bringen den Durchbruch, am 20. Januar 1981 kommen die 52 Geiseln durch Vermittlung Algeriens frei. Ein paar Monate später treffe ich erneut Bachtiar, diesmal in seiner Privatwohnung im Pariser Vorort Suresnes. In sportlich kurzärmeligem Hemd sagt er völlig richtig voraus: „Der junge Schah-Sohn Pahlewi wird auch in Zukunft nicht herrschen." Und dem neuen Ministerpräsidenten Bani Sadr (*1933, seit dem 25. Januar 1980 im Amt) gibt er nicht viel mehr Chancen: „Er weiß heute nicht, ob er morgen noch Präsident ist. Er wird wie seine Vorgänger bald abgesetzt. Das ist sicher." Stimmt. Bereits am 21. Juni wird er abgesetzt und flieht mit Hilfe von Freunden am 29. Juni nach Frankreich.

Meinen letzten Kontakt mit Bachtiar sollte es zehn Jahre später geben. Am 6. August 1991 klingelt das Telefon in meinem Pariser Hotelzimmer. Sein Büro kündigt an, in etwa zwei Stunden soll ich erfahren, wo und wann genau unser Treffen stattfindet. Aber ich warte vergebens. Es gibt keinen Anruf mehr. Stattdessen erfahre ich von meinen Bonner Kollegen, dass Khomeinis Mordbande Bachtiar und dessen engsten Mitarbeiter kaltblütig niedergestochen hat. Ziemlich genau zu dem Zeitpunkt, als ich bei ihm sein sollte.

Bonner Nachtleben und Stimmenkauf im Bundestag

Doch zurück zur beschaulichen Bundeshauptstadt. In Bonn bescheren uns die 70er und 80er Jahre auf einem ganz anderen Gebiet muntere Schlagzeilen. Dabei geht es wie im besseren Krimi um Spionage und Sex. Beginnen wir mit letzterem. Etwas vollmundig ist von der „Hauptstadt der Seitensprünge" die Rede. Immerhin gibt es zu der Zeit in Bonn 48 Bars und ein Eroscenter. Das hält sich noch über die Jahrtausendwende hinweg unverändert in der Nähe der Müllverbrennungsanlage.

Um als junger Redakteur in den 80ern über das Haus berichten zu können, musste ich ganz wörtlich über eine Hürde springen. Bordell- und Nachtclubbesitzer Werner Fritzen schmückte sich nicht nur mit Villa und Mercedes SL, sondern auch mit einem ansehnlichen Pferd, das aber nicht springen wollte. Da traf es sich gut, dass ich als Oberschüler weit mehr Zeit im Sattel verbracht hatte als mit Schularbeiten. Wir verabredeten: Ich springe sein Pferd ein, dafür darf ich mit Fotograf und Fritzens Begleitschutz über das Rotlichtmilieu berichten. Zusammen mit dem legendären Bonner Fotografen Camillo Fischer gingen wir los. Fischer half besonders mit seiner stoischen Ruhe und Unbekümmertheit – wie er sie kurz zuvor beim Diplomatenempfang des Bundespräsidenten mit Korkenzieher-Smokinghosen in der Beethovenhalle gezeigt hatte. Präsidentensprecher Wolfgang Teske sprach unüberhörbar den viel kolportierten Satz: „Herr Fischer, wenn sie Ihre Hose suchen, Sie stehen drauf." Camillo nickte nur. Er war ein Bonner Original, das so schnell niemand irritieren konnte. Solchermaßen gelassen ging er mit mir (ich war dagegen ziemlich aufgeregt) an die Nachtarbeit. Im Eros-Center an der Immenburgstraße sehen wir einen überdachten Innenhof. Im schwach erleuchteten und videoüberwachten

Kontakthof findet die Auswahl unter den Damen aus unterschiedlichen Ländern statt. Auf den 80 schlichten Zimmern mit Alarmanlagen liegen die Preise zwischen 75 D-Mark auf die Schnelle und 1.200 D-Mark für eine ganze Nacht. Mit seinen Amüsierbetrieben macht Fritzen zu der Zeit in Bonn einen Umsatz von 180.000 D-Mark im Monat.

In der Bundeshauptstadt mit rund 300.000 Einwohnern gibt es in den Tagen gerade mal rund 100 zugelassene Prostituierte – und ein statistisches Ungleichgewicht: auf 120 Frauen (meist Sekretärinnen) kommen 100 Männer. Der SPD-Politiker Klaus von Dohnanyi philosophiert: „Politiker werden in Bonn von zwei Gefahren bedroht: Herzinfarkt und Ehescheidung."

♦

Besonders intensiv setzte sich Leo Wagner (1919–2006, CSU-Bundestagsabgeordneter von 1961 bis 1976) mit dem Nachtleben auseinander. Der einflussreiche Parlamentarische Geschäftsführer der CDU/CSU-Bundestagsfraktion (1971–1975) brachte sein ganzes Geld und viel Geld, das er gar nicht hatte, in Bars mit schönen Frauen durch. Selbst seine Abgeordnetendiäten verpfändete er gleich mehrmals. Als Wagners Schulden immer weiter anstiegen, zog Fraktionssprecher Eduard Ackermann (der getreue und aufrichtige Mann an der Seite von Helmut Kohl) die Reißleine und räumte ein, dass Wagner wohl „geistig verwirrt" sei. Andere sprachen von „Gehirnschädigung". Dem schloss sich nicht nur die Presse an mit Zeilen wie „Leo Wagner verrückt", sondern auch das Bonner Landgericht. Es verurteilte ihn wegen Betrugs unter Berücksichtigung seiner „verminderten Schuldfähigkeit" zu 18 Monaten auf Bewährung und 168.000 D-Mark Geldbuße, die er gar nicht hatte. Erst Jahre später erfahren wir, dass Wagner in seiner Finanznot sogar Geld von der Staatssicherheit (Stasi) der DDR angenommen hat.

Demnach ließ er sich ausgerechnet vor einer historischen Abstimmung des Bundestages bestechen – mit gravierenden Folgen.
Das geht zurück auf das Jahr 1972. SPD-Bundeskanzler Willy Brandt hatte mit seiner sozialliberalen Koalition Verträge zur Aussöhnung mit dem Osten beschlossen und wollte diese nun vom Parlament ratifizieren lassen.
Die kontroverse Diskussion über die neuen Ostverträge erfasst alle Parteien. Aus der SPD-FDP-Regierungskoalition von zwölf Stimmen Mehrheit waren Ex-FDP-Chef (und Ex-Minister für gesamtdeutsche Fragen) Erich Mende, Siegfried Zoglmann und Heinz Starke bereits zur CDU gewechselt, gefolgt von drei damals allerdings im Bundestag nicht stimmberechtigten Berliner Kollegen. Im März 1972 folgten ihnen der SPD-Abgeordnete Herbert Hupka (Vorsitzender der Vertriebenen) und der FDP-Abgeordnete Wilhelm Helms, so dass die Koalitionsmehrheit rechnerisch dahin sein musste. Zu dem Zeitpunkt ist Oppositionsführer Rainer Barzel[44] überzeugt, dass 250 Abgeordnete hinter ihm stehen. Er wittert seine Chance, den Kanzler zu stürzen und bringt wie vom Bundestag dokumentiert erstmals in der Geschichte nach Artikel 67 des Grundgesetzes den Antrag auf ein konstruktives Misstrauensvotum ein: „Der Bundestag spricht Bundeskanzler Willy Brandt das Misstrauen aus und wählt als seinen Nachfolger den Abgeordneten Dr. Rainer Barzel zum Bundeskanzler der Bundesrepublik Deutschland. Der Bundespräsident wird ersucht, Bundeskanzler

---

44 Dr. jur. RAINER CANDIDUS BARZEL (1924–2006): 1962–1963 Minister für Gesamtdeutsche Fragen, 1964–1973 Vorsitzender der CDU/CSU-Bundestagsfraktion, 1971–1973 CDU-Bundesvorsitzender, 1982 wieder Chef des (umbenannten) Ministeriums für innerdeutsche Beziehungen, 1983–1984 Bundestagspräsident. Barzel war zweimal verwitwet, seit 1977 verheiratet mit Ute Cremer. (Quelle für den Datenabgleich: Deutscher Bundestag)

Willy Brandt zu entlassen." Nach dreistündiger hoch erregter Debatte eröffnet Bundestagspräsident Kai-Uwe von Hassel (CDU) um 12.59 Uhr die Abstimmung. Um 13.22 Uhr das Ergebnis: Von 260 stimmberechtigten Abgeordneten stimmen 247 für und 249 gegen den Sturz von Willy Brandt. Zwei sicher geglaubte Stimmen fehlen. Barzel scheitert mit seinem Sprung ins Kanzleramt. Sofort kommen Gerüchte auf, jemand habe mit Bestechung nachgeholfen. Aber die Gewissheit lässt auf sich warten.

Nach der Wiedervereinigung enthüllt Markus Wolf als Ex-Spionagechef der DDR, dass der CDU-Abgeordnete Julius Steiner von Ostberlin 50.000 D-Mark erhalten habe, damit er seine Stimme nicht für Barzel abgab. In der Bundestagsdokumentation heißt es dazu: *„Das Ministerium für Staatssicherheit der DDR wollte Brandt im Amt halten und die Ostverträge sichern, an denen nicht nur der DDR, sondern auch der Sowjetunion gelegen war. Wer allerdings der zweite Abgeordnete gewesen war, der Brandt 1972 die Kanzlerschaft gerettet hatte, blieb bis vor wenigen Jahren unklar. Erst die Auswertung geheimer Stasi-Akten gab darauf 2006 einen neuen Hinweis. Magazine wie ‚Der Spiegel' oder ‚Cicero' berichteten, dass die so genannten Rosenholz-Dateien*[45] *den früheren CSU-Abgeordneten Leo Wagner als Inoffiziellen Mitarbeiter der Stasi geführt hatten. Das erhärtete den bereits bestehenden, aber nie bewiesenen Verdacht, dass Wagner ebenso wie Steiner Geld für seine Stimme erhalten hatte."*
Nach Angaben von Markus Wolf hatte auch Karl Wienand seine Finger im Spiel.

Wienand war von 1967 bis 1974 Parlamentarischer Geschäftsfüh-

---

[45] ROSENHOLZ-DATEI: Über 300.000 Daten, die unter nicht genau veröffentlichten Umständen von einem Ex-KGB-Offizier zur CIA gelangten. Über 300 CDs enthalten Aktivitäten und Namen von Mitarbeitern der Hauptverwaltung Aufklärung, also des DDR-Auslandsgeheimdienstes.

rer und enger Vertrauter von SPD-Fraktionschef Herbert Wehner.[46] Als ich Wienand später am 8. Mai 1977 in seiner Villa in Schladern (60 Kilometer von Bonn) aufsuchte, wirkte er nach etlichen Gerichtsurteilen von Steuerhinterziehung bis hin zur Spionage für die DDR einsam und verbittert. Der schwer Kriegsbeschädigte (Bein amputiert, linker Arm zerschmettert, Splitter im ganzen Körper) war vorübergehend nahezu gelähmt, weil Splitter zwischen den Rückenwirbeln Nerven eingeklemmt hatten. Obendrein konnte er immer schlechter sehen. Eine Operation gab ihm Augenlicht und Bewegungsfreiheit wieder. Gramgebeugt erzählte er, wie sein Niedergang die ganze Familie getroffen habe. Ehefrau Margret und die Töchter seien nach einer Überdosis Schlaftabletten nur mühsam gerettet worden, Sohn Guido (20) wegen der Vorwürfe gegen den Vater in die USA ausgewandert, die Schwester rede seit Jahren nicht mehr mit ihm.

Er bestritt allen Beweisen zum Trotz bis zu seinem Lebensende im Oktober 2011 jede Zusammenarbeit mit der DDR-Staatssicherheit – auch im Zusammenhang mit der historischen Bundestagsabstimmung. SPD-Fraktionschef Herbert Wehner erklärte sogar am 8. Dezember 1977 im Prozess gegen Steiner, er sei die meiste Zeit des Abstimmungstages mit Wienand zusammen gewesen: „Wenn

---

46 HERBERT WEHNER (1906–1990) kam von der KPD (1927–1942) im Jahre 1946 zur SPD. Aus seiner Zeit im Moskauer Exilanten-Hotel „Lux" (1935–1941) sind von „Spiegel" und anderen Wehners Verratshinweise dokumentiert, die demnach den betroffenen Genossen zum Verhängnis wurden. Wehner war innerdeutscher Minister (1966–1969), danach bis 1983 SPD-Fraktionschef im Bundestag. In dritter Ehe heiratete er 1983 seine Stieftochter Greta Burmester, wie er sagte, auch um sie zu versorgen. Die deutsche Wiedervereinigung konnte Wehner wegen seiner Altersdemenz nicht mehr wahrnehmen. (Mehr über den privaten Wehner im Anhang unter „Wehners überraschende Heirat".) (Quelle für den Datenabgleich: Deutscher Bundestag)

jemand in dieser Sache Geld ins Spiel gebracht haben sollte, wäre ich zurückgetreten." Ist er aber nicht.

Leo Wagner traf ich ebenfalls später wieder. Zuletzt am 2. Januar 1977.

In seiner 35-Quadratmeter-Wohnung am Bonner Hofgarten saß mir ein inzwischen um 25 Pfund abgespeckter Mann im viel zu weitem Anzug gegenüber und rechnete mit sich selbst ab: „Ich war damals völlig kritiklos mir und anderen gegenüber. In meiner Kölner Stammbar habe ich an manchen Abenden 1.000 bis 2.000 Mark gelassen. Ich hatte Schulden über Schulden." Nun wolle er ein neues Leben beginnen: „Ich habe keine Sehnsucht mehr nach Bars und Bardamen. Ich rauche und trinke nicht mehr. Ich will hart arbeiten." Freunde aus seiner Zeit als Präsident der deutsch-koreanischen Gesellschaft hatten ihm einen Job vermittelt. Sein dortiges Einkommen wolle er an seine Gläubiger weitergeben.

Bis zu seinem Tod 2006 bestritt er genau wie Wienand, Geld für seine Abstimmung beim Misstrauensvotum genommen zu haben. Stasi-Daten belegen das Gegenteil.

Ostspione in Westministerien

Besonders aktiv waren DDR-Spione auch in Bonner Ministerien. In den 70ern machte bei uns das Wort vom Romeo-Spion die Runde. Gutaussehende Herren, die sich in Geheimdienstauftrag an einsame Damen aus der Ministerialbürokratie ranmachten. Manchmal wurden auch gutaussehende Agentinnen gegenüber braven Herren aktiv. Dazu ein paar Beispiele.

Wir schreiben das Jahr 1976. Einen Monat nach Genschers DDR-Reise werden DDR-Spione ausgerechnet in seinem Auswärtigen

Herbert Wehner in der Lobby des Bonner Bundestages

Amt (AA) enttarnt. Ein Freund aus dem Bonner Sicherheitsapparat spendiert mit täglich neue Details.

Es ist Freitag Mitte Mai 1976. Um 17.30 Uhr klingeln zwei Beamte der Sicherungsgruppe im Büro von Heinrich Böx (damals 70), von 1966 bis 1970 Botschafter in Warschau und nun Leiter des CDU-Büros für auswärtige Beziehungen: „Kommen Sie bitte mit." Der große Mann mit dem wallenden Silberhaar kommt über Nacht in eine schmale Zelle mit Pritsche und Toilette, muss Schlips, Uhr und Brille abgeben. Erst Samstag kurz vor 24.00 Uhr darf er wieder heim zu Ehefrau Erika (damals 66) nach Heisterbacherrott im Siebengebirge. Am nächsten Morgen stehe ich bei ihm vor der Tür.

Er lässt mich zu meiner Freude sofort rein und wettert über die Polizisten: „Die konnten nichts finden, weil da nichts zu finden ist." Erika empört sich: „Das ist irrsinnig. Mein Mann bringt sich in Spanien und Portugal in Gefahr, um die Leute vor dem Kommunismus zu warnen. Jede seiner Handlungen ist gegen den Kommunismus gerichtet, und nun diese Anschuldigungen!" So ganz gegen alle Kommunisten war er wohl doch nicht allergisch. In Bonn heißt es, er habe seit zehn Jahren Beziehungen zu einer Helge Berger, was der Böx-Anwalt Holzhamer erwartungsgemäß abstreitet.

Denn zeitgleich mit der Böx-Festnahme wird in Genschers Auswärtigem Amt diese Helge Berger (damals 35 und sehr attraktiv) im Büro seines Staatssekretärs als DDR-Spionin enttarnt. Sie soll seit zehn Jahren für die DDR spioniert haben, war dreimal von den Sicherheitsbehörden auf „streng geheim" überprüft worden und hatte so Zugang zu Staatsgeheimnissen. Am 18. Mai (kurioserweise wird genau an dem Tag Erich Honecker auf dem IX. Parteitag Generalsekretär der SED) gesteht Helge Berger alles – darunter intime Beziehungen zu Top-Beamten. So kam es erneut zu Anschuldigungen gegen Böx. Generalbundesanwalt Siegfried Buback (vom 31. Mai 1974 bis zu seiner Ermordung am 7. April 1977 im Amt) bestätigt, dass „weiter" gegen Böx wegen Spionageverdacht ermittelt wird. Also fahre ich wieder zu ihm. Er sitzt in grauer Hose, weißem Hemd, beigem Pulli müde auf dem lilafarbenen Samtsessel im 50-Quadratmeter-Wohnzimmer seines Hauses am Birkenweg 8 in Heisterbacherrott: „Ich bin zornig. Ich werde nicht ruhen, bis alle wieder von meiner weißen Weste überzeugt sind." Seine Frau Erika ist noch immer wütend wegen der Hausdurchsuchung: „Als die Kriminalpolizei vor der Tür stand, fiel ich aus allen Wolken."

Das lief so ab: Im Badezimmer tollen gerade die Enkelkinder Claudia (damals 12) und Thomas (damals 10), als die Beamten den Durchsuchungsbefehl schwenken. Großmutter Erika beruhigt die verängstigten Kinder und schwindelt: „Die sind von der Versicherung." Die neun Beamten machen es sehr gründlich, nehmen jedes Buch aus dem fünf Meter breiten Regal, schrauben die Puderdose von Frau Böx auf, ebenso die Zahnpastatube. Dann räumen sie wieder ordentlich auf.

Gefragt, ob Berger ihn erpresst haben könnte, antwortet mir Böx grimmig: „Da sage ich nur kategorisch nein!" Seine Frau ergänzt: „Das mit der Helge Berger kann ich überhaupt nicht verstehen. Sie war doch wie ein Familienmitglied und jetzt hat sie meinen Mann da reingeritten." Das Ganze geht für die Beteiligten unterschiedlich aus: Berger wird 1977 zu fünf Jahren Haft verurteilt, das Verfahren gegen Böx eingestellt. Der BND-Abteilungsleiter Auswertung, Jürgen von Alten (damals 52) wird wegen seiner Kontakte zu Berger vom Dienst suspendiert. Bleibt nachzutragen, dass es im Fall Berger wie zuvor bei Kanzlerspion Guillaume[47] mehrere Warnungen der deutschen Spionageabwehr gab, die aber von der Regierungsspitze nicht entsprechend beachtet wurden. Wie es bei Berger schon 1965 anfing, schilderte mir ein Verfassungsschützer unter vier Augen.

---

47 GÜNTER GUILLAUME (1927–1995): Der NVA-Offizier kam im Auftrag des MfS (Stasi) 1956 mit seiner Frau Christel (geb. Boom) in die Bundesrepublik, trat in die SPD ein, sie wurde Sekretärin im Parteibüro Hessen-Süd, er wurde 1964 Parteifunktionär, leitete erfolgreich 1969 das Wahlkampfbüro des damaligen Verkehrsminister Georg Leber, kam mit dessen Empfehlung ins Bundeskanzleramt, wurde 1972 Persönlicher Referent von Bundeskanzler Willy Brandt mit Zugang zu geheimen Akten. Seit 1973 gab es beim Verfassungsschutz Hinweise auf eine mögliche Agententätigkeit des Ehepaars Guillaume, aber erst am 24. April 1974 erfolgte seine Verhaftung. Dabei sagte er wie zur Bestätigung: „Ich bin Bürger der DDR und ihr Offizier. Respektieren Sie das!" Am 7. Mai 1974 musste Willy Brandt als Bundeskanzler zurücktreten. Guillaume wurde 1981 von Bundespräsident Karl Carstens begnadigt und am 1. Oktober des Jahres wie die Agentin Renate Lutze im Tausch gegen die Freilassung von 35 Häftlingen und 3.000 Angehörigen von Flüchtlingen in die DDR abgeschoben.

„Verzeihen Sie, haben Sie bitte Feuer für mich?", fragte demnach der gutaussehende Herr die Chefsekretärin des AA Helge Berger, als sie im März aus einem Bonner Café kommt. Ein Jahr später arbeitet sie bereits für ihn als Spionin unter dem Decknamen „Nora". Ähnlich fiel ein Dutzend ihrer Kolleginnen auf die galanten Ostwerber herein. So heiratete Dagmar Kahlig-Scheffler (Bundeskanzleramt) sogar ihren geliebten Stasi-Major, der sich dann vor ihrer Verhaftung rechtzeitig in den Osten absetzte.

◆

Der nächste Fall führte am 4. Juni 1976 zur Schlagzeile: „Bestürzung in Bonn – Ost-Agentin arbeitete für den Kanzlerfreund". Agentin Renate Lutze (damals 35) wird zwei Tage zuvor mit ihrem Mann Lothar Erwin unter dem Vorwurf der Spionage verhaftet.

Die auf streng geheim geprüfte Agentin saß ein halbes Jahr bei SPD-Staatssekretär Karl-Wilhelm (Willi) Berkhan[48], mit dem Bundeskanzler Helmut Schmidt so enge Freundschaft pflegte, dass sie eine gemeinsame Segeljolle am Brahmsee hatten.

Der Verfassungsschutz meldete intern dazu: Bei Verteidigungsstaatssekretär Berkhan hatte die zierliche, dunkelhaarige Renate Lutze aus der DDR seit 1967 Einblicke in strategische Pläne von Bundeswehr und NATO. Ihr Mann hatte Zugang zu Plänen über zivile und militärische Nachschublager, eischließlich Treibstoffversorgung. Später erklärte mir der neue Generalbundesanwalt Kurt Rebmann (1977 bis 1990 im Amt) nach monatelangen Ermittlungen, sie habe ganz konkret fünf wichtige Geheimnisse an die DDR verraten:

---

48 KARL-WILHELM BERKHAN war von 1969 bis 1975 Parlamentarischer Staatssekretär im Bundesverteidigungsministerium und von 1975 bis 1985 Wehrbeauftragter des Deutschen Bundestages.

Pläne zur Entwicklung des deutschen Kampfpanzers 3.
Den Alarmplan der Bundeswehr mit Angaben, welche Truppeneinheiten im Ernstfall in welche Verteidigungsräume einrücken.
Geheimakten über Bundeswehrmanöver und NATO-Stabsübungen.
Pläne über zivile und militärische Nachschublager.
Erkenntnisse der Feindlage, also über Stärke, Ausrüstung, Planungen und Mängel der Warschauer Pakt Staaten.

Dieses gut informierte Ehepaar lebte in Bonn jahrelang wie wohlhabende Spitzenbeamte: 200-Quadratmeter-Einfamilienhaus (Miete: 1.100 D-Mark – damals viel Geld), fuhr einen Jaguar für 35.000 D-Mark, ging gern auf teure Reisen und liebte das Fallschirmspringen. Zur selben Zeit durften am Rhein nicht einmal DDR-Kinder der Ständigen Vertretung (der Sondernamen für Ostberlins Botschaft) mit Westkindern spielen. Sie wohnten mit ihren Eltern in einem fünfstöckigen Mietblock im Bonner Norden. Jeden Morgen um sieben Uhr verließen sie geschlossen in einer Kolonne aus 20 dunklen Fiats das Gelände, am Ende ein Ford Transit mit Kindern, so fuhren sie zur Ständigen Vertretung an der Godesberger Allee 18, umgeben von Stacheldraht: Vier Geschosse, 67 Fenster, die meisten mit heruntergelassenen Jalousien. Hochempfindliche Videokameras, elektronisch Schranken, Gitter und Zaun. DDR-Vizekonsul Horst Skirde führte mich gleich nach dem Fall der Mauer durch die raffiniert getarnte Spionage- und Schmuggelzentrale der SED: „Ich musste jahrelang mit ansehen, wie Kollegen Dinge taten, die mit dem diplomatischen Status nicht im Einklang stehen. Dazu wurden illegal Telefonate mitgeschnitten und mit unserer riesigen Funkantenne der gesamte Funkverkehr in und um Bonn abgehört." Offene und verschlüsselte geheime Funkbotschaften des Auswärtigen Amtes (mit großen Antennen auf dem Dach), diplomatischer

Vertretungen und Sicherheitsbehörden landeten so im Ostberliner Ministerium für Staatssicherheit.

Skirde erinnerte sich: „Allein hier gab es mindestens fünf technisch besonders begabte Kollegen, die sofort nach der Wende abgezogen und nicht wieder ersetzt wurden. Die haben auch alle Mikrofone und Abhöranlagen mitgenommen. Das alles sollte so unauffällig wie möglich laufen. Doch dabei ist denen offenbar eine Panne passiert. Sie ließen die große Antenne mitten auf dem Dach der Botschaft zurück."

Bis zur Wende galt die Vorschrift: „Über alle Gespräche, die man geführt hat, musste jeweils ein Vermerk angefertigt werden." Doch nach Ostberlin gingen nicht nur Informationen illegal: „Regelmäßig ein- bis zweimal im Monat fuhr ein Kleinbus der Ständigen Vertretung nach Ostberlin. An Bord als Diplomatengepäck getarnt hochtechnisches Gerät, dessen Ausfuhr aus der Bundesrepublik Deutschland nach der ‚CoCom-Liste'[49] strikt verboten war. Da wurden in der Garage Kisten verladen mit Geräten, die offiziell zur Reparatur bestimmt waren. In Wirklichkeit hat darin das MfS jedes beliebige technische Gerät geschmuggelt, bis zum modernsten Computer. Dazu kam noch der besondere Service für Außenminister Oskar Fischer, den ZK-Sekretär Hermann Axen, zuständig für internationale Verbindungen, und FDGB-Chef Harry Tisch. Die bestellten und bekamen alles, vom besonderen Kugelschreiber bis zum Farbfernseher."

---

49 COCOM-LISTE steht für den Koordinationsausschuss für mehrseitige Ausfuhrkontrollen (Coordinating Committee on Multilateral Export Controls) von 1950. Waren dieser Liste, besonders Hochtechnologien zur Verwendung im Rüstungsbereich, durften demnach nicht an kommunistische Staaten geliefert werden.

Der letzte große Spionage-Coup der DDR

Das konnte ich 1985 naturgemäß noch nicht so genau wissen, obwohl sich die Spionagefälle häuften. Der August bescherte uns Journalisten dazu ein echtes Großereignis. Es fing am Freitag, den 16. mit einem Spionageverdacht gegen die langjährige Sekretärin von FDP-Chef und Wirtschaftsminister Martin Bangemann[50] an. Sonja Lüneburg (damals 60) war seit zwei Wochen spurlos verschwunden. Ein ranghoher Verfassungsschützer, den ich auch als Tennispartner schätze, erzählte mir Details mit der Einschränkung, dass ich dies erst Jahrzehnte später veröffentlichen dürfe. Also jetzt: In Bonn-Duisdorf meldet ein Mitarbeiter der Personalabteilung des Bundeswirtschaftsministeriums (BMWI) in der nahe gelegenen Hauptwache am 6. August gegen 18.00 Uhr in aller Form die Verwaltungsangestellte Sonja Lüneburg als vermisst, weil diese bereits den zweiten Tag unentschuldigt fehle und zu Hause nicht zu erreichen sei. Auch ihr Toyota mit dem Kennzeichen BN-ZA 957 sei nirgends aufgetaucht. Der Polizeibeamte notiert die Daten und gibt die Vermisste sofort in die Personenfahndung. Am nächsten Morgen beginnen die Ermittlungen. Mit befreundeten Nachbarn hatte Lüneburg noch am Freitagabend gegessen und erzählt, sie wolle mit Kölner Freunden am folgenden Samstag nach Holland fahren. Eine Nachfrage bei den Freunden ergab aber, dass diese von einer solchen Reise nichts wussten.

---

50 Dr. jur. MARTIN ANDREAS BANGEMANN (*1934), FDP-Mitglied seit 1963, Generalsekretär (1974–1975), Bundesvorsitzender (1985–1988), Vorsitzender der Liberalen im Europaparlament (1979–1984), wurde 1984 Bundeswirtschaftsminister, 1989 EU-Kommissar für den Binnenmarkt und 1993 bis 1999 für Industriepolitik. Es gab Kritik aus allen Parteien, als er ohne Zeitverzögerung direkt aus dem Staatsamt in die Wirtschaft wechselte. (Quelle für den Datenabgleich: Deutscher Bundestag)

Ministeriumsmitarbeiterin verschwunden und Widersprüche bei der Suche – das geht sofort an den Staatsschutz und an den Polizeipräsidenten, der noch am selben Vormittag das 14. Kommissariat (14. K) damit befasst. Dieses 14.K, zuständig für politisch motivierte Straftaten, fragt sofort beim Geheimschutzbeauftragten des BMWI nach und erfährt, dass Lüneburg zum Umgang mit Geheimunterlagen berechtigt ist. Mehr noch. Sie war als langjährige Bangemann-Vertraute Chefsekretärin des Ministers, fungierte seit zwei Monaten als Sachbearbeiterin im Ministerbüro. Davon aufgeschreckt, lässt der Kommissariatsleiter die Privatwohnung durchsuchen. In Klein Amerika, wie damals Bonn-Plittersdorf mit der US-Botschaft und deren Wohnungen genannt wurde, finden die Fahnder in der Dreizimmerwohnung Frühstücksreste. Das Bett ist nicht gemacht. Im Schrank noch jede Menge Kleidung. Die befreundete Nachbarin meint, dass lediglich ein Koffer und wenige Kleidungsstücke fehlen. Mit dem Koffer habe sie Lüneburg am Samstag in der Frühe das Haus in der Steinstraße verlassen sehen. Kein Abschiedsbrief. Im Flur finden die Fahnder einen ersten Hinweis auf Spionagearbeit. Vier Teleskopstifte mit Schraubgewinde, die als Beine zu einem Reprostativ gehören, wie es üblicherweise zum geheimen Reproduzieren von Dokumenten benutzt wird. Die Minox-Kamera dazu gehörte damals zur Standardausrüstung von Agenten. Da meldet das 14. K dem Generalsbundesanwalt (GBA) den Spionageverdacht und die Vermisstenanzeige. Der Verdacht liegt nahe, dass sich eine Spionin abgesetzt hat. Deshalb beauftragt der GBA die dafür zuständige Außenstelle des Bundeskriminalamtes in Meckenheim bei Bonn. Die ist dort übrigens auch nach dem Bonn/Berlin-Umzug verblieben.

Sonja Lüneburg wird zur dringenden Fahndung ausgeschrieben. Alle Grenzstationen erhalten Fotos. Minister Bangemann wird auf Dienstreise in Japan informiert. Anschließend sagt er mir, dass er gerade bei Sonja Lüneburg „nie und nimmer mit so etwas gerechnet hätte".

Bei der zweiten Wohnungsdurchsuchung finden Spionageexperten eine versteckte Kamera und Daten zu ihrem Lebenslauf, die so nicht stimmen können. Eine Nachprüfung der Meldedaten in Berlin ergeben, dass die Friseuse Sonja Lüneburg, geborene Goesch am 22. September 1966 unbekannt verzogen ist, sich aber nachträglich als nach Colmar in Frankreich verzogen gemeldet hat. Eine solche Ummeldung über ein Drittland gilt als beliebte Methode, die eigene Vita zu verschleiern, um damit die Identität einer anderen Person anzunehmen. Umständlich beschaffte Schriftproben, Fotos und spätere Informationen belegen: Die tatsächliche Sonja Lüneburg verschwand 1966 in einer Ostberliner Psychiatrie. An deren Stelle trat die DDR-Agentin Sonja, geboren am 7. Dezember 1924 in Berlin-Friedrichshain als Johanna Olbrich. Die Lehrerin ging 1963 zur Stasi und meldete sich nun, mit der Lüneburg-Legende angeblich aus Colmar kommend, ganz offiziell in Offenbach an. Ihr hervorragend gefälschter Personalausweis trägt die Lüneburg-Daten wie in Berlin, allerdings nicht mehr mit dem Foto der Friseuse.

Korrekt angemeldet, beantragt sie bald einen neuen, diesmal total echten Ausweis. Damit und mit brillant gefälschten Zeugnissen startet sie eine Sekretärinnen-Karriere, zunächst beim FDP-Abgeordneten William Borm, dann ab 1972 bei FDP-Generalsekretär Karl-Hermann Flach und nach dessen Tod bei FDP-Bundesgeschäftsführer Harald Hofmann. Als 1974 Martin Bangemann FDP-Generalsekretär wird, übernimmt dieser die DDR-Agentin ebenfalls als Sekretärin. Dann geht sie mit ihm ins Europaparlament und wie selbstverständlich anschließend ins Bonner Wirtschaftsministerium. Sein Vertrauen zu ihr ist so groß, dass sie auch an gemeinsamen Segeltörns der Familie Bangemann teilnimmt, über die mir Bangemann mehrfach vorschwärmt. Wiederholt von

Fachleuten auf Sicherheit überprüft, hat die Agentin Zugang zu ungezählten hoch geheimen Vorgängen, bis hin zu militärischen Geheimnissen, mit denen das Wirtschaftsministerium befasst ist. Ein Verratsfall von gigantischem Ausmaß. Erst nach der Wiedervereinigung wird Johanna Olbrich 1991 enttarnt und zu zweieinhalb Jahren Haft verurteilt.

Dass sie 1985 plötzlich, statt nach Holland zu fahren, den Zug über Italien in die DDR nimmt, hängt nach Expertenmeinung damit zusammen, dass sie routinemäßig abberufen wurde, bevor eine Enttarnung möglich werden konnte. So ist drei Tage später auch Ursula Richter (52, zuckerkrank und beinamputiert), Sekretärin beim Bund der Vertriebenen, untergetaucht, kurz bevor die Polizei sie unter Spionageverdacht festnehmen kann. In ihrer Dreizimmerwohnung in der Bonner Altstadt finden die Beamten eine Agententasche mit Geheimfach für Mikrofilme und verborgene Telefonnummern des Ostberliner Ministeriums für Staatssicherheit (MfS). Zwei Tage später ist auch ihr Freund, der Aufzugmonteur und Bürobote Lorenz B., aus dem Bundeswehrverwaltungsamt verschwunden.

◆

Dann schlägt diese Nachricht wie eine Bombe ein: Regierungsdirektor Hansjoachim Tiedge (zu der Zeit 48), Gruppenleiter IV (Spionageabwehr) im Bundesamt für Verfassungsschutz (BfV) ist seit dem 20. August 1985 nicht mehr zum Dienst erschienen. Unter seiner Leitung sollte Ursula Richter einen Tag nach ihrem Verschwinden observiert werden. Tiedge war schon 1974 mit dem Fall Guillaume befasst, sein bisheriger Chef Heribert Hellenbroich[51]

---

51 HERIBERT HELLENBROICH (1937–2014) wechselte nach seiner Zeit als Prä-

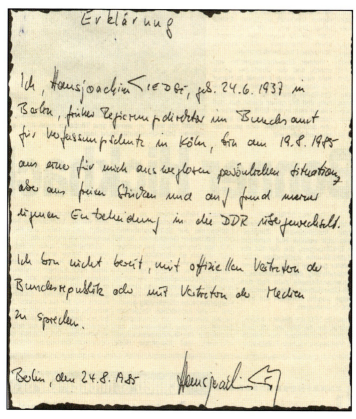

Tiedges Abschiedserklärung

hatte Vertrauen zu ihm, obwohl Tiedge schon länger als trinkfreudig galt und 230.000 D-Mark Schulden hatte.
Am Sonntag, den 18. August 1985 bestellt Tiedge seinen Stamm-

---

sident des Kölner Bundesamtes für Verfassungsschutz (BfV) am 1. August nach Pullach als Präsident des deutschen Auslandsgeheimdienstes Bundesnachrichtendienst (BND). Er trat dort bereits am 27. Augst wegen der Tiedge-Affäre zurück.

Taxifahrer für 16.00 Uhr zum „Merheimer Hof". Der junge Fahrer erzählt mir: „Ich habe den Mann schon oft nach langen Zechtouren dort abgeholt, wenn er nach Hause wollte. Dabei ließ er sich nie ganz bis zur Haustür fahren, sondern lief die letzten Meter zu Fuß. Aber an dem Sonntag war alles anders. Tiedge ließ sich leicht angetrunken zur Straßenbahnhaltestelle fahren, bezahlte und stieg aus. Dort nahm er ein Ticket aus dem Automaten und dann sah ich noch, wie er mit der Linie 1 zur City fuhr." Sicherheitskräfte vermuten, dass er von dort mit der Linie 16 nach Bonn-Hersel fuhr und in der Rheinstraße 232 Ostberlins Ständigen Vertreter in Bonn, Ewald Moldt, aufsuchte. Gesichert ist, dass er am 19. August mit der Bahn in die DDR fährt. Da sind seine Konten bereits aufgelöst, unbezahlte Rechnungen über 35.000 D-Mark bleiben zurück.

Am 23. August meldet die DDR-Nachrichtenagentur ADN: „Der Chef der Spionageabwehr der BRD hat in der DDR um Asyl nachgesucht." Das löst gleichermaßen bei BfV und dem Bundesnachrichtendienst (BND) Alarm aus. Tiedge kennt die Namen von rund 160 Agenten. Sofort werden Rückrufaktionen gestartet, um das Leben der Mitarbeiter zu retten. Und es wird eng für Hellenbroich. Er wusste schließlich von Tiedges Entziehungskuren und Rückfällen. Inzwischen werden immer mehr Details aus Tiedges Leben bekannt. Hans und Edith Lorenz, Wirtsehepaar von Tiedges langjähriger Stammkneipe „Merheimer Hof" nehmen in den ersten Tagen Tiedges Töchter Andrea (18), Claudia (17) und Martina (15) auf, denn deren Mutter war vor drei Jahren im Badezimmer tödlich verunglückt. Dazu sagt mir Tiedges Nachbar Hans Trömner (Ex-Bundeswehroberst): „Herr Tiedge war jähzornig. Ich habe öfter gesehen, wie er seine Frau geschlagen hat. Frau Tiedge kam mehrmals zu uns, um Schutz vor dem prügelnden Ehemann zu suchen. Einmal sogar mit einer blutenden Kopfwunde. Ich kann mir vorstellen, dass er sie totgeschlagen hat."

Auf die Frage, warum er einen solchen Mann nicht aus der Schlüsselposition der Spionageabwehr entfernt hat, sagt mir Hellenbroich am 24. August: „Das ist nicht so einfach. In einem totalitären Staat wird ein Mann in vergleichbarer Lage entweder an die Wand gestellt oder in eine geschlossene Anstalt eingewiesen." Trotzig betont er: „Ich werde nicht meinen Rücktritt einreichen. Ich habe mir nichts vorzuwerfen." Generalbundesanwalt Kurt Rebmann[52], der manchmal aus Sicherheitsgründen mit dem Hubschrauber (Landung in der Rheinaue) zu mir ins Büro kommt, wird deutlicher: „Das ist einer der schlimmsten Fälle von Landesverrat seit Bestehen der Bundesrepublik Deutschland. Jetzt kennt der nachrichtendienstliche Gegner all unsere Methoden, Stärken und Schwächen. Er weiß vor allem auch, wie viel wir über ihn wissen. Tiedge kennt auch die Namen unserer Doppelagenten."
Am selben 24. August unterschreibt Tiedge eine handschriftliche Erklärung. Demnach sei er am 19.8.1985 aus einer für ihn „ausweglosen persönlichen Situation, aber aus freien Stücken und auf Grund meiner eigenen Entscheidung in die DDR übergewechselt." Das Schreiben übermittelt der Ost-Berliner Rechtsanwalt Wolfgang Vogel der Bundesregierung.
Mit seiner Flucht stürzt Tiedge seine Freundin und Kollegin Trude K. (45) in tiefe Verzweiflung. Sie schluckt ein ganzes Röhrchen Schlaftabletten und wirft sich schon recht benommen in die Baggersee-Talsperre bei Olpe im Bergischen Land. Das kalte Wasser bringt sie zur Besinnung. Automatisch beginnt sie zu schwimmen, torkelt völlig durchnässt auf die Straße zurück. Ein Busfahrer sieht sie, hält an und rettet die Lebensmüde. Sie stammelt: „Rufen Sie den

---

[52] Prof. Dr. jur. KURT REBMANN (1924–2005) war als Generalbundesanwalt von 1977 bis 1990 Deutschlands ranghöchster Ankläger.

So landete Kurt Rebmann in der Bonner Rheinaue, wenn er zur „BamS"-Parlamentsredaktion kam

Verfassungsschutz an." Eine halbe Stunde später wird sie von drei Kollegen abgeholt und zur Station 16 im Landeskrankenhaus Köln-Merheim gebracht. Dort wird sie rasch wieder gesund.

Am 27. August verfügt Bundeskanzler Helmut Kohl für Heribert Hellenbroich die Versetzung in den einstweiligen Ruhestand, nach gut drei Wochen im neuen Amt als BND-Präsident. Hansjoachim Tiedge flieht im September vor der Wiedervereinigung nach Moskau und stirbt dort 2011 mit 74 Jahren.

Ein Bundestagspräsident am Abgrund

1991 kam erst Bundestagspräsident Philipp Jenninger[53] in die Schlagzeilen und dann auch noch sein engster Vertrauter. Doch der Reihe nach.

Seine Rede zum 50. Gedenken an die Reichspogromnacht von 1938 betonte Jenninger so unglücklich, dass die missverständlichen Formulierungen klangen wie eine Relativierung der Gräueltaten. Empörung, Aufschreie und Rücktritt waren die Folge. Er wurde als deutscher Botschafter nach Wien entsorgt. Sein Redenschreiber blieb in Bonn und kam schon bald ins Visier von Polizei und Geheimdienst. Nach übereinstimmenden Informationen, die ich aus Generalbundesanwaltschaft und Verfassungsschutz erhielt, stand seine Festnahme unmittelbar bevor. Also traf ich mich mit ihm am Mittag des 12. April 1991. Damit das Gespräch exklusiv und ohne Polizei verlief, nahm ich ihn mit nach Hause.

Bei Unmengen Zigaretten packt er qualmend auf unserer Terrasse über die Zeit aus, in der er bis November 1984 in unmittelbarer Nähe von Bundeskanzler Helmut Kohl bei dessen Staatsminister Jenninger im Büro saß. Freimütig bestätigt er seine engen Kontakte zur DDR, bestreitet allerdings bewusste direkte Spionagetätigkeiten: „Ich habe niemals für die andere Seite gearbeitet. Es gab auch nie den Versuch, mich anzuwerben." Gundelach gibt aber zu: „Natürlich kannte ich damals Dinge, die noch nicht einmal in Geheimakten standen. Es trifft sicher zu, wenn man behauptet, nur ich

---

[53] Dr. jur. PHILIPP JENNINGER (*1932) war Bundestagsabgeordneter (1969–1990), Staatsminister im Kanzleramt bei Regierungschef Helmut Kohl, Bundestagspräsident von 1984 bis zu seinem Rücktritt im November 1988 nach seiner Rede zum 50. Jahrestag der Nazi-Pogrome 1938. (Quelle für den Datenabgleich: Deutscher Bundestag)

wusste alles aus dem Jenninger-Büro. Dazu wurde ich mehrmals sicherheitsüberprüft und bin privat nie in den damaligen Ostblock gereist." Und: „Klar kenne ich Alexander Schalck-Golodkowski persönlich. Ich hielt ihn für einen zuverlässigen Mann der DDR, mit dem ich viel telefoniert habe. Es gab auch einige Treffen. Selbst mit Frau Schalck-Golodkowski habe ich mich mehrmals in Berlin getroffen, denn sie fungierte für ihren Mann als Übermittlerin von Botschaften. Ich habe ihm und manchmal ihr vertrauensvoll Probleme erläutert und dabei auch Dokumente übergeben über Wünsche und Ziele der Bundesregierung. So habe ich stets versucht, im Rahmen meiner Möglichkeiten die Politik dieser Regierung zu vertreten, um Fortschritte zu erreichen. Das reichte von den Vorbereitungen zum Honecker-Besuch über Kredite bis zu humanitären Einzelfällen, die Staatssekretär Rehlinger und Rechtsanwalt Vogel nicht lösen konnten. Schließlich war mehr Bewegungsfreiheit für die Menschen das oberste Ziel."

Während wir auf der Terrasse plauderten, stellte Generalbundesanwalt Alexander von Stahl nach den Worten seines Sprechers Hans-Jürgen Förster „Nachforschungen an, ob Anhaltspunkte für den Tatverdacht der Spionage in nicht verjährter Zeit bestehen. Eine Agententätigkeit des Gundelach kommt in Betracht, wenn er gewusst oder mindestens damit gerechnet hat, dass seine Gesprächspartner für einen Geheimdienst der DDR gearbeitet haben. Und davon können wir ausgehen."

Auf Gundelachs Spur brachte die Sicherheitsbehörden ein „streng geheimer" Vermerk des damaligen MfS-Ministers Mielke vom 6. August 1984 über „die inhaltliche Vorbereitung" des geplanten Bonn-Besuchs von Ex-DDR- Staatschef Honecker. Diesen Vermerk brachte der Ex-Stasi-Oberst Schalck-Golodkowski, Anfang der 80er Jahre einer der wichtigsten deutsch-deutschen Unterhändler der DDR, zusammen mit anderen Aufzeichnungen in einem Koffer mit, als er in der Nacht zum 3. Dezember 1989 Hals über Kopf aus Ost-Berlin flüchtete.

Der Vermerk enthält eine detaillierte Darstellung der Argumentationslinie der Bundesregierung zu den Komplexen Elbe-Grenzverlauf, Zentrale Erfassungsstelle für Verbrechen in der damaligen DDR in Salzgitter, wirtschaftliche Situation der DDR und die außen- und deutschlandpolitischen Ziele der damaligen SED-Führung. Mielke kündigte in dem Papier außerdem an, dass weitere „Informationen" aus dem Kanzleramt beschafft werden können. Für den Verdacht, dass Mielkes Spion in Jenningers Büro saß, spricht, dass seine Material-Lieferungen mit Jenningers Wechsel im November 1984 ins Amt des Bundestagspräsidenten abbrachen.

Thomas Gundelach, hochbegabt und damals hochbezahlt (Monatsgehalt 11.500 D-Mark) schilderte zum Schluss, wie er im November 1988 nach der umstrittenen Rede, die er für seinen Chef geschrieben hatte, damals als Alkoholabhängiger in eine schwere Krise geriet. Seine Familie trennte sich von ihm. In Bonn schnitten ihn alle, die bis dahin seinen Rat und seine Gesellschaft gesucht hatten. „Am Montag nach jener Rede ging die Treibjagd los", gestand er. „Manche warten ja nur auf einen persönlichen Ausrutscher." Er musste seinen Dienst beim Deutschen Bundestag quittieren. Monate später hat er sich wieder gefangen, trank keinen Alkohol mehr, ging zu den „Anonymen Alkoholikern". Dem Generalbundesanwalt reichten am Ende die Spionagevorwürfe nicht aus, er stellte die Ermittlungen gegen Gundelach ein.

So kam das Staatsgeheimnis SDI in die Zeitung

In einem ganz anderen Fall von Geheimnisverrat ging es nicht um Informationen für den Osten, sondern um ein deutsch-amerikanisches Staatsgeheimnis, das in einer deutschen Zeitung landete. Dazu ein paar Daten zur Vorgeschichte: Am 23. März 1983 hatte US-Präsident Ronald Reagan eine strategische Verteidigungsinitiative unter dem englischen Kürzel SDI angeordnet. Killersatelliten sollten angreifende Sowjetraketen in der Luft zerstören. Am 18. April 1985 kündigte Bundeskanzler Helmut Kohl in einer Regierungserklärung die deutsche Beteiligung am Programm zum „Krieg der Sterne" an und einigte sich ein Jahr später mit US-Verteidigungsminister Caspar Weinberger (von 1981 bis 1987 im Amt) auf die Bedingungen. Doch in Deutschland lief das nicht ohne Streit ab.

Horst Teltschik sprach sich als Abteilungsleiter für Außen- und Sicherheitspolitik im Kanzleramt Ende September klar für ein SDI-Abkommen mit den USA aus. Darauf konterte der FDP-Landeschef von Baden-Württemberg, Walter Döring, Kohl müsse „den Größenwahnsinn seines Beamten Teltschik bremsen". Kanzleramtsminister Wolfgang Schäuble sagte mir am 4. Oktober: „Wir haben soeben den geheimen Delegationsbericht zu SDI den zuständigen Kabinettsmitgliedern ausgehändigt." Das war zugleich der Startschuss für uns Journalisten zum Wettrennen um die Veröffentlichung dieser Geheimdokumente.

Am 19. März 1986 brachte Bundeskanzler Helmut Kohl mit US-Verteidigungsminister Weinberger nach einer deutsch-amerikanischen Gefechtsübung in Grafenwöhr das SDI-Abkommen unter Dach und Fach: „Jetzt bin ich sehr zufrieden mit der Regelung." Prompt brach erneut ein Koalitionskrach aus, weil FDP-Chef Martin Bangemann als zuständiger Wirtschaftsminister nicht beim Gespräch dabei war: „Es ist noch kein Abschluss erreicht, die beiden haben sich nur unterhalten. Die Verhandlungen führe ich." CSU-Chef Strauß sprach von „unglaublicher Unverschämtheit", und

FDP-Generalsekretär Helmut Haussmann[54] konterte: „CSU-Chef Strauß redet immer vom Koalitionsfrieden und stört ihn doch ständig." Trotzdem kam das SDI-Vertragswerk mit den USA zustande und verschwand vorschriftsmäßig in der Bonner Geheimschutzstelle. Vor allem Mitglieder des Sicherheitskabinetts wie die Minister für Außen, Innen, Verteidigung und Wirtschaft hatten Zugang. Und ganz Bonn wollte wissen, was drinstand. Etliche Kollegen meldeten schon ihrer Chefredaktion, sie seien dicht dran, aber offenbar nicht dicht genug.

Am 16. April 1986 ruft mich ein zugangsberechtigter Spitzenpolitiker an, mit dem ich seit Jahren ziemlich befreundet bin: „Wir sollten uns morgen mal sehen." Einen kleinen Hinweis zu seiner Person gibt er mir inzwischen zur Veröffentlichung frei, um ein hartnäckiges Gerücht zu widerlegen: Der „Geheim"-Ermächtigte ist kein FDP-Politiker.

Am nächsten Tag treffen wir uns um 15 Uhr wie verabredet auf der Straße nahe der Geheimschutzstelle. Wir gehen in das Gebäude, ich warte zwei Räume weiter, während er in den Archivraum der Geheimschutzstelle geht. Was dann geschieht, ist für Juristen nicht nur mitten im Kalten Krieg schlicht Landesverrat.

Als Ausrüstung habe ich meine kleine Minox dabei, wie sie in jedem bessern Spionagefilm vorkam. Dazu mein Tonbandgerät. Handy und Digitalkamera gibt es noch nicht. Und in Reichweite der Geheimschutzstelle steht aus Sicherheitsgründen kein Kopierer.

Mein Freund darf auch als Befugter die Dokumente nur vor Ort einsehen. Doch mit einer kleinen Ablenkung gelingt es ihm, die

---

[54] Dr. rer. pol. HELMUT HAUSSMANN (*1943) war FDP-Generalsekretär (1984–1988), Bundestagsabgeordneter (1976–2002) und Bundeswirtschaftsminister (1988–1990). (Quelle für den Datenabgleich: Deutscher Bundestag)

Meine Minox, um Dokumente zu fotografieren

Dokumente unter der Jacke mitzunehmen. Er kommt raus: „Wir haben nur wenige Minuten." Ich fotografiere ein paar Seiten und diktiere den gesamten Vertragstext rasch ins Tonband. Das dauert nur wenige Augenblicke. Wie ich später erfahre, hat drinnen niemand etwas gemerkt. Mein Freund geht wieder rein und ich verschwinde in mein Büro. Der Text wird schnell geschrieben und der Film sofort belichtet.

Mit allen Dokumenten fahre ich nach Köln zu meinem Chefredakteur Michael Spreng, der bereits mit unserem „Express"-Verleger Alfred Neven DuMont und dessen Rechtsberater zusammensitzt. Erste Frage: Sind die Dokumente echt und wer hat sie übergeben? Ich lächle nur, statt zu antworten. Michael Spreng macht klar, dass der Informantenschutz gilt und er mir vertraut. Fertig. Das muss genügen und genügt. Zweite Frage: Was kann dem Verlagshaus

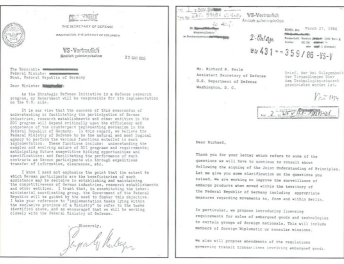

Diese Dokumente waren auf dem Film der Minox

passieren, wenn das SDI-Geheimnis im „Express" steht? Antwort: Die Weitergabe der Dokumente ist für den Informanten strafbar, die Veröffentlichung der weitergegebenen Geheimnisse aber nicht. Also kann es Hausdurchsuchungen geben, um den Informanten zu ermitteln. Mehr nicht.

Der Text geht in den Satz, die Seiten werden gebaut. Ich verschicke alle Unterlagen per Post an mich selbst. Damit sind sie 24 Stunden

lang bei Hausdurchsuchungen unerreichbar. Später deponiere ich den Umschlag bei meinen Schwiegereltern im fernen Hunsrück.
Nach dem Coup steht in der Ausgabe vom 18. April 1986 auf Seite Eins: „Express-exklusiv: Der geheime SDI-Vertrag". Über vier Seiten stehen alle Details zum Geheimvertrag, den Bundeswirtschaftsminister Martin Bangemann und US-Verteidigungsminister Caspar Weinberger am 27. März unterzeichnet haben: Deutschland und die USA wollen beim „Krieg der Sterne" zusammenarbeiten, die deutsche Wirtschaft erhält dazu Aufträge, zu denen sie ihre Betriebsgeheimnisse offenlegen muss, bekommt aber im Gegenzug ziemlich wenig Einblick in die Erkenntnisse der USA.
Am nächsten Morgen ruft mich als erster Generalbundesanwalt Kurt Rebmann an: „Erstens: Ich gratuliere Ihnen zu ihrem Jagderfolg. Zweitens: Ich nehme an, sie machen von Ihrem Zeugnisverweigerungsrecht Gebrauch." Meine Antwort war schlicht: „Ja." Rebmann trocken: „Dann ist die Sache für mich erledigt."
Wir legen noch mit der geheimen Korrespondenz zu den Verträgen nach und genießen den weltweiten Wirbel für den „Express". Der Bundestag debattiert ausführlich über die SDI-Veröffentlichung. Ex-Wirtschaftsminister Otto Graf Lambsdorff (FDP) fragt im Plenum ironisch, ob ein Brief künftig den Umweg über die Geheimschutzstelle nehmen soll, oder „soll er gleich beim ‚Express' abgeliefert werden?" Der amtierende Wirtschaftsminister Martin Bangemann (FDP) beklagt dagegen offiziell im Namen der Regierung: „Derjenige, der diesen Text einer Zeitung zugespielt hat und die Zeitung, die das veröffentlicht hat, haben der Bundesrepublik Schaden zugefügt." SPD-Fraktionschef Hans-Jochen Vogel (SPD) hält dagegen: „Die Veröffentlichung der Vereinbarung ist keineswegs schädlich. Schädlich sind die Vereinbarungen selbst. Wir werden sie kündigen, sobald wir dazu in der Lage sind." Mehrere seiner Genossen schwenken im Plenum den „Express" und warnen vor neuem Rüs-

tungswettlauf. Allerdings lernen wir in den nächsten Jahren, dass die USA für SDI-Forschungen zwar über 30 Milliarden Dollar ausgeben, das System aber nie wirklich funktioniert. Einzige konkrete Auswirkung: Am 12. Oktober 1986 scheitert der Abrüstungsgipfel zwischen US-Präsident Ronald Reagan und Kreml-Chef Michail Gorbatschow in Reykjavik an den amerikanischen SDI-Plänen. Erst im Februar 2012 beschließen USA und NATO die Errichtung eines Raketenabwehrschirms, aber als bodengestützte Kleinausgabe mit Kommandozentrale in Ramstein bei Kaiserslautern. (Mehr über Staatsgeheimnisse im Anhang unter: „Geheimnisse um den Staatsbunker".)

Der Wirbel um die SDI-Veröffentlichung hält an. Auch in anderen Redaktionen. Genervt schickt die „Bild"-Chefredaktion ihrem Bonner Büroleiter Hausmitteilungen mit Inhalten wie: „Wir haben Dich nach Bonn geschickt, weil wir von Dir selbstverständlich exklusive Geschichten erwarten. Wir haben Dich u. a. deshalb mit einem Gehalt und mit Privilegien ausgestattet, die diese Erwartung rechtfertigen. Wir werden Dir also auch künftig bei entsprechendem Anlass die Frage stellen, warum wir nicht mehr so oft zitiert werden und warum wir das eine oder andere nicht hatten." Der Versuch, sich mit einer Recherche-Panne zu entschuldigen, zog die übliche Häme nach sich.

Deshalb starb der Rote Admiral des BND

Deutlich ernster war dagegen eine Panne, die sich in diesen Jahren beim Bundesnachrichtendienst (BND) ereignete. Winfried Baumann, einer der prominentesten BND-Agenten im Osten, wurde bei uns unter der nicht ganz korrekten Schlagzeile „Roter Admiral" bekannt. Sein genaues Schicksal habe ich erst nach dem Fall der Mauer erfahren, als Baumanns Tochter zu mir in die Redaktion kam und erzählte, wie sie 1979 von der Verhaftung ihres Vaters erfuhr. Dieser hatte damals über 18.000 Ost-Mark Schulden und neben der Ehefrau noch eine Freundin. Aber die Tochter hielt zu ihm: „Er wurde verurteilt, weil er sein Vaterland verraten haben soll. Ich durfte ihn nicht einmal im Gefängnis besuchen. Trotzdem habe ich zu Weihnachten, an Ostern und an seinem Geburtstag Briefe für ihn im Gefängnis abgegeben, oft auch mit Fotos. Jahr für Jahr. Immer hat man mir nur gesagt, dass ich ihn nicht sehen darf. Als dann die Mauer fiel, bin ich wieder hin und fragte, ob ich jetzt endlich meinen Vater sehen darf. Da habe ich erst erfahren, dass er bereits im Juli 1980 hingerichtet wurde. In einem großen Umschlag gaben sie mir alle meine Briefe und Fotos zurück."

An den Vorgang erinnert sich Klaus Kinkel auch sehr genau, zumal er zum Zeitpunkt der Hinrichtung von Winfried Baumann BND-Präsident (1979–1982) war. Kurze Zeit galt damals der Ex-Fregattenkapitän (bis 1970) Baumann als hoffnungsvoller Agent des BND, bis ihm sein Hang zum Alkohol und seine Frauengeschichten zum Verhängnis wurden. Als der BND ihn erst über Ungarn, dann über Polen in den Westen schleusen wollte, vermasselte er seine Rettung, weil er sich betrank und Termine nicht einhielt. Als er sich nicht wie gewohnt bei seiner Noch-Ehefrau meldete, wurde diese unruhig. Sie wusste ja nichts von seinen Fluchtplänen, vermutete, dass hinter seiner Abwesenheit wieder eine andere Frau steckt und meldete sich wütend bei der Stasi. Baumann wurde verhaftet und ohne Gerichtsverhandlung durch Genickschuss hingerichtet.

◆

Ost-Spione lebten da natürlich bei uns wesentlich weniger gefährlich. Einer der letzten ganz Großen saß in Brüssel: Nach monatelangen Recherchen erhielt ich Ende Juli 1993 den letzten gesicherten Hinweis auf den Topspion, der so manchen Krimiautor beschäftigen sollte. Mitten in der NATO-Zentrale saß, wie der BND vermutete, seit geraumer Zeit ein Maulwurf als Kopf eines Spionagerings, dem sie den Codenamen „Topas" gaben.

In der Nacht zum Samstag wird dieser wichtigste Ost-Agentenring unter großer Geheimhaltung in Brüssel enttarnt. Im Saarland und in Nordrhein-Westfalen werden sechs Verdächtige festgenommen. Weitere mutmaßliche „Topas"-Mitglieder aus anderen Staaten nimmt die Polizei am NATO-Sitz Brüssel fest.

Nach Ermittlungen der Bundesanwaltschaft in Karlsruhe lieferte der Spionagering „Topas" von 1979 bis zum Ende der DDR weit über 10.000 Seiten wichtigster Geheimdokumente über Planungen des westlichen Verteidigungsbündnisses an das damalige Ministerium für Staatssicherheit (MfS). In der Auswertung der Stasi-Hauptverwaltung Aufklärung (HVA), Abteilung VII, wurden die Geheiminformationen in Englisch und Deutsch unter der Nummer XV 3334/68 registriert. Ein zuständiger Experte sprach vom „umfangreichsten Geheimnisverrat in der NATO".

BND intern

Um Näheres über diese Erfolge, Misserfolge und Alltagsarbeit der Geheimdienste zu erfahren, besuchte ich 1998 mal wieder den BND-Präsidenten in Pullach. Im Holz getäfelten Büro seiner Vorgänger sitzt mir diesmal der 52-jährige August Hanning aus Westfalen gegenüber. Er hat keinen Schlapphut, schlägt den Kragen nicht hoch, nennt seinen richtigen Namen und kann sogar herzlich lachen. Ein neuer Wind im Haus. Als Junge wollte er Schachmeister werden, später sollte er den väterlichen Ziegeleibetrieb in Westfalen übernehmen. Doch 1994 landete der Jurist als Abteilungsleiter im Kanzleramt, um den BND zu beaufsichtigen. In der Zeit lernten wir uns kennen. Kohls Geheimdienstkoordinator Bernd Schmidbauer[55] baute fest auf den konservativen August Hanning. Und Gerhard Schröder ebenfalls, denn als eine seiner ersten Personalentscheidungen berief er Hanning als den „besten dafür Geeigneten" zum BND-Präsidenten und führte ihn persönlich in Pullach ins Amt ein (Nachfolger 2005: Ernst Uhrlau, als Hanning Staatssekretär im Bundesinnenministerium wurde).

Der 1,88 Meter große Familienvater Hanning (verheiratet, 3 Kinder) hat sich für seinen neuen Posten vor allem eines vorgenommen: „Der BND wird besser als bisher im Rahmen seiner Aufgabenerfüllung mit den deutschen Behörden zusammenarbeiten und noch mehr auf die Informationsbedürfnisse der Bundesregierung eingehen. Deshalb werden wir auch mit einem entsprechend großen Arbeitsstab in Berlin präsent sein." Das Richtfest zum Berliner Neubau für den großen Umzug an die Chausseestraße wird allerdings noch bis zum 25. März 2010 dauern. Um schnell nach Berlin und in Krisenregionen zu kommen, steht ihm als einzigem deutschem Behördenchef ein eigener Falcon-Dienstjet zur Verfügung.

„Soweit wie möglich" will Hanning auch eine neue Offenheit beim Geheimdienst pflegen: „Wir werden erstmals eine Broschüre über den BND herausgeben." Darin wurden 1998 wie angekündigt lange geheim gehaltene Zahlen offenbart. Demnach gab der BND in diesem ersten Berichtsjahr 663 Millionen D-Mark unter anderem für Technik und seine rund 6.000 Mitarbeiter aus. Bis zum Jahr 2005

---

[55] BERND SCHMIDBAUER (*1939) war CDU-Bundestagsabgeordneter (1983–2009), als Staatsminister beim Bundeskanzler Koordinator der Geheimdienste, Spitzname: „008". (Quelle für den Datenabgleich: Deutscher Bundestag)

wurde Reduzierung der Mitarbeiterzahl von einst 7.000 auf dann etwa 5.000 angekündigt.

Zweifel an der Existenzberechtigung des BND lässt Hanning nicht aufkommen: „Die Bundesregierung muss auch in Zukunft über heikle politische und militärische Entwicklungen informiert werden. Denn wer nichts weiß, trifft möglicherweise falsche Entscheidungen." Gefährliche Krisenregionen hat der BND fest im Visier, zum Beispiel den Irak. Auch Libyen und Syrien sowie der Iran gehörten und gehören dazu. Die Nachfolgestaaten der ehemaligen Sowjetunion bleiben als mögliche Technologielieferanten ebenso im Visier des BND. Bei der Beobachtung dieser Regionen allein will es der neue BND-Chef aber nicht bewenden lassen: „Wir tragen mit unseren Informationen dazu bei, illegale Waffenhilfen zu verhindern. Deutschland ist weltweit führend im Maschinen- und Anlagenbau. Viele Anlagen können sowohl zivil als auch militärisch genutzt werden. Manchmal wird der Export über Drittländer verschleiert. Der Abnehmer ist damit auch für den Lieferanten oft nicht erkennbar. Deshalb beobachten wir im Ausland sehr genau, wer deutsche Anlagen für einen möglichen Waffenbau ordert." Mit Erfolg, wie Hanning erläutert: „Der BND konnte im Mai dieses Jahres in Zusammenarbeit mit anderen Nachrichtendiensten eine Lieferung des Giftgas-Vorprodukts Phosphorpentasulfid nach Syrien verhindern. Obwohl die Chemikalie mehrfach umgeladen wurde, gelang es, die Lieferung schließlich in einem europäischen Hafen sicherzustellen. Und im Juni hat ein Hinweis von uns bewirkt, dass ein irakischer Versuch, Einspritzdüsen für Scud-Raketen zu kaufen, gescheitert ist."

Als neuen Arbeitsschwerpunkt für den BND nennt Hanning: „Illegale Einwanderungen sind zum einträglichen Geschäft der organisierten Kriminalität geworden. Nach unseren Erkenntnissen wollen Hunderttausende Menschen in die EU fliehen, vor allem nach Deutschland. Ein ganz wichtiges Transit- und Herkunftsland ist die

Türkei. Hier geben wir gezielte Warnungen an die deutschen Sicherheitsbehörden über die Absichten der Schleuserbanden."

Ein Spion in Ausbildung

Die neue Offenheit erlaubt mir später auch einen Blick in die Ausbildung beim BND, die so gar nichts mit Filmhelden zu tun hat. Kein Publikum, kein Applaus, nur schmales Gehalt nach den Regeln des öffentlichen Dienstes und harte Ausbildung. Am Ende ist beim Einsatz manchmal tatsächlich Charme angesagt. Aber erst geht es nach abgeschlossenem Studium auf die Schulbank des BND. 2002 treffe ich in Pullach Jörg Hofmann (56), der als junger Anwalt und Leutnant der Reserve 1976 zum BND, um nun die Ausbildung der künftigen Agenten zu leiten. Die Schulräume mit Sprachlabors, Karten und Technik bis zum Dechiffriergerät hinter den hohen Mauern der Zentrale in Pullach bei München lassen ahnen, dass es um wichtige Themen geht. Hobbyreiter Hofmann, der gern eine Krawattennadel trägt, nennt die Ziele, auf die seine Agenten vorbereitet werden: „Die Entwicklung und Herstellung von Massenvernichtungsmitteln und dazugehörende Trägertechnologie, also Raketenbau und Ähnliches." Weitere Schwerpunkte sind Terrorismus, organisierte Kriminalität wie Drogenhandel und Schleuserbanden. Dazu kommt die Gefährdungs- und Bedrohungsanalyse zum Beispiel auf dem Balkan.

Zur Vorbereitung auf diesen Job bewerben sich jährlich etwa tausend junge, sprachbegabte Akademiker, davon werden etwa 70 angenommen. Darunter „leider" wenige Frauen, wie Hofmann betont. Dabei gibt es „natürlich" auch eine Frauenbeauftragte.

Eine Weltsprache wie Englisch, Spanisch oder Russisch ist Pflicht, zusätzlich sind arabische Sprachen besonders begehrt. Den Rest lernen die etwa 30-Jährigen in fünf Wochen auf der BND-Schule – bei einem Gehalt, das seit 2002 von 2.400 Euro netto im Monat jährlich ansteigt, wie die sonstige Beamtenbesoldung.

Als Erstes müssen sie erkennen lernen, welche Informationen für den BND interessant sind. Zweitens, wer die Informationen hat und drittens, wer in dessen Umfeld da herankommt. Dann beginnt die Phase „Wie komme ich an die Zielperson". Das kann die Sekretärin, Freundin, der Referent oder ein sonstiger Vertrauter des Ministers etwa für Verteidigung oder die innere Sicherheit sein. Dazu werden an der Schule die denkbaren Situationen durchgespielt – bis hin zur Gründung von Scheinfirmen, denn zum Auslandseinsatz braucht der Agent eine möglichst glaubwürdige Legende. Dabei gilt erstaunlicherweise die Regel, dass diese Scheinfirma keine Gewinne abwerfen soll, damit der Agent nicht zu viel Interesse für die Scheinfirma entwickelt und dadurch von seinem Auftrag abgelenkt wird.

Zur Anbahnung sind Charme, gemeinsame Interessen wie Sport, später Geld und Sicherheit in Freiheit wichtige Lockmittel. So kann ein angeworbener Geheimnisträger in totalitären Staaten mit der Aussicht gelockt werden, dass er nach treuer Lieferung in einem sicheren, freien Land den Lebensabend verbringen wird.

Zur Vorbereitung auf diese Arbeit spielt neben der Sprachkenntnis die Technik eine große Rolle, um die gewonnene Information sicher zu übermitteln. Was früher über „tote Briefkästen" im Laternenpfahl mit Weitertransport in der Rasierschaumdose lief, geht heute oft über das Internet. Ein harmloses Urlaubsfoto mit Mikropunkten voller Informationen kann als Internet-Botschaft ungefährdet jede Menge Geheimdaten übermitteln.

Für diesen Einsatz sucht der BND Leute, die gewöhnt sind, auch „ungewöhnliche Dinge zu tun, sich mit ausländischen Kulturen intensiv auseinanderzusetzen, die gewillt sind, sich immer wieder neuen Herausforderungen zu stellen: Wir suchen Leute mit ungewöhnlichen Lebensläufen", so Hanning.

Auf die Frage, ob das auch etwas mit Lebensgefahr zu tun hat, meint er: „Natürlich ist es mitunter gefährlicher im Ausland als im Inland. Aber wir sorgen schon dafür, dass jedes Risiko kalkuliert bleibt, und von Lebensgefahr möchte ich da nicht sprechen. Wir setzen unsere Mitarbeiter keiner unnötigen Gefährdung aus. Für den Fall, dass es einmal brenzlig wird, lernen die deutschen Agenten, dass der Mann im gefährlichen Einsatz möglichst unbewaffnet ist, aber mehrere bewaffnete Kollegen das Terrain so sichern, dass die Gefahr beherrschbar bleibt." Offenbar mit Erfolg, denn das Baumann-Debakel hat sich nicht wiederholt.

V. Im Auslandseinsatz

Richard von Weizsäcker in schwieriger Mission

Erkenntnisse des BND gehen nicht nur an das Kanzleramt, sondern auch an Ministerien und das Bundespräsidialamt. Diese Dossiers dienen auch der Vorbereitung von Reisen. Dadurch sollen etwa Präsidentenreisen möglichst glatt laufen, was nicht immer wirklich gelingt, wie die folgenden Beispiele zeigen.
Beginnen wir Ende September 1985: Es ist Samstag, der 28. um 8.20 Uhr. Weil Berlin noch dem Vier-Mächte-Status untersteht, muss Bundespräsident Richard von Weizsäcker[56] mit einer amerikanischen Sondermaschine von Bonn zur Trauerfeier für den verstorbenen Verleger Axel Springer fliegen. Die Crew meldete einen technischen Defekt. Umsteigen in eine Ersatzmaschine. Mit der geht es auch zurück nach Bonn. Hier heißt es umsteigen in die Boeing 707 der Bundesluftwaffe zur Reise nach Afrika. Erneut ein Defekt.

---

56 Dr. jur. RICHARD VON WEIZSÄCKER (1920–2015), verheiratet seit 1953 mit Marianne, geb. von Kretschmann, war Soldat (1938–1945), trat 1954 in die CDU ein, studierte Rechtswissenschaft und Geschichte an den Universitäten Oxford, Grenoble und Göttingen mit Abschluss beider juristischer Staatsprüfungen (1945–1953) und Promotion 1954. Von Weizsäcker war Präsident des Deutschen Evangelischen Kirchentages (1964–1970), Mitglied des Bundesvorstandes der CDU (1966–1984), Mitglied des Deutschen Bundestages (1969–1981), Vizepräsident des Deutschen Bundestages (1979–1981), Regierender Bürgermeister von Berlin (1981–1984). Am 23. Mai 1984 Wahl zum Bundespräsidenten, Wiederwahl: 23. Mai 1989. Seine persönliche Hoffnung für die zweite Amtsperiode „Ich wünsche mir einen offenen und ehrlichen Streit unter Demokraten, bei dem die Lösung der Probleme den Vorrang vor dem auch notwendigen und legitimen Kampf um Mehrheiten behält." (Quelle: Mein Buch „Unser Bundespräsident")

Nach drei Stunden ist das Treibstoffventil repariert. 16.06 Uhr Abflug mit zwölf Tonnen Hilfsgütern an Bord für Flüchtlingslager im Sudan. Sechs Stunden Flug. Als der Bundespräsident aus dem Fenster den Vesuv erkennt, erinnert er sich: „Da habe ich vor 32 Jahren meine Hochzeitsreise erlebt." Bei der Landung in Khartum versichert Regierungschef Siwar El Dhahab, die deutsche Hilfe sei willkommen und werde nicht behindert. Kaum im „Hilton"-Hotel von Khartum angekommen, wird es draußen unruhig. Schüsse fallen. Unser Begleitoffizier beschwichtigt: „Wir haben alles im Griff." Von wegen.
Für die Nacht gilt Ausgangssperre. Telefonleitungen werden gekappt. Hinter der Rezeption funktioniert zu meiner Überraschung noch ein Fernschreiber. Schnell haue ich meinen ersten Text in die Tasten zum „Express" nach Köln: „um mich herum wird geschossen, unterbrecht mich nicht, wer weiss, wie lange die leitung noch geht … sagt meiner frau, es geht mir gut, euer fwm."
Am nächsten Morgen fallen nur noch vereinzelt Schüsse. Mit starker Militär-Eskorte fahren wir zum Flughafen. Dort erhalten wir erst nach drei Stunden Starterlaubnis in den Westen des Landes. Seit drei Jahren hat es hier nicht mehr geregnet. Es herrschen 55 Grad im Schatten, den es nicht gibt. Hunger und Cholera regieren. Die Bundesluftwaffe hat eine Luftbrücke für Hilfsgüter eingerichtet. Wir fliegen in der Transportmaschine vom Typ Transall mit. Im Hubschrauber geht es weiter zum Lager Beida an der Grenze zum Tschad. Bei unserer Ankunft stirbt gerade das fünfte Kind an diesem Tag. Ein paar hundert Kilometer nördlich im kleinen Ort Zirba das gleiche Bild. Transporthubschrauber der USA lassen an langen Seilen Netze mit Hirsesäcken herab. Die Bundeswehr verteilt ihre Hilfsgüter am Boden. Dankbare Menschen haben in englischer Sprache zur Begrüßung des Gastes aus Bonn den Spruch einstudiert: „Lang lebe Mister Kohl!" Weizsäcker verzieht keine Miene, bedankt sich artig für die gutgemeinte Geste.

Richard von Weizsäcker mit dem Lademeister der Bundeswehr-Transall auf dem Weg in den Sudan und bei der Übergabe von Hilfsgütern vor Ort

Am Abend in der Provinzhauptstadt El Geneina fällt die Geste anders aus. Weil Weizsäcker in dem armen Land nicht den reichen Gastgeber spielen will und keine offiziellen Empfänge gibt, nimmt der vor Ort wichtige Sultan Bahr El Bin aus Protest nicht am Abendessen teil, obwohl dieses im Gästepalast des Stammesfürsten stattfindet. Es ist im Umkreis von hundert Kilometern zugleich das einzige Steinhaus und das einzige Gebäude mit einem richtigen Holzbett. Wir schlafen in einer nahe gelegenen Halle mit Feldbetten der Bundeswehr und einer gemeinsamen Wasserstelle, deren Qualität einen dankbaren Blick auf meinen Impfpass auslöst. Am nächsten Morgen geht es per Jeep zu weiteren Lagern. Aus Hygieneangst lassen die meisten von uns die angebotenen Getränke und Speisen aus. Als uns nach Stunden US-Hubschrauber aufnehmen, trinken wir dankbar das schrecklich nach Chlor schmeckende Eiswasser. Später in unserer Luftwaffen-Transall schmecken die harten Kekse (in meiner Bundeswehrzeit nannten wir die Panzerplatten) köstlich. Im Flug noch schnell ein Interview, dann landen wir in Karthum und steigen in die Maschine nach Bonn.

Mit der Jugendfreundin bei der Queen

Von dort fliegt Richard von Weizsäcker am 26. Mai 1986 als erstes westliches Staatsoberhaupt seit dem Militärputsch von 1980 in die Türkei und im Juli zum Staatsbesuch nach Großbritannien. Um das Terrain dort zu sondieren, fliege ich am 30. Juni 1986 voraus. Ein Hinweis aus dem Regierungsapparat ließ darauf schließen, dass es auf der Insel eine Jugendfreundin des Bundespräsidenten geben könnte. Eine interessante Zugabe für die Berichterstattung über den Besuch am britischen Hof. In London half mir wie so oft Botschafter Rüdiger von Wechmar weiter bei der Recherche nach Namen und Adressen aus der Jugendzeit des Richard von Weizsäcker. Ungeübt im Linksverkehr, kurve ich etwas mühsam nach Oxford, halte vor einem kleinen Landhaus, klacke mit dem Türklopfer und frage Patricia (Pat) Ede höflich, ob ich mit ihr über den Bundespräsidenten sprechen darf. Und ob. Es gibt Tee, Gebäck und ein Fotoalbum. Dann Schweinspastete und Tonic Wasser. Gemeinsam mit ihrer 88-jährigen Mutter Doris schwelgt sie in den Erinnerungen an ihren Gast aus Deutschland im Jahre 1937: „Schon als Austausch-Student mit 17 Jahren war Richard von Weizsäcker ein politisch sehr interessierter Junge. Kein Wunder, dass wir heute in allen Zeitungen lesen, was für ein großartiger Präsident er ist." Dabei hält Pat einen Augenblick inne, schaut verträumt in das Album mit vergilbten Fotos, dann in das Gästebuch mit der Weizsäcker-Unterschrift und dem Datum 1937.

Mutter Doris mit ihren immer noch jungen, wachen Augen blickt plötzlich vom Album auf und ruft in das freundlich-altmodische Wohnzimmer: „Wir sind ja so stolz, dass wir dieses fabelhafte Staatsoberhaupt schon als Jungen gekannt haben. Ich erinnere mich noch, als wäre 1937 gestern gewesen. Mein verstorbener Mann hatte Richard eingeladen. Wir waren zwar schon immer deutschfreundlich, aber damals war der Erste Weltkrieg noch in lebhafter Erinnerung, und in Deutschland begann die Nazi-Zeit. In der Zeitung stand sogar ein Artikel, dass der Schüleraustausch mit Deutschland ungewöhnlich sei. Aber als ich dann Richard zum ersten Mal sah, höflich, intelligent, mit perfektem Englisch, da wusste ich sofort: Das geht gut, der ist richtig. Über zwei Monate lebte er bei uns wie ein Familienmitglied, wollte nie was extra, fasste überall mit an, ob es darum ging, die Äpfel zu sortieren oder den Picknick-Korb an den Strand zu tragen. Mit meinem Mann diskutierte er stundenlang über Politik, ohne dass dabei auch nur ein lautes Wort fiel. Im Gegenteil, oft unterstrich er seine Argumente mit einer guten Portion Humor."

Links oben und unten Richard von Weizsäcker als Gaststudent, rechts oben seine einstige Partnerin Patricia Ede mit Mutter unmittelbar vor Weizsäckers Staatsbesuch in London

Unruhig ergreift die ledig gebliebene Pat wieder das Wort, rückt ihre blaue Brille zurecht, schwärmt vom „gutaussehenden Richard, damals wie heute" und erinnert sich: „Im selben Alter, mit dem Boris Becker seine Karriere begann, war Richard ein toller Tennisspieler. Gegen ihn hatte ich kaum eine Chance, doch als Doppel waren wir unschlagbar." Als sie das sagt, ist es knapp ein Jahr her, dass Boris Becker mit 17 Jahren als erster Deutscher die All-England-Tennismeisterschaften in Wimbledon gewann (ein Sieg, den er am 6. Juli 1986 bekanntlich wiederholen konnte).

Pat, die pensionierte Angestellte der Schulverwaltung, erzählt weiter über ihren Jugendfreund: „Es gab auch schon damals den nachdenklichen Richard, der heute so berühmte Reden hält. Er kommt ganz nach dem Vater, von dem so viele Menschen so wenig wissen." Naturgemäß ergänzt Doris: „Aber er hat auch sehr viel von der Mutter."

Pat lässt nicht locker: „Als ich zum Gegenbesuch 1938 in Berlin war, habe ich mich besonders oft mit seinem Vater unterhalten. Seitdem weiß ich, was für einen großartigen Charakter dieser Mann schon immer hatte. Selbst Nazi-Zeit und Krieg konnten die Verehrung für ihn nicht trüben. Wenn wir heute seinen Sohn Richard sehen, wissen wir, dass das richtig war." Und dann folgt mit jugendlichem Lächeln der Satz: „Wir freuen uns riesig, beim Empfang für die Queen mit Richard dabei zu sein." Zwei Tage später ging der Traum in Erfüllung. Nur zwei Tische von ihrer Königin saßen sie und strahlten, als er zu ihnen an den Tisch kam.

Das war Lady Di live

Vor dem Wiedersehen mit dem Jugendschwarm regierte 1986 allerdings erst einmal das Protokoll. Am 1. Juli fährt das Ehepaar Weizsäcker zum Auftakt des Staatsbesuchs vom Flughafen im königlichen Salonwagen nach London. Punkt 12.30 Uhr steht auf dem Victoria-Bahnhof alles versammelt, was in Großbritannien Rang und Namen hat. Auf 500 Quadratmetern rotem Teppich begrüßen

Königliche Kutsche und erste Begrüßung beim Staatsbesuch in London, links Prinz Charles, rechts Lady Di mit dem Ehepaar von Weizsäcker

Königin Elizabeth II.[57] im blaugemusterten Sommerkleid mit weißem Hut, Lady Di[58] in weißer breitschultriger Kostümjacke, Regierungschefin Margaret Thatcher[59] im dunkelblauen Sommerkostüm mit gleichem Hut, Prinzgemahl Philip und Thronfolger Charles im Cut den Staatsgast aus Deutschland.

Charmant lächelnd reicht Marianne von Weizsäcker in blaurotem Mosaik-Kostüm und ihrem weißen Hut an der Seite des Bundespräsidenten die Hand zur Begrüßung. Es folgt der Ehrensalut als symbolisches Zeichen, dass der Gastgeber friedfertig die Magazine verschossen hat.

Fahrt zum Buckingham-Palast in offenen Staatskutschen – Queen und von Weizsäcker in einem Sechsspänner vorneweg. Gefühlt halb London ist auf den Beinen. Das Protokoll kommt so richtig auf Touren. Schon zum Auftakt gibt es beim dritten Besuch eines Bundespräsidenten gleich fünfmal die Nationalhymne. Alles steht fein säuberlich vermerkt im offiziellen Programmdrehbuch, das auf 125 Seiten sämtliche Details von den Handschuhen (nur für die offiziellen Gäste erlaubt) bis zur Drehung um neunzig Grad zur rich-

---

57 ELIZABETH II. (*1926), Königin des Vereinigten Königreichs von Großbritannien und Nordirland seit 1952 (gekrönt 1953).
58 LADY DI (1961–1997), genauer Diana, Prinzessin von Wales. 1980 schrieb „The Sun" als Erste von „Lady Di" und dabei blieb es. Seit ihrer Märchenhochzeit mit dem britischen Dauerkronprinzen Charles am 29. Juli 1981 lieferte sie Schlagzeilen am laufenden Band vom Privatleben bis zu ihrem Einsatz gegen Landminen. Sie ist die Mutter der Prinzen William und Henry. 1992 gab der Hof offiziell die Trennung von Prinz Charles bekannt. Sie starb am Sonntagmorgen, den 31. August 1997 bei einem Autounfall in Paris. Die Sonntagszeitungen konnten die Weltsensation noch nicht vermelden, denn sie waren um diese Uhrzeit schon ausgeliefert.
59 MARGARET HILDA BARONESS THATCHER VON KESTEVEN (1925–2013) war von 1979 bis 1990 als Premierministerin britische Regierungschefin (genannt die eiserne Lady). Nach Angaben ihrer Tochter Carol erkrankte Thatcher 2008 an Demenz.

tigen Minute peinlich genau vorschreibt. Schließlich hielt die Sondergruppe Task Force der Botschaft bereits seit Oktober 1985 wegen dieses Staatsbesuches Kontakt zum Hof. Über fünfzehn Kilometer Fernschreiben ratterten nach Bonn und zum Palast in London.
Am Abend beim festlichen Dinner (natürlich Frack-Vorschrift) im Königspalast gesteht Lady Di den Gästen aus Bonn mit ihrem unnachahmlichem Augenaufschlag: „Ihr Besuch macht den heutigen Tag zu meinem schönsten Geburtstag." Wie üblich, folgt am nächsten Tag das sogenannte Gegenessen in der deutschen Botschaft mit großer Besetzung: So komplett wie ausgerechnet an diesem späten Donnerstagabend des 3. Juli war die königliche Familie nach Auffassung des Bischofs von Westminster nicht einmal zum Staatsbankett im Buckingham-Palast erschienen. Und der Bischof muss es wissen, denn in seiner Hand liegt gerade die Vorbereitung der nächsten königlichen Hochzeit für Prinz Andrew und Sarah am 23. Juli. Sicher, in der Residenz des deutschen Botschafters Rüdiger von Wechmar ist alles ein paar Nummern kleiner als der Königspalast. Statt Gold gibt es heute Tafelsilber und edles Porzellan. Kein Orchester mit Orgel, dafür fast familiäre Enge in den acht Empfangsräumen der ersten Etage. Die Damen der Insel tragen durchweg Diademe im Gegenwert von Rolls Royce aufwärts. Mein (Leih-)Frack ohne Ordensspange wirkt geradezu dürftig.
Plötzlich Blitzlichtgewitter am Eingang. Ankunft, besser Auftritt von Lady Di im schulter- und trägerfreien weißen Chiffonkleid. Sie trägt das diamantgefasste Farbporträt ihrer königlichen Schwiegermutter wie einen Orden, dazu eine Perlenkette eng um den Hals und fast taubeneigroße Perlen an den Ohren, Brillanten im Haar. An ihrer Seite, Orden beladen, Dauer-Thronfolger Prinz Charles und ihr Ehemann. Das nächste Blitzlichtgewitter: Königin Elisabeth II. schreitet die Treppe herauf im blassgrünen, hochgeschlossenen langen Kleid, sechs Perlenringe eng um den Hals mit Brillan-

tenschließe. Ein gewaltiges Brillanten-Diadem im Haar. Ihr folgt in protokollgerechtem Abstand Prinzgemahl Philip, dessen Ordensspange wohl nur noch mit einem Teleskopstab über die Schulter hinaus erweitert werden kann. Präsidentengattin Marianne von Weizsäcker in hochgeschlossener silberner Seide, die Perlenkette eng um den Hals, lächelt mit Königs in die Kameras.

Die Gäste werden der Königin vorgestellt. Die Etikette erlaubt artiges Nicken zur Königin, die Hand nicht drücken, ein „Guten Tag!" ohne Zusatz ist gerade noch drin. Gesprächiger ist selbst nach den Regeln des Protokolls Premierministerin Margaret Thatcher. Sie lobt Richard von Weizsäcker über den grünen Klee: „Nicht nur die Deutschen, nein, ganz Europa kann stolz sein auf diesen Präsidenten." Der bugsiert mich ebenso dezent wie gekonnt in die Nähe der Eisernen Lady. Im Plauderton bekomme ich von ihr konkrete Antworten zur Tagespolitik: „Ja, Europa muss stärker werden." Und: „Wenn Kohl und ich zusammenstehen, können wir Europa führen." – „Nein, die USA werden keine Truppen aus Europa abziehen." – „Ja, bei den Abrüstungsverhandlungen wird es Fortschritte geben über die Truppenzahl, chemische und Mittelstreckenwaffen, aber wohl erst nach dem nächsten Gipfel." – „Nein, der Zeitpunkt für Sanktionen gegen Südafrika ist nicht gekommen." – „Ja, der Job als Regierungschefin macht mir mehr Spaß als jede andere Aufgabe auf der Welt, denn im Gegensatz zur Königin werden Leute wie ich gewählt."

Nun kommen die Kellner in Frack und weißen Handschuhen, servieren Kraftbrühe, Entenbrust mit Kaviarsahne, Steinbutt, Kalbsfilet und Schwarzwälder Halbgefrorenes, dann trockenen Sekt Jahrgang 1979. Dazu immer wieder der Toast: „Auf die Königin und auf den Präsidenten." In dessen Nähe gibt es gleich die nächste Chance für mich. Auf Weizsäckers Bitte hin stellt mich die gräfliche Begleiterin von Lady Di protokollgerecht ihrer Chefin vor, der derzeitigen Titelheldin des Blätterwaldes. Wieder hole ich mein Bandgerät aus der Hosentasche und beginne wie von meiner Redaktion gewünscht auf thematisch ungewohntem Terrain. Ihre Kleiderwahl macht wie so oft zu Hause gerade Schlagzeilen: „Freut mich. Ich trage einfach, was mir gefällt, wenn es nur zu mir passt. Das ist alles. Aber lassen sie uns lieber über die Bedeutung des wichtigen deutschen Staatsbesuches reden. Wie gefällt es Ihnen bei uns? Wie ist das Wetter bei Ihnen in Deutschland, in dem Land, das ich bald besuchen werde. Darauf freue ich mich sehr." Das ist leider alles, denn meine weiteren Frageversuche kontert sie stumm mit ihrem Reh-Lächeln. Einen Dialog hatte ich mir anders vorgestellt. Aber mehr war nicht drin.

Kohls Gorbi-Fauxpas mit Folgen

Mit diesen königlichen Erinnerungen geht es zurück nach Bonn. Hier bestimmt der Schuldenskandal um die gewerkschaftseigene Wohnungsgesellschaft „Neue Heimat" die öffentliche Diskussion. Anfang November kommt ein ungewöhnliches Interview hinzu. Bundeskanzler Helmut Kohl hatte dem amerikanischen Magazin „Newsweek" über Michael Gorbatschow[60] erklärt: „Er ist ein moderner kommunistischer Führer der sich auf Public Relations versteht. Goebbels war auch ein Experte in Public Relations." Re-

---

60 MICHAIL SERGEJEWITSCH GORBATSCHOW (*1931) war von 1985 bis 1991 Generalsekretär des ZK der KPdSU, kündigte 1988 vor der UNO einseitige Abrüstungsschritte an, beendete den Kalten Krieg und trug wesentlich zu den Voraussetzungen für die deutsche Wiedervereinigung bei. 1990 erhielt er den Friedensnobelpreis. Seine Visionen hat er 1987 in seinem Buch „Perestroika, die zweite russische Revolution" erläutert.

gierungssprecher Friedhelm Ost[61] versucht nun, als Stimme seines Herrn den Eindruck zu erwecken, als sei der Text so nicht autorisiert. Doch aus der „Newsweek"-Chefredaktion hält Maynhard Parker dagegen: „Bei uns wurde nichts gestrichen, sondern auf ausdrücklichen Wunsch der deutschen Seite kam noch eine Erklärung des Namens Goebbels hinzu: … einer von jenen, die für die Verbrechen der Hitler-Ära verantwortlich waren …" Auf Kohls Vorstellungen, wie Journalisten zu funktionieren haben, werde ich später noch näher eingehen. Bleiben wir jetzt erst einmal beim Goebbels-Zitat.

Kaum ist das Magazin auf dem Markt, da erklärt Helmut Kohl höchstpersönlich am 6. November 1986 vor dem Bundestag „Newsweek" zum Schuldigen der Diskussion. Nein, er habe Generalsekretär Gorbatschow nicht persönlich mit Goebbels verglichen.[62]

Moskau reagierte verschnupft auf den Gorbi-Fauxpas. Für den Reparaturbetrieb musste Bundespräsident Richard von Weizsäcker im

---

61 Dr. rer. pol. FRIEDHELM OST (*1942) war Bankfachmann, ZDF-Redakteur, Regierungssprecher (1985–1989), wirtschaftspolitischer Berater des Bundeskanzlers, Bundestagsabgeordneter (1990–2002) und Vorsitzender des Wirtschaftsausschusses (1991–1998). (Quelle für den Datenabgleich: Deutscher Bundestag)

62 „NEWSWEEK" veröffentlichte zum Gegenbeweis die komplette Tonbandaufzeichnung der umstrittenen Interview-Passage von Kohl über Gorbatschow: „Ich bin kein Narr. Ich halte ihn nicht für einen Liberalen. Es gibt genug Narren in der westlichen Welt unter Journalisten und Politikern. Ich sag's Ihnen: Die Frau Gorbatschow, das ist eine attraktive Frau. Und sie geht nach Paris und kauft sich ein schönes Kostüm. Das hat doch damit überhaupt nichts zu tun. Das ist ein moderner kommunistischer Führer. Der war nie in Kalifornien, nie in Hollywood, aber versteht was von PR. Goebbels verstand auch was von PR. Man muss doch die Dinge auf den Punkt bringen." Beim Wort „PR" für „Public Relations" (Öffentlichkeitsarbeit) ist auf dem Band Gelächter zu hören. Doch das Lachen war den Beteiligten bald vergangen, denn auch in Moskau hatte man dieses Interview aufmerksam gelesen. So kamen Kohls eigene Reisepläne Richtung Sowjetunion erst einmal auf Eis.

Richard von Weizsäcker und Hans-Dietrich Genscher bei der üblichen Kranzniederlegung in Moskau zu Melodien von Rachmaninow

nächsten Jahr ran. Er sollte beim Staatsbesuch durch die Sowjetunion wieder für eine bessere politische Großwetterlage zu sorgen. Bei der Abreise erklärte er mir Anfang Juli 1987: „Nach einer gewissen Pause wird nun durch diesen Staatsbesuch ein Gesprächskontakt wieder aufgenommen."

Ein weiteres, neues Thema spielte dabei hinter den Kulissen eine zusätzliche Rolle: Matthias Rust war am Himmelfahrtstag (28. Mai 1987) in seiner Cessna 172, einem einmotorigen Hochdecker mit 160 PS, unbemerkt von der russischen Flugabwehr in waghalsigem Manöver mitten auf dem Roten Platz vor der Kremlmauer gelandet. Das gefährliche Abenteuer des damals 19-Jährigen kostete hohe sowjetische Militärs ihre Stellung, brachte ihm selbst Gefängnis ein. Für seine Freilassung setzte sich der Bundespräsident nun vor Ort ein – mit Erfolg. Rust kam frei und konnte seine Story gewinnträchtig vermarkten.

Auch weniger spektakuläre menschliche Probleme standen auf dem Weizsäcker-Sprechzettel. Gleich beim ersten Gespräch mit dem damaligen Staatsoberhaupt Andrej Gromyko klappte er am 6. Juli

1987 im weißen Salon des Kremls unter den drei doppelstöckigen Lüstern ein kleines blaues Plastik-Ringbuch auf. Daraus las er minutenlang ganz konkrete menschliche Schicksale vor. Zur Überraschung seiner Gastgeber verlangte er dabei auch die Freilassung des damals 94-jährigen Rudolf Heß, einst Hitler-Stellvertreter, aus humanitären Gründen – allerdings ohne Erfolg.

Bei Mineralwasser, Tee und Gebäck geht es dann um Abrüstung und den Ausbau der deutsch-sowjetischen Beziehungen. Dabei lässt von Weizsäcker keinen Zweifel daran, was für ihn stets besonders wichtig ist: „Die Deutschen werden nicht aufhören, sich als eine Nation zu fühlen." Gerade die Deutschen seien „in einem besonderen Maße des Friedens bedürftig". Eindringlich ruft er zu radikalen und ausgewogenen Verminderungen der Rüstung auch bis tief in den konventionellen Bereich hinein auf. Abschreckung dürfe nicht die Sprache zwischen Ost und West bleiben.

Bereits am nächsten Tag um 15.00 Uhr gelingt dem Bundespräsidenten im ersten Gespräch mit Generalsekretär Michail Gorbatschow ein Durchbruch. Locker kommt Gorbatschow in schnellem Schritt auf seinen Gast im goldüberladenen Katharinen-Saal zu – nicht zurückschauen, sondern die Beziehungen zu verbessern. Nach zweieinhalb Stunden ist das Goebbels-Zitat zu den Akten gelegt.

Das Prunkgemach wurde übrigens zu Ehren des Ordens „Für Liebe und Vaterland" gebaut, den Peter I. gestiftet hatte. Es war sein Dank an Katharina I., die ihn mit all ihrem Schmuck und Geld aus türkischer Gefangenschaft freigekauft hatte. Heute glänzt darin der runde Tisch aus sibirischer Birke fast wie der Schleiflack der fünfziger Jahre.

In diesem Saal versichert Gorbatschow, dass die deutsch-sowjetischen Beziehungen wieder dort weitergehen, wo Bundesaußenminister Hans-Dietrich Genscher (FDP) bereits ein Jahr zuvor nach Auffassung beider Regierungen eine neue Seite aufgeschlagen hatte.

Es gibt sogar „herzliche Grüße" für Kanzler Kohl und die Bereitschaft zu einem Treffen mit dem Bonner Regierungschef, allerdings erst in Moskau, dann in Bonn.

Abends geschieht, was damals noch eine Sensation war: Wunschgemäß darf der Bundespräsident mit dem gerade nach Moskau zurückgekehrten Friedensnobelpreisträger Andrej Sacharow zusammentreffen. Gorbatschow hatte Sacharow die Freilassung am 19. Dezember 1986 selbst am Telefon mitgeteilt. Der Kampf dieses tapferen Mannes hat Richard von Weizsäcker tief beeindruckt. Die Entwicklung einer neuen Zeit in der Sowjetunion ist bereits deutlich zu erkennen, auch wenn noch niemand ahnen kann, dass Sacharow später sogar im Parlament sitzen würde. Das damals noch amtierende Staatsoberhaupt Gromyko von der alten Garde fordert sogar im Gegensatz zum aufkeimenden Trend in barschem Ton, Bonn solle dafür sorgen, dass fünfzehn aufgelistete Kriegsverbrecher endlich vor Gericht kommen. Gemeint sind zum Beispiel Ukrainer, die möglicherweise mit deutschen Truppen zusammengearbeitet hatten. Prompt präsentiert von Weizsäcker im Gegenzug die Frage nach deutschen Vermissten und Soldatengräbern.

Wie deutlich die neue Entwicklung bereits voranschreitet, zeigt sich zu dem Zeitpunkt bis in kleine Details. So veröffentlicht die Regierungszeitung „Iswestija" zum Zeichen des guten Willens die Weizsäcker-Rede von Moskau samt den Passagen über Reisefreiheit und Wiedervereinigung, die das Parteiorgan „Prawda" (zu Deutsch: „Wahrheit") verschwiegen hatte. Als das israelische Fernsehen über den Präsidentenbesuch aus Moskau berichten will, legen sich die sowjetischen Behörden quer. Weizsäcker funkt dazwischen und schon dürfen sogar jüdische Dissidenten vor israelischen Kameras zum Erstaunen von ganz Israel ihr Leid klagen. Jossef Bigun, gerade erst aus sibirischer Lagerhaft entlassen, hebt verblüfft die Arme, als er sein erstes Interview für die ersehnte Heimat geben darf: „Es ist ein großartiges Wunder, dass ein israelischer Journalist mit dem deutschen Bundespräsidenten nach Moskau und bis zu mir kommen kann."

Für die Zwischenzeit bleibt nachzutragen, dass SPD und Union bei der Winterwahl am 25. Januar Stimmen verlieren, aber Bundeskanzler Helmut Kohl kann mit der um 2,1 Punkte auf 9,1 Prozent gestiegenen FDP weiter regieren. Willy Brandt kündigt am 23. März 1987 seinen Rücktritt vom SPD-Bundesvorsitz an, obwohl er ursprünglich bis 1988 im Amt bleiben wollte. Der tränenreiche Abschied folgt am 14. Juni auf dem Bonner Sonderparteitag mit der Stafetten-Übergabe an Hans-Jochen Vogel. Hintergrund war sein erfolgloser Versuch, die Griechin Maragrita Mathiopoulos (30, parteilos) als SPD-Sprecherin durchzusetzen.

◆

Zu der Zeit ist der Bundespräsident gerade wieder auf Staatsbesuch – diesmal in Lateinamerika. Die Reise beginnt am Sonntagmorgen, Mitte März 1987 in Argentinien, gefolgt von Besuchen in Bolivien und Guatemala.

Bei der Ankunft in Buenos Aires werden wir mit Nazi-Parolen empfangen. An die Hauswände ausgerechnet der Straße der Freiheit haben Schmierfinken sinnigerweise Parolen wie „Deutschland erwache!", SS-Zeichen und „Weizsäcker – Verräter!" gesprüht. Zwei Tage später gibt es ein unfreiwilliges Wettsingen mit Ewiggestrigen. Am deutschen Brunnen will der Gast aus Deutschland eine Adenauer-Gedenktafel enthüllen. Dazu spielt die Kapelle die deutsche Nationalhymne. Deutsch-Argentinier mit Vereinsfahnen und Schärpen singen an diesem Nachmittag des 18. März unverdrossen die erste Strophe des Deutschlandliedes. Doch, als sei es verabredet, singen wir Demokraten aus Bonn ungewöhnlich lautstark die Strophe von Einigkeit und Recht und Freiheit. Obwohl ich wirklich ein lausiger Sänger bin, brülle auch ich nach Kräften. Deutlich hörbar gewinnen wir den Sängerwettstreit.

Medien und Gastgeber registrieren das aufmerksam.

Beim abendlichen Staatsessen gibt es für Weizsäcker das Wiedersehen mit einem alten Klassenkameraden nach fast sechzig Jahren: „Ich bin der Ulrich, der Markwald. Erinnern Sie sich?" Und ob. Richard von Weizsäcker strahlt, umarmt ihn herzlich. Aus Ulrich ist inzwischen Ulrico geworden. Beide kennen den Grund. Vor den Nazis musste die jüdische Familie Markwald fliehen. Trotzdem fühlen sie sich noch immer als Deutsche, und der einstige Abc-Schütze erinnert sich an seinen Banknachbarn im Berlin des Jahres 1928: „Ich war nur in Schlagball gut, sonst ein schlechter Schüler. Aber unsere Freundschaft war umso besser!" Nach der Umarmung im Gedränge kommt der zweite Überraschungsgast. Sein alter Kriegskamerad, Ex-Leutnant von Oppen, genannt Brummel, taucht als erfolgreicher Geschäftsmann in der Botschaft auf. Gemeinsame Erinnerungen an das Infanterieregiment Nr. 9 werden wach, in dem auch Philipp von Bismarck und Wolfgang Mischnick (FDP) gedient hatten.

Jetlandung auf der grünen Wiese

Während Argentiniens Hauptstadt mir verblüffend europäisch vorkommt, überwältigt mich in meiner Unkenntnis das Landesinnere. Durch die unendliche Weite Patagoniens fliegen wir mit einer großen Boeing der argentinischen Luftwaffe zu einer riesigen Farm und landen zu meiner Verblüffung auf einer simplen Grasbahn. Hoch zu Ross stehen die Rancher auf dem Rasen Spalier. Kaum gelandet, steigt Entwicklungshilfeminister Hans Klein (1931–1996, CSU) zur allgemeinen Gaudi gekonnt aufs Pferd. Weizsäcker schmunzelt.

Nach saftigen Steaks und ausgiebiger Farmbesichtigung geht es schon wieder zurück.

Am nächsten Tag sorgt Weizsäcker für eine Protokollrevolution. Den üblichen Kranz am Ehrenmal für den unbekannten Soldaten legt erstmals in der Geschichte des Landes eine Frau nieder. Stabsärztin Dr. Heidi Sauermüller (28) übernimmt es auf Bitten des Bundespräsidenten gegen den Willen des Verbindungsoffiziers. Sofort beginnt der Wettlauf, wer noch rechtzeitig vor Redaktionsschluss (bei der Zeitverschiebung) das Foto übermitteln kann. Zu Erinnerung: Nicht digital, sondern in drei Farben zerlegte Papierbilder, die auf eine Walze gespannt per Telefonkabel ganz langsam übermittelt werden. Da nur ein solches Funkgerät verfügbar ist, brauche ich eine Portion Glück, damit der „Express" dieses Bild am nächsten Morgen im Blatt hatte.

Nach 40.000 Kilometern mit Flugzeug, Bus, Jeep und Staatskarossen zieht von Weizsäcker Bilanz: „In Argentinien, Bolivien und Guatemala wollte ich den mutigen Kampf für den demokratischen Weg unterstützen, ohne Probleme unter den Teppich zu fegen. So habe ich insgesamt 87 konkrete Fälle von Menschenrechtsverletzungen angesprochen. In Argentinien sind vier von zwölf bereits gelöst. In Bolivien war der eine mir bekannte Fall schon vor meiner Ankunft bereinigt, und Guatemala hat binnen drei Wochen die schriftliche Antwort auf 74 Fragen versprochen. Auch darf hier noch in diesem Jahr das Internationale Rote Kreuz offiziell arbeiten." Sprach's und ab zurück nach Deutschland.

Die Katastrophentour mit Weizsäcker

Hier gab es Schlagzeilen aus dem südlichen Afrika. Anfang 1988 hatte der bayerische Ministerpräsident und CSU-Chef Franz Josef

Strauß dem Apartheidregime Demokratisierungsschritte bescheinigt und damit den Zorn der Opposition beider Länder heraufbeschworen. Mehr noch. Kaum war Strauß zurück in Deutschland, da steckten die weißen Unterdrücker erneut ihre Kritiker ins Gefängnis. Genau in der Zeit brach Bundespräsident Richard von Weizsäcker zu seiner großen Afrikareise mit 23.000 Flugkilometern über 27 Länder auf.
Erste Station ist Mali in Westafrika. Nach dem üblichen Empfang mit militärischen Ehren machen wir Bekanntschaft mit der militärischen Macht. Beim Stadtbummel fotografieren Leibwächter des Bundespräsidenten die malerische Hauptstadt Bamako, einschließlich Präsidentenpalast. Prompt kassieren die dortigen Palastwächter die Filme ein, weil es verboten sei, militärische Einrichtungen wie den Palast zu fotografieren. Unwissend tappe ich in dieselbe Falle. Ein Soldat fuchtelt mit seinem Karabiner und verlangt von mir die Kamera. Ich weigere mich mit dem Hinweis: „Ich bin ein freier Journalist aus einem freien Land." Mit dem bekannten „Klack-klack" lädt er durch, was mich aber nicht einschüchtert: „Ich rücke gar nichts raus, Sie können mich einsperren, dann gibt es eine große Story über Zwischenfälle beim Staatsbesuch. Fragen Sie lieber erst Ihren Kommandeur, ob Sie das dürfen." Zu meiner Freude fragt er wirklich über Sprechfunk nach, erhält eine lautstarke Antwort, entschuldigt sich und gibt dann auch den Leibwächtern die Filme zurück. Gut gelaunt verbringen wir den Abend, und lassen uns auch nicht stören, als es am Hotelpool unter Zuhältern eine Messerstecherei gibt.
Am nächsten Morgen fliegen wir Richtung Nordost nach Timbuktu. Das einst blühende Karawanenzentrum ist auf dem traurigen Weg der Versandung. Im ehemals so wichtigen geistigen Zentrum weht der Wüstenwind Sand durch die Paläste mit den Bibliotheken. Umso trauriger ist es, dass dieses Weltkulturerbe im Juni 2012 von islamistischen Banden zusätzlich schwer beschädigt wurde.

Militärischer und persönlicher Empfang in Mali für Richard von Weizsäcker

Zu Ehren des Gastes reiten geschmückte junge Männer im gestreckten Galopp über den großen Sandplatz, der bis 1973 noch ein See war, in dem 1952 angeblich letztmalig jemand ertrunken ist. Heute gibt es nur noch auf dem Grund eines sehr tiefen Loches einen Brunnen mit etwas Wasser. Als Festmahl wird ein Kamel geschlachtet, in dessen Bauch ein Hammel steckt und in dessen Bauch wiederum ein Huhn mit einem Ei im Bauch. In der glühenden Hitze kommen mir Zweifel, ob das viele Stunden zuvor bereitete Mahl für uns noch verträglich ist und kneife. Richard von Weizsäcker und seine Frau langen tapfer zu. Als Gastgeschenk erhalten sie noch in lebendes Kamel mit Fohlen, das der Präsident gleich an die örtliche Frauenvereinigung weiter schenkt – mit dem süffisanten Hinweis: „Der Anblick der Kamele reizt zu Bemerkungen über so manchen Zustand zu Hause."

Weiter geht es ins Dogon-Land nach Mopti. Ein Spalier bunter Reiter steht bereit, Maskenträger tanzen auf Stelzen. RIAS-Chefredakteur Lutz Meunier spricht begeistert seine Reportage ins Mikrofon. Am Abend plagt Richard von Weizsäcker eine Darmgrippe. Ob frisches Obst oder Kamel mit Hammel, Huhn und Ei die Ursache sind, bleibt egal. Den Weiterflug nach Nigeria verbringt er liegend im Flugzeug. Nach der Landung steht er blass und etwas wacklig auf, marschiert sogar an der Ehrenformation vorbei und steigt rasch wieder ins Auto. Am nächsten Morgen will Marianne ihren Mann beim Besuch einer Klinik vertreten, steht schon an der Tür des Gästehauses der deutschen Botschaft, da durchzuckt sie ein Schmerz in der Magengegend, bleich kehrt sie um. Jetzt muss sie ins Bett. Hammel, Huhn und Ei lassen grüßen. Medikamente, Zwieback, viel Salz und Mineralwasser sollen gegen den Brechdurchfall helfen.

Zu der Zeit ist der RIAS-Kollege mit Notarzt auf dem Weg in die deutsche Privatklinik von Lagos. In der Nacht war ihm schlecht geworden, morgens gegen 8.00 Uhr klopft er einen Kollegen raus, der sofort den Arzt ruft. In der Klinik wird sein Zustand mit Infusionen stabilisiert, die Ärzte glauben, ihn gerettet zu haben: „Er ist außer Lebensgefahr."

Richard von Weizsäcker bekommt weiter von seinem schnauzbärtigen Medizinalrat Dr. Volker Stahl Tabletten, aber es geht dem Präsidenten (zu der Zeit 67 Jahre) wieder so gut, dass er meint: „Ich werde die Tabletten den ganzen Tag bewundern, aber nicht nehmen." Der Genesende besucht den kranken RIAS-Reporter. Es wird das letzte Treffen. Am nächsten Morgen melden die Ärzte, Meunier sei um 8.30 Uhr seinem zweiten Herzinfarkt erlegen. Wir alle in der 80-köpfigen Delegation sind tief erschüttert. Der Bundespräsident greift zum Telefon, um schweren Herzens Frau Meunier in Berlin zu informieren und soweit es überhaupt möglich ist, zu trösten.

Am Abend leidet unser Koch Rainke unter akuter Kreislaufschwäche. Vorsorglich fliegt er zurück nach Deutschland, Mary Hollermann, Ehefrau des Protokollchefs, hat ebenfalls Kreislaufprobleme, doch der Arzt kann sie wieder fit machen. 98 Prozent Luftfeuchtigkeit bei drückender Hitze von 40 Grad und eine Smog-Glocke lassen uns alle schwerer atmen. Am Telefon sage ich meiner Frau: „Es gibt keinen Grund, in diesem Leben noch einmal in diese Stadt Lagos zu kommen." Freunde zu Hause meinen später: „Warum so umständlich: Scheißstadt." Kein Widerspruch.

Als es von Lagos über Enugu zur neuen Hauptstadt (seit 1991) Abuja weitergeht, muss dort Entwicklungshilfeminister Johnny Klein (CSU) mit Darmgrippe ins Bett. Mühsam kommt er zum Flugzeug, als es weitergeht nach Simbabwe. Dort tanzen zur Begrüßung schwarze und weiße Jungen einträchtig, nur der Albino im Reigen wird kurz vor der Ankunft der Präsidentenmaschine zur Seite genommen, weil Albinos angeblich Unglück bringen. Gastgeber Robert Mugabe nimmt wie ein gütiger Landesvater Weizsäcker freundlich an die Hand, fast tänzerisch schlendern sie an den Kindern vorbei.

Kurz vor dem Festbankett am Abend verschärft Weizsäcker seine Rede mit klarer Kritik am Regime im benachbarten Südafrika, anders als zuvor Strauß: „Apartheid ist Unrecht. Sie richtet sich gegen

Beim Interview mit Robert Mugabe, in der Mitte Friedbert Pflüger

die Würde der Menschen. Sie zerstört den Grundkonsens, den jeder Staat und jede Gesellschaft braucht, um Frieden im eigenen Land zu bewahren. Sie gefährdet Sicherheit und Frieden einer ganzen Region."

Der nächste Tag soll der Kultur gelten. Nach der Landung im südlichen Masvingo, der ältesten Stadt des Landes, fahren wir nach Gutu zu den Ruinen der einstigen Hochkultur von Simbabwe. Plötzlich gibt es in der Kolonne einen Auffahrunfall. Schuld hat nach Polizeiangaben ein einheimischer Fahrer unter Drogeneinfluss. Gepäckmeister Peter Hopen erleidet ein schweres Schleudertrauma, die Frau des deutschen Botschafters in Simbabwe, Brigitte von Metzingen, verstaucht sich den Daumen. Unser Arzt tritt in Aktion und hofft, dass nichts mehr passiert: „Ich kann hier nicht viel machen. Es gibt in der Nähe kein Krankenhaus. Wir sind eben im Busch. Selbst wenn hier jemand einen Herzanfall bekäme, könnte ich nicht viel tun." Gut, dass sich die Frage nicht wieder stellt.

Dafür gerät Johnny Klein in die Mühlen der heimatlichen Parteipolitik. Die CSU-Spitze kritisiert Weizsäcker wegen seiner klaren

Marianne und Richard von Weizsäcker in Simbabwes Ausgrabungsstätte Great Asclosure aus der Zeit von 1330 v. Chr.

Äußerungen gegen das Apartheitsregime von Südafrika, dem Parteichef Strauß doch erst bescheinigt hatte, auf dem Wege der Besserung zu sein. Klein darf nicht länger Weizsäcker begleiten und muss zurück nach Bonn. Dort lobt SPD-Chef Hans-Jochen Vogel den Bundespräsidenten: „Einmal mehr hat er klargestellt und in Ordnung gebracht, was vorher durch einen anderen Politiker – Franz Josef Strauß –, der vor ihm in spektakulärer Weise durch das südliche Afrika gereist ist, ins Zwielicht gebracht war. Die klaren Aussagen von Weizsäckers zur Apartheit, aber auch zu unserer Verpflichtung und Bereitschaft, den Entwicklungsländern zu helfen, waren wichtig. Außerdem haben sich der Bundespräsident und seine Frau bis an die Grenze der körperlichen Leistungsfähigkeit engagiert. Auch dafür gilt ihnen Dank."

Mit engagierter Hilfe von Präsidenten-Sprecher Friedbert Pflüger (später CDU-Politiker) treffe ich Robert Mugabe. Zu dem Zeitpunkt gilt der spätere Despot Mugabe noch als Hoffnungsträger der freien Welt. Artig lobt er den Gast aus Bonn: „Der Besuch des Bundespräsidenten Richard von Weizsäcker hat entscheidend dazu beigetragen, dass repariert wurde, was Herr Strauß mit seinem Besuch angerichtet hat." Er verspricht Freiheit und Demokratie für sein Land, was er mit zunehmendem Alter ins genaue Gegenteil verwandelt.

Am selben Abend beschert uns Weizsäckers Staatssekretär Klaus Blech die nächste Story. Schnell, zu schnell will dieser das Gebäude des Nationalarchivs von Harare verlassen. Die Glastür ist blitzsauber geputzt. Schwungvoll rennt er dagegen. Glas splittert. Blech blutet aus Schnittverletzungen an der rechten Hand. Während die Wunde genäht wird, macht der Kalauer vom „Blech-Schaden" die Runde.

Weiter geht es am 15. März über Mogadischu in Richtung Bonn, wieder mit einer Panne. Kaum in der Luft, klemmt das Fahrwerk unserer alten Boeing 707 mit dem schmucken Namen „Otto Lilienthal". Flugkapitän Oberstleutnant Gerhard Essig meldet: „Herr Bundespräsident, gnädige Frau, verehrte Fluggäste. Sie haben möglicherweise schon gemerkt, wir haben ein Problem: Wir können das Fahrwerk nicht einfahren. Wir fliegen mit verminderter Höhe und Geschwindigkeit Dschidda an." Konkret fliegen wir in Schräglage mit der Schnauze nach oben, um den Winddruck auf das Fahrgestell auszugleichen statt mit 900 Stundenkilometer nur noch 600 km/h und statt in 10.000 nur noch in 7.000 Meter Höhe. Wie zum Trost fügt er hinzu: „Dafür sieht man so aber mehr von der Landschaft." Weizsäcker kontert: „Besser das Fahrwerk geht nicht rein als nicht raus." Nach der Notlandung in Dschidda finden wir Reporter in der prunkvollen königlichen Abfertigungshalle gerade mal ein einziges Telefon mit vorübergehender Fernverbindung. Nur einer kommt durch. Ich habe Glück.

In der Zeit tauscht Bordmechaniker Hauptfeldwebel Walter Brix den defekten Hydraulikzylinder aus. Gegen Mitternacht sind wir zurück in Bonn. Wie eine Präsidentenreise auch gemütlich verlaufen kann, steht im Anhang unter „Auf den Spuren von Bundespräsident Roman Herzog".

Richard von Weizsäcker nach der Notlandung in Dschidda

Berater von Loki Schmidt

Nun zur Abwechslung mal eine Abenteuerreise ohne Präsidentenflieger und Protokoll, dafür mit der Ehefrau des Bundeskanzlers. Dazu eine kurze Bemerkung vorweg: Bei meinem Eintritt in die Parlamentsredaktion von „Bild" und „Bild am Sonntag" (BamS) 1976 war es anfangs sehr schwer, gute Kontakte zu SPD-Politikern zu pflegen. Mein erster Anruf etwa beim innerdeutschen Minister Egon Franke[63] dauerte nur Sekunden: „Mit Ihnen rede ich nur so. Klick!" Aus. Ende. Das besserte sich durch gemeinsame Arbeit mit Büroleiter Michael Spreng. Nach einem halben Jahr kam Franke für ein Interview in unser Büro. Und nach einem Jahr passierte etwas, das selbst altgediente Genossen erstaunen ließ. Hannelore (Loki) Schmidt wollte, dass ich sie bei ihrer Öffentlichkeitsarbeit berate. Mit freudiger Zustimmung meines Chefredakteurs Günter Prinz (*1929) schlossen wir einen offiziellen Beratervertrag, wonach ich sie im Nebenjob für gut zwei Jahre bei der Öffentlichkeitsarbeit mit ihrem Kuratorium zum Schutze gefährdeter Pflanzen unterstützte. Eingefädelt hatte das der legendäre Unternehmer, Mäzen und Schmidt-Freund Kurt A. Körber (1909–1992), der mich kurioserweise bei einem Staatsempfang in Moskau erstmals darauf ansprach.

Die Zusammenarbeit mit Loki Schmidt war total unkompliziert. Natürlich staunten Sozialdemokraten gelegentlich, wenn sie aus der

---

[63] EGON FRANKE (1913–1995), SPD-Mitglied ab 1929, von Nazis inhaftiert, Bundestagsabgeordneter (1953–1987), innerdeutscher Minister (1969–1982), seit den 60er Jahren Chef der gemäßigt konservativen Gruppe „Kanalarbeiter" (daher sein Spitzname „Kanale Grande"), die vorzugsweise im „Kessenicher Hof" tagte – auch mit Helmut Schmidt. Franke war engagierter Befürworter des NATO-Doppelbeschlusses. (Quelle für den Datenabgleich: Deutscher Bundestag)

Zum Auftakt unserer Zusammenarbeit überreicht mir Loki Schmidt im Kanzlerbungalow eine frisch geschnittene Rose

„Baracke", wie die damalige SPD-Parteizentrale wegen ihrer Bauweise hieß, bei mir in der „Bild"-Zeitung anrufen mussten, um einen Termin mit der Kanzlergattin zu bekommen. Andererseits habe ich natürlich versucht, auch gegenüber Kollegen aus dem eigenen

Haus die Interessen von Loki Schmidt zu wahren. So etwa als der spätere Dauerkolumnist der „Bild"-Zeitung, Franz Josef Wagner, ein Interview wollte. Er kam zum Termin ohne Bandgerät, schrieb hinterher ein frei fabuliertes Gespräch nieder, das ich in der ‚Absegnung' (die übliche Bezeichnung für das Autorisieren) ziemlich akribisch in das tatsächlich geführte Interview zurückverwandelte. Loki Schmidt war nicht nur zielstrebig und herzensgut, sondern auch als Gastgeberin großartig. Dabei brachte sie mich allerdings einmal mächtig in Verlegenheit. Beim Mittagessen mit mehreren Gästen saß ich ihr im Kanzlerbungalow mit Blick auf den Rhein genau gegenüber. Stolz auf ihr Kochergebnis ließ sie Labskaus servieren. Für Norddeutsche sicher ein Hochgenuss. Aber ich bin nun mal gebürtiger Saarländer. Mir kommt das Leibgericht vieler Küstenbewohner nicht ganz geheuer vor. Höflich versuchte ich meine Mimik im Zaum zu halten, als sie fragte: „Na, wie schmeckt Ihnen mein Labskaus?" Lügen wollte ich nicht, aber die Wahrheit sagen ging auch nicht. Da fiel mir nach einer Schrecksekunde der rettende Satz ein: „Frau Schmidt, das ist wirklich mal etwas ganz anderes." Irgendwie ahnte sie die Doppelbedeutung, denn danach blieb Labskaus tabu.

Als Naturschützerin reiste Loki Schmidt unermüdlich durch Deutschland und weit darüber hinaus, etwa auf die Galápagos-Inseln oder nach Nordborneo. Bei diesen Auslandsreisen legte sie absolut keinen Wert auf Publicity. Als die Galápagos-Tour publik wurde, wollte sie ihre nächsten Auslandspläne am liebsten ganz geheim halten. Das kollidierte allerdings mit meinem Hauptberuf. Beim gemeinsamen Flug nach Hamburg klopfte ich ebenso unauffällig wie erfolglos auf den Busch. Dafür wurde ich nach der Landung mit einem Erlebnis entschädigt, von dem ich schon als kleiner Junge geträumt hatte. Wegen der verschärften Sicherheitslage setzte sich ihr Leibwächter Waldemar Guttmann auf den Beifahrersitz, um die Hände frei zu haben. Loki Schmidt nach hinten und ich ans

Steuer: „Wollen mal sehen, ob Sie auch fahren können." Dazu gab mir Guttmann ein Blaulicht, das ich aufs Dach setzte. Mit dieser Lampe auf dem Dach für den Notfall kamen wir wunderbar voran. Leider blieb es bei dem einen Mal.

Mit der Kanzlergattin im Dschungel von Borneo

Zurück in Bonn, spulte ich mein Rechercheprogramm ab. Sicherheit, Auswärtiges Amt, Botschaften. Ergebnis: Sie will den Dschungel von Borneo durchstreifen, um die ebenso kostbare wie berühmte Schwarze Orchidee zu suchen. Also flog ich mit dem großartigen und leider sehr jung verstorbenen Kollegen Richard Schulze-Vorberg über Singapur nach Nordborneo. In Kota Kinabalu gewannen wir erfreulich schnell das Vertrauen der Sicherheitsbehörden, weil sie uns für das Vorauskommando von Loki Schmidt hielten. Wir stellten uns auf den Standpunkt, dass man nicht alle Irrtümer korrigieren kann und erfuhren so Details der geplanten Reise. Bei Loki Schmidts Ankunft mit Leibwächtern standen wir schon auf dem kleinen Flugfeld. Es gab zu unserer angenehmen Überraschung kein Gemurre, sondern nach der langen Reise über 16.000 Kilometer eine herzliche Begrüßung. Statt in eine Luxusherberge fuhren wir in das Dschungelcamp am Fuße des Mount Kinabalu. Vier Wände, Dach, Feldbett und immerhin eine Dusche, aus der sogar Wasser floss.
Schon am nächsten Tag geht es los. Es ist Sonntagmorgen neun Uhr. Richard Schulze-Vorberg muss leider noch seine Augen kurieren, denn während des langen Fluges hatten ihm die Frischluftdüsen im Schlaf eine schwere Bindehautentzündung verpasst. Ich hänge mir seine Nikon-Kameras um. Meine früheren Fotoreportagen über Scheels Staatsbesuche von Paris bis Samarkand in den 70ern kommen mir zugute.

Mit drei Jeeps fahren wir zum Basislager in 2.000 Meter Höhe. Wegen der Steigung schafft der Jeep nicht auch noch die Klimaanlage. Oben geben die Regenwolken den Blick frei auf die Fernseh- und Wetterstation unterhalb der Bergspitze. Das Hemd klebt am Körper. Nach wenigen Metern zu Fuß steil bergauf kann ich nicht mehr unterscheiden, ob von der Hitze oder der hohen Luftfeuchtigkeit. Als ich mein Schälchen im Hemd lockere, staunt Frau Schmidt: „Ich habe Sie noch nie ohne Krawatte oder Schal erlebt."
Der Boden ist glitschig. In einer Stunde schaffen wir gerade mal 200 Meter Höhenunterschied. Professor Hoi Yen Yong von der Universität Kuala Lumpur entdeckt plötzlich eine riesige fleischfressende Pitchers-Pflanze (Nepenthes). In ihrem großen Kelch mit Säure schwimmen zahlreiche Insekten. Loki Schmidt zückt ihr dickes Schulheft, trägt Ort, Aussehen und Uhrzeit ein. Sie schreibt und schreibt, da nutze ich die Gelegenheit, auf einem Baumstumpf sitzend Schuhe und Strümpfe auszuziehen, um nach Blutegeln zu suchen. Sie lacht: „Diese kleinen Tierchen machen doch gar nichts. Die hatten wir früher am Brahmsee auch in großer Zahl." Mich beruhigt das nicht, vorsichtshalber binde ich mir die Hosenbeine fest um die Schuhe. Mit Erfolg.
Über uns lärmen Papageien und Sharmas. Die relative Luftfeuchtigkeit klettert auf fast 100, gefühlte 140 Prozent. Der Weg zum Gipfel wird immer steiler und ist als solcher oft nur noch zu erahnen. Immer wieder bleibt Professor Dr. Wolfgang Wickler, als Wissenschaftler des Max-Planck-Instituts zugleich Chef der Expedition, an einer der vielen tausend Orchideen stehen, fotografiert oder nimmt Tierstimmen auf Tonband. Loki Schmidt, Dr. Uta Seibt (ebenfalls vom Max-Planck-Institut), Professor Yong, Kriminalhauptkommissar Waldemar Guttmann und ich folgen artig.
In 2.400 Metern Höhe bleibt unsere einheimische Personenschützerin plötzlich stehen. Die 21-jährige gebürtige Inderin Shanta, nach

eineinhalb Jahren Ausbildung in der malaysischen Polizei zum Offizier avanciert, entdeckt die ersten Blutegel an ihrem Bein. Mit ein paar Tropfen Kerosin werden die angeblich so gesunden Tierchen verjagt. Das Thermometer sinkt langsam auf 20 Grad und die einheimischen Begleiter kramen ihre Pullover hervor. Francis Liew, Direktor dieses Nationalparks kann nicht begreifen, dass Loki Schmidt in ihrem kurzärmeligen Jeans-Anzug weiter klettert.
Nach einer gut dreistündigen Tortur ist die Bergspitze erreicht. Die Wolkendecke liegt weit unter uns. In der Gipfelstation, einer Blechbaracke, reicht uns das Wartungspersonal Cola und Sandwiches. Als Shanta gerade mit einer Tüte voll wilder Erdbeeren hereinkommt, mahnt Francis Liew: „We must hurry, rain is coming up." („Wir müssen uns beeilen, Regen kommt auf.") Damit es schneller geht, sucht er eine Abkürzung, denn im Nebel ist ihm der alte Weg zu gefährlich. Noch im vergangenen Jahr hatte ein Bergwanderer bei aufkommendem Nebelregen seine Gruppe aus den Augen verloren und nicht mehr den Weg nach unten gefunden.
An armdicken Tauen lassen wir uns nacheinander über Steilhänge herab, mit all dem Gepäck, Professor Wickler mit schwerem Tonbandgerät und umfangreicher Kameraausrüstung, Loki Schmidt mit großer Umhängetasche samt gesammelter Pflanzen, darunter zehn bisher noch unbekannte Orchideenarten. Zurück auf halbwegs normalem Gelände, untersucht Loki Schmidt ein kleines, in meinen Augen unscheinbares Pflänzchen, schneidet es sorgfältig aus der Erde, ist aber noch nicht damit zufrieden: „Ich brauche noch eine zweite, denn ich habe sowohl dem Hamburger als auch dem Bonner botanischen Garten meine Ausbeute versprochen. Ich bin auch mal gespannt, ob die alle bei uns wachsen werden."
Nach zweistündigem Abstieg erreichen wir das Basislager. Später sitzen wir am Kaminfeuer zusammen. Loki Schmidt zeigt keine Spur von Müdigkeit, obwohl ihre Blinddarmoperation gerade mal

Loki Schmidt bei der Arbeit im Dschungel von Borneo

Das Bad zur Belohnung nach den Strapazen: Links Loki Schmidt, in der Mitte Leibwächter Waldemar Guttmann

drei Wochen her ist: „Statt mich hinzulegen, habe ich eben noch die Wäsche gewaschen." Da werden wir leichtsinnig. Zurück in unserer Hütte gönnen wir uns ein Bier. Wirklich jeder nur ein Bier. Aber das haut uns nach den Strapazen in der dünnen Luft richtig um. Ab geht es in die Koje. Irgendetwas scheint an dem Glauben dran zu sein, dass die Seelen der Verstorbenen auf dem Mount Kinabalu in 4.000 Meter Höhe jeden bestrafen, der zu ihnen hinaufkommt.

Am nächsten Morgen weckt uns die Kanzlergattin lautstark pünktlich um sechs Uhr. Auf dem Programm steht der botanische Höhepunkt der Reise, die Suche nach der in dieser Gegend einmaligen Schmarotzerblüte Rafflesia. Von ihr wurden bisher nur drei Standorte entdeckt. Über eine umfangreiche Ansammlung von Schlaglöchern und mitten durch zwei Gebirgsbäche holpern unsere Geländewagen zu einer nahegelegenen Kupfermine. Plötzlich lässt Professor Yong anhalten: „Hier könnte es sein!" Durch unwegsames Gelände rutschen wir zeitweise auf dem Hosenboden, begleitet von Blutegeln in Kompaniestärke. Spinnen, Frösche und ähnlich sympathisches Getier huscht über unsere Haut. Endlich ist Loki Schmidt am Ziel ihrer Träume. Mitten im tropischen Regenwald von Borneo steht sie vor einer dunkel- bis schwarzroten Kugel: „Das ist sie, die Rafflesia. Eine Schmarotzerpflanze, die nur aus dieser Blüte besteht." Sie zückt ihr Büchlein, trägt Form, Standort und Zeit ein. Überglücklich machen wir uns mit Fotos und Erinnerungen auf den Rückweg. Wie zur Belohnung halten wir an den nahegelegenen Schwefelquellen. Loki Schmidt steigt im blauweißen Bikini ins heiße Schwefelbad. Waldemar Guttmann und ich lassen uns nicht zweimal bitten und planschen vergnügt mit. So erfrischt geht es zurück ins Lager und am nächsten Tag bereits wieder nach Bonn.

◆

Im Kanzlerbungalow nehmen wir uns noch einmal die Fotos und Aufzeichnungen vor. Dabei genießt Loki Schmidt ihren geliebten Gin Tonic und eine Menthol-Zigarette. Als die Unterlagen durchgesprochen sind, geht sie in den Garten, um mir eine Rose zu schneiden und erzählt aus ihrem Leben:

Kindheitserinnerung: „Ich erinnere mich etwa an die Geburt einer meiner Schwestern. Damals war ich etwas über drei Jahre alt. Das kleine Baby war allerdings weniger das einprägsame Ereignis, sondern mehr der riesengroße Sonnenblumenstrauß, den meine Mutter von meinem Vater bekam."

Berufswunsch: „Manchmal Botanikerin, dann wieder lieber Lehrerin, was ich schließlich auch wurde."

Ernste Krankheit: „1964 hatte ich eine schwere Herzgeschichte und musste sehr lange im Krankenhaus liegen. Jetzt ist alles gut überstanden."

Lieblingstier: „Nein, ich konnte mich nie für ein einziges Tier entscheiden, denn das wäre den anderen Tieren gegenüber ungerecht gewesen. Ich mochte schon immer alle Tiere und Pflanzen sehr gern."

Spitznamen: „Wie heute Loki."

Wie aufgeklärt: „Ich habe sehr vernünftige Eltern gehabt, die mit mir über alles sprachen. So war ich schon mit fünf Jahren das, was man heute ‚aufgeklärt' nennt."

Prügel als Kind: „Ich habe einmal von meinem Vater eine Ohrfeige bekommen, an die ich mich sehr genau erinnere. Damals hatte ich seine frisch aufgeblühten Bohnen ausgerupft und ihm als Blumenstrauß überreicht. Das ist die einzige Prügel, an die ich mich erinnern kann. Hinterher habe ich gemerkt, dass es meinem Vater sein Leben lang leidgetan hat."

Letzte Schulnoten: „Ich weiß die Noten nicht mehr aus dem Kopf, aber in meinem Abiturzeugnis gab es Dreien, Zweien und Einser.

Meine schwachen Punkte waren die Fremdsprachen. In naturwissenschaftlichen Fächern und Musik hatte ich die besten Noten."
Das erste Geld: „Schon als Schülerin habe ich sehr viele Nachhilfestunden gegeben und damit Geld verdient. Damals war mein Vater lange Zeit arbeitslos. Mein erstes Gehalt habe ich 1940 als Lehrerin bekommen. Es waren ganze 146 Mark im Monat."
Erste Wohnung: „Ich hatte mir in Hamburg als erste eigene Wohnung ein Leerzimmer von zwölf Quadratmetern gemietet. Darin standen ein Bett und eine alte Kommode, die mein Vater als Schreibschrank umgearbeitet hatte und ein kleiner Tisch. Dazu kamen ein geerbter alter Kleiderschrank und zwei Sessel, deren Bezüge ich selbst gewebt hatte."
Todesangst: „1934, als ich mit 15 Jahren den Ehrgeiz hatte, auf einer Abkürzung von Cuxhaven über das Watt nach Neuwerk zugehen. Der normale abgesteckte Weg machte dort eine große Kurve um einen reißenden Priel herum. Als ich diese Kurve abkürzen und durch den Priel waten wollte, wurde ich beinahe vom Wasser umgerissen. Damals hatte ich Todesangst, konnte aber noch rechtzeitig umkehren."
Wunschtraum: „Ich möchte gern fliegen können, so richtig Pilotin sein."
Die Aufgabe an der Seite des Bundeskanzlers: „Ich versuche sehr gern, im Ausland Reklame für Deutschland zu machen. Es macht mir Spaß, bei offiziellen Besuchen die Bundesrepublik zu vertreten. Was mir weniger gefällt, ist die große Einschränkung der persönlichen Freiheiten. Ich muss aufs Privatleben völlig verzichten. Aber damit muss ich mich eben abfinden."
Dazu gehörten Leibwächter rund um die Uhr, denn die Terrorgefahr hatte in Deutschland weiter zugenommen, was später eher verharmlosend der „Deutsche Herbst" genannt wurde.

Der Trick zum Vorzimmer der russischen Macht

Nicht nur Präsidenten und Kanzler, sondern auch Außenminister nehmen gern Journalisten im Tross mit, besonders wenn sie vor der Vollversammlung der UNO eine (aus ihrer Sicht) wichtige Rede halten wollen. Nach dem alten Motto: Was nicht berichtet wird, findet nicht statt. So auch im September 1997, als Bundesaußenminister Klaus Kinkel (FDP) nach New York flog. Seine Einladung zum (kostenpflichtigen) Mitflug in der Regierungsmaschine versüßte er mir mit dem Versprechen: „Ich verschaffe Ihnen auch ein Exklusiv-Interview mit meinem Freund Jewgeni Primakow."[64] Klang verlockend. Mit einer Portion Skepsis stieg ich in den Flieger.
Schon am folgenden Nachmittag empfing Kinkel in seinem New Yorker Hotelzimmer den russischen Außenminister im Blitzlichtgewitter von über 15 Fotografen wie einen alten Duzfreund. Nach der Begrüßung schlossen sich die Türen und ich blieb wie alle Kollegen außen vor. Kinkel hatte mir angekündigt, er sei sich „mit Jewgeni" politisch so einig, dass es kaum etwas zu besprechen gebe. Deshalb wolle er ihm vorschlagen, den größten Teil der vereinbarten Gesprächszeit mit mir zu verbringen. Und Kinkel hielt Wort. Schon nach wenigen Minuten öffnete sich die Tür zur Kinkel-Suite: „Auf geht's." Kinkel stellte mich vor mit dem Hinweis, sein Freund aus Moskau möge mir in der restlichen Zeit, die ursprünglich für das Ministergespräch geplant war, ein Interview geben. Der freundliche Herr mit Brille und Doppelkinn reichte mir die Hand, begrüßte mich in sonorem Englisch mit unerwarteter Herzlichkeit. Nach kurzer Vorrede über meine Zeitung durfte ich meine Fragen

---

[64] Dr. sc. oec. JEWGENI PRIMAKOW (1929–2015) war Chef der Auslandsaufklärung des sowjetischen Geheimdienstes KGB und danach des russischen SWR, bis er 1996 Außenminister und 1998 Ministerpräsident (bis 1999) wurde.

stellen. Dazu schubste Kinkel einen Simultandolmetscher seines Auswärtigen Amtes an meine Seite. Ich durfte in Englisch fragen, Primakow antwortete in Russisch. Der Dolmetscher flüsterte so hervorragend simultan, dass wir mit der vereinbarten Zeit blendend auskamen. Noch am selben Abend reichte ich seinem Mitarbeiter den ausgeschriebenen Text, den mir Primakow am nächsten Morgen in der Hotellobby mit dem handschriftlichen Hinweis „All right" übergab. Darin stand: „Deutschland bleibt der wichtigste Handels- und Wirtschaftspartner Russlands außerhalb der GUS. Der Warenaustausch zwischen unseren Ländern ist im vergangenen Jahr um 12,5 Prozent gestiegen und hat fast 27 Milliarden Mark erreicht. Der Gesamtumfang der deutschen Kapitalinvestitionen ist aber für die Volkswirtschaft Russlands und gemessen an den Möglichkeiten der deutschen Wirtschaft ein Tropfen auf den heißen Stein. Ich hoffe, dass die deutschen Investoren ihre Chancen auf dem russischen Markt nicht verpassen werden. Ich bin überzeugt, dass sich die wirtschaftliche Zusammenarbeit schneller entwickeln könnte."

Werden die Verhandlungen über die Aufnahme neuer Mitglieder in die NATO Einfluss auf die guten Beziehungen mit Deutschland haben?

Primakow: „Dass wir die Aufnahme neuer Mitglieder in die NATO negativ bewerten, ist bekannt. Diesen Standpunkt vertreten wir auch weiterhin und rufen dazu auf, die russischen Interessen gebührend zu berücksichtigen. Dabei möchte ich betonen, dass wir die Erklärung Deutschlands, wonach es notwendig sei, die neue europäische Sicherheitsarchitektur nur gemeinsam mit Russland und auf keinen Fall gegen Russland zu schaffen, gebührend würdigen."

Und wenn die NATO mit den baltischen Staaten über die Aufnahme verhandelt?

Primakow: „Das würde die guten Beziehungen Russlands zur

NATO in Frage stellen. Deshalb wäre es am besten, diese Verhandlungen gar nicht erst zu beginnen. Ich hoffe, dass die verantwortlichen Politiker der NATO weise genug sind."
Mit dem Interview nahm ich die nächste Maschine nach Deutschland. Der Text wurde von den Agenturen munter transportiert. Und um im Thema zu bleiben, springen wir gleich zum nächsten Primakow-Interview ein Jahr später, allerdings unter ganz besonderen Umständen.
Am 17. September 1998 stieg ich morgens wieder mit Außenminister Kinkel in seine Regierungsmaschine. Wieder mit seiner Zusage, mir das Interview zu verschaffen. Inzwischen war Primakow zum Moskauer Regierungschef avanciert. Kinkel reiste als einer aus der EU-Troika nach Moskau. Mit der Bezeichnung waren damals nicht wie in den Jahren 2011 bis 2015 die drei Geldgeber für überschuldete Euro-Staaten gemeint, sondern die drei EU-Außenminister, der aus der vergangenen Ratspräsidentschaft, der aktuellen und der nächsten. Die aktuelle Präsidentschaft hatte Frankreich. Kinkel war gewissermaßen im Beipack unterwegs und ich in seinem Schlepptau. Im Flieger erinnerte er daran, wie es zu seiner Freundschaft mit Primakow kam: „Von 1979 bis 1981 hatten wir uns als Gegner im Visier, er als Chef des KGB und ich als Präsident des Bundesnachrichtendienstes." Schon bei ihrem ersten Treffen in Moskau flachste Kinkel: „Wir kennen uns doch aus den Dienstpapieren." Im März 1997 kamen sie sich bei gemeinsamer Weinprobe mit Ehefrauen an der Ahr näher. In Moskau sorgte so mancher Wodka für weitere Annährung. Und nun sollte ich davon profitieren. Angemeldet war ich bei keiner russischen Dienststelle, sondern blieb nach der Landung ganz einfach im Tross. Dunkler Anzug mit Weste, schmales Aktenköfferchen. So sollte ich auch ohne irgendeinen entsprechenden Ausweis als Co-Diplomat durchgehen. Das lief problemlos, bis wir zum Eingang des Weißen Hauses von Moskau, dem Sitz des

Ministerpräsidenten, kamen. Im Pulk erreichte ich die Sicherheitsschleuse, legte meinen Aktenkoffer mit Bandgerät und ein paar Akten über Russland auf den Kontrolltisch, ging durch die Schleuse auf den Wachmann zu, der die Ausweise kontrollierte. Da ich keinen Delegationsausweis vorzeigen konnte und mit meinem Presseausweis sofort rausgeflogen wäre, drehte ich mich kurz um und kramte betont auffällig in meinem Aktenkoffer, um nachdrücklich zu zeigen, dass nichts Sicherheitsrelevantes darin war. Als der Letzte aus unserem Diplomatentross auf den Wachmann zuging, griff ich nach meinem Koffer und rannte gestikulierend meinen augenscheinlichen Kollegen hinterher. Der Wachmann akzeptierte meine Eile ohne Kontrolle. Ich war drin.

Im Eiltempo ging es die breite Treppe hinauf. Oben waren schon die beiden anderen Troika-Delegationen versammelt. Kinkel meinte: „Bleiben Sie erst mal auf dem Flur bei den anderen. Ich habe noch ein kurzes Vier-Augen-Gespräch mit Jewgeni vereinbart. Wenn es soweit ist, rufe ich Sie dazu." Tatsächlich. Beide kamen zur Tür und riefen mich rein. Primakow empfing mich in Englisch mit den Worten: „Dies ist mein erstes Interview als Vorsitzender der Regierung der Russischen Föderation für eine ausländische Zeitung. Obwohl ich einen überaus gedrängten Terminkalender habe, konnte ich meinem Freund, dem deutschen Vizekanzler und Außenminister Klaus Kinkel, die Bitte nicht abschlagen, mit Ihnen zu reden."

Also legte ich gleich los: Wie und bis wann wollen Sie die Krise in Russland überwinden?

Primakow: „Die Lage in Russland ist heute zweifelsohne schwierig, um es nicht härter zu sagen. Ich habe geahnt, auf was ich mich einlasse, als ich dem eindringlichen Vorschlag des Präsidenten der Russischen Föderation, Boris Jelzin, zugestimmt habe, die Regierung Russlands zu leiten. Die Wirklichkeit ist aber, das gebe ich zu, noch ernster. In diesen Tagen führe ich viele Gespräche mit Vertretern der Regionen, mit Gewerkschaftsführern, großen Persönlichkeiten aus der Industrie und dem Finanzbereich, Branchenführern und Politikern verschiedener ideologischer Richtungen. Aus diesen Gesprächen habe ich immer mehr die Erkenntnis gewonnen, dass auf einer bestimmten Stufe der russischen Reformen die soziale Komponente nicht ausreichend vorhanden war. Es fehlte die ‚Brücke' zwischen den alles in allem richtigen Bestrebungen, Ordnung in den staatlichen Finanzen zu schaffen, und den tatsächlichen Bedürfnissen der Menschen. Deren Interessen zu schützen, war der Staat nicht mehr in der Lage."

Mit der Bundeswehr im Kriegsgebiet

Um den Schutz der Menschen im engeren Sinne ging es auch im nächsten Fall. 1997 befehligte Bundesverteidigungsminister Volker Rühe[65] als Inhaber der Befehls- und Kommandogewalt (IBuK) der Bundeswehr den ersten Bundeswehr-Befreiungseinsatz mit Waffengewalt im Ausland, genauer in der damaligen Unruheregion Bosnien-Herzegowina. Die Operation begann für meinen Redaktionsschluss ideal am Samstag, den 15. März. Rühes unvergessener Sprecher Hans-Dieter Wichter schaffte es, dass ich die Operation mit diversen Live-Schaltungen direkt über Funk und am Telefon mitverfolgen konnte. Oberst Henning Glawatz (47) leitete die Befreiungsaktion unter dem Decknamen „Libelle". Gleich nach der Landung in Rajlovac bei Sarajevo gab er mir seinen Bericht durch:

---

65 VOLKER RÜHE (*1942), CDU-Mitglied seit 1963, war CDU-Generalsekretär (1989–1992), Bundestagsabgeordneter (1976–2005) und Bundesminister der Verteidigung (1992–1998). (Quelle für den Datenabgleich: Deutscher Bundestag)

„Erst am Vorabend um 22 Uhr habe ich vom Einsatz erfahren, in der Nacht Truppe und Material zusammengestellt, und nach einer knappen Stunde Schlaf sind wir um 7.30 Uhr losgeflogen. Mit Geländekarten, Stadtplänen und einem ortskundigen Führer an Bord ging es in drei Etappen zum Einsatzort. Als Scout saß neben mir in der ersten Maschine Oberst Karrer, der bis vor wenigen Tagen in Tirana war. Es gab jederzeit Funkkontakt nicht nur untereinander, sondern bis nach Deutschland. Trotzdem waren unsere größten Probleme die ungeklärte Lage in Tirana und die kurze Vorbereitungszeit. Vorsichtshalber sind wir aus großer Höhe quasi im Sturzflug runter."

Nach der Landung der 25 Panzerjäger musste alles ganz schnell gehen. Glawatz: „Wir waren insgesamt nur 30 Minuten am Boden, denn es gab um uns herum wilde Schießereien. Da konnten wir nicht bei jedem den Pass überprüfen, sondern haben lieber einen zu viel als einen zu wenig aufgenommen. Plötzlich kamen gepanzerte weiße Autos der Geheimpolizei auf das Flugfeld zu. Aus den Fahrzeugen wurde auf die wartenden Menschen geschossen, um sie zu zerstreuen. Da habe ich den Befehl gegeben, das Feuer zu erwidern. Die kürzeste Art, das Feuer zu eröffnen, ist, wenn der Kommandeur selbst schießt. Deshalb habe ich als Erster mit der Pistole geschossen und gerufen: Feuer frei! Sechs Soldaten gaben insgesamt 250 Schuss ab. Daraufhin drehten die Panzerwagen ab. Unser erster Hubschrauber bekam zwar einen Treffer ab, aber der blieb ohne Folgen."

Glawatz weiter: „Mit einem unbeschreiblichen Gefühl der Erleichterung flogen wir mit 103 geretteten Menschen zurück. Das hat gepasst."

Sein Stellvertreter und Staffel-Kommandeur, Oberstleutnant Ingolf Masemann (40, seit 21 Jahren Hubschrauberpilot bei der Bundeswehr mit insgesamt 4.200 Flugstunden), ergänzte: „Eigentlich muss das jeder Heeresflieger können. Sicher, vorher war mir etwas mulmig. Aber beim Einsatz selbst läuft dann alles am Schnürchen wie in der Ausbildung. Neu war für uns nur, dass geschossen wurde."

◆

Da wir schon dabei sind, bleiben wir noch etwas beim Militär. Nach dem Regierungswechsel von Bundeskanzler Helmut Kohl (CDU) zu Gerhard Schröder (SPD) wurde Verteidigungsminister Rudolf Scharping (SPD) zunehmend mein freundlicher Türöffner – etwa im April 2002 bei der UNO. Mit deren Generalsekretär war Scharping verabredet. Nach bewährtem Muster sollte ich einfach wie ein Mitglied der deutschen Regierungsdelegation mitkommen. Unsere Botschaft fand das nicht lustig, aber Scharping setzte sich durch. Ich dackelte im Tross mit bis zum Vorzimmer des Generalsekretärs. Scharping ging rein, kam schon Minuten später wieder zur Tür und winkte mich herbei, stellte mich als seinen alten Bekannten Kofi Annan vor und schon durfte ich meine Fragen stellen. Kernpunkt war der notorisch ferne Frieden im Nahen Osten: „Alle müssen erkennen, dass Eskalation nicht die richtige Antwort ist." Gehört hat auf ihn offenbar bis heute niemand.
Über Washington ging es weiter nach Florida, genauer, zur streng geheimen Kommandozentrale in Tampa.
Was dort von außen wie ein ganz normales Verwaltungsgebäude aussieht, entpuppt sich hinter verschlossenen Türen als das modernste Kommunikationszentrum der Weltmacht USA. Über einen Wald von Antennen und Satellitenschüsseln befehligt ein Vier-Sterne-General, zu dem Zeitpunkt Tommy Franks (*1945, im Amt von 2000 bis 2003), die Kampfeinsätze im 11.000 Kilometer entfernten Afghanistan. Seine direkten Vorgesetzten sind der Verteidigungsminister und der amerikanische Präsident. Auf riesigen Bildschirmen erkennt Franks, welche Flugzeuge und Kampfeinheiten wo gerade gefechtsbereit sind, welche Lazarette Verletzte auf-

nehmen können und wo Feinde in welcher Stärke entdeckt oder vermutet werden.

Kommandosysteme fernab vom Schauplatz haben in den USA Tradition: Nach dem Zweiten Weltkrieg teilten sie die Welt in vier militärische Kommandobereiche ein. Ausgenommen blieben nur die USA und die damalige Sowjetunion. Das zentrale Kommando, kurz „Centcom", von Tampa ist zuständig für Süd- und Zentralasien mit Afghanistan, Pakistan, Iran, Irak, für die arabische Halbinsel und das Horn von Afrika. Aus Tampa leitete General Schwarzkopf 1990 den Golfkrieg, nun sitzt Tommy Franks am selben Schreibtisch und führt die Operation „Enduring Freedom" gegen den internationalen Terrorismus. Auch die bewaffneten Drohnen werden von hier mit ihrer todbringenden Last ferngesteuert.

Dieses Hauptquartier steht im Containerdorf für die Verbindungsoffiziere von 27 Nationen, die sich unter amerikanischem Oberbefehl an Tampa beteiligen. Seit dem Golfkrieg stellen die Briten dabei traditionell das größte Kontingent.

Es klingt stark nach Höflichkeit, als Franks gegenüber dem deutschen Verteidigungsminister hinter verschlossenen Türen den Einsatz der Bundeswehr lobt: „Ihre Jungs machen einen tollen Job, wir brauchen sie."

Was Franks so freundlich einen tollen Job nannte, habe ich mir mehrfach vor Ort angesehen, so etwa in Mazedonien, das nach dem Zerfall der kommunistischen Republik Jugoslawien im Bürgerkrieg versank. Scharping hatte mich Mitte Dezember gefragt, ob ich am 24. mit zum Bundeswehrlager der dortigen Friedenstruppe fliege. Natürlich habe ich sofort ja gesagt. Erst später erinnerte mich meine Frau daran, dass an dem Tag üblicherweise Weihnachten ist. Hatte aber trotzdem Verständnis. Also ab nach Skopje:

Auf den Bergen nahe dieser Hauptstadt von Mazedonien pfeift eisiger Wind, Schnee liegt in der Luft. Zwei Soldaten der Bundeswehr

suchen vom Berg Erebino herab das Tal nach Unruhestiftern ab. Neben ihnen steht ihr Transportpanzer „Fuchs" mit laufendem Motor. Über Funk melden sie dem Kommandostand: drei Schüsse in die Luft, aber sonst keine Vorkommnisse. Um sicherzugehen, starten sie öfter das neue ferngelenkte Beobachtungsflugzeug „Luna". Diese Drohne sendet über Funk sofort gestochen scharfe Bilder.
Drinnen, im Schutz ehemaliger Munitionsbunker der einstigen jugoslawischen Armee, gibt es Kaffee, Gebäck und Schokolade, 1.500 Kilometer Luftlinie von zu Hause. Hauptmann Christoph Seglitz (31) brummt: „Es ist schon hart, Weihnachten hier draußen zu verbringen. Ich habe eine neue Freundin. Wir leben jetzt schon länger getrennt als zusammen." Wichtigste Verbindung zur Heimat ist das Handy: „Wir benutzen gemeinsam Betreuungstelefone für 58 Pfennig die Minute. Das kostet im Monat oft so etwa 100 D-Mark." Für den kahlgeschorenen Christoph Schmidt (20) geht es billiger ab, denn er schreibt seiner Freundin täglich einen Brief.
Auf dem Weg ins Tal geht es vorbei an der mazedonischen Armee und immer neuen halb legalen Kontrollposten. Dann bringt uns Hauptgefreiter Stefan Walz (26) im gepanzerten Jeep in das nahegelegene Dorf Ratae und zeigt uns einen Grund für die derzeitige Beliebtheit der Bundeswehr vor Ort. In zehn Tagen wurde dort die völlig heruntergekommene Schule mit einem Kostenaufwand von 35.000 D-Mark komplett renoviert, vom Dach über Isolation und Strom bis zu den Toiletten. Dolmetscherin Swetlana Nikoloska kann gar nicht so schnell übersetzen, wie Bauarbeiter, Lehrer und Bürgermeister die Arbeit der Bundeswehr loben.
In der Nähe des Flugplatzes von Skopje bringt uns Stefan Walz zum Lager der Task Force „Amber Fox". Den Autobahnzubringer haben deutsche Pioniere gebaut, Zelte und Container stehen in Reih und Glied. Beim obligatorischen Kaffee im Kantinenzelt zieht Oberstleutnant Werner Josef Lukas (50) an seiner geschwungenen Pfeife,

legt die Stirn in Falten und rückt nach einigem Zögern mit Kritik heraus: „Material und Ausrüstung sind schon in Ordnung, aber Spezialisten sind längst Mangelware geworden. So fehlen uns die dringend notwendigen elektronischen Aufklärer. Da hat die Bundeswehr gerade einmal drei Regimenter. Auf die vielen Auslandseinsätze sind wir personell einfach noch nicht vorbereitet. Wenn jetzt noch von Afghanistan geredet wird, kann ich nur sagen: Weitere 3.000 Mann gibt es höchstens auf dem Papier."
Für einen Einsatz von 1.000 Mann vor Ort sind durch die Ablösung nach sechs Monaten insgesamt 3.000 Soldaten nötig. Nach seiner Überzeugung muss die Bundeswehr die Ausbildung noch viel stärker auf die neuen Auslandseinsätze ausrichten. Stabsoffiziere und Fachleute zur Nachrichtengewinnung fehlen offenbar in allen militärischen Stäben.

Krieg um Afghanistan

Trotzdem beschließt der Deutsche Bundestag am 11. September 2001, dass bis zu 3.000 deutsche Soldaten (und Soldatinnen) als Teil der NATO-Friedenstruppe ISAF zum Jahresbeginn 2002 in Afghanistan eingesetzt werden. Also starte ich Anfang 2002 den Versuch, von Köln mit dem ersten Nachschubtransportflugzeug für die Bundeswehr nach Afghanistan zu fliegen.
Die Region ist mir nicht ganz unbekannt, denn im Krieg gegen die damalige Sowjetunion traf ich 1984 erstmals den heute noch aktiven Todes-Taliban Gulbudin Hekmatyar (*1947), den Freunde gern „Ingenieur" nennen, weil er einmal versucht hatte zu studieren. Von der pakistanischen Grenzstadt Peshāwar, der Nachschubbasis für die Aufständischen, ging es damals mit Drei-Tag-Bart getarnt in Mujaheddin-Kleidung illegal über den Khyber-Pass ins Kampfge-

Im Interview mit Gulbudin Hekmatyar für ddp-TV (links) im Kampfgebiet, gesendet im ZDF, und später mit ihm im Büro

biet. Ruhig wie freundliche Nachbarn begrüßten uns die Mujaheddin in den schwer zugänglichen Bergen.

Nur kurz unterbrochen durch den Beschuss aus gepanzerten Kampfhubschraubern schilderte mir Taliban-Kommandeur Hekmatyar seine Version von Demokratie: „Nicht wie im Westen, wir brauchen nicht immer erst Wahlen. Bei uns müssen eben einfach nur die richtigen Leute das Sagen haben." Damit meinte er natürlich sich selbst und seine Partei des Islam („Hezb-e Eslami").

Für seinen Kampf gegen die Sowjets gab es damals Millionen aus dem Westen. Später kämpfte er immer noch erbittert und zwar diesmal mit den Top-Terroristen von Al-Qaida gegen den Westen, auch gegen die Bundeswehr. Darüber will ich nun berichten.

Die Bundeswehrsoldaten werden gerade als Teil der NATO-Friedenstruppe ISAF in Afghanistan mehrheitlich im Norden des Landes eingesetzt, ein kleinerer Teil ist in Kabul stationiert.

Kaum habe ich Scharping gefragt, ob ich mich mit dem ersten Nachschubflugzeug nach Afghanistan fliegen darf, da ist der Andrang der Kollegen schon so groß, dass der Flug offiziell aus technischen Gründen abgesagt wird, um niemanden zu bevorzugen oder zu verprellen.

Schon auf dem Weg zur Startbahn beginnt der Koch mit seiner Arbeit

Im Versorgungsflugzeug nach Afghanistan im Cockpit, unter mir der gigantische Laderaum

Die Kollegen bleiben in Berlin, ich an meinem Erstwohnsitz Bonn. In Wahn bei Bonn wird im Gegensatz zur offiziellen Erklärung die gecharterte Antonov beladen. Plötzlich gibt es auch die Flugfreigabe. Sofort erfolgt ein Rundruf bei uns Journalisten, wer mitmöchte, soll binnen Minuten kommen. Da ich als Einziger vorsorglich in Bonn blieb, bin ich der Einzige an Bord. Glück gehabt.
Nun sitze ich mit Lademeister und Mechaniker im Abteil hinter den gewaltigen Tragflächen hoch über dem Laderaum. Kaum rollt die ukrainische Maschine vom Typ Antonov 124-100 an, da beginnen die Jungs völlig schmerzfrei das Essen zu brutzeln. Von wegen Anschnallgurt. Das fette Essen wird mit Wodka genießbarer und bald schlafen wir in der geräumigen Kabine.
Beim Tankstopp in Baku, der Hauptstadt des Ölstaates Aserbaidschan, gibt es per Fax die klare Landeerlaubnis für den mit stabilen Betonplatten ausgelegten Flugplatz von Bagram, 45 Kilometer nördlich der afghanischen Hauptstadt Kabul. Nach dem Start in Baku sitze ich vorn im Cockpit. Dazu hat mir Kapitän Anatoli Khrausbytskyi schlicht einen alten Holzstuhl neben sich gestellt. Was sind schon Anschnallgurte.
Die insgesamt achtzehnköpfige Besatzung ist in Hochstimmung. Mit 81 Tonnen Fracht für die Bundeswehr schafft der 70 Meter lange Riesenvogel (normale Höchstgeschwindigkeit: 865 km/h) geschubst von kräftigem Rückenwind 1.100 Kilometer pro Stunde über Grund. „Schnell wie ein Kampfjet!", jubelt der Bordfunker. Der Kapitän zeigt mit dem linken Daumen nach oben. Wir freuen uns. Nichts kann mehr schiefgehen. Der Funkkontakt mit dem amerikanischen Kontrollflugzeug AWACS um 5.15 Uhr läuft normal. Flugdaten werden ausgetauscht und bestätigt. Die sechsköpfige Mannschaft im Cockpit (mit Aufenthaltsraum und Schlafkoje) überprüft die Anzeigen der blauen Schalttafeln: Alles okay. 50 Kilometer vor Bagram bereiten die ehemaligen Luftwaffen-Piloten der

Sowjetarmee aus 10.000 Meter Höhe den raschen Sinkflug vor, der Schutz vor Angriffen versprengter Rebellen bieten soll.
Plötzlich meldet sich eine unverkennbar amerikanische Stimme vom Bagram-Tower. Wind und Wetter, technische Daten von Flugnummer AB 5360 werden ausgetauscht. Dann kommt die unerwartete Nachricht: „Today you are not able to land." („Heute können Sie nicht landen.") Techniker sind zur Reparatur auf der Bahn, es wird noch zwei Tage dauern.
„Fliegen Sie für die UNO?" Antonov: „Nein, Fracht für Deutschland." Bagram: „Wir versuchen, alle zu informieren, sobald die Bahn wieder frei ist." Die Stimmung der Mannschaft erreicht den Nullpunkt. So kurz vor dem Ziel heißt es Umkehren nach Baku.
Die vorausgegangenen zwanzig Antonov-Flüge der britischen Streitkräfte haben ihre Spuren hinterlassen, da müssen die Deutschen warten. Als die Männer erfahren, dass US-Maschinen trotzdem jede Nacht mit ihren Nachtsichtgeräten und ihrem Spezialradar pausenlos landen, obwohl es kein Bodengerät, nicht einmal eine Beleuchtung in Bagram gibt, werden sie wütend. Für die USA ist der Flughafen nicht geschlossen, weder am Tag noch in der Nacht. Trotzdem. Wir müssen abdrehen nach Baku. Für Aserbaidschan habe ich kein Visum, und auf der offiziellen Crew-Liste stehe ich auch nicht. Eigentlich gibt es mich nicht. Aber ich lerne schnell, dass hier 50 Euro jedes Visum ersetzen. Mit dem Schein im Pass komme ich anstandslos ins Land. Im Hotel mit altem Sowjetcharme funktioniert sogar die Heizung. Zu der Zeit in der Stadt eine Seltenheit. So genieße ich die drei Tage Zwangsaufenthalt in dieser Korruptionshochburg, sehe, wie auf der Straße Polizisten an illegalen Straßenkontrollen von Autofahrern Bestechungsgelder kassieren, damit diese weiterfahren dürfen. Dann kommt per Fax die ersehnte Landeerlaubnis.
Unterwegs lerne ich, dass im Bauch der Antonov voll beladene Last-

Die erste Nachschubmaschine für die Bundeswehr in Afghanistan

züge bis zu 4,40 Meter Höhe Platz haben. Sogar eine ganze Diesellok oder ein Doppeldecker-Bus könnte hineinfahren, schwärmt der schwergewichtige Kapitän in seinem hautengen blauen Overall mit der Aufschrift „Testpilot".

In die schwindelerregende Höhe des Cockpits geht es über eine Leiter. In Ruheräumen hat die Crew ausreichend Platz für Langstreckenflüge aller Art.

Nach zweieinhalb Stunden Flugzeit setzt die Antonov auf. Statt acht bis neun Stunden sind seit dem Start in Köln 68 Stunden vergangen. Kapitän Anatoli atmet tief durch, steigt aus und raucht seine gewohnte Zigarette. Die strahlenden Gesichter der Afghanen entschädigen etwas für die Strapazen, und die Soldaten bekommen Trinkwasser, Verpflegung, Zelte, Autos und sogar eine Heizung für

Kabul bei der Ankunft der Bundeswehr

ihr Camp. Ein Hauptgefreiter meint zur Begrüßung trocken: „Spät kommt ihr, aber ihr kommt!"

Dann bringt er mich über Holperstraßen zum offiziellen Flughafen von Kabul, damit ich korrekt einreisen kann. Das Gelände wird von französischen Elitesoldaten gesichert. Zerschossene Militärfahrzeuge und Raketenblindgänger säumen das Rollfeld. Unter freiem Himmel werden Einreisende freundlich begrüßt. Das rote Stempelkissen in der Linken, den Stempel mit der Aufschrift „Außenministerium" in der Rechten, bittet ein Paschtune um den Pass. Dieser Einreisestempel ist das neue Symbol der Souveränität des befreiten Afghanistan. Kein Zweifel, nach Bürgerkrieg, Chaos und Elend sucht das Land seinen Weg in die Normalität. Doch schon gleich hinter der Gliederkette, die als Absperrung dient, merkt der Einreisende, dass der Weg zur Normalität noch sehr, sehr lang und ungewiss ist und wohl bleiben wird.

Am Wegesrand stehen immer wieder Menschen mit Gewehren, andere in erschütternder Armut barfuß und bettelnd bei null Grad Celsius. Kabul, eine Stadt in Trümmern. Das gilt zu dem Zeitpunkt auch für das Hauptquartier der deutschen Truppe. Das ehemalige Verkehrsministerium erinnert heute eher an einen Schrottplatz. Im Gebäude gibt es weder Fenster noch Wasser oder Strom. Heizkörper und Rohre sind herausgerissen. Am ersten Morgen zeigt das Thermometer unter null Grad im Gebäude. Als sanitäre Einrichtung dient eine Camping-Toilette mit der sinnigen Bezeichnung „Cacktus, Typ Ernst August".

Für Zivilisten aus Deutschland, ob Mitglied einer Hilfsorganisation, politischer Delegation oder als Journalist, gibt es hier nur eine erste Adresse, die deutsche Botschaft.

Außenmauer und Tor haben den Krieg unbeschadet überstanden. Die Tür hat ein paar Einschusslöcher. Doch die Renovierungsar-

So sah das deutsche Hauptquartier in Kabul anfangs aus

beiten sind schon fast abgeschlossen. Hilfsbereit öffnet ein Grenzschützer die Eingangstür. Im Treppenhaus tropft noch die frische Farbe vom oberen Stockwerk. Im ersten Stock sitzen in kahlen, schmucklosen Räumen Botschafter, Kanzler und Ursula Müller, die Seele des Geschäfts. Wer sie antrifft, hat Glück und kann auf ihre Hilfe bauen, denn das Wichtigste ist erst einmal die Suche nach einem Quartier. Den Fernsehnachrichten zu urteilen, müssten zumindest alle Journalisten im Hotel „Interconti" auf einem Hügel am Stadtrand wohnen.

Doch dieses einzige Haus mit internationalem Namen ist nicht nur teuer, sondern bietet zu der Zeit für Zimmer ab 50 Dollar einen Raum ohne jede Heizung, bei Außentemperaturen von bis zu minus 17 Grad. Statt fließenden Wassers gibt es einen Eimer. Das Essen ist teuer und schlecht und wer selbst in diesem islamischen Land partout heute schon Alkohol trinken will, kann sich für 100 US-Dollar eine Miniflasche Wodka kaufen.

Bei meiner Ankunft in der Botschaft treffe ich bei Frau Müller drei Kollegen aus Deutschland, die sich schon den guten Tipp abgeholt haben und mich einladen, gemeinsam zum Deutschen Club zu gehen. In einer Stadt ohne Wasser, Abwasser, Strom und Heizung ist genau dieser Deutsche Club von 1976 ein Volltreffer. Vor der Tür ein Wachhäuschen in schwarz-rot-goldenen Farben. Zugegeben, der Anstrich ist nicht mehr gerade neu, aber als Orientierungspunkt unverkennbar.

Drinnen empfängt Emamudin Warzidah jeden Gast mit einer Herzlichkeit, als sei man schon seit Kindheit Mitglied im Club. Der hagere 52-jährige mit dem fein säuberlich gestutzten Vollbart ist seit 24 Jahren der Hüter deutscher Gastlichkeit: „Ich habe auf das Haus immer besser aufgepasst als auf mein eigenes." Was er aus Bescheidenheit verschweigt: Durch sein energisches Auftreten haben sogar die bewaffneten Taliban-Krieger das Haus verschont. Irgendwie fühlt sich der gläubige Moslem nach eigenem Bekunden heute fast wie ein Deutscher in Kabul: „Nach der Hotelfachschule und zwei Jahre Lehre bekam ich ein Stipendium und habe in Deutschland ein Praktikum am Hotel ‚Quellenhof' im Schwarzwald absolviert. Später wurde ich Lehrer an der Hotelfachschule in Kabul, habe nachmittags den Club betreut. Dann wurde der Club meine Hauptbeschäftigung. In der Taliban-Zeit habe ich auf eigene Kosten das Haus repariert und instandgehalten." Heute bekommt er 57 Dollar im Monat, um seine achtköpfige Familie zu ernähren. Trotzdem wirkt er keineswegs unzufrieden, zumal die meisten Menschen in Afghanistan heute arbeitslos sind. Emamudin zaubert eine Behaglichkeit, die man lange in Kabul suchen kann, denn es gibt einen

Der deutsche Verein und sein Koch

Raum mit richtig funktionierendem Ölofen. Kein Wunder, dass dort die Gäste vorzugsweise auf dem Boden oder der Couch schlafen. Das ist besser als die eiskalten Einzelzimmer ohne Wasser im Hotel. Für die 18 Gäste in der Gemeinschaftsunterkunft gibt es immerhin eine spärlich tröpfelnde Dusche. Mit etwas Glück spendet ein Boiler sogar warmes Wasser. Und eine funktionierende Toilette macht den Luxus komplett. Vor der Tür erinnert ein blaues leeres Becken an einstige Badevergnügen. Die drei Tennisplätze sind sogar noch benutzbar. Selbst eine Kegelbahn macht die Erinnerung an das frühere Zentrum der Geselligkeit komplett. Hier treffen sich Entwicklungshelfer, Technisches Hilfswerk, Kreditanstalt für Wiederaufbau, Journalisten – alle, die an dem Land interessiert sind oder aktiv helfen wollen. Bei Tee und Cola werden bis in die späten Abendstunden Aufbaupläne am Laptop ausgetüftelt und Daten ausgetauscht. Eine Satellitenschüssel, aus Bierdosen gehämmert, liefert vom Dach sogar das Programm der Deutschen Welle oder der BBC, bis jeder sich müde in seinem Schlafsack verkriecht.

Am nächsten Morgen bringt mich Arif, der nicht nur ausgezeichnet Deutsch spricht, sondern offenbar jeden in der Stadt zu kennen scheint, wieder zur deutschen Botschaft. Dort hat Frau Müller inzwischen einen Heizkörper für ihr Arbeitszimmer organisiert. Doch es geht bei ihr noch immer zu wie in einem Bienenhaus. Helfer aus Deutschland geben sich die Klinke in die Hand.

Die Botschaftsrätin mit besonderer Zuständigkeit für Wiederaufbau und Gleichberechtigung der Frauen packt auch gerne selbst an, wenn es um direkte Hilfe vor Ort geht, etwa den ersten Schulbesuch für 10.000 Mädchen in Kabul, die Wiedereröffnung von insgesamt 15 Schulen in der Hauptstadt. Dazu waren Renovierungsarbeiten für 518 Millionen Euro aus Deutschland notwendig. Zur selben Zeit kommen Hilfsangebote aus ganz Deutschland in der Botschaft an. So bietet Wolfgang-Uwe Friedrich von der Uni Hildesheim ein Ausbildungsprogramm für 20 Lehrerinnen an mit den Hinweis: „Das Geld dafür ist von uns zu beschaffen." Schreibmaschinen und Computerhersteller bieten Geräte an. Ohne bürokratischen Aufwand können umgehend 85 Frauen zu Sekretärinnen ausgebildet werden. Dazwischen ein Anrufer, der aus Deutschland etwas für Waisenkinder und Blinde tun will auch mit dem Hinweis: „Das Geld habe ich zusammen." Am selben Nachmittag verteilt Frau Müller Schuhe, Pullover, Essgeschirr und Schals aber auch Heizöfen für 1.500 Schulkinder. Eine Welle der Hilfsbereitschaft erreicht Kabul. Da fällt es schon auf, wenn sich jemand nicht beteiligt. So sei die Caritas noch nicht gesehen worden und die Adventistische Entwicklungs- und Katastrophenhilfe aus Weiterstadt in Hessen bekam sogar 138.000 Euro vom Auswärtigen Amt als Hilfe zugesagt, ist aber nach Erkenntnis Botschaft „bis heute nicht aufgetaucht". Dafür rücken die Aktiven vor Ort umso enger zusammen. So gibt es im UNO-Quartier von Kabul gerade 26 Betten, doch 68 Helfer campieren in dem Gebäude.

Die meisten halten bei ihren Hilfsaktionen engen Kontakt zur Bundeswehr oder kennen sich sogar aus gemeinsamer Arbeit. So erinnern sich Frau Müller und der Oberstleutnant Jörg F. Knischel, zuständig für die Sicherheitslage, an ein gemeinsames Erlebnis aus dem November 1999. Damals besuchten beide die Diplomatenschule des Auswärtigen Amtes. Geübt wurden Krisensituationen mit Geiselnahme und Befreiung. Knischel: „Ich musste den Militärattaché, Frau Müller den Kanzler machen. Das Ganze wurde so täuschend echt durchgespielt, dass mancher dem Nervenzusammenbruch nahe war. Bewaffnete Geiselnehmer hielten uns in Schach, bis die GSG 9 zur Befreiungsaktionen schritt." Heute berät der Vater von Drillingen den deutschen Kommandeur, Brigade-General Carl Hubertus von Butler, in Kabul, wenn es um Sicherheitsfragen

Beim Interview mit Kabuls Innenminister Yu-Nis Quanooni

geht, denn in der Stadt wimmelt es immer noch von Gewehrträgern. Mancher hat sogar eine Panzerfaust geschultert.
Trotzdem gehen die deutschen Soldaten inzwischen routinemäßig bei Tag und Nacht mit den afghanischen Polizisten auf Streife. Das freut besonders Innenminister Yu-Nis Quanooni, der mir sagt: „Die Hilfe der Internationalen Schutztruppe ISAF und vor allem der deutschen Soldaten ist für uns ganz besonders wichtig. Wir stehen erst am Anfang und die Bundeswehr hilft uns dabei sehr viel weiter. Diese Zusammenarbeit ist so erfolgreich, dass wir mit der UNO verhandeln, damit die ISAF aufgestockt wird und in die wichtigsten anderen Provinzen außerhalb von Kabul geschickt werden. Wir brauchen die ISAF, um in den größten Städten unseres Landes Terrorismus und Kriminalität erfolgreich bekämpfen zu können. Da ist Kabul ein Modell, das wir ausweiten wollen."

Vor seinem Ministerium sind zum ersten Mal die Spitzen seiner Polizei in blitzblanken neuen Uniformen angetreten. Es ist eiskalt, Pfützen sind gefroren, im Gebäude tragen die Mitarbeiter ihre Mäntel, denn es gibt keine Heizung. Im ersten Stock residiert er mit dem einzigen Luxus des Hauses – ein kleiner Kanonenofen spendet etwas Wärme. Dort schildert er mir, worauf es ihm jetzt ankommt: „Wir haben zurzeit zwei Probleme: Das sind Ausbildung und Ausrüstung, uns fehlen Kommunikation, die Polizisten haben keine Unterkünfte, nicht einmal Betten und bisher keinen Afghani-Sold bekommen. Sie sehen, Regale und Schränke sind leer. Es fehlt einfach an allem. Eine spätere große Hilfe nützt uns gar nichts. Wir brauchen jetzt sofort Hilfe. Es ist schon ein Monat vertan, die Übergangsregierung ist nur sechs Monate im Amt, wir müssen schnell handeln, um den Kampf gegen Kriminalität und Terrorismus aufzunehmen. Als Erstes bräuchten wir Uniformen. China hat uns 10.000 in den ersten 15 Tagen geliefert, aber weitere 30.000 Polizisten warten auf ihre Einkleidung." Zu den Hauptproblemen zählt er neben dem Terrorismus den Kampf gegen Rauschgift: „Dazu brauchen wir die internationale Unterstützung. Es ist für uns sehr wichtig, dass das Bundeskriminalamt jetzt einen Verbindungsbeamten in Kabul lässt, denn wir wollen zurück in die internationale Gemeinschaft als Rechtsstaat." Dazu verspricht er unmissverständlich: „Wir wollen, wie in der Petersberg-Konferenz vereinbart, die alten gerechten afghanischen Gesetze wieder achten. Dazu gehört die freie Religionsausübung. Es gab früher Juden, Hindus und ein paar Christen bei uns. Jeder darf seine Religion ausüben. Wir werden auch Pressefreiheit garantieren." Selbst auf das islamische Recht der Scharia mit harten Bestrafungen wie Handabhacken und Steinigen angesprochen, versichert der Innenminister: „Wir waren und sind mit der Scharia, wie die Taliban sie gebraucht hat, zu kei-

So sah damals die Straße von Bagram nach Kabul aus

nem Zeitpunkt einverstanden. Das war ein Missbrauch des Islam. Für uns ist beispielsweise auch Jesus ein göttliches Wesen. Auch die Juden kommen in den Himmel. Der Islam ist keine Religion gegen andere und ich hoffe, ja, ich bin sogar sicher, dass es extreme Bestrafungen wie Steinigen oder Handabhacken nicht mehr geben wird. Das waren verbrecherische Strafen der Taliban. Genauso die Unterdrückung der Frauen. So etwas darf es nie mehr geben, denn auch der Islam gebietet die Achtung der Frauen." Das war damals auch im ganzen Westen eine weit verbreitete Hoffnung.
Am selben Nachmittag bereitet Zentralbank-Präsident Abdul Fitrat die Wende in der Finanzpolitik seines Landes vor. In seinem Büro, das nur über Baugerüste zu erreichen ist, erzählt er auf Sitzmöbeln, die eher an Sperrmüll erinnern, ganz stolz, dass die Deutsche Bank Afghanistan den Weg zum internationalen Zahlungsverkehr ebnet:

„Und soeben erhalte ich ein Fax von der Commerzbank mit dem Abkommen der Woche: Jeder kann in Deutschland Geld einzahlen, das wir hier in Kabul dann auszahlen, entweder in Afghani, in Euro oder wie auch immer gewünscht. Das ist wichtig für Geschäftsleute und internationale Hilfsorganisationen, denn seit Jahrzehnten gibt es hier kein modernes Banksystem. Jetzt sind wir auf gutem Wege." Gleichzeitig füllt er die Formulare zur Freigabe der ersten Gehälter aus. Das erklärt der 38-jährige Fitrat in leicht amerikanischem Englisch, denn er hat in Washington studiert und bis zuletzt bei mehreren Banken gearbeitet. Fast wie ein Amerikaner hofft er, dass „Afghanistan ein Land der Sicherheit, der Freiheit und der Demokratie wird, in dem es möglichst bald offene geheime Wahlen gibt". Das wird bekanntlich ein frommer Wunsch bleiben.

Immerhin, die Bundeswehr bemüht sich. General von Butler damals: „Wir müssen nicht nur Präsenz zeigen, sondern auch aktiv helfen." Was das in der Praxis bedeutet, zeigt sich gleich am nächsten Morgen beim Besuch des Ministers für öffentliche Aufgaben, Chaliqu Fazal. Auch sein Amtsgebäude ist wie all die anderen eiskalt. Die Sekretärin trägt einen ockerfarbenen wattierten Mantel. An der Wand hängen zwar Heizkörper, aber sie sind schon lange außer Funktion. Artig bedankt sich von Butler für das „gute Camp". Ebenso freundlich versichert Fazal, dass die deutsch-afghanische Freundschaft eine lange Tradition hat: „Es gab eine Bücherei im deutschen Verein, dort wurde Deutsch gelehrt. Viele Verbindungen halten noch heute. Es war mir eine Freude, Bundeskanzler Schröder bei der Petersberg-Konferenz in Bonn zu treffen. USA, Großbritannien und vor allem Deutschland sind die wichtigsten Ländern für uns." Doch genug der Freundlichkeiten. Von Butler will wissen, wo und wie die Bundeswehr zusätzlich helfen kann. Fazal: „Die Afghanen wollen sehen, dass die Straßen sicherer werden. Mein Ministe-

Erste Lagebesprechung: links General Butler mit seinem Presseoffizier

rium ist mit 16 Unterabteilungen für den gesamten Aufbau zuständig. Wir haben 400 Ingenieure, davon 26 weiblich, aber es fehlt an Material und Hilfe an allen Ecken." Von Butler kurz und knapp: „Sagen Sie, was Sie brauchen, wir versuchen zu helfen." Dann kommt eine Liste von der Ziegelfabrik über Brücken und Straßen bis hin zu Heizkörpern und natürlich dem Flughafen von Kabul. Vorsichtig verspricht von Butler eine konkrete Antwort im Laufe der Woche. Anschließend erzählt Fazal von seiner Zeit in Australien, wo heute noch seine Familie lebt, der Arbeit für den Ex-König und mit glänzenden Augen fügt er hinzu: „Es war mir eine Ehre, für den ehemaligen König einen Friedensplan auszuarbeiten, der am Ende in Petersberg die Grundlage für die Beschlüsse wurde." Dann spricht er ein Thema an, das jeden Besucher aufs Neue überrascht, denn die Fernsehbilder von unverschleierten Frauen nach dem Abzug der Taliban entsprechen einfach nicht dem Alltag. In den Straßen tragen die Frauen unverändert, nahezu ausnahmslos, den Ganzkörper-Schleier, die Burka. Fazal: „Das ist eine lange Tradition, viele Frauen fühlen sich damit immer noch sicherer. Aber die Zeit wird kommen, dass sich die Frauen auch ohne Burka sicher fühlen und dann werden sie unverschleiert durch die Straßen gehen." Da scheint sogar etwas dran zu sein, denn Studentinnen, die die Universität betreten, legen kurz hinter der Tür spontan die Burka ab.

Die Probleme des Landes kann von Butler besonders gut nachempfinden, denn auch ihm und seiner Truppe fehlt es an wichtigsten Hilfsmitteln: „Wer heute noch davon spricht, wir sollen die Briten als Führungsmacht in Afghanistan ablösen, der verkennt, dass wir zwar mit den Großen mitspielen, aber selbst kurze Hosen anhaben." Gemeint ist der katastrophale Mangel an Ausrüstung und Transportgeräten. So fehlen Satelliten-Telefone, ganze Telefonanlagen, Funkgeräte, wie sie bei Briten und Amerikanern längst selbstverständlich sind. Der Mangel wird auch an diesem Tag deutlich: Stundenlang ist die Operationszentrale im deutschen Camp, kurz OPZ, selbst für eigene Außenposten wie die Wache auf dem Nachschubflughafen Bagram nicht zu erreichen.

Zum Abschied versichert mir von Butler, was er nun vorhat: „Die Brücke auf dem Weg nach Bagram wird jetzt repariert. Die ersten Ministerien erhalten Heizung und Licht. Auch die Wasserversorgung kommt voran. Wir lassen uns nicht unterkriegen. Tschüss, kommen Sie gut heim." Nach zwei Triebwerksreparaturen an der Antonov geht es zurück in die Heimat. In Gedanken bin ich bei den hilfsbereiten Menschen von Kabul. Mir fällt als Letztes das Wort in der Landessprache ein: „Tachakor", zu Deutsch: „Danke".

In den folgenden Jahren kam ich immer wieder nach Afghanistan. Die Bundeswehrstandorte wurden hochmodern. Doch die Versprechen von Frieden und Demokratie blieben eine Illusion. Als Peter Struck 2002 Nachfolger von Verteidigungsminister Rudolf Scharping wurde, wollte er von mir in seinem Dienstjet unter vier Augen wissen, was ich von der Lage in Afghanistan halte. Meine Antwort war einfach: „Nach Afghanistan geht man nicht rein, sondern da geht man raus." So ähnlich, aber natürlich mit historischer Erläuterung hat das später auch Ex-Verteidigungsminister und Ex-Bundeskanzler Helmut Schmidt in der SPD-Bundestagsfraktion erklärt.

VI. So stürzen Kanzler

Im Auf und Ab von Bundeskanzler Helmut Schmidt

Bleiben wir nun bei Schmidt und den Querelen, mit denen Regierungschefs seit 1976 zu kämpfen haben. Gemeint sind Streitereien innerhalb der Regierungskoalition, oft genug sogar innerhalb der Regierungsparteien. Für Bundeskanzler Helmut Schmidt begann dieses Kriseln schon vor der knapp wiedergewonnenen Bundestagswahl vom 3. Oktober 1976. Anfangs warnten Spitzenpolitiker der FDP wie Außenminister Genscher und Wirtschaftsminister Fridrichs ihren eigenen Regierungschef vor den „Flügelkämpfen in der SPD", deren innere Zerrissenheit drohe „auf Dauer auch die FDP in den Abwärtssog zu ziehen". Schmidt hatte noch am Abend des 10. März im „Kessenicher Hof", dem Vereinslokal der ‚Kanalarbeiter', wie sich die eher konservativen SPD-Abgeordneten um den innerdeutschen Minister Egon Franke („Kanale Grande") nannten, bei Bier und Schnaps mit ihnen gegen „das linke Volk, das die Partei allein regieren will" gewettert: „Es ist unmöglich, wie diese Partei geführt wird. Vielleicht muss ich das auch noch selbst machen." Trotzdem blieb der SPD-Bundesvorsitzende Willy Brandt (1964 dazu gewählt) bis zu seinem Rücktritt am 14. Juni 1987 im Amt. Schmidt hat später mehrfach erklärt, dass es ein Fehler war, nicht auch Parteichef gewesen zu sein.

Die SPD verliert im Wahljahr 1976 bei zehn von elf Landtagswahlen erheblich an Stimmen. Willy Brandt gibt sich dennoch betont gelassen, geht meistens mittags gegen ein Uhr (vorzugsweise im dunklen Anzug) in die Kantine der „Baracke". Oft kommt sein damals 14-jähriger Sohn Matthias nach der Schule hinzu. Seine politischen

Weggefährten beklagen in diesen Tagen, er schirme sich ab. Klaus Schütz, einst sein engster Mitarbeiter, Conrad Ahlers, der ihn viel begleitete, Hans-Jochen Vogel, der ihn nach Bonn holte und auch Walter Scheel (FDP), mit dem er 1969 die sozialliberale Koalition schuf, haben kaum noch Zugang.

Sein Leben verläuft mit viel Routine und wenigen Freunden. Als Beispiel mag ein Tag gelten, den ich Anfang April als Beobachter so erlebte: Es ist Montag, der fünfte, acht Uhr. Das norwegische Hausmädchen Elsa serviert in der Partei-Dienstvilla (300 Quadratmeter Wohnfläche) auf dem Bonner Venusberg das Frühstück. 8.40 Uhr. Der weinrote Dienst-Mercedes 350 SEL mit Fahrer bringt den Mann ohne Führerschein zur Baracke in der Ollenhauerstraße. 9.00 Uhr. Kurze Besprechung mit Sekretärin Thea Wernecke. 9.10 Uhr. Gespräch mit SPD-Geschäftsführer Holger Börner. 10.30 Uhr. Bundeskanzler Helmut Schmidt kommt zum Vorgespräch über die Vorstandssitzung. 11.00 Uhr. SPD-Parteivorstandssitzung. 17.00 Uhr. Presse-Interviews. 18.00 Uhr. Besprechung mit Parteivize Hans Koschnick. 18.30 Uhr. Sitzung des Fraktionsvorstandes im Bundeshaus. Anschließend Heimfahrt.

Dort ist es einsamer geworden. Sohn Peter (damals 25) arbeitet als Historikerassistent in Berlin, Sohn Lars (damals 28) studiert in Bonn politische Wissenschaften, hat aber eine eigene Bude. In dem 14-Zimmer-Haus mit Sauna und Fitnessraum im Keller wohnen mit ihm nur noch seine zweite Ehefrau Rut, Sohn Matthias, ein Hausmädchen, Hund Bastian und Papagei Rocco. Gäste haben sie selten. Der US-Journalist David Binder meint als langjähriger enger Bekannter: „Er hat keine Freunde. Die hatte er als Junge schon nicht." Gelegentlich kommt Egon Bahr, der ihn auch nach der Kabinettssitzung über die große Politik informiert. Nur eine Abwechslung gönnt sich Brandt einmal im Monat: Abendessen im Prominenten-Restaurant „Maternus". Dann erzählt er Witze wie in alten Zeiten. Wirtin Ria Alzen, das Politurgestein über Jahrzehnte, ist dankbare Zuhörerin.

Derweil streiten die Genossen munter untereinander. Mitte Juli 1977 stichelt Ludwig Riemer als FDP-Chef von Nordrhein-Westfalen, die Streitereien in der SPD wirkten sich „natürlich als Belastung auf die Koalition aus, denn der Bürger verlangt mit Recht, dass die Parteien, die an der Regierung sind, handlungsfähig bleiben. Für die FDP ist die Zusammenarbeit mit dem Partner erschwert, wenn man es bei ihm mit mehreren Positionen zu tun hat."

Inzwischen gibt es in Niedersachsen und im Saarland bereits FDP-Koalitionen mit der CDU. Schwarz-gelbe Regierungen wünscht sich Riemer „auch noch in anderen Bundesländern."

Diese Lockerungsübungen der FDP wurden zum Dauerbrenner. Selbst FDP-Bundesgeschäftsführer Günter Verheugen, der später zur SPD wechselte, sagte mir Anfang Oktober 1977, was er damals von Investitionslenkung nach Art der SPD hielt: „Die SPD weiß, dass sie so etwas mit uns nicht durchsetzen kann. Wer etwas an der Substanz unserer freien und sozialen Marktwirtschaft verändern will, der muss seine Mehrheit woanders suchen – die FDP wird ihm keine helfende Hand geben." Gleichzeitig kritisierte er Berliner Jungdemokraten (Judos), die Verständnis für RAF-Terroristen forderten: „Das Verhalten der Berliner Jungdemokraten ist ein schwerer Verstoß gegen die Ordnung und Grundsätze der Partei. Dieser Vorstoß hat der Partei schweren Schaden zugefügt und muss entsprechende Folgen haben. Ein Ausschluss wäre die sauberste Lösung." Trotzdem sind zu diesem Zeitpunkt die Judos unverändert die einzige offizielle Jugendorganisation der FDP. Allerdings mit zunehmender Konkurrenz. Die geht zurück auf das Jahr 1975. Am 10. Juni schrieb damals die „Welt": „Die Arbeitsgemeinschaft ‚Junge Liberale' in der FDP Bonn hat den Deutschen Jungdemokraten das Recht abgesprochen, im Namen der Partei aufzutreten. Sie sehen in ihnen nicht mehr den geeigneten Partner außerhalb und innerhalb der Partei. Mit dieser scharfen Erklärung einer Parteigruppe innerhalb des Kreisverbandes Bonn spitzt sich die Auseinandersetzung zwischen FDP und den auf Linkskurs gegangenen Deutschen Jungdemokraten zu."

Zu dem Zeitpunkt war die Bezeichnung „Junge Liberale", kurz Julis, noch ganz jung. Dazu ein kleiner Rückblick: Am 7. Januar 1975 gaben sie im Bonner Hotel „Tulpenfeld" (zwischen Pressehaus und Abgeordnetenbüros) die erste Pressekonferenz der Julis. Zugegeben, ich war es, der damals gemeinsam mit Werner Becker-Bloningen zur Gründungspressekonferenz eingeladen hatte. Aus der FDP-Spitze gab es zunächst nur inoffizielle Schützenhilfe. Unser Mitteilungsblatt „Notiz" durften wir in der Kreisgeschäftsstelle drucken. Die Portokasse war notorisch leer. Als Erster spendierte uns Otto Graf Lambsdorff[66] einen Fünfziger dafür. Er war ohnehin längst der Meinung, es müsse eine „bessere" Jugendorganisation der FDP geben. Selbst auf Bundesparteitagen rief er schon mal einen Tagesordnungspunkt so auf: „Und dann gibt es noch einen Antrag der Jungdemokraten zum Ablehnen." Beliebt war auch sein Spruch: „Die bestreiten alles bis auf den Lebensunterhalt."

---

66 Dr. jur. OTTO F. W. GRAF LAMBSDORFF FREIHERR VON DER WENGE (1926–2009) meldete sich am Telefon meist mit „Lambsdorff hier!", verlor im Krieg das linke Bein, war dennoch lange Zeit sehr sportlich, tanzte beim Kanzlerfest von Helmut Schmidt Anfang September 1978 mit Ehefrau Alexandra („Engelchen") Boogie-Woogie. Er war von 1977 bis 1984 (mit 17 Tagen Unterbrechung beim Koalitionswechsel 1982) Bundeswirtschaftsminister, FDP-Bundesvorsitzender (1988–1993), danach Ehrenvorsitzender, wurde im Zuge der Flick-Spendenaffäre 1984 angeklagt und 1987 zu 180.000 D-Mark Geldstrafe verurteilt. 1999 gelang ihm als Beauftragtem von Bundeskanzler Gerhard Schröder (SPD) die Schaffung des Entschädigungsfonds für NS-Zwangsarbeiter („Erinnerung, Verantwortung und Zukunft", kurz EVZ) mit einem Volumen von zehn Milliarden D-Mark. (Quelle für den Datenabgleich: Deutscher Bundestag)

Westerwelle bei meiner Geburtstagsfeier in Bonn

Doch bald wurde mir klar, dass ich nicht länger politisch agieren und gleichzeitig als politischer Redakteur darüber berichten konnte. Also zog ich mich aus der Parteiarbeit zurück. Von meinen vielen Nachfolgern im Juli-Vorsitz kannte am besten Guido Westerwelle[67] meinen Jugendausflug in die Parteipolitik.

---

67 Dr. jur. GUIDO WESTERWELLE (*1961), seit 1980 FDP-Mitglied, Bundesvorsitzender der Julis (1983–1988), Kreisvorsitzender der FDP Bonn (1993–2000), Generalsekretär der FDP (1994–2001), Parteichef (2001–2011), Bundestagsabgeordneter (1996–2013). Er führte die FDP 2009 zu ihrem größten Wahlerfolg mit 14,5 Prozent

Risse in der Koalition

Kommen wir wieder zurück zum Ende der 70er. Es rumort in der SPD-FDP-Koalition. Bei der Verabschiedung neuer Anti-Terrorgesetze stimmen gleich vier SPD-Abgeordnete dagegen. Der FDP-Abgeordnete Klaus-Jürgen Hoffie aus Hessen sagt mir im Januar 1978: „Die vier müssen sich im Klaren sein, dass sie mit ihrem Abstimmungsverhalten nicht nur die Regierung in Gefahr bringen, sondern den Bruch der Koalition programmieren. Das Motiv, die SPD auf die Oppositionsbank zu drängen, hat mit einer Gewissensentscheidung überhaupt nichts zu tun." Schon zwei Tage später beginnt sein Landesverband erste Gespräche über eine Koalition mit der CDU von Landeschef Alfred Dregger: „Wir nehmen das Angebot von Herrn Dregger in der Tat sehr ernst." Dieses Rumoren in der Koalition wurde zum journalistischen Dauerbrenner.

Der FDP beschert das Jahr 1978 noch in Mainz einen turbulenten Parteitag. Am 13. November wird zunächst Günter Verheugen auf Genschers Wunsch mit 201 gegen 136 Stimmen Generalsekretär. Doch dann berichten die Agenturen von einem Linksruck im Par-

---

und in die neue Koalition mit der Union. Bis dahin war FDP-Chef Thomas Dehler 1961 mit 12,8 Prozent Rekordhalter der Liberalen. Kaum im Amt als Außenminister und Vizekanzler, sank Westerwelles Ansehen. Im Wahlkampf hatte die FDP (wie auch CSU und CDU) eine Steuerreform mit einfacheren, niedrigeren Sätzen – also weniger Ausnahmen – versprochen. Nach der Wahl setzte die FDP gegen den Rat von Parteivize Rainer Brüderle bei der Mehrwertsteuer statt Vereinfachung eine neue Ausnahme für Hotels durch. In den Umfragen stürzte die FDP Richtung fünf Prozent, bis Philipp Rösler am 13. Mai 2011 Parteivorsitzender wurde und die FDP im Bundestrend auf drei Prozent sank, bei der Berlin-Wahl am 18. September sogar auf historische 1,8 Prozent. Bei der vorgezogenen Landtagswahl im kleinen Saarland stürzte die FDP am 25. März 2012 nach internen Querelen sogar auf 1,2 Prozent und 2013 scheiterte die FDP mit 4,8 Prozent erstmals bei der Bundestagswahl an der Fünf-Prozent-Hürde. (Quelle für den Datenabgleich: Deutscher Bundestag)

teipräsidium. Ex-Judochefin Ingrid Matthäus wird mit 205 Stimmen gewählt, Wirtschaftsminister Graf Lambsdorff fällt durch, droht mit Rücktritt, falls sich die Atomkraftgegner in der Partei durchsetzen. Von Journalisten erfunden, macht der makabre Spruch des beinamputierten Lambsdorff: „Für die Partei reiße ich mir kein Bein aus", die Runde und gelangt sogar in die Zeitung, als habe er es gesagt. Bundesinnenminister Baum verlangt in der Terrorismusdebatte das Ende von Routine-Anfragen beim Verfassungsschutz, NRW-Innenminister Hirsch fordert dagegen, dass auch Lehrer überprüft werden. Daher unsere kuriose Zeile: „Krach: Hirsch gegen Baum!" Gegen den Antrag von Parteichef Genscher beschließen die Delegierten den Baustopp für das Atomkraftwerk Kalkar. Lambsdorff kritisiert hinterher die Vorbereitung des Parteitages und NRW-Landeschef Jürgen Möllemann meint, Genscher sei der Parteitag „aus den Händen geglitten". Verheugen sieht keine Probleme für Kalkar und beschwichtigt: „Parteitagsbeschlüsse und Regierungsarbeit sind zweierlei." Trotzdem wettert Martin Bangemann zum Jahresende noch schnell gegen den Koalitionspartner: „Distanz zur SPD ist untertrieben. Wenn die SPD auf die Idee kommen sollte, ihre sozialistischen Europa-Visionen in der Bundesrepublik zu verwirklichen, wäre das zwangsläufig das Ende der Koalition zwischen FDP und SPD in Bonn." Doch die hält zunächst noch.

Helmut Schmidt und der NATO-Doppelbeschluss

Dafür diskutieren die Menschen 1981 umso heftiger über ein neues Friedensthema. Gemeint ist der NATO-Doppelbeschluss mit dem Ziel, einerseits aufzurüsten zum Gleichstand mit dem Warschauer Pakt, um andererseits erfolgreicher über Abrüstung verhandeln zu können. Für mich damals ein Grund, auf der Straße zu demonstrieren und zwar im kleineren Demo-Zug für den Beschluss. Dafür ist schwerer als dagegen. Als ich 1968 vor der sowjetischen Botschaft lautstark demonstrierte, war es noch einfacher. Damals ging es gegen den Einmarsch der Truppen des Warschauer Paktes auch mit DDR-Panzern am 20. August 1968 in die Tschechoslowakei, um die dortige vorsichtige Demokratisierung („Prager Frühling") gewaltsam zu beenden. 1981 galt es, für einen komplizierten Sachverhalt einzustehen. Die Gegner hatten es einfacher. 200.000 Demonstranten und mehr schrien gegen Atomraketen und wetterten zunehmend ganz pauschal gegen die USA.

Bundeskanzler Helmut Schmidt hatte mich mit seiner Idee überzeugt. Grundgedanken dazu konnte man schon in seinem mehrfach überarbeiteten Buch „Strategie des Gleichgewichts – unser Beitrag zum Frieden" nachlesen.

Bereits am 23. November 1979 macht er dem sowjetischen Außenminister Andrej Gromyko (1909–1989, Außenminister 1957–1985) in Bonn klar: Moskaus Propagandafeldzug gegen den Doppelbeschluss wird die NATO nicht davon abhalten, dass sie im Dezember die Stationierung neuer Mittelstreckenraketen in Westeuropa beschließt. Erst danach sollen neue Abrüstungsverhandlungen stattfinden. Am 12. Dezember beschließt die NATO wie von ihm angekündigt, die Stationierung von 108 amerikanischen Raketen vom Typ „Pershing 2" mit Atomsprengköpfen und 464 Marschflugkörper, falls es nicht bis Ende 1983 zu erfolgreichen Abrüstungsverträgen kommt. Kam es nicht, erst viel später lenkte Moskau ein, nicht zuletzt wegen des Doppelbeschlusses („Stationieren und Verhandeln").

In dieser aufgeheizten Stimmung passierte auch noch ein schwerer Anschlag. Innenminister Gerhart Baum warnte bereits seit Monaten, dass „die Neigung zu Gewalttaten zugenommen hat und dass Terrorgruppen Anschläge gerade auch gegen amerikanische Einrichtungen planen".

Am 15. September ist es soweit. Um 7.18 Uhr fährt der höchste US-Soldat in Europa, Vier-Sterne-General Frederick James Kroesen (*1923) in seinem grünen Mercedes 450 unterhalb des Heidelberger Schlosses auf der vierspurigen Straße im Berufsverkehr. Rechts der Neckar, links ein Berghang mit Laubwald. Plötzlich zwei Explosionen, ein Rauchpilz über der Straße. Eine Französin, deren Peugeot von Splittern getroffen wird, sagt der Polizei: „Zwei Dinger zischten aus dem Wald. Sie sahen wie Raketen aus." Nach Polizeiangaben trifft ein Geschoss aus einer sowjetischen Panzerfaust Typ „RPG 7" das Heck des Kroesen-Autos. Dann feuern die Terroristen mit einer Maschinenpistole Kaliber 12,4 Millimeter acht Schüsse auf ihn. Sein Fahrer gibt Vollgas. Der Panzer-Mercedes des BKA rettet den General. Er wird nur von Splittern leicht am Nacken verletzt. Bereitschaftspolizei umstellt den Wald, findet aber nur noch zwei Schlafsäcke und ein Funkgerät mit ausgezogener Antenne. Ermittler betonen, dass die RAF-Terroristen Christian Klar, Inge Viett und Adelheid Schulz von Palästinensern an Panzerfäusten ausgebildet wurden.

Danach nehmen Demonstrationen gegen Doppelbeschluss und USA weiter zu. Gleichzeitig gibt es auch reihenweise Kritiker in der SPD. Kanzler Schmidt hält am 1. Oktober dagegen: „Eine Änderung der Sicherheitspolitik geht nicht mit mir." Trotzdem unterschreiben 48 SPD-Abgeordnete eine Sympathieerklärung für die am 10. Oktober geplante Demonstration gegen die Kanzlerpolitik. Bundestagsvizepräsidentin Annemarie Renger[68] sagt mir: „Wer

---

68 ANNEMARIE RENGER, geb. Wildung (1919–2008) war erste Präsidentin (1972–1976), dann bis 1990 Vizepräsidentin des Deutschen Bundestages, wurde bereits 1945 SPD-Mitglied und Privatsekretärin von Parteichef Kurt Schumacher, Bundestagsabgeordnete (1953–1990) und Parlamentarische Geschäftsführerin der SPD-Bundestagsfraktion (1969–1972). (Quelle für den Datenabgleich: Deutscher Bundestag)

gegen den NATO-Doppelbeschluss auf die Straßen geht, demonstriert in Wahrheit gegen Abrüstung und Frieden. Denn der NATO-Doppelbeschluss macht Abrüstungsverhandlungen zwischen Sowjets und Amerikanern überhaupt erst möglich. Die Demonstranten fallen der gerade auf diesem Feld erfolgreichen Politik des Kanzlers in den Rücken. Ihre Forderung, der Westen müsse einseitig abrüsten, dient in Wirklichkeit sowjetischen Machtinteressen."
Am 10. Oktober strömen über 250.000 Demonstranten mit 41 Sonderzügen und 3.500 Bussen nach Bonn. Aufatmen. Die gesamte Veranstaltung mit Heinrich Böll als Redner bleibt friedlich. Im Bundestag gibt es auch von der CDU/CSU-Opposition starken Applaus für Helmut Schmidt, der erklärt: „Ich werde mir das Wort Friedenspolitik und den Inhalt unserer Friedenspolitik von niemandem abhandeln lassen. Wir sind morgen bereit, die Panzer zu verschrotten, die Flugzeuge stillzulegen, wenn der Warschauer Pakt das Gleiche tut." Oppositionsführer Helmut Kohl: „Lassen wir uns doch einig sein, dass wir das gleiche Ziel wollen: den Frieden und die Freiheit für unser Vaterland."

Helmut Schmidt im Umgang mit dem Osten

Im Oktober 1981 ist Bundeskanzler Schmidt mit Herzschrittmacher wieder rechtzeitig gesund, um Kreml-Herrscher Leonid Breschnew[69] mit allem protokollarischen Pomp in Bonn zu empfangen. Gleichzeitig gibt es eine Demonstration, die manche überrascht.

---

[69] LEONID ILJITSCH BRESCHNEW (1906–1982), KPdSU-Mitglied ab 1939, Mitglied des Zentralkomitees (ZK) ab 1952, Generalsekretär des ZK ab 1966, Staatsoberhaupt ab 1977, obwohl später körperlich und geistig erkennbar eingeschränkt, blieb er es bis zuletzt.

Gut 50.000 Menschen sind dem Aufruf der Jungen Union mit ihrem damaligen Vorsitzenden Matthias Wissmann[70], von Jürgen Möllemann (FDP), CDU-Generalsekretär Heiner Geißler[71] und dem damaligen Berliner Senator Norbert Blüm[72] gefolgt, rufen „Nieder mit der Mauer, Russen raus aus Deutschland!", halten auf dem Marktplatz friedlich Transparente hoch mit der Aufschrift „Mauer, Stacheldraht und Minen können nicht dem Frieden dienen!" Wissmann ruft unter Beifall: „Wir begrüßen Leonid Breschnew, aber machen Sie Schluss mit Aggression und Expansion, geben Sie den Weg frei für wirkliche Verständigung." Am Ende des Besuchs „in

---

70 MATTHIAS WISSMANN (*1949), Rechtsanwalt, JU-Vorsitzender (1973–1983), Bundestagsabgeordneter (1976–2007), Bundesminister für Forschung (1993) und nach vier Monaten für Verkehr (bis 1998), ab 2007 Präsident des Verbandes der Automobilindustrie. Wissmann warb als Verkehrsminister für den Umbau des Stuttgarter Kopfbahnhofs in einen unterirdischen Durchgangsbahnhof. Die Umsetzung begann 2011. (Quelle für den Datenabgleich: Deutscher Bundestag)
71 Dr. jur. HEINRICH (HEINER) GEISSLER (*1930), CDU-Generalsekretär (1977–1989), Bundesminister für Familie und Gesundheit (1982–1985), Bundestagsabgeordneter (1980–2002). Als Politrentner vermittelte er 2011 im Streit um den Stuttgarter Bahnhof. (Quelle für den Datenabgleich: Deutscher Bundestag)
72 Dr. phil. NORBERT BLÜM (*1935), Bundestagsabgeordneter (1972–1981 und 1983–2002), CDA-Bundesvorsitzender (1977–1987), Bundesarbeitsminister (1982–1998). Als Sozialminister plakatierte er eigenhändig den Spruch „Die Rente ist sicher", setzte in der Regierung 1997 den so genannten demografischen Faktor durch, damit die Rente mit Rücksicht auf die älter werdende Gesellschaft finanzierbar bleiben soll. Sozialexperten kritisierten die Reform als zu spät und zu klein. Die SPD-Opposition warf dagegen wählerwirksam der Kohl-Regierung Rentenkürzung vor. Gerhard Schröder gewann so die Wahl, musste aber unter dem Druck der bekannten Zahlen 2003 die notwendige Reform doch wieder einführen. Ebenso hatte die Einführung der Pflegeversicherung bestand, die Blüm gegen Widerstände durchsetzte. Zwar blieb die Umlagefinanzierung wegen der bereits erkennbaren demografischen Daten heftig umstritten. Sozialexperten, besonders aus der FDP, schlugen erfolglos die zukunftssichere Kapitaldeckung vor. Doch der Bundestag beschloss am 22. April 1994 mit Stimmen von Union, SPD und FDP die Einführung der Pflegeversicherung zum 1. Januar 1995. (Quelle für den Datenabgleich: Deutscher Bundestag)

freundlicher Atmosphäre" kommt Schmidt zu dem Schluss: „Die Welt ist der Sicherung des Friedens ein Stück näher gekommen." Dann bereitet er sich auf seine DDR-Reise vor und hofft, dass „dieses Treffen allen Deutschen erfahrbare Perspektiven eröffnet und ihnen Mut machen kann."

So holt er am 11. Dezember nach, was im Vorjahr nicht möglich war. Damals, am 22. August sagte er die intensiv vorbereitete Reise in die DDR ab, denn: In Polen streikten Arbeiter, Honecker fürchtete ein Übergreifen und wollte Schmidt nicht nach Rostock lassen. Außenminister und Vizekanzler Genscher argumentierte: Die Unruhen in Polen haben Honeckers Spielraum für Zugeständnisse so eingeengt, dass greifbare Ergebnisse des deutsch-deutschen Gipfels kaum noch zu erwarten wären. SPD-Chef Willy Brandt sagte mir: „Es ist besser, selbst zu verschieben, als verschoben zu werden." Nun soll es endlich so weit sein, obwohl in Polen die Solidarność als Demokratiebewegung noch immer hart zu kämpfen hat.

Pünktlich um 15.00 Uhr steigt Helmut Schmidt im dunkelblauen Mantel mit Prinz-Heinrich-Mütze am 11. November 1981 auf dem Ostberliner Flughafen Schönefeld aus der Luftwaffen Boeing. An der Gangway erwartet ihn der DDR-Staatsratsvorsitzende Erich Honecker[73] mit dem für ihn so speziellen Tonfall: „Ich begrüße Sie

---

73 ERICH HONECKER (1912–1994), Bergmannssohn aus Neunkirchen im Saarland, wurde 1930 KPD-Mitglied und später von den Nazis ins Gefängnis gesteckt. 1958 wurde er Mitglied des SED-Politbüros, 1976 Generalsekretär und Vorsitzender des Staatsrates. Am 17. Oktober 1989 setzte ihn das Politbüro einstimmig (mit seiner Stimme) ab, 3. Dezember Ausschluss aus der SED, 30. November 1990 gesamtdeutscher Haftbefehl und Flucht mit einer sowjetischen Militärmaschine nach Moskau, am 29. Juli 1992 musste er als Ergebnis massiver Einsprüche der Bundesregierung nach Berlin fliegen, kam dort ins Gefängnis von Moabit wegen seines Schießbefehls und der Morde an der innerdeutschen Grenze. Nach erfolgreicher Verfassungsbeschwerde kam Honecker am 12. Januar aus der Haft und durfte zu seiner Frau Margot nach Chile reisen.

Norbert Blüm beim Treffen auf dem Weg in meine Redaktion

sehr herzlich in der Deutschen Demokratischen Republik." Von einer Stewardess der DDR-Linie Interflug gibt es einen Blumenstrauß, es wimmelt von Polizei in Uniform und Zivil, Zaungäste sind nicht zugelassen. Im schwarzen Citroën (den Bonner Mercedes hat die DDR verweigert) geht es gemeinsam zum 60 Kilometer entfernten Jagdschloss Hubertusstock am Werbellinsee, einst von Preußenkönig Friedrich Wilhelm IV. 1849 für seine Jagdgesellschaften erbaut. Bei leichtem Schneetreiben präsentieren Posten der Volksarmee die Gewehre. Im Foyer lässt Honecker zur Begrüßung roten Martini servieren. Egon Franke lehnt dankend ab: „Das ist noch ein bisschen zu früh." (Dabei hätte die Farbe gestimmt, denn es ist der einzige Mensch, den ich jemals in meiner Redaktion etliche Campari-Pur trinken sah.) Cola-Trinker Schmidt zu Honecker: „Das hätte ich von Herrn Franke nicht gedacht." Allerdings zu nahe will der Kanzler seinem Gastgeber nun auch wieder nicht kommen. Als Fotografen rufen: „Bitte dichter zusammenrücken!", lehnt Schmidt ab: „Wir sind doch kein Liebespaar." Mehr dürfen wir nicht sehen und müssen wieder raus. Das heißt, wir stehen bei Eiseskälte über Stunden buchstäblich im Schnee. Wie wir später erfahren, betont drinnen Helmut Schmidt unter vier Augen, dass der sowjetische Einmarsch in Afghanistan und die sowjetische Überrüstung mit Mittelstreckenraketen Entspannung und Abrüstung gefährden. Klaus Bölling, als enger Vertrauter Schmidts derzeit Bonns Ständiger Vertreter in Ostberlin, meint, es herrsche im Gegensatz zu Fontanes Beschreibung des Werlbellinsees („märchenhafter Ort") wohl „kaum eine märchenhafte Stimmung". Am nächsten Tag geht es in großer und kleiner Runde weiter. Nach gut 15 Verhandlungsstunden vereinbaren sie Senkung des Zwangsumtauschs von 25 auf 20 D-Mark (Rentner und Schüler werden davon befreit), Übernachtungserlaubnis für Tagesbesucher in Ostberlin, Kredite für den innerdeutschen Handel („Swing") und weitere Treffen.

Zum Abschluss geht es am Sonntag, den 13., nach Güstrow im Kreis Rostock. Wir Journalisten fahren früh voraus und kommen in eine Stadt, die vom totalitären Regime völlig abgeriegelt ist wie im bösen Science-Fiction-Film. Überall Sicherheitskräfte in Uniform und leicht erkennbar auch solche in Zivil. Die Bewohner sind aufgefordert, in den Häusern zu bleiben, die Haustüren und Fenster bleiben fest verschlossen. Auf der Straße, in wenigen ausgewählten Geschäften und Lokalen Sicherheitspersonal oder Vorzeigegenossen. Einer gesteht verschämt, dass dazu Regimetreue aus der Umgebung mit Bussen herbeigekarrt wurden. Es herrscht in jeder Hinsicht Eiseskälte. Das gilt auch für den Weihnachtsmarkt mit Lichterketten, Spielzeug- und Bonbonverkäufern. Aus dem angekündigten Gespräch mit der Bevölkerung wird für den Kanzler ein Gespräch mit der Stasi. Im gespielten Weihnachtsmarktgetümmel ruft folgerichtig ein junger Mann: „Unser Generalsekretär lebe hoch, hoch, hoch!" Aus der dritten Reihe nach meinem Eindruck ein bestellter Ergänzungsruf: „Helmut aber auch." Dazu lautstarker Beifall. Im Dom hatte Pastorin Renate Herberg am Morgen in Anspielung auf den erzwungen Jubel gepredigt: „Sag allen, die heute auf der Straße stehen und stehen müssen: Der Herr erfülle dich mit aller Freude und Frieden im Glauben."

Interview im Dauerlauf am Strand

Nach so viel Kälte auf den Straßen entschwindet Helmut Schmidt mit Ehefrau Loki zum Jahresende 1981 ins sonnige Florida. Ich hinterher. Am zweiten Weihnachtstag bringt mich der Flieger nach Miami. Aus der Schneekälte kommend, empfangen mich Weihnachtslichter und -musik bei über 25 Grad feuchter Hitze. Mit einer alten Dakota wie aus dem Film „Casablanca" geht es weiter nach Fort Myers und mit dem Auto nach Sanibel Island. Super Urlaubsappartements, Traumstrand und Pools, aber ein Auftrag, der mich trotz Klimaanlage schwitzen lässt. Ohne vorherige Absprache will ich auf gut Glück ein Interview versuchen. Zwölf CIA-Beamte riegeln Schmidts Quartier ab. Erst am zweiten Tag komme ich an ihnen vorbei in die Nähe von Schmidts Referenten Uwe Bluhm, spiele artig mit ihm Tennis, sehe aber noch lange keine Interview-Chance. Schmidt am Pool treffen, geht nicht. Die CIA hat ihm klar gesagt: „Wenn Sie da schwimmen wollen, müssen wir aus Sicherheitsgründen den ganzen Pool räumen." Schmidt lehnt ab: „Das will ich nicht."

Mit Helmut Schmidt am Strand, links neben ihm Uwe Bluhm

Die Aussicht „Außer Spesen nichts gewesen" ist bedrückend. Also rede ich in der Not im Hotel mit dem Urlauber Heino samt Frau und Sohn, gebe eine kurze Reportage über den Barden durch. Ist aber kein Ersatz für Schmidt. Am Dienstag, den 29. Dezember gibt mir Uwe Bluhm den Tipp: „Kurz vor Mittag gehen wir mit dem Bundeskanzler am Strand entlang, versuchen sie Ihr Glück." Gesagt, getan. Ich spaziere betont unauffällig zum Strand. Da kommt er mit seinen Leibwächtern und Bluhm. Meine Begrüßungsfrage soll möglichst harmlos klingen: „Fühlen Sie sich mit dem Herzschrittmacher wieder gesund und fit?" Helmut Schmidt: „Das können Sie ja selbst feststellen. Nun wollen wir mal sehen, wie fit Sie sind." Spricht's und spurtet im 100-Meter-Tempo über den weißen Strand. Ich bleibe immer schön neben ihm. Als er langsamer wird, ziehe ich mein Bandgerät aus der Hosentasche. Mit der Brandung als Hintergrundgeräusch lege ich los.
Können Sie im Urlaub auch abschalten?

Schmidt: „Ja. Wenn ein Bundeskanzler nicht abschalten kann, taugt er nicht für sein Amt."

Die Union könnte schon bald im Bundesrat die Zweidrittelmehrheit haben. Was passiert dann?

„Wissen Sie, so lange Herr Kohl nur Bundeskanzler werden möchte, ohne zu wissen, was er dann außenpolitisch, wirtschaftspolitisch oder finanzpolitisch anders macht, so lange braucht man davor keine Besorgnis zu haben."

Die Jahreswende steht bevor. Was wünschen Sie sich ganz persönlich für 1982?

„Ich habe zwei Hoffnungen für das nächste Jahr. Zum einen, dass es der westlichen Welt gelingt, aus der Weltwirtschaftskrise herauszukommen – ohne zusätzliche Inflation. Zweitens dass Amerikaner und Russen bei den Verhandlungen über Mittelstreckenwaffen in Genf greifbare Fortschritte erzielen, die den Frieden stabilisieren helfen."

Sie sprechen von Weltwirtschaftskrise. Haben Sie auch gute Nachrichten?

„Seit dem vergangenen Sommer ist der Wechselkurs der D-Mark enorm gestiegen. Trotzdem hat gleichzeitig unser Export gewaltig zugenommen. Unser Zahlungs- und Leistungsbilanzdefizit hat sich in den letzten Wochen und Monaten zu einem Überschuss umgekehrt. Das sind positive Zeichen für das Jahr 1982. Dennoch dürfen wir die Tiefe der Weltrezession nicht unterschätzen. Sie hat eben nicht nur den Westen, sondern auch die Sowjetunion, Osteuropa und die Entwicklungsländer erfasst. Wir werden auch im Jahre 1982 auf der ganzen Welt erhebliche wirtschaftliche Schwierigkeiten haben – auch wir in Deutschland. Aber wie 1981 werden wir auch 1982 relativ besser damit fertig werden als die allermeisten anderen Staaten." In der Rückschau fällt die Parallele zu 2011 auf. Schreiben und absegnen geht schnell. Dann gibt es Pech und Glück zugleich. Die Satellitenschaltung, um Schmidts Neujahrsansprache zu überspielen, funktioniert nicht wie geplant. In der Notlage entscheidet das Bundespresseamt, statt der nicht vorhandenen Neujahrsansprache mein Interview zu verteilen. Etwas müde, aber überglücklich erwische ich abends noch die Maschine nach Deutschland und komme gerade rechtzeitig zu unserer Silvesterparty.

◆

Das neue Jahr 1982 beginnt für mich mit Lehrsätzen von Richard Stücklen[74], zu dem Zeitpunkt Bundestagspräsident. Was mir der CSU-Politiker sagt, passt genauso gut in die Gegenwart: „Für viele, nicht nur für junge Menschen ist unsere Demokratie undurchschaubar geworden: Politikchinesisch im Parlament klingt klug, ist aber unverständlich. Politiker sollten so verständlich reden wie Adenauer. Der Staatsbürger sieht den Streit der Politiker und wartet häufig vergebens auf Lösungen der Probleme." Dann sagt er für das Jahr zwei Möglichkeiten voraus: „Eine Koalition CDU/CSU/FDP oder vorgezogene Neuwahlen." Recht sollte er behalten.

Partnertausch: Lambsdorff lässt die Koalition platzen

Zum Jahresauftakt 1982 gerieten die Parteischatzmeister Walther Leisler-Kiep (CDU, im Amt 1971–1992) Alfred Nau (SPD, 1946–1975) und Otto Graf Lambsdorff (FDP, 1968–1978) wegen ihres Umgangs mit Spendengeldern in Bedrängnis. Der Versuch, Partei-

---

74 RICHARD STÜCKLEN (1916–2002) war CSU-Bundestagsabgeordneter (1949–1990), führte als Postminister (1957–1966) die Postleitzahlen ein, war Bundestagspräsident (1979–1983), davor und danach bis 1990 Bundestagsvizepräsident. (Quelle für den Datenabgleich: Deutscher Bundestag)

en durch eine Grundgesetzänderung den Status von eingetragenen Vereinen zu geben, findet keine Mehrheit. Vor allem SPD und der linke FDP-Flügel sind dagegen.
Der Staatsanwalt ermittelt. Mit Parteispenden, insbesondere vom Flick-Konzern, wird sich die Justiz noch länger befassen. Auch für Bundeskanzler Helmut Schmidt (SPD) gibt es gleich nach dem Florida-Urlaub schlechte Nachrichten. Die Arbeitslosigkeit steigt in Westdeutschland auf 1,7 Millionen (entspricht einer Quote von 7,5 Prozent), Gewerkschaften drohen mit Demonstrationen und fordern mit führenden Sozialdemokraten Beschäftigungsprogramme, finanziert durch Schulden und Steuererhöhungen. Die FDP verspricht, Steuererhöhungen zu verhindern. Ihr Fraktionsvize Dieter Julius Cronenberg[75] erklärt mir im Januar: „Steuererhöhungen für 1982 kommen nicht in Frage. Und die Begrenzung der Kreditaufnahme ist notwendig." Im Bundestag das übliche Ritual. Oppositionsführer Kohl (CDU): „Im Ausland hat das Vertrauen in die Glaubwürdigkeit, Standfestigkeit der deutschen Politik erschreckend abgenommen. Die Folgen treffen das ganze deutsche Volk." (Genauso liest sich die Rede von Oppositionsführer Steinmeier[76] im

---

75 DIETER JULIUS CRONENBERG (*1930), FDP-Mitglied seit 1961, Bundestagsabgeordneter (1976–1994), Bundestagsvizepräsident (1984–1994), kämpfte als Sozialpolitiker wegen der absehbaren demografischen Entwicklung für die Einführung einer durch Kapitalrücklagen finanzierte Pflegeversicherung. Als Sozialminister Norbert Blüm (CDU) dennoch die Umlagefinanzierung durchsetzte, zog sich Cronenberg aus der Politik zurück. (Quelle für den Datenabgleich: Deutscher Bundestag)
76 FRANK WALTER STEINMEIER (*1956), SPD-Mitglied seit 1975, ab 1993 Büroleiter von Ministerpräsident Gerhard Schröder in Niedersachsen, dort ab 1996 im Rang eines Staatssekretärs Leiter der Staatskanzlei, ab 1998 Staatssekretär bei Bundeskanzler Gerhard Schröder, 2005–2009 in der Großen Koalition Außenminister und Vizekanzler von Bundeskanzlerin Angela Merkel (CDU). Als SPD-Kanzlerkandidat bekam er 2009 für die SPD 23,0 Prozent, 11,2 Prozentpunkte weniger als

Bundestag des Jahres 2011.) Gemünzt auf die Außenpolitik wirft Kohl 1982 dem Kanzler vor: „Sie haben das, was ihr Vorgänger Brandt geschaffen hat, auf eine verwaltbare Größenordnung reduziert. Herausgekommen ist ein Brandt im DIN-A4-Format."

Am 2. Februar fällt die FDP im Steuerstreit um. Doch die geplante Schlagzeile zur geplanten Steuererhöhung „Genscher fiel um" erscheint am 3. Februar 1982 einfach nicht in „Bild". Wie von Geisterhand und wie früher schon bei ähnlichen Vorgängen wird der Text bis zum Andruck weichgespült in: „Genscher gibt nach". Aber auch das gefällt ihm noch nicht. Also wird die Schlagzeile für den Druck der Hauptauflage geändert in „Steuern rauf – Drama in Bonn". Die Metamorphose einer „Bild"-Schlagzeile. Genschers Wunsch hat gesiegt.

Trotzdem geht der Koalitionskrach danach erst richtig los. Steuern, Haushalt, Konjunktur, Abrüstung und daneben als Dauerbrenner die Parteispendenaffäre. Mitte März sagt mir der FDP-Bundestagsabgeordnete Werner Zywietz: „Wir wollen die Probleme in der Koalition mit der SPD lösen. Wenn das nicht geht, weil die SPD handlungsunfähig ist, brauchen wir einen neuen Wählerauftrag. Das heißt Neuwahlen." Egon Franke sagt mir ein paar Wochen später: „Die SPD versteht es nicht, das hohe Ansehen des Kanzlers für sich zu nutzen. Selbsternannte Sprecher der Partei haben in so wichtigen Fragen wie der Sicherheitspolitik Verworrenheit gestiftet. Diese Rangeleien haben zu dem Desaster der letzten zwei Jahre geführt." An die Adresse seiner Genossen Lafontaine und Eppler[77]

2005, wird erstmals Bundestagsabgeordneter und als SPD-Fraktionschef Oppositionsführer. Ab Dezember 2013 erneut Bundesaußenminister in Merkels zweiter Großer Koalition. (Quelle für den Datenabgleich: Deutscher Bundestag)
77 ERHARD EPPLER (*1926), SPD-Mitglied seit 1956, Entwicklungshilfeminister von 1968 bis 1974. (Quelle für den Datenabgleich: Deutscher Bundestag)

fügt er hinzu: „Da kann man nur den Kopf schütteln. Diese Herren wollen aus der Volkspartei einen elitären Zirkel machen. So sichern sie sich für alle Zukunft ihren Platz im Abseits." Naja, der eine wohl mehr als der andere.

Ein paar Tage später treffe ich Wirtschaftsminister Graf Lambsdorff in seinem Büro und frage ihn nach den SPD-Plänen zu höheren Steuern: „Neue Steuererhöhungen gibt es mit uns nicht." Dann lobt er pflichtgemäß die Regierung, bis ich frage: Was macht Sie denn so sicher, dass die Koalition bis 1984 halten wird? Lambsdorff: „Habe ich gesagt, dass ich sicher bin?" Ein Grund mehr, am Thema dranzubleiben.

Denn der Koalitionskrach nimmt weiter Fahrt auf. Mitte Juni treffe ich den ehemaligen Berliner Bürgermeister Hermann Oxfort (FDP), der bei der bevorstehenden Hessenwahl „eine Koalitionsaussage für die CDU" fordert. Mit Folgen für die Bundesregierung: „Die Bonner Koalition hat sich überlebt. Da helfen auch keine Neuwahlen. Die Parteispitze der FDP hätte die Kraft und den Mut für den Wechsel schon längst aufbringen müssen. Ich halte Genscher für einen guten und ordentlichen Mann, hätte mir allerdings von ihm mehr Entscheidungsfreudigkeit gewünscht." Schon zwei Tage später beschließt die Hessen-FDP nach zwölfjährigem Bündnis mit der SPD ihre Koalitionsaussage für die CDU mit 169 zu 129 Stimmen. Genscher versucht zu beschwichtigen: „Wir wollen die Koalition bis 1984 erhalten und nicht am Haushalt scheitern lassen." Schmidt dankbar: „Diese bedeutsame Erklärung macht vieles leichter." Nicht lange. Ende Juni fragt „Bild" auf der Titelseite: „Wirft Schmidt Genscher raus?" Der Kanzler liest es um 9.12 Uhr am Kabinettstisch und grinst. Genscher nicht. Schmidt legt seinen (von der FDP bereits abgelehnten) Vorschlag zur Rettung von Haushalt und Konjunktur erneut vor. SPD-Finanzminister Manfred Lahnstein (*1937, Finanzminister von April bis Oktober 1982) verlangt, dass die Nettoneuverschuldung 1983 nicht unter 28,5 Milliarden D-Mark sinken darf: „Die Wirtschaft darf nicht totgespart werden." SPD-Arbeitsminister Heinz Westphal (1924–1998, Minister von April bis Oktober 1982) lehnt den FDP-Vorschlag strikt ab, die Sozialversicherungsbeiträge für Arbeitslose auf 75 Prozent des letzten Nettoeinkommens zu begrenzen.

Um 13.00 Uhr ziehen sich die Koalitionsparteien zu getrennten Mittagessen zurück. Um 14.00 Uhr ruft Schmidt Brandt, Genscher und Wehner zu sich. Zwei Stunden später Treffen in großer Runde. Um 18.45 Uhr der Durchbruch mit Neuregelungen im Sozialbereich. Die Koalition ist fürs Erste noch einmal gerettet. Die Einigung: Im Krankenhaus muss der Patient künftig an den ersten sieben Tagen fünf D-Mark selbst zahlen. Die Bundesanstalt (heute Bundesagentur) für Arbeit führt für Arbeitslose nur noch für 70 Prozent des letzten Bruttoeinkommens Beiträge an die Renten- und Krankenversicherungen ab. Rentner müssen ab 1983 ein Prozent ihrer Rente als Krankenkassenbeitrag zahlen.

FDP-Chef Genscher blitzt am 2. Juli bei seinem eigenen Parteivorstand mit dem Vorschlag ab, wonach die FDP den Haushaltskompromiss als „ein Stück weiter auf dem Weg zur Wende" bezeichnen möge. Selbst der koalitionstreue Fraktionschef Mischnick kann das Wort „Wende" nicht mehr hören.

Auch Kanzler Schmidt hat es mit seiner Partei schwer. SPD-Regierungschefs der Länder Hessen, Bremen und Nordrhein-Westfalen drohen, den Haushaltskompromiss im Bundesrat scheitern zu lassen. Der damalige SPD-Landeschef im Saarland, Oskar Lafontaine, fordert im „Stern": „Die SPD muss raus aus der Regierung in Bonn. Helmut Schmidt begreift nicht, was in der Jugend vor sich geht. Und er wird es auch nicht begreifen, wenn die SPD in Hessen bei 30 Prozent landet." Dann kommt sein Vorwurf, der die beiden Spitzenpolitiker endgültig entzweit: „Helmut Schmidt spricht von Pflichtgefühl, Berechenbarkeit, Machbarkeit, Standhaftigkeit. Das sind Sekundärtugenden. Ganz präzis gesagt: Damit kann man auch ein KZ betreiben." Lafontaine lässt auch künftig keinen Zweifel daran, dass er das genauso gesagt hat. Da springt Egon Franke seinem Regierungschef und Freund zur Seite: „Die SPD steht zu ihrem Kanzler. Allerdings mag es einige geben, die ihn abschießen wollen. Wer das will, hat nach meiner Ansicht kein Recht mehr, sich Sozialdemokrat zu nennen." Als ich dabei die Stirn runzle, wird er noch deutlicher: „Ich schäme mich, dass es einen solchen Mann wie Lafontaine in der SPD gibt. Der Parteivorstand sollte geeignete Maßnahmen ergreifen, um unter Sozialdemokraten ein Mindestmaß an Übereinstimmung zu erhalten. Wenn das nicht geschieht, ist das Schicksal dieser Partei vorgezeichnet: Die Wähler werden dafür sorgen, dass wir diesen Staat nicht länger mitgestalten können."

Offenbar ohne Langzeitwirkung, wie der Blick nach vorn zeigt. Später antwortet mir Hans-Jochen Vogel[78] auf die Frage „Mögen Sie Oskar Lafontaine?": „Ja. Der Mann hat politische Substanz. Das hat er als Oberbürgermeister von Saarbrücken und Ministerpräsident des Saarlandes bewiesen. Auf Bundesebene versteht er ausgezeichnet, Themen in den Mittelpunkt der öffentlichen Diskussion zu rücken und der politischen Entwicklung Anstöße zu geben."

•

---

[78] HANS-JOCHEN VOGEL (*1926) war Oberbürgermeister von München (1960–1972), Bundesminister (1972–1981), erst für Wohnungsbau, dann der Justiz. Anschließen von Januar bis Juni Regierender Bürgermeister von Berlin. Als Kanzlerkandidat verlor er 1983 mit 38,2 Prozent die Bundestagswahl (Helmut Kohl: 48,8 Prozent), war SPD-Fraktionschef im Bundestag (1983–1991) und SPD-Bundesvorsitzender (1987–1991). Er ist der einzige Mensch, bei dem ich auf dem Schreibtisch sogar Büroklammern nach drei Größen sortiert in Reih und Glied neben seinen geliebten Klarsichthüllen angeordnet sah. (Quelle für den Datenabgleich: Deutscher Bundestag)

Gut einen Monat später rückt Frankes Prophezeiung näher. Hans-Dietrich Genscher schreibt in seinen Erinnerungen viel über die Notwendigkeit, außenpolitisch Kurs zu halten. Für ihn ein wichtiger Grund, die sozialliberale Koalition zu beenden. Doch in den Tagen erlebe ich eher Otto Graf Lambsdorff als Wegbereiter des Regierungswechsels.

Es sind die Wochen, in denen es in der sozialliberalen Koalition so quirlig zugeht wie in einem Bienenhaus. Im Bundestagsrestaurant mit Blick auf den Rhein fragen führende Genossen wie Bundestagspräsidentin Annemarie Renger immer wieder Journalisten, wie es mit der Koalition wohl weitergeht. Als ich Innenminister Gerhart Baum vom linken FDP-Flügel auf der Straße treffe, klagt er: „Mir sagt ja keiner was. Wissen Sie, was los ist?"

In diesen Tagen arbeitet Lambsdorff schon an seinen Wirtschaftsthesen, die als Wendepapier[79] in die Annalen eingehen. Er will darin zeigen, dass es mit der SPD nicht weitergehen kann. Mehr noch. Am 29. August geht er mit einem Interview in die Offensive, das Kollegen später als Scheidungsinterview bezeichnen. Schon das Zustandekommen ist so ungewöhnlich, dass der Spiegel in seiner Ausgabe Nummer 36 ausführlich darauf eingeht. Auch Karl Hugo („Charly") Pruys beschreibt den Vorgang in seiner Kohl-Biografie zutreffend. Vorab über den Tenor des Wendepapiers informiert, fahre ich mit meinem Kollegen Michael Spreng an diesem Montag um 14.00 Uhr zu Lambsdorff ins Wirtschaftsministerium. Hinter seinem großen Büro gibt es ein kleineres Nebenzimmer mit run-

---

79 WENDEPAPIER, abschließend verfasst von Otto Graf Lambsdorff am 9. September 1982 unter dem Titel „Konzept für eine Politik zur Überwindung der Wachstumsschwäche und zur Bekämpfung der Arbeitslosigkeit", nachzulesen in den Archiven der Friedrich-Naumann-Stiftung, deren Vorstands-Vorsitzender Lambsdorff von 1995 bis 2006 war.

dem Tisch für vertrauliche Gespräche – oder ein Mittagessen. Dort sitzen wir zusammen, als er uns erläutert, wie es zum Koalitionswechsel kommen werde: „Die Entscheidung treffen die FDP und die Wähler. Der hessische Wähler entscheidet" (Anmerkung: am 16. September) „was er von einem Koalitionswechsel der FDP in eine andere Koalition hält. Das würde für uns in Bonn eine wichtige Erkenntnis sein. Wer den Wechsel von uns verlangt, kann bei der hessischen Wahl zeigen, dass er hinter uns steht." An CDU-Chef Helmut Kohl gerichtet, fügt er hinzu: „Ich gehe davon aus, dass die Union zu einer Koalition mit der FDP bereit ist." Aber nur mit Kohl: „Für mich gilt der Parteitagsbeschluss, dass die FDP einen Bundeskanzler Strauß nicht unterstützen würde." Dem linken Parteiflügel mit Anhängern der sozialliberalen Koalition erklärt er: „Die FDP wird eine Mehrheitsentscheidung treffen wie 1969. Manchen wird sie wenig gefallen. Wenn sie die Partei verlassen sollten, wird man damit leben müssen. Einige FDP-Mitglieder wünschen der Partei einen Misserfolg in Hessen. Sie sollten zu denen gehen, deren Erfolg sie wünschen." Dabei schaue ich immer wieder auf mein Bandgerät, damit es ja ordentlich aufzeichnet. Jeder Satz ist druckreif, wie beim Grafen üblich. Nach knapp einer Stunde verabschieden wir uns. Draußen vor der Bürotür explodiert Lambsdorff-Sprecher Dieter Vogel förmlich: „Das Interview segne ich nicht ab. Das ist mir viel zu heiß. Da fliegt die Koalition auseinander. Nicht mit mir."

Traditionell werden in Deutschland Zeitungsinterviews vor der Veröffentlichung dem Gesprächspartner oder seinem Bevollmächtigten noch einmal zur Freigabe („Absegnung") vorgelegt. Also habe ich ein Problem.

Wir fahren zurück, ich schreibe den Text nieder, fahre damit Richtung Ministerium. Hinter der Bonner Reuterbrücke eine Baustelle.

Im Bonner Büro von Otto Graf Lambsdorff

Der Bagger zwingt mich zum Halten. Auf der Gegenfahrbahn sehe ich einen gepanzerten Mercedes kommen. Davor und dahinter je ein Mercedes, erkennbar als Begleitkommando. Auf dem Beifahrersitz etwas zusammengekauert, an seiner typischen Haltung klar erkennbar, Otto Graf Lambsdorff. Der Mittelstreifen dieser vierspurigen Stadtautobahn besteht an der Stelle nur aus zwei Linien. Hinter dem Grafen mit seinem Begleitkommando ist die Bahn frei. Unter Dehnung der Straßenverkehrsordnung wende ich über die Doppellinie und folge dem Mercedes-Konvoi. Zu meinem Schrecken geht es Richtung Kanzleramt. Die schwer bewaffneten Grenzschützer (heute Bundespolizei) salutieren, der Schlagbaum geht hoch. Die drei Dienstlimousinen fahren durch.
Zur Erinnerung: In der Zeit hatten RAF-Terroristen für extrem hohe Sicherheitsstufen gesorgt.
Trotzdem gebe ich in meinem grünen Citroën GS einfach Vollgas

und rase hinterher. Im Rückspiegel sehe ich, wie die Grenzschützer mit ihren Maschinenpistolen fuchteln. Zu meinem Glück fällt kein Schuss. Vor dem Kanzlerbau halten wir an. Ich springe aus dem Auto, Grenzschützer packen mich an den Armen, der Graf dreht sich um und befreit mich mit dem Satz: „Ach ja, wir müssen noch das Interview absegnen. Ist schon in Ordnung." Ich bitte die Grenzschützer, den Motor in meinem Auto abzustellen und: „Sagen Sie doch bitte Ihren Kollegen an der Pforte Bescheid." Gemeinsam fahren wir im Aufzug des Kanzlerbaus zum Kabinettsaal. Lambsdorff: „Ich gehe mit dem Text kurz rein, warten Sie so lange vor der Tür."
Pruys schreibt darüber, Kanzlersekretärin Marianne Duden, sonst kaum aus der Ruhe zu bringen sei verblüfft ob meiner Anwesenheit im Vorzimmer der Macht zu diesem Zeitpunkt. Kanzlerreferent Bruns (Spitzname: „Kugelblitz") sieht mich, geht in den Kabinettsaal und legt dem Bundeskanzler einen Zettel auf den Tisch: „Die Sitzung ist nicht mehr geheim zu halten, draußen sitzt ein Redakteur der ‚Bild'-Zeitung."
Lambsdorff steht auf, kommt raus. In den großen schwarzen Ledersesseln des Foyers besprechen wir seine wenigen Änderungswünsche. Der Kanzler kommt ihm nach, geht wortlos um uns herum und wieder zurück. Ich verabschiede mich. Drinnen bricht Schmidt die vertrauliche Sitzung zur Rettung der Koalition ab.
Darüber berichtet der „Spiegel" so: *Am Abend im SPD-Präsidium wurde dann auch Schmidt gewahr, wohin die Liberalen steuern; Originalton Lambsdorff im Andruck des „Bild"-Interviews: „Der hessische Wähler entscheidet, was er von einem Wechsel der FDP in eine andere Koalition hält. Das würde für uns in Bonn eine wichtige Erkenntnis sein." Im Klartext: Kann die FDP in Hessen erfolgreich von der Koalition mit der SPD in eine Regierung mit der CDU wech-*

seln, so wäre dies laut Lambsdorff Anlass für die Kündigung in Bonn. Nach der Lektüre kam in Schmidt alles gegen die Liberalen hoch, was er in den vergangenen zwölf Monaten, seit den ersten „Wende"-Manövern Genschers, immer wieder unterdrückt hatte. Und er rückte zum ersten Mal ohne Vorbehalt an die Seite seiner Genossen, die – wie der Berliner Oppositionsführer Hans-Jochen Vogel – „die Grenze der Belastbarkeit" der SPD durch freidemokratische Forderungen seit längerem für überschritten halten.

Schmidt zeigte sich erstmals nicht mehr bereit, Ausflüchte Genschers zu akzeptieren. „Die Neigung zum Wechsel ist bei der FDP gewachsen", befand er im Präsidium.

Kein Widerspruch des Kanzlers, als Vogel den FDP-Vorsitzenden „schon am anderen Ufer" ortete und warnte: „Die Überbelastung der Partei sucht sich nicht allein in Wut und Protest, sondern – und das ist noch viel schlimmer – im Wegtauchen, in der Resignation, im Beiseitetreten ihren Niederschlag." Der höchste Führungszirkel der SPD, Schmidt inklusive, folgte einmütig Vogels Forderung, die FDP nicht mehr ‚über neue Mehrheiten philosophieren zu lassen, sondern sie in Handlungszwang zu bringen'.

Der Kanzler müsse jetzt der FDP die „politischen Essentials der SPD" nennen, die FDP dann sagen, ob sie eine solche Politik noch mitmache. Vogel: „Sie muss dann entsprechend handeln." […] Gegen eine direkte Provokation des Partners entschied sich Schmidt auch in Sachen Lambsdorff, den er eigentlich gern entlassen hätte. Doch er beließ es bei einer Rüge; der sozialdemokratischen Ministerrunde legte er am Dienstag einen Text vor, mit dem er Graf Lambsdorff im Kabinett für sein „Bild"-Interview offiziell abkanzeln wollte.

Widerspruch kam von zwei Ministern, die sonst treu zum Kanzler stehen. Kanalarbeiterchef Egon Franke warnte vor den Folgen: Die übrigen Liberalen müssten sich zwangsläufig mit dem Getadelten solidarisieren. Finanzminister Manfred Lahnstein hielt überhaupt nichts von einer Konfliktstrategie. Für Schmidt ist die Zeit der Nachgiebigkeit gegenüber dem kleineren Koalitionspartner vorbei. Der Kanzler zu hessischen Wählern: „Wer für die FDP stimmt, der stimmt gegen Börner, aber der stimmt auch gegen mich."

Als die Lambsdorff-Zitate über die Agenturen laufen, hält sich Genschers Begeisterung in Grenzen. Klaus Bölling[80] schreibt in seinem Buch über „Die letzten 30 Tage des Kanzlers Helmut Schmidt – Ein Tagebuch", durchaus zutreffend, dass Genscher nach Schmidts Meinung dieses Lambsdorff-Interview „vorher weder gekannt, noch nachher gebilligt hat". Nach Böllings Worten rügte Schmidt das Interview, zumal Lambsdorff es „am Montag nach dem Gespräch mit dem Kanzler obendrein noch im Kanzleramt redigiert (hat). Jeder Zoll ein Herr." Und am 8. September vermerkt Bölling, Genscher wolle „um nahezu jeden Preis über die Hessenwahl hinweg" kommen. Ganz offensichtlich.

Nach seinen Erinnerungen an die letzten 30 Tage des Kanzlers erhält Klaus Bölling am 7. September einen Anruf von Innenminister Baum (FDP): „Er berichtet mir im Detail über den Auftritt des Grafen in der FDP-Fraktion. Dort hat Lambsdorff zwar nicht das dem Kanzler für morgen zugesagte Papier verlesen, aber doch ausführlich unter dem Titel ‚Manifest der Marktwirtschaft' sein wirtschaftspolitisches Credo vorgetragen, mit dem er sich als der letzte furchtlose und unbestechliche Gefolgsmann von Ludwig Erhard selber ein Denkmal zu setzen plant. Doch Baums Bericht, der den

---

80 KLAUS BÖLLING (1928–2014) war als erfahrener Journalist enger Vertrauter von Helmut Schmidt und dessen Regierungssprecher (1974–1982) mit der Unterbrechung als Bonner Leiter der Ständigen Vertretung in Ostberlin von 1981 bis Mai 1982. (Quelle zum Datenabgleich: Bundespresseamt)

Mit Klaus Bölling in Ost-Berlin

Eindruck vermitteln soll, der Graf habe sich zwischen die Stühle gesetzt, ist höchst subjektiv." Da behält Bölling Recht.

Am 9. September legt Loki Schmidt auf der Tribüne des Bundestages sorgenvoll den Kopf von einer in die andere Hand. Die Koalitionäre läuten ihre Trennung ein. Schmidt in seiner Rede zur Lage der Nation: „Die Bürger im Land haben mit Recht genug davon, dass ewig geredet wird, genug von den Finessen und Gerüchten. Die Bürger haben Anspruch auf Klarheit. Ich klebe nach 13 Jahren Regierungsarbeit nicht an meinem Stuhl […] Wer nun trotzdem wechseln will, der soll dies offen und ehrlich sagen […] Wenn sich im Bundestag eine andere Mehrheit für eine andere Politik finden sollte, bitte sehr. Dafür hält das Grundgesetz den Artikel 67 bereit." Damit ist das konstruktive Misstrauensvotum (wie von Barzel erstmals versucht) gemeint, um im Bundestag einen anderen Regierungschef zu wählen. Genscher kontert: „Der Haushalt 83 wird zur Bewährungsprobe für unsere Koalition." Für ihn lautet die Alternative „solide Finanzpolitik oder Flucht in die Verschuldung". Unter tosendem Beifall von FDP und CDU/CSU gleichermaßen kündigt er vorsichtig die Trennung an: „Es geht um Aufrichtigkeit auch dort, wo Einigung nicht mehr möglich ist." Aus Sicht von Klaus Bölling hat nun auch Mischnick als großer Verfechter der Koalition mit der SPD „Fahnenflucht vollzogen".

Am Freitag, den 10. September, nennen Schmidt und Bölling Lambsdorffs Wendepapier eine „ökonomische und politische Kampfansage an die Sozialdemokraten". Sie kritisieren besonders die geforderte Kürzung des Arbeitslosengeldes und die Einführung von Karenztagen bei der Lohnfortzahlung, die in der nächsten Koalition noch eine Rolle spielen wird. Die Lambsdorff-Entlassung wird erwogen und wieder verworfen. Am 15. September vermerkt das Protokoll der Pressekonferenz mit Regierungssprecher Bölling dessen Erklärung: „Der Bundeskanzler hat Bundesminister Graf Lambsdorff gefragt, ob sein Konzept gleichsam als Scheidungsbrief zu verstehen sei. Der Wirtschaftsminister hat geantwortet, dass er lediglich seine Vorstellungen zur Lösung von Sachproblemen habe darlegen wollen." In Wahrheit ist es die dramatische Endrunde der Bonner Krise.

Am Morgen des 15. September 1982 führe ich verabredungsgemäß mit Jürgen Möllemann ein Interview, das mit gleicher Deutlichkeit wie Lambsdorff auf ein Ende der Koalition hinweist. Um 12.30 Uhr ist es telefonisch abgestimmt. Er sagt mir zum Schluss: „Jetzt fahre ich in den Wahlkampf und bin unerreichbar." Auch für Genscher nicht erreichbar. So wollen wir die Exklusivität sicherstellen. Ab 16.00 Uhr laufen Wortlautauszüge über die Nachrichtenagentur dpa. Ein Kollege der damaligen Illustrierten „Quick" erzählte später, wie er zufällig zu dem Zeitpunkt bei Genscher im Büro war und dieser „erregt" auf die Agenturmeldung reagierte. Es passte ihm nicht oder noch nicht. Und Genscher handelt schnell. Erst will er erreichen, dass der Text ohne Rücksprache mit Möllemann geändert wird, was ich ablehne. Dann erreicht er bei Freunden in der „Bild"-Zentrale weit mehr. Als Folge muss ich um 18.00 Uhr dem FDP-Fraktionssprecher mitteilen, das Möllemann-Interview sei komplett zurückgezogen. Das melden sofort danach auch die Agenturen. Möllemann erfährt erst viel später, dass er angeblich unser Interview zurückgezogen hat.

Am selben Abend ist der Außenminister Gastgeber auf der „MS Romantica" bei der Ausflugsfahrt des Auswärtigen Amtes. Im Gegensatz zu vorher und nachher erwidert er nicht einmal meinen üblichen Gruß. Statt „Guten Abend!" zu sagen, dreht er sich einen Meter vor mir wortlos um. Das Möllemann-Interview wirkt offenbar nach. Zur selben Zeit spricht Schmidt mit Bundespräsident Karl

Carstens[81] fast eine Stunde unter vier Augen und danach mit CDU-Chef Helmut Kohl.

Am nächsten Tag berät Schmidt mit Ministern und Freunden in mehreren Sitzungen, wie es weitergehen soll. Anschließend feilt er bis tief in die Nacht an seiner Rede für den entscheidenden Freitag, den 17. September. Diesen Tag habe ich genau verfolgt:

7.30 Uhr: Genscher ruft von zu Hause in Pech (Bonner Vorort) Fraktionschef Mischnick an: „Ich habe die Absicht, nach der heutigen Sitzung des Bundestages um die Entlassung aus der Regierung zu bitten."

7.40 Uhr: Innenminister Baum (wie Verheugen und Matthäus-Maier Gegner des Koalitionswechsels) verabschiedet sich von Frau und Kindern: „Vielleicht zum letzten Mal als Minister."

8.45 Uhr: Schmidt korrigiert seine Bundestagsrede. Währenddessen trifft Wirtschaftsminister Lambsdorff im Kanzleramt ein, liest Akten, bis der Kanzler ihn zur letzten Aussprache empfängt.

9.00 Uhr: Die Bundestagssitzung beginnt zunächst routinemäßig mit einer Diskussion über die Strafrechtsreform. Unruhe breitet sich aus. Staatssekretär Gallus (FDP): „Ich habe meinen Schreibtisch schon leergeräumt."

9.55 Uhr: Lambsdorff verlässt das Kanzleramt mit den Worten: „Es war ein klares Gespräch, von Bemühungen getragen, liebevoll und höflich miteinander umzugehen." Bölling notiert darüber später: „Die Unterhaltung zeigt sogar, dass die beiden einander unverändert respektieren."

---

81 Prof. Dr. KARL CARSTENS (1914–1992), CDU-Mitglied seit 1955, Master of Law der Yale Universität in Connecticut, war Staatssekretär im Auswärtigen Amt, dem Verteidigungsministerium und dem Kanzleramt, ab 1972 Bundestagsabgeordneter und Fraktionschef, ab 1976 Bundestagspräsident und von 1979 bis 1984 Bundespräsident.

10.05 Uhr: Im Bundestagsbüro des Kanzlers händigt Schmidt seine geplante Rede Genscher und Mischnick aus. Der Text enthält klare Angriffe gegen die FDP. Genscher erklärt Schmidt: „Nach der Bundestagssitzung trete ich zurück." Schmidt nickt und erklärt später: „Anderenfalls hätte ich die FDP-Minister entlassen."

10.35 Uhr: Genscher vor der FDP-Fraktion: „Nach der Rede des Bundeskanzlers ist eine Zusammenarbeit nicht mehr möglich. Ich trete zurück." Die Minister Lambsdorff, Baum und Ertl (Landwirtschaft) schließen sich an.

11.30 Uhr: Schmidt kündigt im Bundestag mit seiner nachlesenswerten Rede (als Drucksache im Deutschen Bundestag) die sozialliberale Koalition auf.

12.15 Uhr: Genscher plädiert in seiner Fraktion für ein konstruktives Misstrauen, damit Kohl Kanzler wird. Später sollen Neuwahlen folgen. Verheugen widerspricht und fordert sofort Neuwahlen. Genscher lässt abstimmen und gewinnt. 18 der 53 FDP-Abgeordneten stimmen gegen ihn.

16.00 Uhr: Bundespräsident Karl Carstens überreicht den FDP-Ministern im Beisein des Kanzlers ihre Entlassungsurkunden. Carstens würdigt Lambsdorffs Verdienste um die soziale Marktwirtschaft. Mit steinernem Blick gibt Schmidt Genscher die Hand, Baum erhält einen freundschaftlichen Klaps auf den Rücken.

17.00 Uhr: Carstens ernennt Schmidt zusätzlich zum Außenminister, auch die übrigen FDP-Ministerien werden den SPD-Ministern als Zusatzaufgaben bis zur neuen Regierungsbildung übertragen. Das war's.

Generalsekretär Verheugen und die FDP-Finanzexpertin Ingrid Matthäus-Maier wandern zur SPD ab, machen dort Karriere. Gerhart Baum bleibt als Restbestand des linken Flügels in der FDP.

Am 26. September beschert die viel diskutierte Hessenwahl direkt nach dem Ende der Bonner Koalition der FDP mit 3,1 Prozent ein

Desaster (1978: 6,6 Prozent), die CDU verliert etwas von 46 auf 45,6 Prozent. Die SPD fällt von 44,3 auf 42,8 Prozent (Quelle: Statistisches Bundesamt, Bundeswahlleiter). CDU-Landeschef Dregger tritt zurück und Holger Börner, der zuvor die grüne Partei heftig abgelehnt hatte, wird mit den neugewählten Grünen (8 Prozent) Ministerpräsident. Genscher reagiert trotzig: „Jetzt müssen wir in Bonn erst recht den richtigen Kurs halten."
Am 1. Oktober hat er dazu Gelegenheit. Der Bundestag stimmt über das konstruktive Misstrauensvotum ab und wählt damit Helmut Kohl statt Helmut Schmidt zum Bundeskanzler. Diesmal sitzt Hannelore Kohl auf der Diplomatentribüne im Chanel-Kostüm mit beigefarbener Seidenbluse, neben ihr die Söhne Walter (19) und Peter (17) in dunklen Nadelstreifenanzügen.
Um 15.10 Uhr verkündet Bundestagspräsident Richard Stücklen (CSU): „Der Abgeordnete Dr. Helmut Kohl ist zum Bundeskanzler gewählt." 256 Abgeordnete aus CDU, CSU und FDP haben Kohl die Stimme gegeben und damit zugleich Schmidt gestürzt. Hannelore Kohl: „Ich habe keinen Augenblick gezweifelt, dass es so ausgeht." Im feierlichen Cut geht der Abgeordnete Kohl um 16.30 Uhr zum Bundespräsidenten und verlässt die Villa Hammerschmidt (Bonner Amtssitz des Bundespräsidenten) erstmals als Bundeskanzler.
Zwei Wochen später fahre ich nach Israel, um zu hören, wie man dort über den neuen Kanzler denkt. Staatspräsident Yitzak Navon (*1921, Präsident 1978–1983) von der Arbeitspartei hat in seiner Residenz gut eine Stunde Zeit für mich. Beim inoffiziellen Vorgespräch ohne Dolmetscher (in Englisch) meint er: „Kohl, was bedeutet das, ein Gemüse?" Naja, übersetzt schon. „Und mögen Sie das?" Ich weiche in der Antwort aus, denn meine Gemüsevorliebe sieht anders aus. Offenbar braucht der Politiker aus der Arbeitspartei (wird später auch Vizeregierungschef) noch etwas Zeit, um sich an die neue Regierung zu gewöhnen, denn er rümpft die Nase. Offiziell

Mit Hermann Otto Solms auf meiner Geburtstagsfeier

klingt das dann anders: „Wir würden uns sehr über einen baldigen Besuch von Bundeskanzler Helmut Kohl freuen. Er wäre uns willkommen. Persönliche Kontakte sind sehr wichtig, auch wenn man nicht in allen Fragen übereinstimmt."
Zuhause stimmt inzwischen die FDP-Basis auf ihrem Parteitag mit dem neuen Kurs in großer Mehrheit überein. Etwas Streit gibt es noch über die Frage nach vorgezogenen Neuwahlen, wie sie Kohl für den März anstrebt. FDP-Finanzexperte Hermann Otto Solms[82]

---

82 Dr. agr. HERMANN OTTO SOLMS (* 1940) hatte ursprünglich einen langen Adelsnamen (Prinz zu Solms …), den er jedoch früh ablegte. Solms trat 1971 in die FDP ein, gilt als deren ausgewiesener Finanzfachmann und Vater der FDP-Konzep-

mahnt: „Wir sind für vier Jahre gewählt. Die Regierung hat eine Mehrheit, alles andere wäre Manipulation."
Genscher hält am 2. Dezember dagegen am Wahltag 6. März fest: „Ja. Über die Neuwahlen wollen wir den Weg öffnen für einen Wiederaufschwung in diesem Land." Am 17. Dezember stellt Bundeskanzler Helmut Kohl im Bundestag die Vertrauensfrage, bei der verabredungsgemäß seine eigenen Anhänger gegen ihn stimmen, er so offiziell das Vertrauen verliert. Diese trickreiche Variante steht im Gegensatz zum Konstruktiven Misstrauen, bei dem ein neuer an die Stelle des amtierenden Regierungschefs gewählt wird. Das verabredete Misstrauen (wie später auch von Gerhard Schröder herbeigeführt) führt dazu, dass der Bundespräsident Neuwahlen ausschreibt, weil ja der amtierende Kanzler gemäß dem Abstimmungsergebnis kein Vertrauen mehr im Bundestag hat. Diese unter Verfassungsrechtlern nicht unumstrittene Variante ebnet den Weg zur Bundestagswahl am 6. März 1983.

Stimmungsmache: Kanzlerkandidat unter Naziverdacht

Gleich zu Jahresbeginn 1983 schlägt Lambsdorff seine ersten Pflöcke in die neue Koalition. Mitte Januar frage ich ihn, ob die Selbst-

---

te zur Steuerreform, doch bei Bildung der schwarz-gelben Koalition versagte ihm Bundeskanzlerin Angela Merkel den Posten des Finanzministers mit dem Hinweis: „Dafür haben Sie leider das falsche Parteibuch." 1987 bis 1999 und 2004 bis 2013 war er Bundesschatzmeister der FDP, Bundestagsabgeordneter (1980 – 2013), stellvertretender Fraktionsvorsitzender (1985–1991) und Vorsitzender (1991–1998), Vizepräsident des Deutschen Bundestages (1998–2013). Solms ist evangelisch, verheiratet, Vater von drei Kindern. (Quelle für den Datenabgleich: Deutscher Bundestag)

beteiligung von fünf D-Mark pro Krankenhaustag wieder abgeschafft wird, wie von der CDU gefordert: „Nichts, da machen wir nicht mit." Für die Wirtschaft sagt er voraus: „In diesem Jahr kommen wir gewissermaßen aus dem Keller."
Danach fliege ich am 25. Januar in die USA, um zu hören, wie man dort über die neue Regierung denkt. Hauptziel ist wie immer ein Interview. Ich sitze in der Luftwaffen-Boeing 707 mit Genscher und muss erkennen, dass mir dessen Besuchsprogramm wohl nicht viel weiter hilft. Zu dem Zeitpunkt steht er in Washington offenbar nicht so hoch im Kurs. Ein paar Reihen weiter hinten sitzt Alfred Dregger, nach der verlorenen Hessenwahl neuer Vorsitzender der CDU/CSU-Bundestagsfraktion. Er hat neben einem Fototermin beim Präsidenten eine Verabredung mit US-Verteidigungsminister Caspar Weinberger (1917–2006, im Amt 1981–1987) und meint, wenn ich darüber berichten will, nimmt er mich mit. Genauer gesagt: Ein Foto in der „Bild"-Zeitung, das ihn in Washington mit Präsident Ronald Reagan zeigt, als Gegenleistung für meine Eintrittskarte ins US-Verteidigungsministerium, das Pentagon. Gleich nach der Landung vergewissere ich mich bei meiner Redaktion, was ich zusagen kann und bekomme freie Hand. Also abgemacht, Foto gegen Termin.
Im „Watergate"-Hotel warte ich gespannt auf den Anruf von Dreggers agilem Sprecher Dieter Lukowski. Gegen Mittag meldet dieser: „Kommen Sie gleich zum Pentagon, der Termin steht." Gemeinsam mit Dregger und Alois Mock, Chef der österreichischen Volkspartei, passieren wir die zweifache Sicherheitsschleuse. Wir gehen zusammen rein, als sei ich Teil der politischen Delegation Europäischer Volksparteien. So schütteln wir die Hände der Mitarbeiter. Bei Weinberger stelle ich mich korrekt vor, ziehe mein Bandgerät aus der Hosentasche und lege einfach los. Der alte Fuchs zuckt nicht mit der Wimper, lobt sofort die guten Beziehungen zwischen Bonn

Mit US-Verteidigungsminister Caspar Weinberger im Pentagon

und Washington über den grünen Klee: „Durch ihre Standfestigkeit bei der Unterstützung unseres Bündnisses leistet die Bundesrepublik Deutschland den herausragenden Beitrag für die Erhaltung des Friedens." Dazu bekräftigt er den Vorschlag von US-Präsident Ronald Reagan, alle landgestützten Raketen „völlig zu beseitigen". Ich bekomme den Eindruck, dass der zierlich schlanke Mann meint, was er sagt. Auf dem Weg vom Pentagon zum Hotel übersetze ich

Dregger im Stretch-Car Weinbergers Zitate. Wir sind beide zufrieden. Von seinem Blitzbesuch bei Reagan erfährt Dreggers Wahlkreis aus der Zeitung. Meine Gegenleistung für das Interview.

Zurück in Bonn, kommt der Wahlkampf gerade auf Touren. SPD-Kanzlerkandidat Hans-Jochen Vogel hatte ich schon als Regierenden Bürgermeister von Berlin 1981 näher kennengelernt. Damals war ich für gut einen Monat beurlaubt, um auch einmal die Arbeit als Senatssprecher kennenzulernen. Daraus wurde eine sehr hilfreiche Erfahrung im Umgang mit Kollegen und Politikern.

Diesmal habe ich ein ganz anderes Erlebnis mit Vogel, das mich meinen Job kostet.

Ende Februar 1983 prangt auf Seite Eins der „Bild am Sonntag" ein großer Artikel, der Vogel vom kleinen Hitlerjungen zum großen Nazi aufplustert. Als Schüler war Vogel Scharführer in der Hitlerjugend. „BamS"-Chefredakteur Ewald Struwe fragt nun in der Endphase des Wahlkampfes: „Holen Schatten der NS-Vergangenheit den Kandidaten ein?" Und gibt auch gleich die Antwort: Ja! Verbunden mit einem umfangreichen Artikel, der erklären soll, warum Vogel heute untragbar ist.

Alle Kollegen im Bonner „Bild"- und „BamS"-Büro sind empört. Ich gehe einen Schritt weiter, protestiere per Fernschreiben direkt beim „BamS"-Chefredakteur, schicke das Schreiben auch an Vogel. Mehr noch. Vor laufender „Tagesschau"-Kamera verlese ich meinen Protest, was die „Tagesthemen" ausführlich senden. Anschließend rufe ich meine Frau an und sage ihr: „Ich habe gerade etwas getan, das mich meinen Job kostet. Ich habe keinen neuen Job in Aussicht, aber es musste sein." Sie zeigt volles Verständnis, obwohl wir gerade für unser neues Haus Kreditverträge mit ziemlich hohen Zinsen abgeschlossen hatten.

Meine Kollegen klopfen mir auf die Schulter von wegen „Ehre gerettet". Am nächsten Tag erlebe ich eine unerwartete Überraschung. Chefredakteur Günther Prinz schreibt als Kommentar in „Bild": „Der SPD-Kanzlerkandidat war HJ-Führer. Millionen seiner Altersgenossen haben eine vergleichbare Vergangenheit. Ihn deswegen zu verurteilen, hält ‚Bild' für unmöglich." Dem Protest schließen sich die Kollegen aus dem Hause Springer reihenweise an. Danke! So viel zum Gleichschritt der Springer-Presse, etwa von „Bild" und „BamS".

Für mich kam ein Problem hinzu, denn ich war zu der Zeit nicht nur dem angesehenen „Bild"-Chefredakteur Günter Prinz, sondern eben auch dem „BamS"-Chefredakteur unterstellt. Also musste ich folgerichtig den Dienst quittieren, denn ich war und bin der Überzeugung, dass man nach so einem Schritt kündigen muss.

Hans-Jochen Vogel beschreibt in seinem Buch „Nachsichten – Meine Bonner und Berliner Jahre" den Struwe-Artikel als persönlichen Tiefschlag, bei dem ihn aber gefreut habe, dass Springer-Journalisten dagegen protestierten: *Einer der Redakteure nahm dafür sogar den vorübergehenden Verlust seines Arbeitsplatzes in Kauf."*

Was er nicht schreibt: Noch im selben Jahr hat er sich wieder mit dem Verursacher des Artikels ausgesöhnt. Dazu prangte in der „BamS" vom 18. Dezember 1983 ein halbseitiges Foto, auf dem Vogel mit wohlgefülltem Weinglas einen sichtlich zufriedenen Chefredakteur ansieht. Darunter die Bildunterschrift: „Herzlich willkommen: ‚BamS'-Chefredakteur Ewald Struwe und Oppositionsführer Hans-Jochen Vogel prosten sich zu – der eine mit Bier, der andere mit Wein".

Mitte Mai unterschreibe ich meinen neuen Arbeitsvertrag mit der Nachrichtenagentur Deutscher Depeschen Dienst, ddp. Die zahlt zwar weniger, dafür ist die Karriereleiter schnell zu schaffen.

Hans-Jochen Vogel kämpft als Kandidat landauf, landab. Trotzdem schafft er 1983 nicht den Durchbruch. Am 6. März gewinnt Kohl mit 48,8 Prozent, dem zweitbesten Ergebnis in der Geschichte der

Union, die Bundestagswahl haushoch, die FDP schafft mit ihrem Kurswechsel zur CDU sieben Prozent, die Grünen kommen mit 5,6 Prozent erstmals in den Bundestag. Die SPD fällt von 42,9 auf 38,2 Prozent und findet sich in den folgenden Monaten und sogar Jahren nur schwer mit der Oppositionsrolle ab.

Kurz vor Ostern 1987 treffe ich Georg Leber in seinem Büro zu einem rund zweistündigen Vier-Augen-Gespräch. Dabei kritisiert er besonders die eigenen Genossen. Der Bundestagsvizepräsident, Gewerkschafter und Ex-Minister Georg Leber meint unmissverständlich: „Der Gipfelpunkt für die SPD war 1972. Danach unter der Kanzlerschaft von Helmut Schmidt hat die SPD in keiner einzigen Bundestagswahl dazugewonnen. Es wurden bei jeder Wahl weniger SPD-Wähler, auch wenn die Koalition noch genügend Mandate behielt. Dabei zeigten die Sozialdemokraten, dass sie im Verteilen von Wohltaten verlässlich und unübertrefflich sind. Aber nichts davon setzte sich mehr in Wählerstimmen für die SPD um. Im Gegenteil. Selbst viele Rentner mit höheren Renten bekamen Zweifel und Skrupel, ob das auch gut gehen würde mit der Inflation aus Preissteigerungen und den Folgen der rapide wachsenden öffentlichen Verschuldung. Auch die schnoddrige Erklärung (Anm.: von Helmut Schmidt) ‚Lieber ein paar Prozent Inflation als ein paar Prozent Arbeitslose' tröstete mindestens ab dann niemanden mehr, als es dazu auch tatsächlich ein paar Prozent Arbeitslose gab. Die SPD hat nicht mehr den Ruf, dass sie das Erreichte bewahren kann." Dazu nennt er noch eine zunehmende Distanz von Sozialdemokraten gegenüber den USA. Das erinnert an Hans-Jochen Vogel, der in seinem Buch „Nachsichten" schreibt, es sei „schlechterdings nicht zu leugnen: Dass für das Ende der Koalition" (Anm.: aus SPD und FDP) „auch die zuletzt kaum mehr überbrückbaren Meinungsverschiedenheiten und Gegensätze innerhalb der SPD ursächlich waren."

Blüm muss CDU-Chef werden

Auch die CDU hat 1987 ihre Probleme, besonders mit dem größten Landesverband Nordrhein-Westfalen (NRW), den Kurt Biedenkopf[83] leitet. Unter seiner Führung bleiben die mühsam zusammengelegten CDU-Verbände Rheinland und Westfalen-Lippe noch nach einem Jahr eigensinnig. Anfang Mai 1987 probt der Fraktionsvorstand in Düsseldorf den Aufstand, fordert den Rücktritt von Biedenkopf. Anderenfalls müsse der gesamte Landesvorstand zurücktreten. 60 führende CDUler rufen nach Norbert Blüm, der auf dem Ohr gar nicht gut hört. Daher solle der Kanzler seinen Minister in die Pflicht nehmen, damit Blüm sich gezwungen sieht, den Parteivorsitz zu übernehmen.

Anfang Mai bin ich zu einem Plausch mit Ehepaar Blüm in deren Bonner Haus verabredet. Ich spüre gleich, die Stimmung ist nicht gut. Norbert Blüm berichtet seiner Frau Marita, dass er „nun doch CDU-Landesvorsitzender werden muss". Sie meint in aller Deutlichkeit: „Norbert, du solltest dich besser nicht darauf einlassen." Ich komme mir ziemlich deplatziert vor, würde am liebsten in ein Mauseloch kriechen. Aber davor sitzt schon die Katze. Frau Blüm sagt mir: „Das können Sie ruhig schreiben. Ich bin besorgt und traurig. Das wird auch die ganze Familie belasten, denn diese neue Aufgabe erfordert nicht nur Zeit, sondern ganzes Herzblut." Als ich am nächsten Morgen mit einem Strauß Blumen zu ihr komme, ist der Hausfriede schon wieder hergestellt. Biedenkopf zieht im Juni

---

[83] Prof. Dr. jur. KURT BIEDENKOPF (*1930) war Universitätsrektor in Bochum (1967–1969), CDU-Generalsekretär (1973–1977), wurde 1986 (bis 1987) erster Vorsitzender der neu zusammengelegten CDU-Verbände Rheinland und Westfalen-Lippe zur NRW-CDU, gewann 1990 als CDU-Spitzenkandidat die Landtagswahl von Sachsen mit 53,8 Prozent, blieb Ministerpräsident bis 2002.

schmollend von dannen: „Hier wurde ich so schlecht behandelt, hier möchte ich nicht bleiben." Gedrängt von Helmut Kohl tritt Blüm auch als CDU-Spitzenkandidat zur NRW-Wahl 1990 gegen Ministerpräsident Johannes Rau (SPD) an. Rau verliert zwei Prozentpunkte auf 50,0. Blüm kann nur 0,2 Prozentpunkte auf 36,7 zulegen.
Hauptursache für den unzureichenden Erfolg ist nach Einschätzung vieler Beobachter, dass Blüm mit Rückfahrschein antrat, also nicht mit der Zusage, notfalls auch Oppositionsführer zu werden. Nach verlorener Wahl bleibt er wie angekündigt Bundesarbeitsminister. Diesen taktischen Fehler wiederholte Bundesumweltminister Norbert Röttgen im Mai 2012, mit dem Ergebnis einer historischen Wahlniederlage. Das kostete Röttgen im Gegensatz zu Blüm nicht nur den Landesvorsitz, sondern auch sein Ministeramt.

SPD-Kanzlerkandidat Johannes Rau verliert

Die Bundestagswahl 1987 gewann Kohl erneut, diesmal gegen Johannes Rau, wenn auch sein Ergebnis von 48,8 auf 44,3 Prozent sank. Danach ging es in den Umfragen weiter bergab, bis das Großereignis im Nachkriegsdeutschland die Wende in Politik und Stimmung brachte.
Zur Einstimmung in das politische Umfeld der Zeit erinnere ich kurz an ein paar Daten: Es ist Herbst 1988, Otto Graf Lambsdorff hat gerade nach seinem Parteispendenurteil und Rücktritt als Wirtschaftsminister wieder sein Comeback gestartet, in der Stichwahl Irmgard Schwätzer knapp besiegt und mit 211 zu 187 Stimmen den FDP-Vorsitz von Genscher übernommen. Arbeitsminister Norbert Blüm (CDU) erkennt, dass die Rente mit 65 nicht auf Dauer zu halten ist, Matthias Wissmann verkündet als wirtschaftspolitischer

Im Interview mit Bundespräsident Johannes Rau

Sprecher der CDU den Atomausstieg nach dem Jahr 2000. Zehn Jahre zu kurz gegriffen, aber immerhin. Bundeskanzler Helmut Kohl reist kompaniestark nach Moskau. Bundestagspräsident Philipp Jenninger (CDU) redet sich wie beschrieben bei der Gedenkfeier zum antijüdischen Terror am 9. November 1938 um Kopf und Kragen, muss zurücktreten. Willy Brandt wird 75 Jahre und gesteht dem „Express" im Geburtstagsinterview zum Radikalenerlass: „Das war ein Fehler. Ich bitte um Nachsicht." Zum Jahresanfang 1989 überrascht mich Umweltminister Klaus Töpfer[84] beim Redak-

---

84 Prof. Dr. rer. pol. KLAUS TÖPFER (*1938), seit 1972 CDU-Mitglied, war erst Umwelt- (1987–1994), dann Bundesbauminister bis 1998, Bundestagsabgeordneter (1990–1998), Direktor des Uno-Umweltprogramms (1998–2006) und 2012 einer der

tionsbesuch mit der Antwort auf meine Frage „Was möchten Sie trinken, Bier, Sekt oder Chablis?": „Genau in dieser Reihenfolge." Es wurde ein anstrengendes Interview über Umweltschutz und Skat. Tage später mahnt der Obergrüne Otto Schily[85] beim Redaktionsbesuch seine eigenen Parteifreunde: „Wenn die Grünen nur weiter ‚Feuer' schreien, aber nicht beim Löschen anpacken wollen, wenden sich die Menschen von uns ab." Dann folgt ein so flammendes Bekenntnis zur Koalition mit der SPD, dass ich ihn hinterher frage, ob er sich vorstellen könnte, einmal SPD-Mitglied zu werden. Seine beeindruckende Antwort: „Dass ich für die SPD eine Zierde wäre, ist außer Frage, aber ob die SPD auch eine Zierde für mich ist, ist eine andere Frage." Bis er die geklärt hatte, wurde es November.

Die Mauer fällt

1989 übernahm Michael Spreng die Chefredaktion von „Bild am Sonntag" („BamS"), gefolgt von einer Hand voll „Express"-Redakteuren, darunter so tolle Kollegen wie Alfred Merta und Martin Heidemanns. Als Leiter der „BamS"-Parlamentsredaktion fuhr ich mit Spreng Anfang August 1989 nach St. Gilgen am Wolfgangsee. Um 13.00 Uhr erschienen wir in der Mondseer Straße Nummer vier bei Bundeskanzler Helmut Kohl, der seit 20 Jahren hier regelmäßig

---

Wunschkandidaten von Angela Merkel für das Amt des Bundespräsidenten, den sie aber in der Koalition nicht durchsetzen konnte.
85 OTTO SCHILY (*1932), Rechtsanwalt seit 1963 (1971–1977 auch RAF-Anwalt), 1980 Gründungsmitglied der Grünen, trat am 2. November 1989 bei den Grünen aus und bei der SPD ein. Er war erst als Grüner Bundestagsabgeordneter (1983–1986, 1987–1989), dann als SPD-Mitglied (1990–2009), stellvertretender Vorsitzender der SPD-Fraktion (1994–1998) und Bundesminister des Innern (1998–2005). Seitdem ist er wieder Anwalt. (Quelle für den Datenabgleich: Deutscher Bundestag)

Otto Schily als Grüner (links) am „Express"-Telefon und als SPD-Innenminister im Regierungsjet

seinen Sommerurlaub verbrachte. Sein Sohn Walter beschrieb diese Urlaube später als schwer erträglich. Doch davon war für uns nichts zu spüren. In Sandalen mit Wollsocken vermittelte er an der Seite seiner stets (zu uns) freundlichen Ehefrau Hannelore eine biedere heile Welt.

Im Wohnzimmer des gemieteten Hauses mit Blick auf Wasser und Berge schwärmt der Partei- und Regierungschef: „Der Platz hier ist traumhaft schön. Wenn nach einer Bergtour die alten Stadtknochen abgeschlafft sind, kann man im See mit etwa 17 Grad erfrischend schwimmen." Von Schickimicki hält er wenig. Dafür kennt er „die meisten Bauern, vor allem auf den entlegenen Höfen". In dieser Idylle genießt der CDU-Chef den Richtungsstreit um Politik und Kanzlerkandidaten in der SPD sichtlich, räumt aber auch ein: „Bei großen Volksparteien können Sie den Rasen noch so schön glatt und alles in Ordnung halten – es kommt immer irgendein Kamel aus dem Gebüsch und trampelt alles zusammen." Das gelte auch für die Union: „Auch wir in der Union haben Fehler gemacht. Aber unsere Stärke war immer, dass wir uns zusammenreißen, wenn's ums Ganze geht. Wir haben zwar sicher auch in den eigenen Reihen noch Leute, die uns die Suppe versalzen wollen. Ich warne sie schon vor dem Parteitag in Bremen: Wer künftig illoyal ist, der kriegt es mit mir zu tun. Ich werde in den nächsten 15 Monaten die Partei noch stärker in die Hand nehmen." Diese Ankündigung der starken Hand bleibt nicht auf die eigenen Parteifreunde beschränkt, wie so mancher Journalist (uns eingeschlossen) noch merken sollte. Im Kabinett hatte er da schon aufgeräumt: Nach Flugunfällen erfuhr Verteidigungsminister Rupert Scholz[86] von seiner Entlassung auf dem Flug von Tel Aviv

---

86 Prof. Dr. jur. RUPERT SCHOLZ (*1937), Verfassungsrechtler, CDU-Mitglied seit 1983, Mitglied des Berliner Abgeordnetenhauses (1985–1988), Senator für Justiz und Bundesangelegenheiten in Berlin (1981–1988), Bundestagsabgeordneter (1990–

nach Deutschland aus Agenturmeldungen. Die übliche Uhr zum Abschied ließ Kohl ihm von einer Mitarbeiterin kommentarlos auf den Schreibtisch legen. Das war der ganze Abschied.
Doch zurück zum Interview. An die Adresse der anderen Parteien erklärt Kohl: „Der Bundestagswahlkampf wird sehr hart, eine Schlammschlacht aber von der Union aus nicht. Bei der Wahl geht es um eine Jahrhundertentscheidung, die vergleichbar ist mit jener im Sommer 1948, als es um soziale Marktwirtschaft und die Einführung der D-Mark ging; denn die nächste Legislaturperiode von 1990 bis 1994 führt in den großen europäischen Binnenmarkt. Der Wettbewerb wird härter. Diese Phase der europäischen Entwicklung dürfen wir nicht Industrie- und Wettbewerbsfeinden wie einem rot-grünen Bündnis überlassen."
Schon so früh kündigt er eine Erweiterung der EU an: „Ich rechne damit, dass bis zur Jahrtausendwende weitere Staaten der Europäischen Gemeinschaft angehören werden – wie Österreich, aber möglicherweise auch Länder des Ostblocks – wie Ungarn."
Für mehr Frauen in der Politik spricht er sich gern aus, fügt aber hinzu: „Ich will weder einen Naturpark für Frauen noch einen für Männer. Wer qualifiziert ist, soll den Posten haben. Ich hoffe, dass wir zu dieser Einstellung überall kommen. So gesehen, würde ich mir auch einmal eine Nachfolgerin, also eine Kanzlerin, wünschen." Der Wunsch ging bekanntlich in Erfüllung.
In Richtung DDR bemerkt er (richtig): „Der Wille zur Einheit der Nation ist gewachsen, vor allem auch in der DDR. Die DDR kann dem Reformprozess nicht ausweichen. Die Zeit arbeitet gegen

---

2002), Bundesminister der Verteidigung (Mai 1988 bis April 1989), danach wieder Rechtsprofessor. (Quelle für den Datenabgleich: Deutscher Bundestag)

Herrn Honecker. Auch für ihn gilt der berühmte Satz: ‚Auf Bajonetten kann man nicht sitzen.'"

Als SPD-Vize und Saar-Ministerpräsident sah das Oskar Lafontaine noch bis in den Oktober hinein ganz anders: „Die CDU/CSU heizt im Gegensatz zur SPD und der FDP die Lage in der DDR an und schadet den Reformbewegungen. Die SPD bleibt bei der bisherigen Position, die DDR-Staatsbürgerschaft zu respektieren."

Nun begann eine Phase, von der Kohl selbst später mehrfach betont, sie habe ihm zur Wiederwahl als Kanzler entscheidend geholfen. Dazu ein paar Daten zur Erinnerung: Noch im selben Monat flohen über 4.000 Menschen aus der DDR über Ungarn zu uns. Gut 20.000 warteten dort noch auf die Weiterreise. Am 30. September 1989 kam der gebürtige Hallenser Hans-Dietrich Genscher aus New York nach Prag. Als Krönung seiner intensiven Verhandlungen ging der Bundesaußenminister um 18.58 Uhr auf den Balkon der deutschen Botschaft und erklärte, woran sich viele von uns noch erinnern: „Liebe Landsleute, wir sind zu Ihnen gekommen, um Ihnen mitzuteilen, dass Ihre Ausreise" – mitten im Satz brach tosender Jubel der Befreiung aus – „in die Bundesrepublik Deutschland möglich ist." Als die Flüchtlinge begeistert „Freiheit, Freiheit!" riefen, erklärte Genscher den Journalisten, dass er diese Zustimmung von DDR-Außenminister Fischer am Rande der UNO-Vollversammlung erhalten habe.

Das erfahre ich aus dem Radio, denn ich habe mich genau zu dem Zeitpunkt ausnahmsweise aus der Redaktion entfernt, um unsere Tochter in Hannover als hinreißend schöne Braut zum Traualtar zu geleiten.

In Bonn und Ostberlin überschlagen sich die Ereignisse. Ostberlin besteht darauf, dass die Flüchtlinge erst zurück über DDR-Gebiet und von dort in die Freiheit gebracht werden sollen.

In der DDR eskalieren die Jubelfeiern. Kremlherrscher Michail Gorbatschow nimmt neben Erich Honecker in Ostberlin die Militärparade zum Jubel über 40 Jahre DDR ab.

◆

Anfang Oktober erlebe ich, was für mich bis dahin unvorstellbar war: In Dresden versammeln sich 2.000 junge Leute, werden mit Gummiknüppeln auseinandergetrieben. In Leipzig sind es 4.000. Sie rufen „Keine Gewalt, keine Gewalt!" und werden mit Schlagstöcken niedergeknüppelt. Dann springt der Funke nach Ost-Berlin über. Die DDR-Führung setzt ihre härteste Truppe ein, das berüchtigte Wachregiment „Feliks Dzierzynski".

Dresden: Gegen 18.00 Uhr versammeln sich vor dem Lenin-Denkmal am Hauptbahnhof von Dresden 2.000 junge Leute zu einer Demonstration gegen die SED-Führung. Eine halbe Stunde später rücken mehrere Hundertschaften der Polizei gegen die Demonstranten vor, drängen sie in die Prager Straße ab. Etwa 30 Vopos sind mit Maschinenpistolen bewaffnet. Jugendliche werfen Flaschen und Steine, die Vopos heben ihre Schilde, ziehen Gummiknüppel. Mehrere Demonstranten werden verletzt, manche schwer. Viele bluten. Nick Turner, Kameramann des US-Fernsehsenders CBS: „Ich wurde von zwei Beamten der Stasi von hinten zu Boden gerissen, dann von Polizisten mit Schlagstöcken angegriffen."

Leipzig: In der Altstadt rund um die Nikolai-Kirche treiben Vopos mit Knüppeln und Fußtritten 4.000 Demonstranten auseinander. Aus der Menschenmenge immer wieder Rufe: „Keine Gewalt, keine Gewalt!" Polizei und Armee setzen Wasserwerfer ein. Augenzeugen berichten: „Krankenwagen fuhren mit Sirenen und Blaulicht hin und her. Die Menge geriet in Panik, floh in enge Gassen. Frauen und Kinder wurden umgerannt." Mehrere Dutzend Demonstranten wer-

den nach Angaben aus Kirchenkreisen festgenommen, viele verletzt.
Ost-Berlin: Kurz nach 18.00 Uhr wird auch hier die Lage kritisch: Etwa 100 Frauen und Männer versammeln sich auf dem Alexander-Platz und rufen: „Freiheit, Freiheit!", „Gorbi, hilf uns!", „Wir bleiben hier!"

Die Demonstranten-Gruppe schwillt schnell auf mehrere tausend Menschen an, marschiert zum Platz der Republik, Sitz der DDR-Volkskammer. Starke Polizeikräfte versuchen, die Demonstranten abzudrängen, ein junger Mann wird abgeführt. Mehrere Hundert ziehen gleichzeitig am Fernsehturm vorbei zum Roten Rathaus. Sie rufen „Wir wollen keine Stasi-Schweine!" und singen die „Internationale". Als sich der Demonstrationszug in Richtung S- und U-Bahnhof bewegt, rückt Polizei nach. Beamte des Staatssicherheitsdienstes zerren mehrere Männer in Restaurants, nehmen sie fest. Aus Nebenstraßen rücken Hundertschaften der Volkspolizei vor, bilden Ketten, um die protestierende Menge abzudrängen. Ambulanzwagen stehen bereit.

Dann schickt der Staatssicherheitsdienst rund 300 Mann der Eingreiftruppe „Feliks Dzierzynski" mit 20 Mannschaftswagen auf die Straße. Sie prügeln mit ihren Hartholz-Schlagstöcken auf die Demonstranten ein, ein Mann wird mit dem Kopf gegen eine Hauswand gerammt, andere werden getreten und in Hausgänge gedrängt, dort festgenommen.

Die Eingeschlossenen singen das amerikanische Bürgerrechtslied „We Shall Overcome" und die „Internationale". Gegen 21 Uhr, als in Friedrichshain das große Feuerwerk zum 40. Jahrestag der DDR-Gründung abgebrannt wird, ist die Demonstration aufgelöst. Rund 3.000 ziehen sich in die Gethsemane-Kirche zurück, vor dem Gotteshaus versammeln sich rund 5.000, fordern die Freilassung aller politischen Gefangenen in der DDR. Auch hier knüppelt die Polizei die Demonstranten auseinander. Das ZDF meldet, dass nach Gerüchten Schüsse gefallen seien. Die Spezialtruppe soll mit großer Brutalität vorgegangen sein. Immer wieder rasen Krankenwagen in den Stadtbezirk, um Verletzte abzutransportieren.

Am späten Abend wird bekannt: Auch in Potsdam und in Plauen im Vogtland demonstrierten mehrere hundert Bürgerinnen und Bürger für mehr Freiheit.

In der Nacht werden in Magdeburg, Halle und Ost-Berlin mehr als 60 Mitarbeiter der Bürgerinitiative „Neues Forum" vorübergehend festgenommen. In der Erlöser-Kirche in Ost-Berlin verabschieden die oppositionellen Gruppen eine gemeinsame Resolution für mehr Freiheit und Wahlen unter Aufsicht der UNO.

Günther Krusche, Generalsuperintendent der evangelischen Kirche (Ost-Berlin), erklärt: „Wir haben die Losung ausgegeben: Ruhe bewahren, lasst euch nicht provozieren! Denn jetzt muss es in der DDR doch darum gehen, wieder in Ruhe zum Nachdenken zu kommen. Natürlich ist es unser Wunsch, dass sich alle politischen und gesellschaftlichen Kräfte an einen runden Tisch setzen, um miteinander zu sprechen."

Im Ost-Berliner Machtzentrum wird Egon Krenz (*1937) am 18. Oktober durch einstimmigen Beschluss Nachfolger von Erich Honecker. Montagsdemos beherrschen die Nachrichten, hinzu kommen allabendlich immer mehr Kerzen in den Fenstern. Volker Rühe schlägt als CDU-Generalsekretär die evangelische Nikolai-Gemeinde von Leipzig für den Friedensnobelpreis vor. Alfred Herrhausen, Vorstandssprecher der Deutschen Bank (*1930, bis zu seiner Ermordung am 30. November 1989 im Amt), sagt der DDR Anfang November einen baldigen Wirtschaftsaufschwung voraus.

Am Donnerstag, den 9. November 1989 begleiten wir morgens Bundeskanzler Helmut Kohl bei dessen offiziellem Besuch nach Warschau. Gegen 11.00 Uhr militärische Ehren für den Gast aus Bonn.

Wir ahnen nicht, dass zur selben Zeit im DDR-Innenministerium eine neue Anweisung zur Ausreise „für jedermann" entsteht. Für den Abend hat Günter Schabowski als Regierungsbeauftragter des Zentralkomitees der DDR für den Umgang mit Medien zur Pressekonferenz geladen.

Was da ablief, erzählte mir später bei gutem Wein mein alter Freund und Kollege Peter Brinkmann, denn er war im Gegensatz zu mir damals auf der richtigen Party: „Wir spürten alle, dass etwas los ist, ohne genau zu wissen, was. Um 18.00 Uhr begann Schabowski die PK mit langweiligem Parteigesülze. Nach etwa 50 Minuten wollte der Ansa-Kollege Riccardo Ehrman vorn links neben der Bühne wissen, ob die jüngsten Reisegesetze nicht ein Fehler wären. Da kramte Schabowski umständlich in seinen Unterlagen, bis er seinen berühmten Satz sagte." Live über alle Sender war zu hören: „Wir haben uns dazu entschlossen, heute eine Regelung zu treffen, die es jedem Bürger der DDR möglich macht, über Grenzübergangspunkte der DDR auszureisen."

Peter Brinkmann: „Du musst dir vorstellen, wir waren alle verblüfft. Ich saß in der ersten Reihe und habe gefragt: ‚Ab wann, ab sofort?' Schabowski antwortete: ‚Nach meiner Kenntnis sofort. Unverzüglich.'" Dass die Mitteilung eigentlich erst für den nächsten Tag geplant war, erfahren wir und Schabowski erst viel später.

Zu der Zeit der historischen Ankündigung sehen wir nichtsahnend in Warschau Bundeskanzler Helmut Kohl mit Friedensnobelpreisträger Lech Walesa (*1943) im Gespräch. Dabei sagt Walesa seinem Gast, er sei von einer baldigen deutschen Wiedervereinigung überzeugt.

Als um 20.00 Uhr die Fernsehnachrichten in Ost und West über die Sensation für alle Bürger der DDR berichten, sind wir Kohl-Begleiter Zuschauer beim Staatsbankett in Warschau. Wir wissen nicht, dass die Abgeordneten des Deutschen Bundestages um 20.30 Uhr erfah-

ren: Die Mauer ist auf. Spontan stehen die Parlamentarier im Wasserwerk, dem Ausweichquartier während der großen Renovierung des großen Plenarsaales, auf und singen gemeinsam die Nationalhymne. Nur Abgeordnete der Grünen bleiben stumm sitzen.
Nach dem Essensauftakt, bei dem wir nur Zaungäste waren, lungern wir noch immer ahnungslos im Warschauer Hotel herum. Da teilt uns ein Mitarbeiter der Botschaft mit, dass die Mauer fällt. Jubel bricht aus, dann die Ernüchterung: Wir sind auf der falschen Party. Der ahnungslos überraschte Kanzler telefoniert vom Gästehaus der polnischen Regierung mit Bonn, ordnet den Rückzug nach Deutschland an. Das Gerangel um einen Platz in der Kanzlermaschine geht los. Am nächsten Morgen Rückflug in aller Frühe. Die friedliche Demonstration hat gesiegt. Kohl kommt noch rechtzeitig zur Jubelfeier nach Berlin. Ein unvergessener Tag für alle Beteiligten und alle Zuschauer.
US-Botschafter Vernon A. Walters (1917–2002, in Bonn bis 1999) sagte mir am Telefon: „Ich war am 11. November in Berlin und stehe immer noch unter dem Eindruck dessen, was ich dort miterleben durfte. Selten zuvor habe ich so glückliche Menschen gesehen. Wir Amerikaner verstehen und teilen die Freude der Deutschen. Die Öffnung der DDR und die Ansätze zu demokratischer Bewegung, die wir heute sehen, sind für uns mehr als nur ein politischer Erfolg. Wir werden heute Zeuge eines Triumphes der Ideale, die über all die langen Jahre der Ost-West-Konfrontation hinweg unser Handeln bestimmt haben. Die Bevölkerung der DDR hat zu viele Jahre unter Unterdrückung und Unmündigkeit gelitten. Die Bürger haben den Staatsapparat dennoch zur Bewegung gezwungen, und zwar gewaltlos im Geiste von Friedfertigkeit und Mäßigung. Ihr Beispiel lässt Demokraten in aller Welt Mut und Zuversicht schöpfen."

SPD-Kanzlerkandidat Oskar Lafontaine verliert

Da klingt es eher wie ein selbstverständlicher Zwischenruf, wenn ich daran erinnere, dass Helmut Kohl gegen den vorherigen Umfragetrend die Bundestagswahl am 2. Dezember 1990 fast wieder wie vier Jahre zuvor mit 43,8 Prozent gewinnt. Lafontaine hatte im Wahlkampf gegen den raschen Einigungskurs des Kanzlers gewettert und führte die SPD mit 33,5 Prozent auf einen Tiefpunkt. Nach dem Fall der Mauer. Also nochmal zurück zu 1989.

◆

In der DDR wählt der neu gegründete „Demokratische Aufbruch"

Oskar Lafontaine in der „Express"-Parlamentsredaktion

(DA) ihren Mitbegründer Wolfgang Schnur (*1944) zum Vorsitzenden. Gemeinsam mit Parteisprecher Rainer Eppelmann (*1943, nach Schnurs Enttarnung als MfS-Mitarbeiter kurz selbst DA-Vorsitzender und letzter DDR-Verteidigungsminister) kommt Schnur am 23. November nach Bonn. Nach deren erster Pressekonferenz im „Tulpenfeld" bitte ich ihn um ein Gespräch: „Geht nicht, wir müssen gleich zum Flughafen." Ich frage, ob sie ein Auto haben: „Nein, wir müssen mal sehen, wie wir hinkommen." Ganz einfach, ich biete mich als Chauffeur an. Im Kofferraum sehen sie mein Buch über Richard von Weizsäcker, das gerade herausgekommen ist, bitten um ein Exemplar mit Widmung. Das bringt mich auf eine Idee. SED-Chef Egon Krenz hatte am Vortag von einer „möglichen Konföderation beider deutscher Staaten" gesprochen. Über einen deutschen Staatenbund denkt auch die DDR-CDU nach. Bundespräsident Richard von Weizsäcker ist in der DDR so beliebt, dass er künftig auch Staatsoberhaupt für beide deutsche Staaten werden könnte. Genau danach frage ich nun auf der Fahrt Wolfgang Schnur.

Eppelmann zwängt sich auf den engen Rücksitz meines Nissan-Sportwagens, Schnur sitzt neben mir. Gleich nach dem Start ziehe ich mein Bandgerät aus der Tasche. Eine Hand für Lenken und Schalten muss genügen. Schnur: „Es muss uns gelingen, die politischen, wirtschaftlichen und gesellschaftlichen Unterschiede der beiden deutschen Staaten möglichst bald anzunähern. Hier haben wir in der DDR noch viel aufzuholen. Wenn die Bürger beider deutscher Staaten in Verantwortung vor ihrer Geschichte in freier Selbstbestimmung über ihre Zukunft entscheiden, wird es auch bald um die Frage der Einheit des Vaterlandes gehen. Auf dem Weg dorthin könnte ein gemeinsames Staatsoberhaupt der DDR und der Bundesrepublik Deutschland ganz besonders hilfreich sein." Wer? Schnur: „Der Präsident der Bundesrepublik Deutschland ist ein Mann der Besonnenheit, des Ausgleichs und der Menschlichkeit. Ich möchte als Bürger der DDR dem Herrn Richard von Weizsä-

cker für sein politisches Wirken und Handeln danken. So wie er sein Amt ausübt, kann er von Millionen von DDR-Bürgern auch als Staatsoberhaupt verstanden werden. Es gibt überhaupt keinen Zweifel für mich, dass Richard von Weizsäcker auch für uns als Staatsoberhaupt akzeptabel wäre."
Am Flughafen verabreden wir weitere Treffen, telefonieren mehrmals und zwei Wochen später nehme ich mir in Berlin-Friedrichstraße ein Lada-Taxi nach Friedrichshain. Ein kleines Radio als Mitbringsel für Wolfgang Schnur hatte ich wie gewünscht am Flughafen Tegel gekauft. Über Schlaglöcher gelangen wir zu einem kleinen Häuschen, hier bekanntlich Datscha genannt. Gleich hinter der Eingangstür stehe ich schon mitten im vollgestellten Wohnzimmer. Im Slalom um Sessel und Couchtisch erreiche ich eine sehr junge Frau. Wir schütteln die Hände und sie meint, ihr Vater komme gleich. Dann setzt sie sich zu ihrem Freund auf den breiten Sessel. Eine weitere junge Frau kommt, nicht Schnurs Frau, sondern seine Freundin (sagt sie selbst). Sie bietet mir ein Glas Sekt an, süß und warm. Ich komme mir leicht deplatziert vor und plaudere belangloses Zeug. Gut eine Stunde später erscheint Wolfgang Schnur, trinkt munter mit und meint, wir sollten doch lieber morgen reden. Der Wunsch des großen Hoffnungsträgers ist mir Befehl. Also nächstes Treffen in einem ziemlich provisorischen Büro des DA. Er schwärmt von Demokratie und neuen Gemeinsamkeiten beider deutscher Staaten, sagt beiläufig, dass eine mir unbekannte Angela Merkel[87] schon länger DA-Mitglied sei und nun Parteisprecherin

---

[87] Dr. rer. nat. ANGELA MERKEL, geboren am 17. Juli 1954 in Hamburg als Tochter des Pfarrers Horst Kasner und der Lehrerin Herlinde, die mit ihrer sechs Wochen alten Tochter in die DDR zogen. Sie wuchs in Templin (Mark Brandenburg) auf, studierte Physik an der Karl-Marx-Universität in Leipzig, bekam für die Diplomarbeit „Zum Einfluss der räumlichen Korrelation auf die Reaktionsgeschwindigkeit bei

würde. Damals hätte ich mir nicht vorstellen können, dass Schnur schon wenig später als Stasi-Mitarbeiter enttarnt würde.

Die Wende: So wird Kohl in Moskau zum Kanzler der Einheit

Am 27. November 1989 beraten die NATO-Verteidigungsminister erstmals in Brüssel, wie das Bündnis auf eine mögliche Wiedervereinigung reagieren könnte. Am Tag darauf gibt mir Horst Teltschik (*1940) als außenpolitischer Berater von Bundeskanzler Helmut Kohl in meiner Redaktion die Antwort: „Ein vereinigtes Deutsch-

---

bimolekularen Elementarreaktionen in dichten Medien" die Note „Sehr gut", dagegen kam sie im Pflichtfach Marxismus-Leninismus nicht über „Genügend" hinaus. 2013 meldeten die Kollegen Ralf Georg Reuth („Bild") und Günther Lachmann („Die Welt") im Bundestagswahlkampf, dass sie an der Akademie der Wissenschaften der DDR als FDJ-Sekretärin Funktionärin für Agitation und Propaganda war und in der Betriebsgewerkschaftsleitung saß. – Angela Merkel ist nach der Ehe mit dem Physiker Ulrich Merkel seit 1998 mit dem Chemiker Professor Dr. Joachim Sauer verheiratet. 1990 wurde Merkel Sprecherin beim Demokratischen Aufbruch, kam zur Pressestelle der einzigen frei gewählten DDR-Regierung. Als deren Ministerpräsident Lothar de Maizière samt Regierungssprecher eine USA-Reise antrat, wurde Merkel kurzerhand zur stellvertretenden Regierungssprecherin in Ostberlin ernannt. Ihre spätere Bewerbung beim Bundespresseamt in Bonn scheiterte an der medizinischen Untersuchung, die ihr einen leichten Bluthochdruck attestierte. Erst wollte sie dagegen protestieren, doch stattdessen begann sie ihre politische Laufbahn. Seit dem 2. Dezember 1990 ist sie CDU-Bundestagsabgeordnete, wurde 1991 als jüngstes Kabinettsmitglied Frauen- und Jugendministerin, ab 1994 bis 1998 Bundesumweltministerin. Ihre Spitznamen wandelten sich von „Kasi" in der Schule über „Kohls Mädchen" zu „Mutti" als Bundeskanzlerin ab 2005. In der CDU wurde sie 1991 stellvertretende Bundesvorsitzende, 1998 Generalsekretärin und 2000 Bundesvorsitzende. Seit Beginn ihrer Kanzlerschaft 2005 sank die Arbeitslosenquote von 11,7 auf 8,1 Prozent zum Ende ihrer ersten Großen Koalition und in der schwarz-gelben Koalition weiter auf 6,7 Prozent im Jahre 2012 bei Halbierung der Jugendarbeitslosigkeit. (Quelle für den Datenabgleich: Deutscher Bundestag)

land kann nach Auffassung der Bundesregierung selbstverständlich weder ein neutrales Land noch Mitglied des Warschauer Paktes sein. Unter den heutigen Kräfteverhältnissen ist eine deutsche Einheit nur als Teil der westlichen Allianz möglich. Die Politik schreitet so schnell voran, dass schon heute die Blöcke als übergreifende Sicherheitsstrukturen in Europa vorstellbar sind." Zur Wirtschaftsentwicklung meint er, wir sollten uns nichts vormachen: „Eine grundlegende Wirtschaftsreform in der DDR ist letztlich nur durch eine Währungsreform zu machen. Das heißt, in der DDR muss die D-Mark zur Landeswährung werden." Damit löst er bei vielen ungläubiges Staunen und eine heftige Diskussion aus. Sein Chef Kohl reist am 19. Dezember zu Modrow nach Dresden mit dem Angebot, dass die deutsche Wirtschaft in den nächsten zehn Jahren jährlich jeweils bis zu zehn Milliarden D-Mark investieren will und Bonn bereit ist, dafür die Bürgschaft zu übernehmen. Voraussetzung: Die DDR-Regierung führt Marktwirtschaft mit Eigentumsgarantie und freiem Zahlungsverkehr ein, damit Gewinne auch zurückfließen können. Die Bundesregierung will vor allem die Gründung deutsch-deutscher Unternehmen mit Bundeskrediten und Bürgschaften erleichtern. Konkrete Ziele für Gemeinschaftsprojekte in der DDR sind:

1. Aufbau eines funktionstüchtigen Telefonnetzes.
2. Deutliche Verbesserung beim Umweltschutz.
3. Bau von Straßen, Wohnungen und Hotels.
4. Gründung von Industrie und Dienstleistungsunternehmen.

Im Gegenzug hat die DDR die Freilassung der Häftlinge zugesagt, die wegen Spionage oder Republikflucht noch in DDR-Gefängnissen sitzen. Visumspflicht und Zwangsumtausch für Reisen von Bundesbürgern in die DDR sollen schon nächste Woche fallen. Zum Jahresende sagt mir Bundespräsident Richard von Weizsä-

cker: „Erst war aus der SED die These zu hören, die DDR würde ohne Sozialismus ihre Identität verlieren. Dann kam die Friedliche Revolution und oppositionelle Gruppen sagten, man könne jetzt zum ersten Mal ein wirkliches Gefühl von DDR-Identität entwickeln im erfolgreichen friedlichen Kampf gegen die SED-Ideologie. Als nächstes kam dann die Wiederentdeckung der elementaren Zusammengehörigkeit der Deutschen. Die Menschen in der DDR sind dabei, ihre Gedanken und Gefühle zu diesem Thema zu ordnen. Keine Gesellschaft ist frei von der Gefahr, in ihren Gefühlen zu eskalieren. Aber nach meiner festen Überzeugung wird es zu keiner gewaltsamen Auseinandersetzung über den richtigen Weg der DDR in dieser Grundsatzfrage kommen."
Und das sei dieser richtige Weg: „Wir müssen den Prozess der Annäherung mit Beharrlichkeit und Geduld begleiten und mittragen. Wir haben dabei drei Phasen zu unterscheiden, die natürlich ineinander übergehen. Zunächst müssen die notwendigen Bedingungen für wirklich brauchbare und faire Wahlen geschaffen werden. Das setzt die Aufrechterhaltung von Ordnung und Organisation eines Staates voraus, der noch nicht die demokratische Legitimation hat. Dann folgt die zweite Phase. Freie Wahlen, die für den 6. Mai vorgesehen sind. Und drittens wirtschaftliche Reformen, die ganz gewiss nicht weniger wichtig sind, aber mehr Zeit brauchen."
Anfang des Jahres 1990 widerspricht Hans-Dietrich Genscher erneut Teltschik und der Union mit ihren Vorstellungen vom künftigen Deutschland. Die DDR in einem vereinigten Deutschland als Teil der NATO, das wäre für Genscher „das Ende unseres Strebens nach Einheit. Wer die Grenze der NATO bis zur Oder und Neiße ausdehnen will, schlägt die Tür zu für ein geeintes Deutschland."
Kohl sieht das anders und fliegt eine Woche später nach Moskau, um Nägel mit Köpfen zu machen. Er will die deutsche Einheit nach seinen Vorstellungen besiegeln.

Am 10. Februar 1990 kommt es dazu. Während Kohl morgens noch mit seinem Tross (einschließlich Genscher) im Flugzeug sitzt, stellt Moskaus Außenminister Eduard Schewardnadse[88] in einer Pressekonferenz harte Bedingungen für die deutsche Einheit: Ein geeintes Deutschland müsse militärisch neutral sein und feierlich versichern, dass es für alle Zeit auf Gebietsansprüche im Osten verzichte.

Doch Kohl und sein Berater Horst Teltschik haben ganz andere, sehr konkrete Pläne im Gepäck, über die ich vorab informiert war. Denn bereits vor dem Abflug nach Moskau erhalte ich telefonisch Informationen von Horst Teltschik und Regierungssprecher Hans Klein, den Freunde liebevoll Johnny nannten. Kohls bisherige Zielrichtung für die Verhandlungen in Moskau kenne ich. Während des Flugs bringt mich Klein erneut auf den aktuellen Stand der Kohl-Teltschik-Taktik. Auf dieser Basis schreibe ich meinen vorläufigen Artikel in der Hoffnung, dass Bundeskanzler Helmut Kohl (CDU) seine Pläne zur deutschen Wiedervereinigung durchsetzen kann.

In Moskau angekommen, zeige ich Klein meinen Artikel, und er meint: „Ja, so etwa wird das laufen." Diese Vorbereitung war für mich schon deswegen so wichtig, weil die „Bild am Sonntag" wie immer, auch an diesem Samstag um 20.00 Uhr für die Gesamtausgabe Redaktionsschluss hatte. Im Kreml angekommen, sind wir Journalisten wie üblich zum Warten verdonnert. Klein zeigt mir einen Nebenraum mit einem Telefon, notiert sich die Nummer und verspricht, mich dort anzurufen.

Er hält Wort. Gegen 17.00 Uhr Ortszeit ruft Johnny mich an mit der sensationellen Information: „Der Bundeskanzler schafft das, es läuft gut für uns. Noch steht Ihr Text. Sie können den schon mal

---

[88] EDUARD SCHEWARDNADSE (1928–2014) war Außenminister der Sowjetunion (1985–1991) und georgischer Präsident (1995–2003).

Das „BamS"-Dokument aus Moskau

durchgeben. In einer halben Stunde melde ich mich wieder." Also gebe ich meinen Text für die Seite Zwei nach Hamburg mit dem Hinweis, wenn alles gut geht, muss ich nur noch einen Feature-Satz vom Auftakt des Abendessens einfügen und den Anriss für Seite Eins durchgeben.

Es geht gut. Johnny Klein gibt mir nur noch zwei kleine Textänderungen durch. So haben wir als einzige Sonntags-Zeitung am 11. Februar 1990 die Sensation zur deutschen Einheit im Blatt mit der Schlagzeile: „Kohl: Durchbruch im Kreml – Danke, Gorbi, alles klar!"

· Schnelle Währungsunion
· Neutralität vom Tisch
· Grenzgarantie vom Kanzler

Kohl hat sich durchgesetzt. Genscher stand daneben und das noch nicht einmal im entscheidenden Moment.
Der Ablauf: Aus Gorbatschows Arbeitszimmer kommt ein strahlender Bundeskanzler und verkündet: „Ich habe eine Botschaft an alle Deutschen. Generalsekretär Gorbatschow und ich stimmen überein: Es ist Sache der Deutschen, Zeitpunkt und Weg der Einigung selbst zu bestimmen. Das ist ein großer Tag für uns Deutsche."
Mit einem kräftigen Handschlag besiegeln Bundeskanzler Helmut Kohl und der sowjetische Ministerpräsident Michail Gorbatschow im Kreml die deutsche Einheit. Das Foto geht um die Welt.
Dem entscheidenden Durchbruch war ein mehrstündiges hartes Pokern vorausgegangen. Erst nach dem Vier-Augen-Gespräch zwischen Kohl und Gorbatschow in dessen Arbeitszimmer im Kreml sind gegen 18.00 Uhr alle Hindernisse weggeräumt. Beim gemeinsamen Abendessen im Weißen Saal des Kremls geht ein strahlender Gorbatschow auf Außenminister Genscher zu, legte ihm die rechte Hand auf den Arm und sagte: „Nun ist alles klar."
Damit meint er die nächsten Schritte auf dem Weg zur Vereinigung der beiden deutschen Staaten in Deutschland, wie mit Kohl ausgehandelt:
Wirtschafts- und Währungsunion zwischen Bonn und Ost-Berlin. Angleichung aller übrigen Gesetze und die Vorbereitung einer gesamtdeutschen Parlamentswahl.
Die NATO bleibt auf bisheriges Gebiet begrenzt. Über ein neues europäisches Sicherheitssystem wird rasch verhandelt. Denkbares Modell: Die künftige gesamtdeutsche Regierung bleibt nur noch in

der politischen NATO-Organisation – wie heute Frankreich. Die Bundeswehr wird dann nicht mehr der NATO, die bisherige Nationale Volksarmee nicht mehr dem Warschauer Pakt (WP) direkt unterstellt. Im bisherigen NATO-Gebiet Bundesrepublik Deutschland bleiben Truppen der Alliierten, und im bisherigen WP-Gebiet DDR verbleiben Truppen der Sowjetunion. Kohls Absicht damals: „Wir müssen die Sicherheitssysteme so miteinander verbinden, dass sie allen die notwendige Sicherheit bringen."
Eine Entlassung der DDR aus dem Warschauer Pakt ist vorläufig weder gefordert noch möglich. Erst wenn es gelingt, das neue kollektive Sicherheitssystem in Europa zu schaffen, erlischt die Mitgliedschaft der DDR im Warschauer Pakt; denn dann werden NATO und Warschauer Pakt in ihrer bisherigen Form überflüssig.

Bundeskanzler Helmut Kohl gibt ganz offiziell „ein für alle Mal" in gesamtdeutschem Namen gegenüber der Sowjetunion eine Rechtsgarantie für die Grenzen ab: Das künftige vereinigte Deutschland umfasst nur die Gebiete der bisherigen beiden deutschen Staaten. Damit ist die Ostgrenze zu Polen festgeschrieben. Pläne, das geeinte Deutschland komplett in die NATO zu integrieren, spricht Kohl noch nicht an. Das soll der nächste Schritt bringen.
Die Sowjetunion hofft jetzt auf einen Wirtschaftsaufschwung im gesamten Osten. Bundeskanzler Helmut Kohl macht deutlich, dass die DDR ohne Wirtschafts- und Währungsunion mit Bonn ins Chaos stürzen würde: „Unser Problem ist, dass das in Ost und West kaum jemand begreift."
Es geht um die Rettung der DDR-Wirtschaft – auch zum Vorteil der Sowjetunion, denn für sie ist die DDR der ganz besonders wichtige Handelspartner, der dann seine Lieferverträge weiterhin erfüllen kann. So erhofft Moskau sich künftig auch vom östlichen Teil

Deutschlands qualitativ bessere Waren. Im Namen der Bundesrepublik sagt Kohl massive Hilfe für den Osten zu.

Fortschritte auch bei den Gesprächen der Supermächte USA und Sowjetunion über die Verringerung der sowjetischen und amerikanischen Truppen in Europa: Nachdem der amerikanische Präsident eine Reduzierung auf jeweils 195.000 Mann in Mitteleuropa vorgeschlagen hatte, bietet Gorbatschow sogar eine Verringerung der Truppenstärke auf jeweils 195.000 Soldaten in ganz Europa an. Zur Frage der deutschen Einheit erklärt US-Außenminister Baker in Moskau: „Die USA würden es vorziehen, wenn ein vereintes Deutschland in der NATO bliebe. Wir können uns aber auch vorstellen, dass Deutschland nur als assoziiertes Mitglied in der NATO bleibt, also aus der vollen militärischen Partnerschaft im Bündnis ausscheidet."

Außenminister Schewardnadse hatte dagegen am Vortag erklärt, die Sowjetunion befürworte ein militärisch neutrales Deutschland, schränkte aber ein: „Das muss nicht unbedingt die einzige Lösung der deutschen Frage sein." Hintergrund: Die Rollen im Kreml sind so verteilt, dass der Außenminister – mit Rücksicht auf die Konservativen in der KPdSU – die harte Linie vertritt. Tatsächlich aber gilt Gorbatschows Kurs: Ein vereintes Deutschland muss nicht militärisch neutral sein. Bei ihm hat sich Kohl durchgesetzt.

Wie genau, bestätigt mir Professor Wjatscheslaw Daschitschew vom Institut für Internationale Beziehungen in Moskau als enger Berater Gorbatschows in seinem Moskauer Büro: „Ich bin sicher, dass die Beschlüsse der neuen Regierung der DDR von der Sowjetunion unbedingt geachtet werden. Denn das entspricht der heutigen Konzeption unserer Außenpolitik, die auf das Prinzip der freien Wahl der eigenen Entwicklung, also der Selbstbestimmung der Nationen orientiert ist." Zum heiklen Punkt NATO-Mitgliedschaft meint er:

„Gegenwärtig ist der Westen offensichtlich nicht bereit, seine Militärorganisation aufzulösen. Daher ist nach meiner Ansicht eine NATO-Mitgliedschaft des vereinigten Deutschlands in naher Zukunft nicht auszuschließen. Ich gehe davon aus: Wenn die Regierung und das Volk Deutschlands den Wunsch äußern, das Land solle NATO-Mitglied sein, wird sich diesem Wunsch niemand widersetzen können." Sogar den Truppenabzug sagte er voraus: „Ich meine, dass die sowjetischen Truppen in nicht mehr ferner Zukunft aus der DDR ebenso wie aus der Tschechoslowakei und Ungarn und im weiteren auch aus Polen abgezogen werden, weil ihre Präsenz dort ihren Sinn verliert." Er und Teltschik sollten Recht behalten. Am 13. Februar 1990 verabschieden die beiden deutschen Staaten und die vier Siegermächte am Rande der KSZE-Konferenz in Ottawa 2+4-Gespräche über die Vereinigung der beiden deutschen Staaten und die Folgen daraus. Beginn am 5. Mai in Bonn, dann am 22. Juni in Ost-Berlin, am 17. Juli in Paris mit der Beteiligung Polen und am 12. September in Moskau.

◆

Bei so viel Einigkeit erstaunt manchen, dass zur selben Zeit die DDR auch nach dem Fall der Mauer noch in der Bundesrepublik Spionage betreibt. Als Generalbundesanwalt Kurt Rebmann Mitte März auf dem Weg zu meiner Redaktion mit seinem Hubschrauber in der Bonner Rheinaue landete, hatte er nicht nur Informationen über die RAF im Gepäck, sondern erzählte uns auch: „Das Ministerium für Staatssicherheit (MfS) ist zwar offiziell abgeschafft, aber die Spionagearbeit gegen die Bundesrepublik Deutschland hält auch unter der neuen DDR- Regierung an. So wollte noch am 8. Januar dieses Jahres ein inzwischen verhafteter Mitarbeiter des neuen DDR-Nachrichtendienstes in Mannheim Studenten als Spione für die DDR anwerben. Wir erwarten, dass die Zahl der Festnahmen und Gerichtsverfahren gegen Agenten aus der DDR zunehmen wird, weil wir von Überläufern und Übersiedlern immer neue Hinweise auf Mitarbeiter östlicher Nachrichtendienste erhalten."

♦

Versöhnlicher klingt, was mir der russische Außenminister Eduard Schewardnadse Anfang Juli 1991 in Moskau sagt: „Das vergangene Jahr war gekennzeichnet von der Überwindung des kalten Krieges und der damit verbundenen Teilung der Welt in Ost und West. Ich will Ihnen verraten: Von den 100 Zetteln mit Fragen, die ich nach meiner Rede vor den Parteitagsdelegierten hielt, bezog sich mehr als die Hälfte – und dabei häufig in sehr scharfer Form – auf die deutschen Angelegenheiten. Nach dem Zweiten Weltkrieg hat die Sowjetunion mit aller Entschiedenheit für ein einiges Deutschland plädiert und sich den damaligen Teilungsplänen tatkräftig widersetzt. Auch in der folgenden Zeit bestritten wir niemals das Recht der Deutschen auf Einheit, mahnten jedoch zugleich angesichts der bestehenden Realitäten, die Einheit künstlich zu überstürzen. Die Herstellung der deutschen Einheit ist für uns Erfüllung des durchaus begreiflichen historischen Wunsches des deutschen Volkes. Ohne Überwindung der Spaltung der deutschen Nation kann auch die Spaltung Europas unmöglich überwunden werden. Und eben diese Aufgabe stellten wir uns, als wir die Idee vom Bau eines gemeinsamen europäischen Hauses formulierten. Wir haben zum deutschen Volk, zu dem das Sowjetvolk in den letzten Jahrzehnten enge und ausgedehnte Beziehungen unterhielt, volles Vertrauen. Wir rechnen damit, dass die deutsche Einheit jenen positiven Tendenzen auf dem Kontinent starken Antrieb geben wird, ohne die eine Einheit gar nicht denkbar geworden wäre."
Hier sollte ich erklären, wie es in dieser bewegten Umbruchzeit zu einem solchen Interview kam: Freunde der russischen Nach-

richtenagentur in Bonn hatten mir zur Vorbereitung so ziemlich das Blaue vom Himmel versprochen. Deren Kumpels im Schatten des Kremls gaben sich auch höchst hilfsbereit – und einnehmend in Bezug auf Geldzuwendungen. Zu jeder Vorbereitung eines Informationsgesprächs hielt einer die Hand auf. Anfangs steckte ich die Zuwendungen (das Wort „Bestechung" fiel mir dazu erst später ein) diskret in einen Umschlag. Doch beim vierten Handaufhalter öffnete ich ungeniert das Portemonnaie und übergab die D-Mark-Scheine. Alle versprachen ein Gorbatschow-Interview. Wir waren auch mehrmals in diversen kostenpflichtigen Vorzimmern der Macht. Herausgekommen ist das Interview mit Eduard Schewardnadse.

„Ich bin gespannt auf Ihre Fragen", empfängt er uns in seinem Moskauer Büro. Es ist karg eingerichtet: helle Wände, keine Bilder, Plüschsofa, zwei Sessel, ein antiker Holztisch, darauf Kaffeegeschirr.

Ungewöhnlich offen warnt der unter dramatischen Umständen zurückgetretene frühere sowjetische Außenminister vor einer Diktatur in der Sowjetunion: „Auch bei uns könnte ein Mann wie Hitler hochkommen." Der frühere engste Vertraute von Präsident Gorbatschow fürchtet um dessen Leben, gibt ihm politisch nur noch drei bis vier Monate. Und das am 30. April 1991. Falls es nicht gelingt, die gefährliche Lage in der Sowjetunion zu stabilisieren, hält Schewardnadse sogar einen Bürgerkrieg für möglich: „Die sozialen Spannungen sind gewaltig, die Menschen sind enttäuscht. Reaktionäre, die das alte System wiederhaben wollen, formieren sich. Die Forderungen nach Gorbatschows Rücktritt und Ausnahmezustand zeigen die neuen Gefahren, die im ganzen Land auf uns zukommen. Die Demokraten müssen sich schnell handlungsfähig organisieren, um die Demokratie zu retten. Sonst kommen reaktionäre Kräfte, gestützt auf den alten Apparat, wieder zum Zuge. Dann wird sich

möglicherweise sogar das Volk für eine neue Diktatur aussprechen." Gefragt nach den Gründen für seinen überraschenden Rücktritt meint er: „Die Einheit Deutschlands spielte bei meinem Rücktritt eine ganz wesentliche Rolle. Leute, die das ABC der großen Politik nicht beherrschen, haben mir die größten Vorwürfe gemacht, weil wir die Einheit zuließen. Dabei gab es als Alternative zur Einheit nur noch Militärgewalt. Das hätte zum Dritten Weltkrieg geführt. Mein Rücktritt sollte dagegen ein Zeichen für den friedlichen Wandel setzen." (Mehr über ihn im Anhang unter „Schewardnadse aus Genschers Sicht".)
In derselben Zeit tobte im Bundestag ein heftiger Streit um die künftige Hauptstadt des geeinten Deutschlands. Für alteingesessene Bonner war klar: „Wir bleiben am Rhein." In einer aufwendigen Umfrage vom 30. Mai bis 14. Juni ermittelte unsere Kollegin Christiane Haase eine Mehrheit für Bonn. Von den 662 befragten Abgeordneten versicherten ihr 343, für Bonn zu stimmen, nur 267 für Berlin. Klar für Berlin waren nur PDS mit 15 zu eins und die Grünen mit sechs zu zwei. Als es am 20. Juni 1991 zum Schwur kam, gaben die Abgeordneten der PDS den Ausschlag. 338 zu 320 Stimmen lautete das heiß umkämpfte Ergebnis. Damit wurde Berlin offiziell die neue Hauptstadt des vereinigten Deutschlands.
Hinzu kamen Millionen-Hilfen für die Region Bonn und dauerhafte Doppelamtssitze zu Lasten der Steuerzahler. Denn nach dem Bonn-Berlin-Gesetz müssen auch zukünftig mehr Ministerialbeamte in Bonn als in Berlin arbeiten, Pendeldienstreisen inklusive. Dieses teure Dauerprovisorium hat uns seit dem so manche Schlagzeile im Sommerloch beschert, aber keine wirkliche Lösung. Dabei ist Berlin längst selbstverständliche (und gern besuchte) Hauptstadt Deutschlands.
Wenig später trat ich den ersten Urlaub seit längerer Zeit an. Doch die Freude dauerte nicht lange. Am Strand der Vulkan-Insel Lanza-

rote hörte ich im Radio gerade gute Rockmusik, reichte meiner Frau Ute den Kopfhörer. Schon nach wenigen Sekunden gab sie ihn mir zurück: „Putsch in Moskau. Das musst du hören!" Fassungslos lauschte ich noch der Nachricht, als mich schon ein freundlicher Mensch aus der Hotelrezeption ans Telefon rief. Chefredaktion und Pflicht rufen. Der Urlaub ist zu Ende. Umständlich ging es über Madrid nach Frankfurt. In der Nacht zum Geburtstag unserer Tochter, die in der Gewissheit einer sturmfreien Bude Freunde zu Gast hatte, kamen wir unverschämterweise nach Hause.

Der hochgefährliche Putsch gegen Gorbatschow währte erfreulicherweise nur kurz und Helmut Kohl schrieb uns dazu: „Nach dem Scheitern des Putsches gegen Gorbatschow gibt es eine neue historische Chance, dem Demokratisierungsprozess in der Sowjetunion endgültig zum Durchbruch zu verhelfen. Diese Chance dürfen wir nicht ungenutzt verstreichen lassen.

Wir Deutschen haben aus gutem Grund mehr getan als alle anderen – denn ohne die Hilfe der Sowjetunion und ohne Michail Gorbatschow wäre die deutsche Einheit nicht möglich gewesen. Wir sind nicht der Zahlmeister für alles in der Welt. Aber ich bin für die Bundesregierung ganz entschieden der Meinung: Hilfe zur richtigen Zeit ist kluge Politik."

Die Reaktion von Willy Brandt war noch deutlicher. Gemeinsam mit meinem Freund und Kollegen Helmut Böger trafen wir den SPD-Ehrenvorsitzenden Ende August 1991 in dessen Büro im Bonner „Tulpenfeld". Der Friedensnobelpreisträger war offenbar vom Putsch in Moskau weniger überrascht als wir, denn er schrieb gerade an einem Text mit der Überschrift „Nach dem Ende Gorbatschows". Brandt: „Deshalb war ich zwar alarmiert, aber nicht sehr überrascht, als morgens um 7.15 Uhr in Südfrankreich das Telefon klingelte und ein Mitarbeiter mich informierte, was in Moskau ge-

schah." Schnell gehen seine Gedanken vom Gestern über zu den Visionen für morgen: „Ich habe gerade von Schewardnadse und auch von anderen aus Moskau gehört, dass ein schwerer Winter vor der Tür steht. Deshalb ist es wichtig, dass der Westen hilft, die drohende Hungersnot zu bannen. Die EG sollte ihre riesigen Lebensmittellager öffnen und einen Teil ihrer Überschüsse liefern."
Der CDU-geführten Bundesregierung bescheinigt Brandt: „Ich war und bin der Meinung, dass der außenpolitische Teil zur Vorbereitung der deutschen Einheit im Wesentlichen richtig angelegt war. Die Unsicherheiten in der bisherigen Sowjetunion haben im Übrigen gezeigt, dass es von Vorteil war, die Vereinbarungen nicht auf die lange Bank zu schieben. Innenpolitisch bleibe ich dabei: Die Umstellung auf die D-Mark-West war unausweichlich, erzwungen durch die Menschen drüben. Wir alle haben ja noch den Satz im Ohr: ‚Wenn die D-Mark nicht zu uns kommt, kommen wir zur D-Mark.'" (Mehr über Brandts Meinung zur Wiedervereinigung im Anhang unter „Brandt zur Einheit".)
In dieser Zeit gab es innerhalb der SPD zunehmend Streit zwischen der Oppositionsfraktion im Bundestag und den SPD-Ministerpräsidenten über Asylgesetze, Wirtschafts- und Finanzpolitik. Fraktionschef Peter Struck, den ich in den folgenden Jahren immer mehr schätzen lernte, antwortet mir im Januar 1992 auf die Frage nach den Auseinandersetzungen: „Die SPD-Bundestagsfraktion ist das Zentrum der Oppositionspolitik gegen die Regierung. Natürlich spielen auch die Länderchefs dabei eine Rolle, aber: Die SPD-Ministerpräsidenten haben immer auch Landesinteressen, die wir so nicht berücksichtigen können und dürfen."
Das gelte auch für SPD-Ministerpräsident Schröder im Streit um die Asylpolitik: „Schröders Kritik an der Fraktion ist völlig unberechtigt. Wir erwarten, dass Bund und Länder einen gemeinsamen

Gesetzentwurf von Opposition und Koalition dann auch in die Tat umsetzen." Diese kritische Distanz der beiden wurde dauerhaft.

Kinkel und Stoiber als neue Politstars

Im gleichen Jahr gab es bei Union und FDP erhebliche Veränderung, im April sogar eine ausgewachsene Sensation. Daueraußenminister Hans-Dietrich Genscher kündigte nach insgesamt 23 Ministerjahren seinen Rücktritt für Mitte Mai an. Genschers ehemaliger Ziehsohn Jürgen Möllemann drängte ohne ausreichende Stimmen hinter sich nach vorn. Als Kompromisskandidatin nannten immer mehr Liberale Irmgard Schwaetzer. Deren damaliger Ehemann Udo Philipp, selbst Fernsehjournalist, verkündete uns schon: „Wir übernehmen das Auswärtige Amt." Der interne Personalstreit mit wechselnden Unterstützungen wurde immer heftiger, bis Justizminister Klaus Kinkel zu seiner eigenen Überraschung am 18. Mai neuer Bundesaußenminister wurde. Allerdings nicht auch Vizekanzler, denn den Posten bekam der bei Kohl nicht sonderlich gelittene Wirtschaftsminister Jürgen Möllemann. Damit waren die meisten Kontrahenten halbwegs zufrieden. Schwaetzers Anraunzer gegen Möllemann („Du intrigantes Schwein!") geriet langsam in Vergessenheit. Klaus Kinkel, der nach langem Zögern erst am 29. Januar 1991 FDP-Mitglied geworden war, musste sich nun auch in der FDP zurechtfinden. Deren Bundesvorsitzender Otto Graf Lambsdorff geriet in den Tagen zunehmend in die Kritik, weil er Uwe Lühr zum Generalsekretär gemacht hatte. „Ossi-Quote" und „Blockflöte" waren die häufigsten Vorwürfe auch gegen Joachim Günther, der noch 1989 als Funktionär der Block-FDP (LDPD) gelobt habe, das „revolutionäre Vermächtnis" der SED zu erfüllen. Diese beiden versanken zwar bald wieder in der Versenkung, aber die Kritik an Lambsdorff

Als Gratulant zu Kinkels Geburtstag, in der Mitte seine Frau Uschi

blieb. Als Erster forderte Gerhart Baum den Wechsel an der Parteispitze. Dann legte der schleswig-holsteinische Landesvorsitzende Wolfgang Kubicki Mitte Juni 1992 nach: „In der Parteispitze kämpft zur Zeit jeder gegen jeden. So sehr ich mir erst mal eine Phase der Beruhigung wünschen würde – in einigen Landesverbänden ist der Druck so stark, dass ich befürchte: Auf dem Bundesparteitag in diesem Herbst kommt es schon zum Führungswechsel. Für Jürgen Möllemann wird es bis dahin ungeheuer schwierig, Mehrheiten zu finden. Die Emotionen sind leider gegen ihn. Irmgard Schwaetzer wäre gut beraten, gar nicht erst anzutreten. Alle Hoffnungen der Partei richten sich auf Klaus Kinkel, selbst wenn sie damit dem Außenminister eine übergroße Bürde auflädt. Wenn er antritt, wird er gewählt." Gleichzeitig schlug mein langjähriger Wegbegleiter Kubicki im Umgang mit der Union versöhnliche Töne an: „Die Basis der FDP hat längst die alten Streitfragen satt. Auch wenn ich das FDP-Modell für besser halte, können wir nicht länger gegen 80 Prozent der Bevölkerung anrennen. Als Koalitionspartner muss die FDP in Bonn der CDU/CSU bei den Themen Pflege und Asyl entgegenkommen, damit wir uns endlich den Problemen der Einheit zuwenden können. Eine Pflegepflichtversicherung nach dem Umlagemodell ist aber als Generationenvertrag nur dann eine vernünftige Lösung, wenn dadurch die Lohn- und Lohnnebenkosten nicht zusätzlich steigen. Wir sollten die Vorschläge aus CDU/CSU, neuerdings auch von SPD und Gewerkschaften, aufgreifen, die Arbeitszeiten entsprechend zu verlängern oder auf einen Urlaubstag zu verzichten. Dann kann die Pflegeversicherung kostenneutral beginnen. Beim Asylrecht bringt zwar die Grundgesetzänderung für sich noch keinen Erfolg, aber wir können uns auch dagegen nicht länger sperren. Alle müssen sich abgewöhnen, die Schlachten von gestern zu schlagen." So wurde der Weg frei für die neue Pflegeversicherung. Da ich zuvor mit Arbeitsminister Norbert Blüm gewettet hatte, dass es wegen der klar vorhersehbaren demografischen Entwicklung keine Mehrheit im Parlament für eine erneute Umlageversicherung geben werde, ging ich als Verlierer artig mit einem Karton Chablis auf der Schulter zu ihm nach Hause. Zugegeben, wir haben auch gemeinsam davon gekostet. Am 17. November 1992 begann für Michael Spreng und mich eine lange, hochinteressante Serie von Abendessen mit Edmund Stoiber.[89] Wir trafen den damaligen CSU-Vize und Innenminister im le-

---

89 Dr. jur. EDMUND STOIBER (*1941) war als CSU-Generalsekretär (1978– 1983) die rechte Hand von CSU-Chef und Ministerpräsident Franz Josef Strauß, nach dessen Tod wurde Stoiber unter Ministerpräsident Max Streibl 1988 Innenminister, 1989 CSU-Vize, setzte sich 1993 gegen CSU-Chef und Bundesfinanzminister Theo Waigel als Ministerpräsident von Bayern durch (bis 2007), wurde 1999 auch CSU-Vorsitzender, erreichte 2002 als Kanzlerkandidat der Union wie Regierungschef Gerhard Schröder (SPD) 38,5 Prozent, aber bei der letzten Stelle hinter dem Komma fehlten ihm 6.000 Stimmen zur Mehrheit. Irak-Krieg und Elbhochwasser kamen nach Meinung vieler Beobachter stimmungsmäßig dem amtierenden Bun-

gendären „Bogenhausener Hof", erster Stock, gediegene Extrastube, verführerisch gutes Essen, bei dem ich stets alles Kalorienbewusstsein über Bord warf und selbst beim Dessert im Gegensatz zu Stoiber zuschlug. In erfrischender Klarheit forderte dieser von der FDP ganz im Sinne von Kubicki mehr Gemeinsamkeit bei der Asylgesetzgebung, drohte ansonsten unmissverständlich mit Regierungsende und vorgezogenen Neuwahlen. Dazu kam es nicht, aber zu vielen weiteren Stoiber-Treffen, die noch so manches Thema lieferten.

Stoiber greift nach der Macht

Das Jahr 1993 begann mit einem erneuten Stoiber-Essen (zur Abwechslung mal im Nymphenburger Schloss) und mit Schlagzeilen aus der FDP. Bundeswirtschaftsminister Jürgen Möllemann wurde von Günter Rexrodt abgelöst und Klaus Kinkels Stern ging in der FDP auf.
Allerdings mit einer kleinen Verzögerung, denn in den Niederungen der Parteidiskussionen verhedderte sich der neue Außenminister anfangs. Besonders als es um den so genannten Lauschangriff (in Wahrheit ging es um das Abhören von Vereinbarungen zu schweren Straftaten) und die Pflegeversicherung ging. Mitte April folgte ich zur Kaffeestunde mit meiner Frau einer privaten Einladung von

---

deskanzler zugute. 2004 lehnte Stoiber das Angebot aus Paris und Berlin ab, Präsident der EU-Kommission zu werden, auch für das Amt des Bundespräsidenten wollte er nicht antreten. 2005 lehnte er nach einigem Zögern ein Ministeramt in der neuen Bundesregierung von Bundeskanzlerin Angela Merkel ab, trat 2007 nach Querelen und Fehleinschätzungen als Ministerpräsident zurück, wurde Ehrenvorsitzender der CSU und ehrenamtlicher Leiter der EU-Arbeitsgruppe für Bürokratieabbau. Der Katholik Stoiber ist seit 1968 unverändert in erster Ehe verheiratet mit Karin, geborene Buch.

Hans-Dietrich Genscher in unseren Nachbarort Pech bei Bonn. Ganz Gastgeber, fuhr er in die örtliche Bäckerei Kuchen kaufen, Ehefrau Barbara servierte freundlich wie immer Kaffee. In dieser kleinen Viererrunde lobte Genscher seinen langjährigen Vertrauten Kinkel nachvollziehbar als den neuen Mann der FDP. So eingestimmt fuhr ich zu diesem in seinen schwäbischen Heimatort Hechingen bei Stuttgart. Im „Brieler Hof" gab es vorzüglichen Spargel und Gast Kinkel scherzte gut gelaunt auf Schwäbisch: „Sie glauben nicht, was in einen Schwaben hineingeht, wenn's nix kostet."
Etwas komplizierter war hinterher die Interview-Absegnung. Meine Fragen kamen für den langjährigen Spitzenbeamten ungewohnt direkt: Ihnen wird schon vor Amtsantritt als FDP-Vorsitzender ein ramponiertes Ansehen bescheinigt. Wie wollen Sie dagegen ankämpfen?
Kinkel: „Nicht so vorschnell mit dem Urteil. Ich glaube nicht, dass mein Ansehen ramponiert ist. Richtig ist: Ich hatte und habe ein paar sehr schwierige Entscheidungen durchzustehen. Das führt zwangsläufig dazu, dass man nicht ‚everybody's darling' sein kann! In der Politik geht es mal auf und mal ab. Damit muss man leben."
Ein solches Auf und Ab bahnte sich zu der Zeit auch in der CSU-Spitze an. Deren Vorsitzender und Bundesfinanzminister Theo Waigel rief mit schöner Regelmäßigkeit samstags rechtzeitig vor Redaktionsschluss bei mir an. Mal wollte er nur plaudern („Bei der Sonntagszeitung ist doch der Samstag Ihr einziger Arbeitstag, da wollte ich hören, was Sie so machen!"), öfter aber hatte er gute Anregungen für mich. Anfang Mai 1993 rief er schon zwei Tage vor dem Wochenende an, um mir eine ausgewachsene Sensation zu verkünden: „Nächste Woche werde ich Ministerpräsident von Bayern. Das können sie schreiben!" Super.
Waigels damals getreuer Generalsekretär Erwin Huber bekräftigte

am nächsten Tag telefonisch die Version seines Chefs aus der CSU-Landesleitung. Schnell erfuhr ich, dass Waigel auf einem sofortigen CSU-Sonderparteitag Chancen hätte, wenn er dort über die brisante Personalie abstimmen ließ, aber genau das hatte Waigel nicht vor. Er dachte einfach nicht daran. Also blieb die Frage offen, wer letztlich die Macht hat, zu entscheiden. Münchner Freunde erzählten mir, dass Ministerpräsident Max Streibl bereits am Montag in der CSU-Landesleitung von Rücktritt gesprochen hatte: „Ich stehe der CSU nicht im Wege, ich diene ihr." Und dass Streibl dem Parteivorsitzenden Waigel bei einem Geheimtreffen im Kurort Bad Wörishofen ganz konkret versprochen hatte, Anfang Juni seinen Sessel zu räumen. Als Gegenleistung versprach ihm Waigel einen ehrenvollen Abschied, bei dem sein Lebenswerk und seine Verdienste für Bayern und die CSU besonders gewürdigt werden sollen.

Dann erfahre ich, dass Innenminister Edmund Stoiber ebenfalls Ministerpräsident werden will. Ein Abschieben nach Bonn lehne er ab: „Für eine Aufgabe in Bonn stehe ich nicht zur Verfügung." Gleichzeitig liebäugelt Parteichef Waigel unverändert mit dem Münchner Amt. Seine Freunde verweisen darauf, dass der CSU-Chef bei einer Forsa-Umfrage, bei der es um die Streibl-Nachfolge ging, mit 23 Prozent vor Stoiber (12 Prozent) lag.

Bleibt die Machtfrage. Aus München erfahre ich, dass Stoiber in der Landtagsfraktion, die den Nachfolger wählt, eindeutig die Nase vorn hat. Stoiber betonte deshalb auch, dass seiner Ansicht nach Waigel „wegen des bundespolitischen Anspruchs der CSU in Bonn Flagge zeigen muss." Zwei starke Gegner auf dem Weg zur Entscheidung. Und die fällt im Landtag, für den Waigel kein Mandat hat. Für mich ist damit klar, dass Stoiber das Rennen macht. Genau das schreibe ich für die nächste Ausgabe.

Erst am späteren Nachmittag gebe ich den Artikel mit Stoiber als künftigem Ministerpräsidenten an die Agenturen, gerade rechtzeitig für die Fernsehnachrichten. Zum zwölften Mal in diesem noch jungen Jahr landet die „BamS" in „heute" und „Tagesschau". Gleich am Sonntagmorgen gibt mir Huber mit einer Erklärung Kontra, obwohl er selbst es war, der mir zwei Tage zuvor erläutert hatte, wo mit welchen Aussichten auf Erfolg die Entscheidung fällt. Meine Antwort an die streitenden Parteien war einfach: Als Journalist werde ich absichtsvoll informiert, auch instrumentalisiert. Aber wenn dieselben Leute mich auch noch dementieren, dann geht das zu weit. Huber machte ich noch klar, dass ich mit weiteren Meldungen nachlegen muss, wenn er bei seiner Dementi-Version bleibt. Blieb er nicht, er mutierte sogar recht schnell zum Stoiber-Anhänger.

In der CSU-Spitze herrschte tagelang Hektik. Am folgenden Mittwoch verschickte Stoibers Sprecher Rothenpieler eine Erklärung, die Waigel-Verteidiger vollends zum Schweigen brachte: *„Stellungnahme Dr. Edmund Stoiber: Zu den vielen Äußerungen und Spekulationen in den Medien stelle ich fest: Es gibt keine Erbhöfe und keine geborenen Kandidaten, sondern es gibt eine demokratische Entscheidung. Diese trifft, nach der Satzung, die CSU-Landtagsfraktion, die in geheimer Abstimmung entscheidet. Wenn diese Entscheidung ansteht, dann stelle ich mich ihr."*

Die Nachrichtenagentur dpa meldete Minuten später: *„Seit November 1989 ist Stoiber als CSU-Vize auch Stellvertreter von Theo Waigel, seinem Konkurrenten um das Amt des Ministerpräsidenten. Stoiber kann sich auf weite Teile der Landtagsfraktion stützen."* Konnte er. Am 21. Mai bestätigte die CSU-Spitze aus Partei und Fraktion offiziell meine Ankündigung. Am 28. Mai wählte die Landtagsfraktion Stoiber und nicht Waigel zum Ministerpräsidenten.

Ein Interview wird zum Gebrüll

Einen Monat später führte ich das lauteste Interview meine Dienstzeit. Verteidigungsminister Volker Rühe landete aus Kasachstan kommend mit seiner Frau in Hamburg. Wir trafen uns in einem kleinen Raum des Flughafens. Ziemlich aufgekratzt, wollte er nicht so recht auf meine Fragen eingehen, sondern mehr erzählen, wonach ihm der Sinn stand. Als ich trotzdem einfach fortfuhr, meine Fragen zu stellen, wurde er laut, brüllte mich an. Sein getreuer Sprecher Hanns-Dieter Wichter schaute verlegen drein, als wolle er in ein Mauseloch kriechen. Ich drehte nicht bei, sondern brüllte zurück, dass ich mein Interview mit meinen Fragen oder gar nicht führe. Ich blieb beim Thema Somalia. Dort war er vor laufenden Kameras beim Besuch deutscher Truppen unfotogen gestrauchelt.

Unser Gebrüll ging ein paar Minuten weiter. Keiner wollte nachgeben, also drosselten wir beide gleichmäßig ganz langsam unsere

Beim angeregten Gespräch mit Volker Rühe

Lautstärke. Zurück im Kammerton, erklärte er dann, das deutsche Ansehen in der Welt sei durch diese internationale Solidarität der Bundeswehr in Somalia gewachsen. Es gehe nun um die Entwaffnung der Banden: „Zusätzlich zur Entwaffnung müssen die UNO-Truppen mit allen Clans Verhandlungen aufnehmen, um eine friedliche Lösung auf Dauer zu garantieren." Leider hat das nicht funktioniert. Die USA erlitten ein verheerendes Debakel. Die Verbündeten zogen nach wenigen Monaten wieder unverrichteter Dinge ab. Zurück blieben Chaos und Piratengefahr. Mit Rühe war dagegen alles schnell wieder im Reinen. Ein paar Wochen später gingen wir in alter Frische vergnügt essen. Es wurde ein langer Abend.

Helmut Kohls Funkstille und der Zusammenstoß mit Angela Merkel

So gut in diesen Jahren unser Draht zu allen halbwegs wichtigen Politikern auch war, es gab da eine Ausnahme mit Phasen der Funkstille. Seit unserem ersten „BamS"-Interview mit Helmut Kohl am Wolfgangsee gab es kein brauchbares Gespräch mehr mit ihm, geschweige denn ein Interview. Auf all meine Anfragen bekam ich schlichte Absagen oder manchmal auch den leicht diplomatischen Hinweis, wir seien doch reichlich kritisch in Berichterstattung und Kommentaren, obwohl wir für eine Springer-Zeitung arbeiten. Kollegen witzelten schon, ich sei „bei Hofe nicht gelitten", andere sprachen gar vom Bannstrahl des mächtigen Kanzlers. Allerdings ließ die erste authentische Aussage zur Funkstille lange auf sich warten. Diese Aufklärung begann mit einem denkwürdigen Essenstermin mit einer Frau, über die ich bis dahin nur am Rande berichtet hatte: Angela Merkel.

Jahre später mit Bundeskanzlerin Angela Merkel in ihrem Berliner Büro,
Foto: Laurance Chaperon

Mutig hatte sie ein Antidiskriminierungsgesetz zu Gunsten der Frauen ins Gespräch gebracht und wir – ganz Macho – wetterten dagegen. Mitte Februar 1992 schrieb ich: In Bonn, in den Fluren der Ministerien, in den Kaffeeküchen der Abgeordneten und in den Stammtischnischen der Parteikneipen wurde in dieser Woche heftig gewitzelt und gelästert. Zielscheibe des Spotts hinter vorgehaltener Hand war des Kanzlers Frauenministerin Angela Merkel (38, CDU). Das kam nicht von ungefähr. Der damalige Präsident des Deutschen Industrie- und Handelstags, Hans-Peter Stihl, räsonierte über Merkels Emanzipationsgesetz: „Man ist wirklich erstaunt, auf welche Ideen Politiker kommen, wenn sie keine konkreten Probleme haben."
Nach dem Vorschlag von Frau Merkel müsste demnächst ein Ar-

beitgeber beweisen, dass er eine Frau bei einer Bewerbung nicht wegen ihres Geschlechts abgelehnt hat. Kann er das nicht, stünde der Frau Schadensersatz von bis zu vier Monatsgehältern zu.
Also, im Gegensatz zur bisherigen Praxis, eine Umkehr der Beweislast. Welcher Arbeitgeber lädt in einem solchen Fall dann überhaupt noch Frauen zu einem Bewerbungsgespräch ein? „Dieses Gesetz – so gut gemeint es sein mag – würde in Wahrheit den betroffenen Frauen schaden", sagte Friedhelm Ost (CDU), Vorsitzender des Wirtschaftsausschusses im Bundestag.
„Was heißt hier schaden?", meinte dagegen ein Kabinettskollege von Frau Merkel („Aber bitte ja nicht meinen Namen nennen!"), „jede clevere Frau braucht sich also in Zukunft nur dreimal vorzustellen und ablehnen zu lassen und schon hat sie ein Jahresgehalt kassiert." Als Haushaltspolitischer Sprecher der FDP-Bundestagsfraktion ergänzte Wolfgang Weng: „Das ist in jeder Hinsicht Unsinn. Mit solchen Ideen wird man höchstens ausgelacht." Und Niedersachsens CDU-Chef Josef Stock, Inhaber eines Textilhauses (bis zur Geschäftsaufgabe im Juni 2012): „Es darf wirklich gelacht werden! Mit der Praxis hat das nichts zu tun. Aber ein Trost bleibt mir: Ich würde als einer der wenigen straffrei ausgehen, weil ich nur weibliche Mitarbeiter habe."
Starker Tobak. Zugegeben. Das sah die Betroffene auch so, zumal neben dem Text ein ziemlich uncharmantes Foto über die Höhe der ganzen Seite prangte mit der etwas heftigen Frage: „Würden Sie diese Frau einstellen?"
Am nächsten Morgen klingelte bei mir das Telefon: „Merkel hier." Fest überzeugt, dass nun eine Schimpfkanonade beginnt, hielt ich vorsorglich den Hörer weiter weg. Schließlich hatte mich Arbeitsminister Norbert Blüm schon mal sonntags um 7.30 Uhr aus dem Bett geklingelt, um sofort loszubrüllen, weil ich es gewagt hatte, sei-

ne Rentenpolitik zu kritisieren. Genauer: Als er immerzu mit dem Spruch „Die Rente ist sicher" unterwegs war, schrieb ich, dass die Versorgung im Alter gar nicht mehr so sicher sei, sondern Abstriche immer wahrscheinlicher werden, weil auch Beitragszahler nicht rückwirkend geboren werden. Bei weniger Beitragszahlern und immer mehr länger lebenden Rentnern müssten neue Problemlösungen her. Das brachte Blüm auf die Palme.

Ganz anders reagierte Angela Merkel, obwohl ich im Nachhinein für ihren Unmut Verständnis hätte. Sie sagte nur ganz ruhig: „Ich glaube, wir sollten uns mal zum Essen treffen." Uff! Kein Vorwurf, nichts. Damit alarmierte sie mein schlechtes Gewissen. Langsam dämmerte mir, dass ich es diesmal war, der als Trendsetter über den Holzweg marschierte. Natürlich war ich sofort mit dem Treffen einverstanden und wir verabredeten uns für den folgenden Mittwoch bei unserem beliebten Bruno auf der Cäcilienhöhe. Zur Vorbereitung besprach ich mich mit meinem Chefredakteur, wie ich unsere Attacke erklären kann. Zum Schluss schlug Michael Spreng die Sprachregelung vor: „Wir sind nicht gerade stolz auf den Artikel."

„Da Bruno" war in Bonn so etwas wie später in Berlin das „Borchardt", nur ohne Schickimicki und Weltstadtflair. Bei Bruno fühlten sich Spitzenpolitiker aller Parteien zuhause. Leider starb unser Bruno Pierini schon mit 55 Jahren Anfang Dezember 1997 an einem Herzinfarkt. In seinem von uns so sehr geschätzten Restaurant nahm auch der langjährige SPD-Chef Hans-Jochen Vogel mit 68 Jahren seinen Abschied von Bonn. Mitte Oktober 1994 sangen dort seine Leibwächter und engen Mitarbeiter zur Melodie „Kommt ein Vogel geflogen": „Lieber Vogle, fliege weiter, nach Bad Birnbach in dein Haus, nimm deine Liesel und mehr Zeit mit, und dann ruht ihr euch aus!" So zogen beide fröhlich nach Bayern.

Das war „Da Bruno". Gleich rechts neben dem Eingang gab es einen separaten Tisch mit runder Holzdecke, den ich für unsere Gespräche mit Politikern und anderen wichtigen Informanten regelmäßig nutzte. So auch an diesem Abend unter vier Augen mit Frau Merkel. Bei gutem Essen erklärte ich so höflich wie möglich unsere Sprachregelung mit dem Unterton „Kommt nicht mehr vor". Da wurden wir unerwartet unterbrochen.

Von einem Fenstertisch am anderen Ende des Restaurants stampfte Helmut Kohl quer durch den Saal zu uns, baute sich vor mir auf und belehrte seine junge Ministerin mit dem bei ihm üblichen einseitigen Du nach Gutsherrenart: „Mit der Firma brauchst du gar nicht erst reden." Dabei wischte er mit seiner rechten Hand verächtlich in meine Richtung. Meine Resthöflichkeit verbot mir, angemessen zu antworten. Auch Angela Merkel sagte nichts. Laut atmend trottete ihr Chef an seinen Platz zurück. Und wieder verblüffte sie mich, denn wir redeten einfach weiter, als sei nichts geschehen. Mein Respekt, den ich an diesem Tag vor Angela Merkel gewann, sollte Bestand haben. Und Kohls Umgang mit Journalisten wurde zum Dauerthema.

Präsidentensuche auf dem Weg zum Wahljahr

Ab dem Spätsommer 1993 stritten die Parteien, wer nach dem erfolgreichen Richard von Weizsäcker nächster Bundespräsident werden soll. Ein Vorspiel zum wichtigen Wahljahr 1994 mit Präsidenten-, Landtags- und Bundestagswahl. Die Kohl-Truppe reagierte immer öfter ungehalten auf die „BamS"-Berichterstattung. Nicht etwa weil wir eine Kampagne inszeniert hätten, sondern weil wir im Chor der kritischen Berichterstatter als tragende Stimme zu vernehmen waren. Anfangspunkt war, dass Kohls CDU sich mit CSU-Unterstützung am 14. September 1993 auf dem Berliner CDU-Bun-

desparteitag für den sächsischen Justizminister Steffen Heitmann als Präsidentenkandidat entschied. CDU-Generalsekretär Peter Hintze sollte Gespräche mit dem Koalitionspartner FDP führen, doch der war gegen Heitmann, wie mir der damalige Vorsitzende der FDP-Bundestagsfraktion, Hermann Otto Solms, bestätigte: „Die demokratischen Parteien sollten sich auf einen Kandidaten einigen, der die Zustimmung aller Demokraten finden kann. Heitmann ist diese Persönlichkeit nicht."
Parteichef Helmut Kohl übte scharfe Kritik an den Gegnern seines Kandidaten. Eine „brutale Minderheit" treibe mit Hilfe eines Teils der Medien die öffentliche Meinung vor sich her, es gebe offenbar keine Bereitschaft für ein Mindestmaß an Fairness.
Kernpunkt des Streits um den Kandidaten: Heitmann hatte in einem Interview mit der „Süddeutschen Zeitung" eine Tabuisierung bestimmter Themen beklagt und gefordert, dass mit der Wiedervereinigung Tabus der Nachkriegszeit beendet sein sollten: *Dazu gehört das Thema Ausländer, dazu gehört das Thema Vergangenheit Deutschlands, die Nazi-Vergangenheit, dazu gehört das Thema Frauen ... Die deutsche Nachkriegssonderrolle war ja in gewisser Weise eine Fortsetzung der angemaßten Sonderrolle der Nazi-Zeit. Das ist zu Ende.*
Der Vorsitzende des Zentralrats der Juden in Deutschland, Ignatz Bubis, sagte mir dazu: „Ein Bundespräsident muss dem Volk Geschichtsbewusstsein und wichtige Gedanken vorgeben, also von sich aus den richtigen Weg aufzeigen. Herr Heitmann spricht aber eher das nach, von dem er glaubt, dass viele im Volk so denken. Das gilt für seine Thesen gegen Ausländer und den Umgang mit der deutschen NS-Vergangenheit. Im Gegensatz zu dem, was Herr Heitmann erklärt, ist durch die deutsche Einheit die Nachkriegszeit Deutschlands noch nicht zu Ende gegangen. Wir müssen uns nach wie vor mit der Kriegs- und Nachkriegsgeschichte auseinanderset-

zen und dürfen sie nicht zu den Akten legen. Heitmanns Äußerungen sind oft missverständlich und geeignet, den Rechtsradikalen neue Argumente zu liefern."

In der folgenden Woche kam Kritik aus der CDU dazu. Brigitte Koch, Mitglied des Bundesvorstands der Frauenunion, sagte mir: „Als gelernte DDR-Bürgerin habe ich mir unter Demokratie etwas anderes vorgestellt. Wir sollen offenbar, ohne zu fragen, hinter Herrn Heitmann stehen, aber ich lasse mir eine freie Meinungsäußerung nicht verbieten, auch wenn das meiner Partei nicht gefällt. Ich lasse mich von niemandem in Küche und Kinderzimmer verbannen. So wichtig diese Aufgaben sind, aber Frauen müssen dazu eine freie Entscheidung fällen können. Deshalb konnten wir in der Frauenunion auch die Äußerungen von Herrn Heitmann so nicht akzeptieren. Ich kann seine Ansichten, die er vertritt, nicht nachvollziehen und werde ihn auch nicht wählen. Ich denke, das geht vielen in der Union genauso, vor allem den Frauen. Wenn er bei seiner Kandidatur bleibt, wird er das am Wahltag merken." Der CDU-Abgeordnete Friedbert Pflüger (früher Weizsäcker-Sprecher) legte nach: „Wir laufen Gefahr, in der Bundesversammlung mit unserem Kandidaten einzubrechen und damit einer Ampelkoalition den Weg zu bereiten." Bundeskanzler Helmut Kohl sprach nun von einer „bösartigen, in manchen Bereichen gemeinen Kampagne" gegen seinen Kandidaten. Die Kritik aus den eigenen Reihen nannte er „armselig".

Der Koalitionspartner FDP beschloss, Hildegard Hamm-Brücher als eigene Kandidatin zu nominieren. Dafür waren inzwischen auch deren innerparteiliche Kritiker: Der zu dem Zeitpunkt noch einflussreiche FDP-Landesvorsitzende von Nordrhein-Westfalen, Jürgen Möllemann: „Hildegard Hamm-Brücher ist eine respektable Persönlichkeit. Es muss aber sichergestellt sein, dass nicht am Ende doch noch Heitmann im zweiten oder dritten Wahlgang zum Zuge kommt. Wenn es in der Stichwahl letztlich nur noch darum geht, ob Rau von der SPD oder Heitmann Bundespräsident wird, dann müssen wir uns eben für Johannes Rau entscheiden." Steffen Heitmann hatte letztlich ein Einsehen, zog seine Kandidatur zurück, und Roman Herzog bekam immer mehr Zustimmung. Gleichzeitig nahm die Zustimmung für Kohl ab.

◆

In den Dezember-Wochen ging die Sorge um die Zukunft der CDU und die Handlungsfähigkeit des Vorsitzenden Kohl quer durch Bundestagsfraktion und Landesverbände der Union.
In den neuen Bundesländern herrschte vielerorts blanke Wahlangst. Der Bundestagsabgeordnete Hans-Ulrich Köhler aus Gera: „Die CDU braucht wieder mehr Solidarität. Jeder kämpft gegen jeden, um den eigenen Besitzstand zu retten. Das ist der falsche Weg. Erfolgreich können wir nur gemeinsam sein." Selbst CDU-Politiker, die sonst ganz auf der Regierungslinie standen, gingen auf Distanz. Der damalige niedersächsische CDU-Spitzenkandidat Christian Wulff (zu der Zeit 34 Jahre) kritisierte: „Wir haben eine Krise der Führungsmannschaft. Den Kanzler umgeben zu schwache Personen. Etliche Langzeit-Minister haben innerlich schon aufgegeben und wirken hilflos. Einige erscheinen überfordert von Ämtern und Mandaten. Die Bürger wollen jetzt Wahrheit, Klarheit und konkrete Perspektiven, wie man Deutschland als Regierung in das Jahr 2000 führt. Kurz: Die Partei muss interessanter und glaubwürdiger werden. Ein Kanzler-Wahlverein reicht nicht mehr." Ähnlich klang es aus der CSU. Deren Vorsitzender Theo Waigel sagte mir in unserem üblichen Samstag-Telefonat Anfang Dezember: „Die CSU ist der stabilisierende Faktor in der Koalition. Deshalb ist es unser Interesse, dass die CDU wieder Fahrt gewinnt und die FDP aus der Krise kommt. Ich erwarte von der CDU wieder mehr Geschlossenheit, programmatisch wie personell."

Derweil schwenkte Kohl auf dem CDU-Landesparteitag in Magdeburg vorsichtig auf Herzog ein, wenn auch ohne dessen Namen zu nennen: „Über einen Kandidaten brauchen wir nicht zu sprechen. Alle möglichen Medien berichten über einen Kandidaten, und der sieht ganz ansehnlich aus. Oder denken Sie nicht auch?" CSU-Chef Theo Waigel wurde mir gegenüber deutlicher: „Ich erwarte als sichtbares Zeichen, dass sich die Koalition spätestens bis zum Januar auf einen gemeinsamen Kandidaten für das Amt des Bundespräsidenten einigt. Von Roman Herzog rücken wir nicht ab." So musste Kohl nachgeben.

Im folgenden Wahljahr 1994 stiegen die Grünen in den Umfragen und Meinungsforscher sagten sogar schon Chancen für eine rot-grüne Mehrheit voraus. Da zog es den hessischen Umweltminister Joschka Fischer immer deutlicher nach Bonn. Der Grünen-Mann erzählte uns Anfang Februar im hessischen Landtag, wie nahe er das Ende der Kohl-Regierung sah: „Die Bundesrepublik Deutschland ist zurzeit in einer dreifachen Krise. Die Einheitskrise stellt uns vor ungeahnte Herausforderungen. Helmut Kohl hat der Mut, den er bei der Einheit hatte, sofort wieder verlassen. Es war ein Riesenfehler, dass man nicht direkt nach der Berlin-Entscheidung sofort dorthin umgezogen ist. Dann wäre gleich deutlich geworden: Dieses Land ist nicht mehr die alte Bonner Republik. Es wäre ein Zeichen gewesen, dass man Neues wagen und nicht den politischen Reparaturbetrieb nach altem Muster weiterführen will." (Mehr darüber im Anhang unter „Fischers Visionen".)

Der letzte Sieg des Helmut Kohl

Dann kam der 23. Mai 1994 mit der spannenden Wahl des Bundespräsidenten. Die letzte Zitterpartie mit mehreren Wahlgängen gab

es bis dahin 1969, als Gustav Heinemann (SPD) im dritten Wahlgang mit 49,4 Prozent Bundespräsident wurde. Die Nachfolger Walter Scheel (FDP, 1974, 51,2 Prozent), Karl Carstens (CDU, 1979, 51,0 Prozent) und Richard von Weizsäcker (CDU, 1964 80,0 Prozent; bei der Wiederwahl 1989 sogar 84,9 Prozent) schafften es alle im ersten Wahlgang. Diesmal traten Johannes Rau von der SPD, Hildegard Hamm-Brücher von der FDP, Jens Reich als Parteiloser auf Vorschlag der Grünen und Roman Herzog auf Vorschlag der Union an. In der Bundesversammlung mit 1.324 Wahlfrauen und Wahlmännern war die Sitzverteilung knapp: CDU/CSU: 619, SPD: 502, FDP: 111, Grüne: 44, PDS: 33, Republikaner: 9, Sonstige Wählergruppen: 6. Bei der Ausgangslage war die absolute Mehrheit von 663 Stimmen im ersten Wahlgang nicht zu erwarten. Als im dritten Wahlgang die FDP nicht mehr ihre Kandidatin, sondern Herzog wählte, kam dieser insgesamt auf 696 von 1.320 abgegebenen Stimmen (52,7 Prozent). Sein Gegenkandidat (und späterer Nachfolger) Johannes Rau erhielt 605 Stimmen.
Kaum ist die Präsidentenwahl abgehakt, da beginnt eine neue Diskussion, diesmal um die künftige Höhe der Rente. In der SPD ist das Thema noch tabu. Aber die Regierungskoalition von Union und FDP will nach der Sommerpause Klartext reden über die bevorstehenden Änderungen. Bundeskanzler und CDU-Chef Helmut Kohl bereitet die Wähler bereits behutsam auf den Schock vor. In seine Reden flicht er Sätze ein wie: „Aufgrund der demographischen Entwicklungen werden weitere Anpassungen im Rentenrecht notwendig sein ... die wirtschaftliche Entwicklung und die Zahl der Erwerbstätigen sind entscheidend dafür, welchen Beitrag das bisherige Rentensystem für die nächste Generation zur Alterssicherung leistet." Doch bei Änderungen in der Rentenversicherung wird es nicht bleiben. Auch in allen anderen Sozialversicherungen kann es nicht mehr ohne private Zusatzversicherungen gehen. Das erklärt

der Kanzler gern so: „Um die Funktionsfähigkeit unserer sozialen Leistungssysteme langfristig zu erhalten und die soziale Sicherung des einzelnen gewährleisten zu können, müssen wir grundlegende Korrekturen vornehmen." Und das bereits 1994.

Ringen mit Kinkel

Um die Reformstimmung der FDP zu herauszufinden, fliege ich im August mit meinem pfiffigen Foto-Kollegen Klaus Becker zu Parteineuling und FDP-Chef Klaus Kinkel auf die ostfriesische Insel Juist. Für hektische Reporter ein ungewohntes Erlebnis. Ab dem Küstenstädtchen Norden mit dem Mini-Flugzeug in gut fünf Minuten zur Insel. Nach der Landung kein schnelles Taxi. Es gibt nur Pferdekutschen. Dann ist auch noch der Handy-Empfang reine Glückssache (die Technik vor Ort wurde nach der Jahrtausendwende deutlich besser). Genervt zockeln wir zum Hotel. Zu Fuß dackle ich zur kleinen Ferienwohnung von Ehepaar Kinkel im zweiten Stock mit Mini-Balkon. Es ist Nachmittag. Das Interview gerät zu einem zähen Gespräch. Ehefrau Uschi schmunzelt. Endlich sind alle Fragen beantwortet. Ab ins Hotel und schreiben. Um 20.00 Uhr erscheine ich wieder mit dem Manuskript zur Absegnung. Die gerät zum Albtraum! Kinkels Änderungswünsche werden immer origineller. Mit der Beschlusslage der FDP hat das schon lange nichts mehr zu tun, aber das sollte nicht mein Problem sein. Nur als der Text für Leser immer weniger zumutbar wird, geraten wir uns in die Haare. Gegen 23.00 Uhr schlage ich in meiner Not vor, er möge doch mal Hermann Otto Solms anrufen und sich Rat holen.
Wir sitzen auf dem Boden des Flurs, denn die Telefonschnur reicht nicht weiter. Solms berät per Telefon seinen neuen Parteichef. Nach einer weiteren halben Stunde gibt es dank Solms einen Text, der ab-

Mit Klaus Kinkel nach einem besonders anstrengenden Interview auf Juist

gesegnet und lesbar ist. Uschi Kinkel fragt mich, ob ich denn schon etwas gegessen hätte. Meine nicht ganz höfliche, aber ehrliche Antwort: „Heute noch nicht." Dann gibt es ein paar Brote, für die ich mich am nächsten Morgen artig mit einem Blumenstrauß bedanke. Ihre Reaktion zu ihrem Ehemann aus Schwaben: „So schöne Blumen habe ich schon sehr lange nicht mehr bekommen."

Ähnlich familiär ging es zu, als ich Familie Stoiber zum „BamS"-Sommerinterview in Kärnten (Österreich) aufsuchte. Am Bergsee der Turracher Höhe gab es Urlaubsfotos vom Feinsten, bis Stoibers Sprecher meldete: „Im Ort unten wartet ein ‚Bild'-Redakteur auf einen Termin." Es war erst Donnerstag. Wenn der Kollege drankommt, ist die Exklusivität für die „BamS" hin und damit unsere Story im Eimer. Deshalb war meine Reaktion einfach: „Herr Stoiber, einen müssen Sie jetzt verärgern, Sie haben die freie Auswahl." Er wählte und wir machten weiter. Seine unpolitische Ansage: „Über Aschermittwoch hinaus bleibt es dabei, bis zur Landtagswahl trinke ich keinen Alkohol." In der Praxis dauerte das viel länger. Noch Jahre später bestellte er sein alkoholfreies Bier.

◆

Als der Bundestagswahlkampf richtig in Schwung kam, flog ich zu Gerhard Schröder nach Hannover. Es war Freitag im September, als ich morgens zum Interview in seinen Dienst-Audi stieg. Zwischendurch ein paar Telefonate mit seiner (damaligen) Ehefrau Hillu, ein paar politische Fragen und ein angenehmer Plausch bis hin zum Bekenntnis: „Manchmal wünsche ich mir ein Kästchen mit Orden, die ich unterwegs an geeignete Menschen verteilen könnte." Während der Ministerpräsident eine Fabrik besichtigte, schrieb ich schnell den Text, damit er ihn auf der nächsten Fahrtstrecke absegnen konnte. Seine Botschaft: „Die Lkw-Gebühr kommt wie beschlossen zum 1.1.1995, aber keine Autobahngebühr für Pkws. Wir wollen aber die Kfz-Steuer abschaffen und danach sehr behutsam die Mineralölsteuer ökologisch sinnvoll anheben. Denn das Auto darf weder ein Privileg für Reiche noch zur Melkkuh der Nation werden. Obendrein wäre es grundfalsch, jetzt mit einer Steuerdebatte die Konjunktur zu gefährden."

Seine Gedanken an eine Große Koalition verbarg er hinter einem Halb-Dementi: „Niemand von uns will eine Große Koalition. Darüber hinaus gilt für Koalitionen immer: Jeder Koalitionspartner wählt sein Personal selbst aus. Für die Person Kohl gilt: Wir wollen ihn ablösen. Das ist aber für mich kein Grund, ihm seine Lebensleistung abzusprechen. Helmut Kohl hat Fehler gemacht. Deshalb muss er weg. Aber er ist für mich doch keine Unperson."

◆

Am 25. September 1994 siegte Edmund Stoiber erstmals als Ministerpräsident in Bayern. Der Erfolg war zwar magerer als bei den Vorgängern, aber immerhin schaffte Stoiber mit 52,82 Prozent die absolute Mehrheit. Die SPD kam auf 30,05 Prozent, die Grünen auf 6,12 und die FDP scheiterte mit mageren 2,8 Prozent. Prompt forderte Stoiber von Helmut Kohl, die CDU müsse im Bundestagswahlkampf härter angreifen. Wie er sich das vorstellte, sagte er mir Ende September in seiner Staatskanzlei: „Mich wundert, dass die CDU nicht deutlicher das massive Versagen der SPD-Spitzenpolitiker in ihren jeweiligen Ländern aufzeigt. Die Troika Scharping, Schröder, Lafontaine verspricht für ganz Deutschland weniger Staat und mehr Sparsamkeit. Dabei praktizieren alle drei zu Hause in ihren Ländern seit Jahr und Tag das Gegenteil. So leistet sich Lafontaine im Saarland zusätzlich zum Kultusminister ein eigenes Ministerium für gerade mal eine Universität und eine Fachhochschule. Scharping hat in Mainz sofort zwei neue Ministerien geschaffen und verspricht in Bonn die Verkleinerung des Kabinetts.

Alle drei, einschließlich Schröder, haben in ihren Ländern eine heillose Überschuldung herbeigeführt. Wenn Helmut Kohl und seine CDU da die SPD stärker angreifen, steigen die Wahlchancen der gesamten Union."

Auch die in Bayern mal wieder gescheiterte FDP bekam ihr Fett weg: „Ihre Leistungen waren in der letzten Zeit besonders schwach. Herr Kinkel kennt sich offenbar glänzend aus in Osttimor und hält Reden vor der UNO, aber das reicht nicht. Er hat noch nicht einmal konkret gesagt, welche Zuständigkeiten der Europäischen Union wieder zurück an Bund und Länder verlagert werden. Die anderen FDP-Minister glänzen erst recht durch Fehlleistungen." Wie immer fasste er zum Abschluss noch einmal unser Gespräch Punkt für Punkt zusammen, obwohl alles aufgezeichnet war. Ich saß auf glühenden Kohlen, weil ich den bayerischen Zentralflughafen fernab von München erreichen musste. Letztlich ging es mal wieder gut, aber wie immer nur ganz knapp.

Herzogs Träume von einer Steuerreform

Wochen später waren wir (mein Chefredakteur Michael Spreng und ich) mit dem neuen Bundespräsidenten Roman Herzog[90] zu einem kurzen Kennenlern-Gespräch verabredet, das wir spontan zu

---

[90] Prof. Dr. jur. ROMAN HERZOG (*1934) war für die Mainzer Landesregierung von Helmut Kohl 1973 Bevollmächtigter beim Bund, CDU-Landesminister in Baden-Württemberg (1978–1980), Bundesverfassungsrichter (1983–1994), wurde am 23. Mai 1994 im dritten Wahlgang zum Bundespräsidenten gewählt. Er verzichtete schon früh auf eine spätere Wiederwahl, denn dafür sei er nach seiner Meinung „zu alt". Dabei waren nicht nur Vorgänger Richard von Weizsäcker, sondern auch Nachfolger Johannes Rau älter. (Quelle für den Datenabgleich: Bundespräsidialamt)

einem Interview ausdehnen. Herzog reagierte darauf ebenso spontan: „Ich bin ein Anhänger der deutlichen politischen Auseinandersetzung. Das muss sein. Die Bürger wollen wissen, mit welcher Personalspitze die politischen Parteien antreten. Sie wollen auch deren Meinung kennenlernen. Deshalb bereitet mir eine scharfe sachliche Auseinandersetzung keine Sorgen. Wenn in dieser Auseinandersetzung Politiker sich gegenseitig etwa Lügen vorwerfen, dann nutzt sich das auch schnell ab. Ob Renten-, Steuer- oder Hauptstadt-Lüge, dafür gibt der Wähler den Politikern die Quittung."
Dann mahnte er Steuerreformen an und erregte damit ziemliches Aufsehen: „Unser Steuersystem insgesamt ist nicht in Ordnung. Es wäre gut, wenn man nach all den Jahren der Ankündigung endlich beginnen würde, das Steuersystem wirklich zu vereinfachen, das heißt, die Ausnahmebestimmungen und die vielen Steuervergünstigungen zu streichen. Dann könnte man auch die Tarife reduzieren. Dabei muss die Familie erheblich von Steuern entlastet werden. Denn wer heute vier oder fünf Kinder hat, ist gegenüber anderen eindeutig unterprivilegiert. Daran gibt es gar keinen Zweifel. Da sehe ich die Notwendigkeit für Reformen, wie vom Bundesverfassungsgericht gefordert. Daraus ergibt sich dann automatisch, dass diejenigen, die keine Kinder haben, entsprechend mehr bezahlen müssen. Statt immer neuer Steuern und Steuererhöhungen sollte man lieber für mehr Steuergerechtigkeit sorgen. Durch eine große Bereinigung des Steuerrechts würden wir zusätzlich viel finanziellen Spielraum gewinnen. Eine gewisse Unzufriedenheit hängt aber auch mit der vielbeklagten Kompliziertheit des Steuersystems zusammen, das der Bürger kaum noch verstehen kann. Ich jedenfalls kann unser Steuersystem nicht mehr verstehen, obwohl ich mich zehn Jahre mit Steuern in Karlsruhe befasst habe. Der Kampf ist längst ungleich geworden. Besserverdienende kommen besser davon, weil sie sich besser und teurer beraten lassen können. Da liegt

ein Problem, das nach Steuervereinfachung verlangt. Bei unseren meisten Rechtsgebieten hat die deutsche Gründlichkeit einen solchen Grad erreicht, dass eine neue Vorschrift mehr Schaden als Nutzen stiftet. Deshalb denke ich, es wäre besser, relativ einfache Steuertatbestände zu schaffen und zu sagen, da wird zwar etwas grober gehobelt, aber mal hat der eine mehr Vorteile, mal der andere. Unterm Strich haben letztlich alle von einer einfacheren Steuergesetzgebung mehr Vorteile, als wenn Politiker oder Richter immer etwas Neues erfinden, um alles besonders genau zu regeln."
Dazu konkrete Beispiele: „Nehmen wir mal das absurde Beispiel, man würde eine Steuervergünstigung für Brillenträger schaffen. Dann würden zwei Dinge passieren: Als Erstes kämen die Hörgeräteträger und verlangten – berechtigterweise – das gleiche Recht für sich. Dann kämen alle anderen Prothesenträger bis zum Toupet-Träger. Plötzlich würde jemand mit Monokel seine Rechte verlangen und bekäme womöglich die halbe Steuervergünstigung eines Brillenträgers. Dann würde er Verfassungsbeschwerde einlegen, denn er könnte ja sagen, ich kaufe mir eine Brille, in der einen Hälfte Fensterglas, in der anderen die Brillenschärfe, und schon habe ich Anspruch auf die volle Vergünstigung. Das ist ein Beispiel, wie die Einzelfallgerechtigkeit immer neue Probleme und neue Ungerechtigkeiten schaffen kann." Der Reformwunsch wurde zum Dauerbrenner.
Gleichzeitig sank Kohls Popularität. Dazu erinnere ich kurz an die Wahlfakten: Kohl war bei seiner ersten Bundestagswahl als Kanzlerkandidat 1983 mit 48,8 Prozent nahe an Adenauers Rekord aus 1957 mit 50,2 Prozent herangekommen, aber von da an ging es stets bergab und sein Groll gegen Schuldige wuchs. Bei der Bundestagswahl am 16. Oktober 1994 legte SPD-Kanzlerkandidat Rudolf Scharping von 33,5 auf 36,4 Prozent zu. Kohls Ergebnis sank von 43,6 auf 41,4 Prozent. Es reichte noch einmal zum Regieren, aber

die Umfragewerte der Union sollten weiter sinken, besonders ein Jahr vor der nächsten Wahl.

Kohls letzter Kampf

In diesen Umfragen überholte Gerhard Schröder (SPD) 1997 den amtierenden Bundeskanzler Helmut Kohl: Bei Forsa halten 43 Prozent der Befragten Schröder für den besseren Kanzler, nur 27 Prozent stimmen für Kohl. SPD-Fraktionschef Rudolf Scharping versucht noch mit Unionsfraktionschef Wolfgang Schäuble, SPD-Finanzexperten und Bundesfinanzminister Theo Waigel in letzter Minute die seit Jahren verschleppte Steuerreform in Gang zu bringen. Aber zu spät. So kurz vor der Bundestagswahl des nächsten Jahres wird nichts mehr daraus. Bundespräsident Roman Herzog sagt uns, er sei „in der Tat enttäuscht", dass es auch in der zu Ende gehenden Legislaturperiode nicht zur überfälligen Steuerreform kommt.

Das war zugleich unser Zitierschlussakkord des Jahres (insgesamt kam die „BamS" 1997 auf 108 Erwähnungen im Fernsehen, davon 54-mal in den Hauptnachrichten der öffentlich-rechtlichen Sender). Im Gegensatz zu diesen Erfolgsdaten war Bundeskanzler Helmut Kohl mit unserer Arbeit höchst unzufrieden. Er sah in einigen Medien sogar Verursacher des Abwärtstrends. Findige Kollegen griffen das Thema auf. So schrieb das „manager magazin" im März 1997: *„Bild am Sonntag" soll auf* Kanzler-Kurs *getrimmt werden: Chefredakteur Spreng stört dabei.* Deshalb wolle Kohl mit Hilfe seines Freundes Leo Kirch den ungeliebten Chefredakteur Spreng abschießen. Zu dem Zeitpunkt war der damals 70-jährige Filmhändler Kirch Großaktionär der Springer AG. (Mehr darüber im Anhang unter „Der versuchte Rausschmiss".)

In den Agenturmeldungen dieser Tage stand auch die offizielle Meinung aus dem Verlagshaus: „Bericht über Kirch ist Unsinn". Reuters schrieb dazu: „Der Axel Springer Verlag hat einen Magazinbericht über zunehmende Spannungen im Aufsichtsrat zurückgewiesen. Der Artikel im „manager magazin" sei „kompletter Unsinn", sagte Verlagssprecherin Edda Fels am Dienstag in Hamburg. Nach den Worten von Verlagssprecherin Fels „steht an der Spitze der ‚BamS' kein Personalwechsel an."

Wohl doch. Wie so oft erhielt ich von meinem guten alten Bekannten Hermann Otto Solms einen wichtigen Hinweis (Mit seinem Ausscheiden aus dem Bundestag erlaubte mir Solms, dazu seinen Namen zu nennen). Er informierte mich aus Kohls Machtzentrum über eine drohende Gefahr. Nach diesem Gespräch schrieb ich eine „Vertrauliche Notiz an Herrn Spreng" mit folgendem Wortlaut: „Am heutigen Mittag (21.11.) rief mich ein Bonner Spitzenpolitiker an, dessen Informationen sich in der Vergangenheit stets als besonders zuverlässig herausgestellt haben, und teilte mir sinngemäß mit: Vor etwa zwei Wochen habe er im Bundeskanzleramt eher zufällig ein Gespräch von Bundeskanzler Helmut Kohl mitbekommen. Dabei habe der Bundeskanzler sinngemäß gesagt, der Arbeits- und Personalausschuss des Aufsichtsrats der Springer AG werde sich mit Spreng befassen, um das Problem zu lösen. Dass mein Informant dieses Gespräch mitbekommen hat, ist nach seiner Auffassung dem Bundeskanzler verborgen geblieben. Bonn, den 21. November 1997."

Die Warnung kam gerade noch rechtzeitig, um über das eigene Netzwerk den Rauswurf abzuwenden, denn ein Eklat war das Letzte, was Kohl bei sinkender Beliebtheit im Vorfeld der Wahl brauchen konnte. Der Springer-Aufsichtsrat kassierte den Kündigungsbeschluss von Personalvorstand und Vorsitzendem des Vorstandes wieder ein. Der Kelch ging diesmal an uns vorüber.

Helmut Kohl sank weiter in der Wählergunst und benannte Wolfgang Schäuble ohne dessen Zustimmung zu seinem Kronprinzen. Anschließend kündigte Kohl – wie von Schäuble und anderen erwartet – an, dass er doch lieber sein eigener Nachfolger werden will. Dann rumorte es in der Union. Anfang März 1998 entbrannte ein offener Streit um die Strategie zur Bundestagswahl am 27. September und der nur zwei Wochen zuvor stattfindenden Landtagswahl in Bayern. CSU-Politiker fürchteten, in den „Abwärtssog der CDU" zu geraten und die absolute Mehrheit (1994: 52,8 Prozent) für Ministerpräsident Edmund Stoiber zu verlieren. Sie verlangten deshalb sogar ein Auftrittsverbot für Kanzler Helmut Kohl in Bayern und einen Landtagswahlkampf, der sich hart mit dem Kurs der Bonner Koalitionsregierung auseinandersetzt.

CSU-Vorstandsmitglied Markus Söder sagte mir: „Entscheidend für die CSU ist die Landtagswahl in Bayern. Um hier wieder die absolute Mehrheit zu erkämpfen, sollten sich die CSU-Politiker ausschließlich auf diese Wahl konzentrieren. Der Kanzler kann sich ja um Deutschland kümmern. In Bayern sollte er keinen Termin wahrnehmen. Wir brauchen ihn hier nicht. Wir haben Edmund Stoiber."

Unterdessen hat Bundeskanzler Helmut Kohl in der ARD-Sendung „Bericht aus Bonn" klargestellt, dass er, ungeachtet kritischer Stimmen, Kanzlerkandidat der Union bleiben will. Er habe eine konkrete Vorstellung, dass er „in der Entwicklung in Europa und der Welt, in Deutschland und in den neuen Bundesländern etwas einbringen" könne und zwar „mit großer Offenheit, mit großem Kampf und einer großen Fröhlichkeit und Spaß an der Sache".

Mit dem Spaß wurde das im Laufe des Jahres so eine Sache. Die Wechselstimmung nahm deutlich zu.

Die SPD geißelte mit näherrückendem Wahltermin immer öfter

die geplante Einführung des demografischen Faktors in der Rente als „Rentenkürzung". Durch diese längst überfällige Rentenreform sollten die Renten ab 1999 langsamer ansteigen, damit das System bei immer mehr länger lebenden Rentnern und weniger Beitragszahlern auch in Zukunft finanzierbar bliebe. Doch mit solch schnöden Tatsachen hielt sich die SPD nicht auf, Schröder schon gar nicht. Er war Wahlkämpfer durch und durch.

Dazu passt, wie mir der damalige SPD-Fraktionschef Peter Struck schon früh in seiner deutlichen Art begründete, warum sich seine Partei für Schröder als Kanzlerkandidat entschied: „Aber das dürfen Sie erst schreiben, wenn ich nicht mehr in der Politik bin: Der Gerd ist zwar ein Arsch, aber nur mit ihm können wir die Wahl gewinnen." Dabei war Schröders Grundkonzept für den Umgang mit Medien denkbar einfach: „Zum Regieren brauche ich ‚Bild', ‚BamS' und Glotze." Das bestätigte er noch Jahre später, wenn auch in abgemilderter Form: „Erstens habe ich es gesagt und zweitens ist es nicht richtig." Kein Wunder, dass sein neuer Regierungssprecher Bela Anda aus der „Bild"-Redaktion kam und dorthin später zurückkehrte.

Die Zeit des Wahlendspurts war für Helmut Kohl nicht leicht. Mitte Mai 1998 sagte mir Hessens CDU-Chef Roland Koch im Vorfeld des in drei Tagen als Jubelfest geplanten CDU-Parteitags: „Die CDU steht an einer gefährlichen Wendemarke. Wenn wir resignieren und beklagen, was alles nicht so gut gelaufen ist, verlieren wir unweigerlich die Wahl. Dann steht uns ein sozialistisches Jahrzehnt bevor. Um das zu verhindern, haben wir nur noch einen Schuss frei: Der Parteitag in Bremen muss und wird es bringen. Dort wird Helmut Kohl zeigen, dass er nicht nur Staatsmann, sondern auch Wahlkämpfer ist." Koch verlangte dazu: „Wir müssen deutlicher die Auseinandersetzung mit dem Gegner suchen. Das spricht emotional viel stärker die Delegierten an als ein noch so gutes Programm. Deshalb erwarte ich keinen Programm-Parteitag im Sinne einer Neuorientierung. Wir brauchen jetzt kein Umsteuern, sondern müssen konkrete Schritte ankündigen, wie wir nach einem Wahlsieg Probleme lösen werden – vor der Steuerreform bis zur inneren Sicherheit."

Doch schon kurz darauf hatte Kohl richtig Pech mit seinem neuen Sprecher Otto Hauser (CDU-MdB). Dessen Image schrumpfte in Rekordgeschwindigkeit von einer scheinbaren Wunderwaffe zum Rohrkrepierer. Selbst CDU-Abgeordnete forderten: „Ein Spalter der Nation darf nicht für den Kanzler sprechen." Lothar de Maizière nannte ihn schlicht „Schwachkopf". So dauerte Hausers Gastspiel als Regierungssprecher auch nur fünf Monate. Nicht viel mehr Glück hatte SPD-Kanzlerkandidat Schröder mit seinem Schattenwirtschaftsminister Jost Stollmann. Einst Mitglied der Jungen Union, war der Sohn einer Autohändlerin zum Millionär aufgestiegen, wurde Schröder-Fan ohne Absichten, SPD-Mitglied zu werden: „Ich bin unabhängig, keiner Partei verpflichtet. Deshalb werde ich auch keinen Wahlkampf machen." Obendrein bekannte er bald, dass er sich nicht an Beschlüsse und Programme der SPD gebunden fühle. Damit kam sein Aus.

Anfang September gab es im Bonner Bundestag das große Plenarduell der Redner Kohl und Schröder. 1,42 Millionen Zuschauer saßen vor dem Bildschirm, als Kohl um 11.30 Uhr ans Mikrofon ging. Beim Wechsel am Rednerpult lauschten 2,09 Millionen Fernseher den Worten des Kanzlerkandidaten. Die Meinungsforscher bejubelten die SPD. Sie waren sich inzwischen einig, dass die Schröder etwa 40 Prozent erwarten könne, für die Union sagten sie 37,5 bis 39 Prozent voraus. Nur Allensbach sagte 36 Prozent voraus.

Gerd besiegt Helmut

Kohl zieht alle Register. Das geht so weit, dass er sogar seinen Groll gegen die „BamS" aufhebt. Anfang September ruft sein Medienberater Andreas Fritzenkötter bei mir an: „Sie wollten doch schon länger ein Interview. Ich habe einen Termin für Sie." Ziemlich genau sechs Jahre nach unserem letzten Kohl-Interview. Also ab ins Kanzleramt.

Es ist Donnerstag, der 10. September 1998. Wir erscheinen zu dritt im Zentrum der Macht. Nach Begrüßung durch Kanzlervertraute Juliane Weber, die vor lauter Elefanten keinen Platz mehr für eine DIN-A4-Seite auf dem Schreibtisch hat, hören mein Chefredakteur Michael Spreng, sein langjähriger Stellvertreter Alfred Merta und ich, wie Kohl nach der höflichen Begrüßung ankündigt: „Ich erzähl' euch jetzt was und ihr könnt dann hinterher die Fragen reinschreiben." Freundlich lauschen wir, bis er endet. Dann überrascht ihn Michael Spreng mit seiner Ankündigung: „Danke, Herr Bundeskanzler. Dann können wir ja jetzt unsere Fragen stellen." Und wir legen los. Mit versteinertem Gesicht hält der Kanzler sich angespannt an den Stuhllehnen fest, wie ich, wenn mein Zahnarzt einen Volltreffer landet.

Da ich direkt neben ihm sitze, höre ich besonders deutlich ein Geräusch, das ich zunächst nicht zuordnen kann, bis ich auf den Boden schaue. Kohl schrappt deutlich hör- und sichtbar die Schuhe übereinander. So viel Anspannung und Nervosität bei einem so großen Mann konnte ich mir bis dahin nicht vorstellen.

In der typischen Überheblichkeit, zu der auch wir Journalisten neigen, sage ich hinterher meiner Frau: „Dass Kohl uns jetzt das Interview gab, zeigt, dass er selbst am Wahlsieg zweifelt und nach Strohhalmen greift. Mir scheint, ich bin noch Büroleiter der ‚BamS', da ist er schon nicht mehr Kanzler." Stimmt.

Am Wahlabend des 27. September kommt Schröder mit seiner Doris im Charter-Jet aus Hannover nach Bonn zur SPD-Parteizentrale. Um 17.00 Uhr ruft ihn Manfred Güllner (Chef des Meinungsforschungsinstituts Forsa) an und gibt ihm die ersten Prognosezahlen durch, die schon ganz nahe am Endergebnis liegen. Schröder weiß, er wird Kanzler, küsst seine Doris. Um 18.00 Uhr werden die Prognosen offiziell, die Baracke (SPD-Parteizentrale) jubelt. Das Ergebnis: 35,1 Prozent für Kohl und seine Union, 40,9 für Schröder und seine SPD. Die Grünen landen bei 6,7, die FDP bei 6,2 und die PDS bei 5,1 Prozent. So verliert Helmut Kohl wie von Schäuble und anderen erwartet, seine letzte Bundestagswahl.
Der britische Premierminister Tony Blair gratuliert Gerd Schröder per Telefon. Minuten später erklärt Wahlverlierer Kohl seinen Rücktritt als CDU-Vorsitzender.[91] Am Abend feiern die Genossen mit Schröder in der niedersächsischen Landesvertretung (noch ist er dort als Ministerpräsident Hausherr). Zwischendurch ruft US-Präsident Bill Clinton an, gratulierte dem künftigen Kanzler und lädt diesen nach Washington ein. Bis nach zwei Uhr feiern die Genossen mit dem Lied „So sehen Sieger aus" auf den Lippen.
Schröder reagiert an seinem Siegermorgen erstmals indigniert, als er den Hinweis liest: „Schröder färbt sich die Haare." Kein Wort wahr, erklären Gerd und Doris unisono. Doch so merkwürdig es

---

91 Der CDU-BUNDESPARTEITAG wählte am 7. November 1998 in Bonn Wolfgang Schäuble zum neuen Vorsitzenden, Helmut Kohl zum Ehrenvorsitzenden und Angela Merkel zur Generalsekretärin. Als bekannt wurde, dass Kohl im Gegensatz zu dem von ihm einst unterschriebenen Parteiengesetz nicht bereit war, die Herkunft von etwa zwei Millionen D-Mark für die CDU anzugeben, weil er den Spendern mit Ehrenwort Verschwiegenheit versprochen habe, musste er den Ehrenvorsitz am 18. Januar 2000 niederlegen. Als die Spendenaffäre auch Schäuble einholte, wurden Angela Merkel seine Nachfolgerin im Parteivorsitz und Friedrich Merz Fraktionschef.

auch klingen mag, diese Kleinigkeit wird Schröder noch als Kanzler mehrmals beschäftigen. Jahre später ärgert er sich über ein Foto in der „BamS", das eine lichte Stelle am Hinterkopf ahnen lässt. Als er ein paar Tage danach in seine Regierungsmaschine kommt und mich sieht, brüllt Schröder über die Sitzreihen hinweg: „Der Weckbach-Mara hat selbst kaum noch Haare auf dem Kopf und dann meckert er über meine Haare." Ziemlich verblüfft rufe ich zurück: „Herr Bundeskanzler, ich habe mit meinen Haaren keine Probleme." Stimmt auch. Sie sind zwar inzwischen grauer und weniger, aber was soll's!

Das Riesenrad am Personalkarussell

Genau drei Tage nach verlorener Wahl schlug die Kohl-Regierung ein letztes Mal richtig zu. In seiner vorletzten Sitzung bewies das noch amtierende Kabinett volle Handlungsfähigkeit – in eigener Sache: Die Minister segneten rund 70 Beförderungen ab, durch die auch zahlreiche verdiente Parteifreunde im Beamtenapparat versorgt wurden. Den Vogel schoss Wirtschaftsminister Günter Rexrodt (FDP) ab. Er paukte 18 Beförderungen aus seinem Haus durchs Kabinett, machte vier Ministerialräte zu Ministerialdirigenten. Zwei von ihnen gehörten der FDP an und konnten sich über einen Gehaltssprung von knapp 2.000 D-Mark auf 12.000 D-Mark freuen.

Auch Bundesarbeitsminister Norbert Blüm (CDU) ließ sich nicht lumpen: In seinem Haus beklagte der Personalrat „14 Statusveränderungen auf den letzten Drücker". So wurde ein Pressesprecher noch schnell vom Referatsleiter zum Unterabteilungsleiter für den Bereich „Beschäftigung und soziale Integration von Ausländern" befördert, obwohl die Auflösung dieser Unterabteilung für das kommende Jahr schon beschlossen war. Mit Wirkung vom 7. Oktober wurde ein anderer Unterabteilungsleiter von der Besoldungsstufe B3 nach B6 befördert, was ihm künftig 12.000 D-Mark Monatsgehalt einbrachte.

Die erfahrenen Sekretärinnen des Leitungsbereichs versetzte Blüm in Referate, die von CDU-Leuten geleitet wurden. Ein Mitglied des Personalrats sagte mir: „Der künftige Arbeitsminister Riester findet ein leergefegtes Büro vor."

SPD-Fraktionschef Rudolf Scharping empörte sich über die Beförderungswelle: „Dieses Versorgungsdenken für Parteigänger ist stillos und teuer für den Steuerzahler. Lediglich Bundesaußenminister Klaus Kinkel hat hier extrem korrekt und beispielhaft gehandelt. Das genaue Gegenteil ist der scheidende Arbeitsminister Norbert Blüm."

Aber, um es gleich vorwegzunehmen, die Nachfolgerregierung war in dem Punkt kein Deut besser. Am 27. Oktober 1998 wählte der neue Bundestag mit seiner rot-grünen Mehrheit Gerhard Schröder zum siebten Bundeskanzler und knapp drei Wochen später legte das neue Kabinett in eigener Sache los. 72 Staatssekretäre und Ministerialdirektoren wurden in den „einstweiligen Ruhestand" geschickt. Das sind fast doppelt so viele Zwangspensionierungen wie 1982 beim Amtsantritt der Regierung Kohl.

Ein Beispiel: Der Diplomphysiker und Politologe Dr. Werner Gries war als Experte für Forschung unumstritten. Als Ministerialdirektor im Bundesforschungsministerium, dem er seit 1983 angehört, verwaltete er bisher einen Jahresetat von zwei Milliarden D-Mark – ohne jede Beanstandung. Der 58-jährige war zudem topfit. Im Garten seines Godesberger Einfamilienhauses sagte er mir: „Seit ich berufstätig bin, war ich nicht einen einzigen Tag krank. Die ame-

rikanische Mayo-Klinik hat mir gerade bestätigt, dass ich kerngesund bin." Doch das half ihm nichts. Nicht einmal das Angebot von Gries, freiwillig an einer anderen Stelle innerhalb des Regierungsapparates weiterzuarbeiten, konnte seinen Rauswurf abwenden.
148 Beamte auf Bundesebene hatten beim Regierungswechsel den Status eines „politischen Beamten", der jederzeit ohne Angabe von Gründen in Pension geschickt werden kann. 12 Staatssekretäre und 60 Ministerialdirektoren, also etwa jeden zweiten politischen Beamten, kostete der Bonner Regierungswechsel den Job. Das bedeutet: Es gibt Geld fürs Nichtstun. Die Regierung Kohl war, als sie 1982 an die Macht kam, deutlich zurückhaltender: 13 Staatssekretäre und 29 Ministerialdirektoren wurden damals Opfer des Regierungswechsels. Insgesamt schickte die Koalition aus Union und FDP in ihren 16 Amtsjahren 24 Staatssekretäre und 71 Ministerialdirektoren in Zwangspension.
Das große Aufräumen der Regierung Schröder war für den Steuerzahler eine kostspielige Sache. Das Finanzministerium ging in seinen Berechnungen davon aus, dass die zwangspensionierten Beamten im Durchschnitt 58 Jahre alt sind, also sieben Jahre bis zur normalen Pensionsgrenze fürs Nichtstun bezahlt werden. Auf dieser Basis rechnete der Bund der Steuerzahler aus, dass die Rauswurfaktion der Regierung Schröder den Steuerzahler gut 80 Millionen Mark kostete und erklärte dazu: „Es ist gegenüber den Steuerzahlern verantwortungslos, dass die neue Regierung fast die Hälfte der Spitzenbeamten in den Bonner Ministerien in den vergoldeten Ruhestand schickt. Schließlich sind auch politische Beamte auf den Staat und nicht auf die Parteien verpflichtet und können auch mit dem falschen Parteibuch einen guten Job machen. "
Das blieb ein frommer Wunsch. Schon knapp drei Monate später verlangte der neue Bundesfinanzminister Oskar Lafontaine (SPD) vom Haushaltsausschuss die Zustimmung zur Schaffung von 405

neuen (zusätzlichen) Planstellen in den Bundesministerien, davon 41 in der Spitzenbesoldungsgruppe ab B3. Kanzleramt, Bundespresseamt und Wirtschaftsministerium bekamen demnach jeweils einen neuen B9-Beamten mit einem Monatsgehalt von 15.500 D-Mark, das Auswärtige Amt sogar zwei. Die 13 B6-Bediensteten erhielten monatlich 13.500 D-Mark, 23 nach B3 erhielten jeweils 11.000 D-Mark.

VII. Kohls Kriegserbe und Merkels Weg zur Macht

Das mit Abstand größte Problem während des Regierungswechsels hatte allerdings damit nichts zu tun, auch nicht mit Rente oder Steuern, sondern es waren die Unruhen auf dem Balkan. Die wichtigste deutsche Grundsatzentscheidung dazu fiel ausgerechnet in die Zeit zwischen den Kanzlern.
Der neue Bundestag mit der Mehrheit für Rot-Grün und Gerhard Schröder als Kanzler war zwar am 27. September 1998 gewählt, aber noch nicht zusammengetreten. Der neue Bundestag konstituierte sich erst am 26. Oktober und die neue Schröder-Regierung am Tag danach. Also tagte am 16. Oktober noch der Bundestag in seiner alten Zusammensetzung mit Kohl und Kinkel auf der Regierungsbank. Schröder sprach noch als Ministerpräsident von Niedersachsen. Eigentlich hätte man in der Rückschau auch die paar Tage warten können, aber aus damaliger Sicht drängte die Zeit. Da die Bundeswehr eine Parlamentsarmee ist, kann die Bundesregierung zwar deren Auslandseinsatz vorschlagen, beschließen aber kann nur der Bundestag den Marschbefehl.
Also fiel die denkwürdige Sitzung des Deutschen Bundestages über die Balkankrise genau in diese Interimszeit, noch unter Vorsitz von Bundestagspräsidentin Rita Süssmuth (CDU). Schlimme Nachrichten aus der Bundesrepublik Jugoslawien häuften sich. Dort kämpfte eine Befreiungsarmee des Kosovo (UÇK) um die Unabhängigkeit. Dabei kam es zu Vertreibungen, Mord und Terror. Der Weltsicherheitsrat verhängte mit der Resolution 1160 ein Embargo, um Verhandlungen zu erzwingen. Erfolglos. Genau wie die Resolution 1199 mit der Aufforderung zu Frieden. Da drohte die NATO dem

jugoslawischen Diktator mit Luftangriffen, wenn das Morden weiterginge. Aber das Morden und die Vertreibung der Albaner aus dem Kosovo unter dem serbischen Präsidenten Slobodan Milosević (*1941, starb 2002 als Angeklagter wegen Völkermord noch vor dem Urteil des Kriegsverbrechertribunals in Den Haag) fanden kein Ende.

In dieser Krisensituation ergab die außergewöhnliche Sitzung des Bundestages ein ungewöhnliches Maß an Übereinstimmung. Zum besseren Verständnis zitiere ich ein wenig aus dem lesenswerten Sitzungsprotokoll. Das komplette Sitzungsprotokoll des Deutschen Bundestages steht im Anhang. Der noch amtierende Außenminister Klaus Kinkel (FDP) mahnte in seiner manchmal gedrechselten Sprache: „Im Kosovo liegt eine akute humanitäre Notsituation großen Umfangs vor, die sofortiges Handeln erfordert. Ich war am vergangenen Samstag beim Jagdbombergeschwader 32 der Bundeswehr in Lager Lechfeld und habe mit zirka 30 Piloten der Tornados gesprochen, die, wenn es zum Einsatz kommt, dorthin fliegen werden bzw. Bosnien aus dem unmittelbaren Einsatz kennen. Sie sind, wissend, dass es ein sehr gefährlicher Einsatz wird – gefährlicher als alles, was bisher in diesem Kontext von der Bundeswehr unter Mitbeteiligung bewältigt werden musste – bereit, Verantwortung für den Frieden und die Menschenrechte zu übernehmen. Um dieses hohen Gutes willen würden sie und die anderen für den möglichen Einsatz vorgesehenen Soldaten ihr eigenes Leben der Gefahr aussetzen. Dafür verdienen sie und ihre Familien unsere höchste Anerkennung und die ungeteilte Unterstützung des Deutschen Bundestages." Beifall von FDP, CDU/CSU, SPD und Grünen.

Der scheidende Verteidigungsminister Volker Rühe (CDU) mahnte unter Beifall aus Union, FDP und SPD: „Wenn es zu einem Einsatz kommt, ist dies für die Bundeswehr der gefährlichste Einsatz, den sie bisher durchgeführt hat. Insgesamt würden mit den dafür vorgesehenen notwendigen Stabs- und Unterstützungskräften durchschnittlich rund 500 deutsche Soldaten in diesem Gebiet eingesetzt. Dieser Beitrag ist militärisch notwendig und bedeutend. Er ist aber mehr als das: Er ist Ausdruck der Solidarität Deutschlands im Bündnis."

Ministerpräsident Gerhard Schröder ging als designierter Bundeskanzler ausgesprochen sanft bis staatsmännisch mit seinen bisherigen Wahlkampfgegnern um: „Es hat nicht an politischen und diplomatischen Bemühungen gefehlt. Ich will der amtierenden Bundesregierung ausdrücklich keinen Vorwurf machen. Sie hat sich im Rahmen der Kontaktgruppe intensiv für diese Verhandlungen eingesetzt, und das war richtig. Denn wir wissen – auch das gilt es auszusprechen –, dass unser Land leicht das Ziel einer großen Flüchtlingsbewegung werden könnte und immer noch werden kann.

Wir sind – auch das, denke ich, gehört ausgesprochen – Anfang dieser Woche in eine sehr schwierige Entscheidungssituation gekommen. Der amerikanische Sondergesandte ließ mich – auch die amtierende Regierung – wissen, dass Milosević sich offenbar an die Hoffnung klammerte, das Bündnis würde wegen der politischen Übergangssituation in Deutschland nicht handlungsfähig sein. Ich halte es in Übereinstimmung mit der amerikanischen und anderen Regierungen nicht für einen Zufall, dass Milosević zum Nachgeben erst dann bereit war, als ihm klar wurde, dass die internationale Handlungsfähigkeit Deutschlands nicht eingeschränkt ist und die NATO in der Lage war, ihre militärische Drohung uneingeschränkt wahrzumachen – uneingeschränkt, das heißt: unter Mitwirkung der Streitkräfte.

Ich sage es ausdrücklich auch hier noch einmal: Ich bin Bundeskanzler Helmut Kohl dankbar dafür, in welcher Atmosphäre wir diese Gespräche führen konnten. Es war über den Tag hinaus wichtig, denke ich, zu zeigen, dass die demokratischen Kräfte unseres Landes zu verantwortungsvollem Handeln fähig sind, auch dann, wenn wir uns mitten in einem Regierungswechsel befinden." Beifall von allen, außer der PDS.

Dann sprach Schröder genau den wunden Punkt an: „Eine sehr wichtige Frage betrifft die Rechtsgrundlage der NATO-Entscheidung. Mir ist bewusst – und ich respektiere das –, dass viele Kolleginnen und Kollegen vor allen Dingen damit innere Probleme haben. Diese wird jeder haben müssen, der sich intensiv mit dieser Frage beschäftigt. Auch mir – ich sage das – wäre ein neues, mit einer klaren Ermächtigung versehenes UNO-Mandat lieber gewesen. Dass es dieses Mandat nicht gibt, lag aber nicht an den NATO-Mitgliedern. Gerade mit Rücksicht auf Russland und gerade mit Rücksicht auf die Stellung der Vereinten Nationen war es richtig, die NATO-Entscheidungen nicht von einer weiteren Sicherheitsratsresolution abhängig zu machen. Der Frieden im Kosovo ist möglich, wenn wir ihn alle wollen. Der Deutsche Bundestag kann mit seiner Entscheidung heute dazu beitragen, dass auch in diesem von Gewalt erschütterten Teil Europas die Menschen in Zukunft wieder frei von Angst leben können. Ich denke, meine Damen und Herren, wenn uns dies zusammen gelingt, können wir alle miteinander ein wenig stolz darauf sein." Wieder Beifall von allen, mit Ausnahme der PDS. Deren Fraktionschef Gregor Gysi hielt dagegen: „So schlimm die Situation im Kosovo auch ist: Niemand hier kann bestreiten, dass die Situation in Afghanistan noch tausendmal schlimmer ist, ohne dass irgendetwas ernsthaft unternommen wird, um diese Situation zu verändern. Ich finde, dies macht die ganze Sache mit dem moralischen Stempel so unglaubwürdig: wenn man so unterschiedliche Maßstäbe anlegt."

Die Abstimmung danach war eindeutig: Von 580 abgegebenen Stimmen waren 500 für die Beteiligung Deutschlands an einem möglichen NATO-Luftschlag gegen Serbien, also dem ersten militärischen Angriff deutscher Soldaten seit dem Ende des Zweiten Weltkrieges und zwar ohne UNO-Mandat und gegen den Willen der betroffenen Regierung. Dennoch konnte selbst der künftige Außenminister Joschka Fischer die meisten seiner grünen Parteifreunde für den Luftkrieg gewinnen, zumal auch er vor unmenschlicher Vertreibung aus dem Kosovo warnte.

Die Friedenbemühungen gehen erfolglos weiter. Mitte März informiert mich Verteidigungsminister Rudolf Scharping (SPD) in seinem Büro auf der Bonner Hardthöhe über die Krise. Während unseres Gespräches landete Bundeskanzler Gerhard Schröder (SPD) nebenan mit dem Hubschrauber. Als ich bei Scharping zur Tür herauskomme, geht Schröder hinein, um sich ebenfalls zu informieren und meint im Vorbeigehen: „Sie sind wohl immer auf Draht?" Höflich antworte ich: „Man bemüht sich." Scharping erklärt auch ihm (wie ich später erfahre): „Im Oktober 1998 haben wir Zehntausende Menschen vor einer Katastrophe gerettet. Die späteren Verhandlungen waren zäh und haben womöglich zu lange gedauert. Die OSZE-Beobachter haben das Land verlassen. Die Lage im Kosovo spitzt sich dramatisch zu. Die jugoslawischen Truppenkonzentrationen sind viel stärker als in den Abkommen vereinbart. Unsere Geduld ist zu Ende. Zum Schutz unserer Soldaten habe ich zusätzliche Flugabwehr angeordnet. Auch vor Ort werden die Schutzmaßnahmen verstärkt. Wir haben einen klaren Auftrag vom Deutschen Bundestag: 1. den Schutz der zivilen Beobachter sicherzustellen und 2. ein Friedensabkommen zu sichern – einschließlich der Entwaffnung der UÇK-Kämpfer. Die NATO jedenfalls ist fest entschlossen zu handeln. Wir werden keine erneute humanitäre Katastrophe zulassen, keine neuen Leichenberge auf dem Balkan und keine neuen Flüchtlingsströme in Europa. Das ist unser Ziel. NATO-Luftschlä-

Joschka Fischer nach dem Umzug in seiner Berliner Amtsvilla

ge, das ist keine leere Drohung. An unserer Entschlossenheit sollte Milosević besser nicht zweifeln."

Am 24. März 1999 wird daraus bitterer Ernst. Im Verbund mit der NATO beginnt die Bundeswehr ohne UNO-Mandat den Kosovo-Luftkrieg. Als erste ganz persönliche Reaktion bete ich für die möglichen Opfer am Boden. Denn auf der Hardthöhe hatte man mir erklärt, dass der Leitstrahl von Flugabwehrgeschützen zur Erfassung von Flugzeugen bereits als Angriff gilt, den der Pilot nach internationalem Kriegsrecht beantwortet. Das bedeutet für die Tornados der Bundesluftwaffe, dass dieser Leitstrahl zur Zielführung für ihre Luft-Bodenraketen genutzt wird.

Schon drei Tage später nehmen die NATO-Luftangriffe gegen Jugoslawien weiter zu. Vom italienischen Luftwaffenstützpunkt in Aviano steigen erneut F-16-Kampfflugzeuge auf. Am Abend ordnet NATO-Generalsekretär Solana die Angriffsphase II an. Damit gelten die Angriffe ab sofort auch Panzern und Truppenkonzentrationen im Kosovo.

Milosević setzt offenbar menschliche Schutzschilde ein. So werden Hunderte von jungen Serben auf eine Brücke über die Save, einem Zufluss der Donau, beordert. Sie tragen Zielscheiben, wie sie bei Schießübungen verwendet werden, um die Bombardierung des Bauwerks zu verhindern.

Bei den Grünen kommt Unmut über die Bombenziele auf. Schon in der ersten Kabinettsitzung unter Leitung von Vizekanzler und Außenminister Joschka Fischer geht ihm sein grüner Parteifreund Jürgen Trittin[92] mit despektierlichem Zeitungslesen auf die Nerven. Als Fischer dann zum zweiten Mal Mitte April auf dem Kanzlersessel mit der erhöhten Lehne sitzt, gibt es richtig Krach: Bundeskanzler Gerhard Schröder weilt als EU-Ratspräsident in Brüssel, Fischer eröffnet um 9.30 Uhr im Bonner Kabinettssaal pünktlich die Sitzung. Schon eine halbe Stunde später haben sich Fischer und Trittin zur Verblüffung der SPD-Minister in den Haaren.

Beim Thema Kosovo bringt Trittin seinen Parteifreund Fischer nach übereinstimmender Schilderung von Beteiligten mit immer neuen Fragen in Rage: „Warum muss man überall bombardieren?

---

92 JÜRGEN TRITTIN (*1954), seit 1980 Mitglied der Grünen, Mitglied des niedersächsischen Landtags (1985–1990 und 1994–1995), Bundestagsabgeordneter seit 1998, Sprecher des Bundesvorstandes der Grünen (1994–1998) Bundesminister für Umwelt, Naturschutz und Reaktorsicherheit (1998–2005), zuletzt grüner Spitzenkandidat für die Bundestagswahl 2013. (Quelle für den Datenabgleich: Deutscher Bundestag)

Warum bombardiert man ein Heizkraftwerk? Ist das noch verhältnismäßig? Warum konzentriert man sich nicht auf das Kosovo?" Entnervt schneidet ihm Vizekanzler und Sitzungsleiter Fischer das Wort ab: „Genug jetzt, darüber muss im Beisein des Bundeskanzlers gesprochen werden."
Was er dabei zu sagen habe, erklärte mir Trittin so: „Die NATO muss neu überlegen, welche Einsätze sie durchführt. Dem jugoslawischen Innenministerium hat sicher keiner eine Träne nachgeweint. Aber mir fehlt das Verständnis dafür, wenn man ein Heizkraftwerk in Belgrad oder zivile Einrichtungen in Montenegro zerstört."
In der Nacht zum Samstag, den 22. Mai flog die NATO mit 648 Flügen die höchste Zahl von Angriffen innerhalb von 24 Stunden seit Beginn des Krieges. Ziele waren vor allem Elektrizitäts- und Umspannwerke in mehreren Städten. Dabei brach die Stromversorgung in ganz Serbien zusammen. Erst gegen Samstagmittag gab es in der Hauptstadt Belgrad wieder Strom und Wasser. In der südserbischen Provinz Kosovo wurden nach NATO-Angaben mindestens zwölf Panzer und neun Artilleriestellungen sowie zahlreiche Militärfahrzeuge zerstört. Getroffen wurden auch Polizei- und Armeekasernen, Fernseh- und Rundfunkanlagen, Treibstoff-, und Munitionslager sowie zahlreiche Autobahnbrücken. Erstmals griff die NATO auch einen Stützpunkt der UÇK in dem Ort Kosare an. Als die NATO den Angriff mit Bedauern als Versehen bezeichnete, erfuhr die Öffentlichkeit zugleich von einer gewissen Zusammenarbeit der NATO mit diesen Rebellen.
Präsident Milosević gab Anfang Juni dem Druck der NATO nach, akzeptierte den Friedensplan der G8-Staaten. Die serbischen Truppen zogen aus dem Kosovo ab. Die NATO stellte die Bombardierung am 21. Juni offiziell ein und stationierte KFOR-Friedenstruppen, diesmal unter UNO-Mandat. Diese Friedenstruppen wurden ab da zur Dauereinrichtung.

In der Zwischenzeit hatte Hans Eichel den von der Fahne gegangenen Finanzminister Lafontaine ersetzt. Der neue Herr des Geldes und der Schulden sagte mir am 4. Juni in Köln am Rande des EU-Gipfels, Einsparungen für den Bundeshaushalt 2000 in Höhe von 30 Milliarden D-Mark seien sein Ziel: „Der Schuldenberg des Bundes ist in den letzten zehn Jahren so angewachsen, dass heute fast ein Viertel der Staatseinnahmen an Zinsen gezahlt werden müssen. Ich will hier die Trendwende schaffen und langfristig – also in etwa zehn Jahren oder besser noch früher – einen ausgeglichenen Haushalt vorlegen, der ohne Neuverschuldung des Bundes auskommt." Dieses Versprechen wurde für die Zukunft seine Messlatte, unter der er prima hindurchgehen konnte.

Neustart bei der Union

Während Eichel für die rot-grüne Regierung Senkung des Spitzensteuersatzes von 51 Prozent auf zunächst 48,5 und später sogar 43 Prozent vorbereitete, gab es in der Union noch immer große Schwierigkeiten, sich nach Wahlniederlage und Spendenaffäre neu zu sortieren. Zu Hoffnungsträgern wurden Wolfgang Schäuble, Angela Merkel und der bis dahin weitgehend unbekannte Friedrich Merz[93], den ich für eine erste Homestory aufsuchte.

---

[93] FRIEDRICH MERZ (*1955), Rechtsanwalt wie sein Vater und Großvater, wurde 1972 CDU-Mitglied, war Europaabgeordneter (1989–1994), Bundestagsabgeordneter (1994–2009), wurde 1998 Vizefraktionschef, 2000 als Nachfolger von Wolfgang Schäuble Vorsitzender der CDU/CSU-Bundestagsfraktion und 2002 wieder Stellvertreter (diesmal als Vize der neuen Vorsitzenden Angela Merkel). Wie zuvor sein Hamburger Parteifreund Gunnar Uldall schlug Merz eine drastische Steuervereinfachung vor. Niedrige, einfache Steuersätze ohne viele Ausnahmen sollten zu einer Steuererklärung führen, für die ein Bierdeckel reicht. Das blieb Theorie,

Der stundenlange und höchst unterhaltsame Besuch Mitte Dezember 1998 bei Familie Merz in Arnsberg beeindruckte mich. Schon das villenartige Haus, von Grün umgeben, mit Schwimmhalle, auf die so manche Schule neidisch sein könnte, war nicht nur für damalige Verhältnisse etwas Besonderes. Allerdings bremste Hausherr Friedrich Merz (zu der Zeit 43 Jahre) in dem Punkt schon gleich nach der Begrüßung meine Bewunderung: „Im Pool ist kein Wasser. Darin lagern Wein und andere Sachen, denn die Heizung für das Schwimmbad wäre uns viel zu teuer." Das sollte sich ändern, als aus dem Fraktionsvize ein wohlhabender Industrieanwalt geworden war.

Doch zurück zur Story: Stolz zeigt er seinen Original-Klappstuhl aus dem alten Deutschen Bundestag. Ehefrau Charlotte beteuert, dass Friedrich Merz ein Mann der schnellen Entscheidungen sei – politisch, aber auch privat: „Wir haben uns am 22. August 1980 zum ersten Mal gesehen. Es war Liebe auf den ersten Blick. Und schon am 17. Juli 1981 haben wir geheiratet." Inzwischen haben die beiden drei Kinder: Constanze (damals 9), Carola (14) und Philippe (17), der gerade in den USA seine Englischkenntnisse verbessert. Die Familienharmonie reicht so weit, dass die beiden Töchter mit ihren Eltern in meinem Beisein musizieren – mit Mutter abwechselnd am Klavier, das er seiner Frau zum 30. Geburtstag geschenkt hat. Der Hausherr spielt Klarinette. Fotos von der heilen Welt. Dazu erzählt er aus seiner Jugend mit Verweis von der Schule: „Als ich 15 Jahre alt war, hatten wir eine Französischlehrerin, die immer ganz zackig marschiert ist, die ihre Autorität dadurch unter Beweis stellen wollte, dass sie in die Klasse reingestürmt kam. Der haben wir die Tür

---

genau wie sein Traum von der Kanzlerkandidatur. 2004 trat Merz als Fraktionsvize zurück und schied 2009 aus dem Bundestag, wurde internationaler Anwalt und Aufsichtsrat. (Quelle für den Datenabgleich: Deutscher Bundestag)

ausgehängt und sie wieder in den Rahmen gestellt mit der Folge, dass die Lehrerin durch diesen Schwung über die Tür in die Klasse richtig bäuchlings reingeflogen ist. Das war einer der Gründe, warum mir die Schulleitung empfohlen hat, es doch woanders noch einmal zu versuchen, weil es unüberwindliche Meinungsverschiedenheiten in einigen disziplinarischen Fragen gab."

Im sauerländischen Arnsberg ist Merz bekannt wie ein bunter Hund: „Im Wahlkampf war ich schon an fast allen Pommesbuden des Hochsauerlandkreises." Dieser Spruch von den vielen Pommesbuden ist wohl etwas übertrieben. Immerhin, seinen Wahlkreis holte er mit 51,4 Prozent direkt.

Selbstbewusst trat er gegenüber Helmut Kohl schon zu dessen Kanzlerzeit auf, ließ sich das einseitige „Du" nicht gefallen: „Ich bin nicht mit vielen per Du, aber mit einigen sehr gerne. Natürlich gibt es für mich nur ein Du auf Gegenseitigkeit." Der Koloss Kohl hatte auch keine Chance, Merz so herablassend wie andere zu belehren, er musste sogar zu ihm aufblicken. Denn der sportlich-drahtige Sauerländer Merz ist mit 1,98 Meter noch sechs Zentimeter größer als der abgewählte Kanzler.

Merz war einer der wenigen, die früh den Wechsel an der CDU-Spitze verlangt hatten. Und nach der Wahlniederlage der CDU griff der Jurist und Finanzexperte als einer der Ersten die Oppositionsrolle auf. Er forderte von seinen Parteifreunde, das Ergebnis „mit Demut und Bescheidenheit hinzunehmen". Kritik verband Merz auch mit Selbstkritik: „Die jetzige Regierung Schröder macht genau mit den Fehlern weiter, den wir auch begangen haben. Man muss den Menschen deutlich die Wahrheit sagen: dass wir mit dem Umfang an Sozialleistungen, wie wir sie bis heute haben, nicht weitermachen können. Der gegenwärtige Stand ist auf Dauer nicht zu halten. Da hat die Regierung Kohl erste Korrekturen vorgenommen. Die Schröder-Regierung macht diese Korrekturen wieder

rückgängig und damit den Menschen deutlich, es geht auch leichter. Man braucht sich gar nicht so anstrengen. Mit uns habt ihr es sehr bequem. Das aber ist auf Dauer nicht bezahlbar."
Wichtige Etappen für die Rückkehr an die Macht im Bund waren für Merz die Hessen-Wahl im Februar und die Landtagswahl in Schleswig-Holstein im Jahr 2000. Dort setzte er auf den stellvertretenden Partei- und Fraktionsvorsitzenden Volker Rühe: „Die Regierung Simonis ist sturmreif, und Volker Rühe kann das schaffen. Das wäre der erste große Schritt, um die Mehrheit in Bonn zurückzugewinnen." Daraus wurde nichts. Kohls Parteispendenaffäre machte der gesamten Partei und damit auch den Kieler CDU-Freunden einen Strich durch die Rechnung.

♦

Inzwischen hatte sich die CSU-Spitze neu sortiert. Der bayerische Ministerpräsident Edmund Stoiber löste am 16. Januar 1999 Finanzminister Waigel im Amt des CSU-Vorsitzenden ab und war damit schon auf dem besten Weg, Kanzlerkandidat der Union zu werden, auch wenn er zunächst abwiegelte: „Es wäre völlig unsinnig, jetzt darüber zu diskutieren. Gerhard Schröder ist für vier Jahre gewählt. Über unseren Kanzlerkandidaten entscheiden wir erst im Jahr 2002." Doch schon im Mai wurden die Dementis schwächer. Stoiber bereitete sich längst systematisch auf größere Aufgaben vor, bemüht sich vor allem um außenpolitisches Profil. Mal beriet er im Kreml über die russische Jugoslawien-Politik, dann kümmerte er sich um deutsche Investitionen in der Ukraine, Japan oder China, reiste in die USA und nach Kanada.
CSU-Vize Horst Seehofer war noch nicht zum Dauerquerulanten mutiert, sondern sagte mir Mitte Mai: „Nach dem Verzicht von Volker Rühe kommen nur noch Edmund Stoiber und Wolfgang Schäuble als Kanzlerkandidaten in Frage, auch wenn die Entschei-

dung erst nach dem Jahr 2001 ansteht. Die Erfahrungen mit der Wahlniederlage des Kanzlerkandidaten Franz Josef Strauß 1980 bedeuten keineswegs, dass wir ein für alle Mal auf einen CSU-Kanzlerkandidaten verzichten. Es wäre falsch, wenn die CSU sich von vornherein aus Spitzenpositionen abmeldet."
Zumal die CDU noch immer im Schatten von der Kohls Spendenaffäre stand. Jürgen Schweitzer, CDU-Fraktionschef im Gemeinderat von Kohls Wahlkreis, trat demonstrativ nach 26 Jahren aus der CDU aus: „Schwarze Konten, jahrelange Lügen und Geldschiebereien – jedes Vertrauen, das ich in Helmut Kohl gesetzt hatte, ist zerstört. Ich habe das persönlich genommen. Die Partei war ein Großteil meines Lebens." Der Vorstand der CDU von Detmold forderte Anfang Februar 2000 sogar einstimmig, wenn auch erfolglos, Kohls Parteiausschluss. Die stellvertretende CDU-Bundesvorsitzende und spätere Bundesbildungsministerin Annette Schavan[94] warnte, es sei „eine gefährliche Illusion, dass die Klärung der Führungsfrage schon eine Erneuerung bewirken könne". An die Adresse von Helmut Kohl fügte sie hinzu: „Er schadet der CDU ganz massiv."

Vom Interview-Mut verlassen

Selbst Kohls besonders treuer Parteifreund und Weggefährte Norbert Blüm brach mit seinem alten Parteichef, weil dieser „einfach

---

[94] Prof. (Dr. phil. aberkannt) ANNETTE SCHAVAN (*1955) war Stellvertretende CDU-Vorsitzende (1998–2013), Kultusministerin in Baden-Württemberg, Bundestagsabgeordnete (2005–2014), Bundesministerin für Bildung und Forschung (2013–2015). Nach Aberkennung des Doktortitels 2014 Botschafterin beim Vatikan. (Quelle für den Datenabgleich: Deutscher Bundestag)

nicht wie im Gesetz vorgeschrieben die Parteispender nennt". Angela Merkel distanzierte sich als neue Parteivorsitzende vorsichtiger. Im Sommerinterview 2000 sagte sie mir: „So wie Konrad Adenauer wird auch Helmut Kohl immer zur CDU gehören. Dennoch müssen wir – Angela Merkel und Friedrich Merz – als neue Generation die Zukunft der CDU gestalten. Die Zeit des aktiven Politikers Helmut Kohl ist vorbei. Die heutige Generation muss ihre Geschicke selbst in die Hand nehmen."
Dazu forderte sie von der Regierung die Senkung des Spitzensteuersatzes auf 35 Prozent und von Arbeitsminister Riester eine staatlich geförderte Zusatzrente. Mehr war ihr nicht zu entlocken. Sie ließ sich in all den Jahren kein einziges Mal aus der Reserve locken, sagte nie mehr, als sie vorhatte. Mit der Folge, dass ich mehrmals Interviews wegwerfen musste, wenn das Ergebnis einfach keinen Nachrichtenwert für Leser und Agenturen hatte. Da waren andere weit weniger vorsichtig, manchmal mit entsprechenden Folgen. So kündigte mir Arbeitsminister Walter Riester im Interview vollmundig eine „neue Zusammenarbeit der Bundesanstalt für Arbeit, mit den Zollbehörden und dem Bundesgrenzschutz gegen die Schwarzarbeit" an. Durch den Datenaustausch mit Nachbarländern könne künftig „der Bundesgrenzschutz gezielt die Einreise von Schwarzarbeitern verhindern." Klang gut, war aber nicht mit dem höchst selbstbewussten Innenminister Otto Schily abgesprochen. Prompt protestierte dieser bei seinem Parteifreund und Kabinettskollegen und schon wollte Riester das lieber doch nicht gesagt haben. Ging aber nicht. Denn mein Interviewtext lief längst über die Agenturen. Also schickte Riester seinen Sprecher vor, der verkünden musste, das Interview sei nicht korrekt wiedergegeben. Das konnte ich nicht auf mir sitzen lassen und veröffentlichte das von Riester handschriftlich korrigierte Interviewmanuskript. Sofort schwenkten die Agenturen wieder um und meldeten den Text in der von Riester

autorisierten Originalfassung. So musste Riester seinen Krach mit Schily ohne mich austragen

Einen Zahn härter ging es zu, als 2001 Generalinspekteur Harald Kujat (*1942, im Amt 2000 bis 2002, danach bis 2005 Vorsitzender des NATO-Militärausschusses) einen Bundeswehreinsatz in Mazedonien als Teil der deutsch-französischen Brigade ablehnte. Genauer: Mein Telefonat habe ich mit Zustimmung von Kujat aufgezeichnet. Darin erklärte er mit drastischen Worten, dass die Soldaten der Bundeswehr mit einem erneuten größeren Auslandseinsatz überfordert seien: „Sie können allenfalls noch bei der Siegesparade mitmarschieren." Den Interviewtext stimmte ich mit ihm am Ende des Gesprächs wortgenau ab. Er war einverstanden, aber sein Vorgesetzter nicht. Also erklärte Kujat, diese Veröffentlichung sei so nicht mit ihm abgesprochen. Verteidigungsminister Rudolf Scharping ließ sogar erklären, das sei so nicht gesagt gewesen. Als die Agenturen mit dem Dementi auf den Ticker gingen, hielt ich dagegen und bot Tonband samt Rausschrift der abgesegneten Interviewfassung an. Bei Scharping protestierte ich telefonisch mit dem Hinweis, dass hier eine glatte Lüge im Spiel sei: „Das muss ich leider auch so öffentlich sagen." Lügen im Amt hat schon manchen dasselbe gekostet. Das war Scharping klar. Am nächsten Morgen trafen wir uns zum Frühstück im Ministerium, er lenkte ein und wir druckten den von Scharping schriftlich abgesegneten Text: „Die Bundeswehr will nach Plänen aus Paris und Berlin erstmals in einem deutsch-französischen Bataillon gemeinsam mit einem spanischen Regiment nach Mazedonien gehen. Dabei hatte es Deutschland noch in der letzten Woche abgelehnt, Truppen für den Einsatz bereitzustellen. Diese Tatsache hatte Generalinspekteur Harald Kujat bestätigt, wurde vom Verteidigungsministerium aber dementiert. Das Dementi war falsch." Obendrein versprach Scharping ein richtig zitierfähiges Interview mit ihm als Parteivize. So verkündete er bei

einem guten Essen auf Mallorca als Chef der SPD-Grundsatzkommission, dass künftig Arbeitslosen Arbeiten wie kommunaler Umweltschutz, Altenpflege, Krankenpflege angeboten werden: „Wer diese Arbeit nicht antritt, verliert nicht nur einen Teil, sondern er verliert schließlich jede öffentliche Unterstützung." Dazu kam eine glasklare Absage an die PDS: „Andere kommunistische Parteien, in Polen, in der Tschechischen Republik hatten sich aufgelöst. Nur die PDS hat das gesamte kommunistische Vermögen mitgenommen. Mit ihr läuft auf Bundesebene überhaupt nichts."
Damit war seine Falschmeldung zu Kujat abgehakt und wir tranken darauf noch einen ordentlichen Rotwein. Alles war wieder gut, die Rücktrittsforderung hatte sich erledigt. Aber nur für den Moment. Denn schon zwei Tage später traf sich Scharping auf Mallorca mit Kollegen der „Bunte"-Redaktion. Zur Gaudi des Fotografen plantschte er im Pool schmusend mit seiner Gräfin. Die Turtelfotos zu einer Zeit, da sich Bundeswehrsoldaten auf einen neuen gefährlichen Auslandseinsatz vorbereiteten, wurden – wie bereits beschrieben – zum Sargnagel seiner Ministerkarriere. Als dann noch herauskam, dass er im Militärjet zu seiner neuen Liebe geflogen kam und Hinweise über Scharpings finanzielle Verstrickung in eine PR-Agentur bekannt wurden, war für Schröder das Maß voll. Mit seinem Gespür für Wahlkampf tauschte er Scharping gegen Peter Struck aus, der sich in Rekordzeit in den neuen Job einarbeitete.

Was Fischer unter Gastfreundschaft versteht

Je näher der Wahltermin rückte, desto intensiver pflegten auch die Grünen ihre Journalistenkontakte. Das war nicht immer so, besonders bei dem damaligen Vizekanzler Joschka Fischer. 2000 war ich zum Sommerinterview mit dem Obergrünen in der Toskana vor

Das karge Interview mit Joschka Fischer in der Toskana, Foto: Niels Starnick

den Toren von Siena in einem 200 Jahre alten Bauernhaus verabredet. In sengender Hitze setzen wir uns an einen Basalttisch im Garten. Vor mir nichts als mein Bandgerät und mein Notizblock. Er schwärmte von Faulenzen, Laufen und Lesen, bedauerte den Weggang von Otto Schily von den Grünen. Danach baute Fischer vor meinem Foto-Kollegen Niels Starnick auf dem Tisch Brot, Käse und Gemüse auf, aß genüsslich. Für uns gab es nichts. Kein Tropfen Wasser. Seine damalige Frau Nicola Leske feixte im Haus hinter dem Vorhang, war aber nicht bereit, mit aufs Foto zu kommen. Nach zwei Stunden verabschiedete uns Fischer. Nur einer Mitarbeiterin seines Auswärtigen Amtes dämmerte, dass Gastfreundschaft auch anders aussehen könnte. Als wir durstig ins Auto einstiegen, kam sie mit einer Flasche Wasser hinterhergerannt. Zu spät. Im Auto hatten wir selbst Wasser. Eine Woche später empfing Fischer „Spiegel"-Kollegen und bot ihnen kein Essen an, was diese bitter beklagten. Daraufhin schrieb mein Chefredakteur Spreng im Le-

serbrief, er habe mit innerer Bewegung und Anteilnahme gelesen, dass die „Spiegel"-Redakteure nur mit zwei Flaschen Wasser und je einem Stückchen Apfel bewirtet wurden: „Ich kann Sie trösten. Unsere Redakteure, die eine Woche zuvor Joschka Fischer in der Toskana besuchten, erhielten während eines zweistündigen Gesprächs bei 35 Grad im Schatten nicht einmal ein Glas Wasser."
In den nächsten Wochen sorgte der Rinderwahnsinn für schaurige Schlagzeilen. In der Bundesregierung mussten Gesundheitsministerin Andrea Fischer (Grüne) und Landwirtschaftsminister Karl-Heinz Funke (SPD) gehen und in der CDU musste Friedrich Merz erkennen, dass seine Träume nicht in Erfüllung gehen. Zum Fraktionschef avanciert, wollte er die ganze Macht. Da kam sein Sturz: In aller Stille traf er sich mit Stoiber und verkündete anschließend seiner CDU-Vorsitzenden Angela Merkel, es sei alles klar, er werde Kanzlerkandidat – mit dem Zusatz: „Was machst denn du dann, Angela?" Ihre trockene Antwort: „Da mach dir mal keine Sorgen." Die hätte er sich aber besser gemacht, statt die angedeutete Warnung zu unterschätzen.
Angela Merkel verständigte sich in der ersten Januarhälfte 2002 mit Stoiber beim Frühstück in dessen Privathaus, dass der CSU-Chef in diesem Wahljahr für die Union gegen Schröder antritt. Merz wurde erst Merkels Fraktionsvize, dann Privatmann. In der Zwischenzeit hatte Michael Spreng seinen Job als „BamS"-Chefredakteur verloren. Kohls Wunsch ging also doch noch in Erfüllung. In Sprengs Dienstzeit stieg die „BamS"-Auflage um zehn Prozent. Danach sank sie wie bei den meisten Blättern. Verständlicherweise fiel Spreng nach seinem Jobverlust, wie er es nannte, erst einmal in ein tiefes Loch.
Dazu passte ein Anruf richtig gut, den ich – inzwischen zur „Welt am Sonntag" („WamS") gewechselt – aus München bekam. Stoibers Vizesprecher Martin Neumeyer wollte in einem seiner üblichen,

endlos wirkenden Telefonate wissen, wer nach meiner Meinung seinen Chef am besten im Wahlkampf beraten könnte und wie es denn mit Spreng wäre. Ich sollte doch mal mit ihm reden. Kein Problem. Nach ein paar weiteren Gesprächen rückte die Einigung näher, wurde per Handschlag besiegelt. Stoiber informierte Merkel, CSU-Landesgruppenchef Michael Glos und auf Anraten von Stoiber-Sprecher Ulrich Wilhelm auch Verlegerin Friede Springer über seinen neuen Wahlkampfmanager Spreng. Dessen Konzept war klar: Stoiber soll nicht als Rechtsaußen, sondern als Mann der politischen Mitte die Wahl gewinnen. Als das unter Dach und Fach war, bedankte sich Spreng mit einem besonders vergnüglichen Essen im „Borchardt".

Wie Schröder mit Irakkrieg und Hochwasser gegen Stoiber gewinnt

Gleich zu Beginn waren Stoiber, Spreng und Co. besorgt, ob die FDP am Wahlabend auch wirklich als Koalitionspartner bereitsteht oder ob Parteichef Westerwelle am Ende doch mit Schröder regieren will. Beruhigung brachte mein nächstes Interview mit FDP-Chef Guido Westerwelle, der mir versicherte: „Ich bin nicht Schröders Buddy." Dabei blieb er über den Wahltag hinaus.
Anfang Mai machten sich viele Spitzengenossen Sorgen um den Wahlausgang. In der SPD-Bundestagsfraktion ging bereits die Angst um. So unterschiedliche Meinungsforschungsinstitute wie Forsa und Dimap ermitteln für die SPD bundesweit nur noch einen Stimmenanteil von 32 Prozent. SPD-Abgeordnete errechneten die Folgen und waren entsetzt: Bei einem so schlechten Abschneiden kämen bis zu 80 Genossen weniger in den neuen Bundestag. Als wesentliche Ursache für den „Meinungstiefflug" galt für viele

nicht Kandidat Schröder, sondern das Parteimanagement im Wahlkampf. Bald darauf holte sich Schröder wie erwähnt den „Bild"-Redakteur Bela Anda als Wahlkampfberater im Range eines stellvertretenden Regierungssprechers.

Dann traten unerwartete Ereignisse ein: Der Sommer vor diesem Wahltag lässt die beiden Duellanten Schröder und Stoiber nicht wie sonst üblich zur Ruhe kommen. Die Elbe tritt über die Ufer, in Sachsen und Sachsen-Anhalt werden 27 Menschen Opfer der Jahrhundertflut (vergleichbar dem späteren Wahljahr 2013). Regierungschef Schröder reagiert sofort, sagt schnelle und großzügige Hilfe zu, erscheint vor Ort. Zur selben Zeit weilt Stoiber für ein paar Tage an der Nordsee, um für den Wahlkampfendspurt aufzutanken. Sein Berater Spreng, überzeugt ihn, den Miniurlaub abzubrechen und sich an der Oder sehen zu lassen. Zu spät. Schröder ist längst als Sympathieträger in Aktion. Der Mann für die Not. Der Punkt geht eindeutig an Schröder.

Dann punktet der SPD-Wahlkämpfer auch noch zunehmend in einem für ihn sonst eher ungewohnten Bereich, der Außenpolitik. Die USA beschuldigen den Irak mit seinem Diktator Saddam Hussein, an Massenvernichtungswaffen, einschließlich der dazu notwendigen Trägerwaffen, zu arbeiten und die Welt zu bedrohen. Anfang September erklärt mir zwar General Harald Kujat als neuer Chef des NATO-Militärausschusses der nationalen Oberbefehlshaber in Brüssel, er habe nicht den Eindruck, dass ein Krieg gegen den Irak bevorstehe. Das sei auch „bisher kein Thema, das die NATO beschäftigt". Für die Wahlkämpfer Schröder und Stoiber aber schon. Ein Jahr nach dem historischen Terroranschlag gegen die USA vom 11.09.2001 ist Solidarität mit den USA ein Kernpunkt der deutschen Außenpolitik. Mit der Vertrauensfrage hatte Schröder die deutsche Beteiligung am US-geführten Kampf gegen den internationalen Terror („Enduring Freedom") durchgesetzt. Auch die deutsche Be-

teiligung an den NATO-Friedenstruppen in Afghanistan (ISAF) hatte am zweiten Januar 2002 offiziell begonnen. Doch dann stößt im Wahlkampf diese Solidarität auf Grenzen. US-Präsident George W. Bush wettert immer lauter gegen den irakischen Diktator. Zunehmend ist von einem möglichen Militärschlag als letzte Lösung die Rede. (Wie später belegt, arbeitet Bush sogar völlig ungeniert mit glasklar gefälschten Dokumenten, um den Irak zu beschuldigen.) Da erklärt Schröder mitten im Wahlkampf: „Es wird unter meiner Führung keine deutsche Beteiligung am Krieg gegen den Irak geben." Das zieht. Dabei geht völlig unter, dass Militärexperten aus Washington und London übereinstimmend nach Berlin melden, im Fall eines US-Angriffs auf den Irak sei die Bundeswehr „beim unmittelbaren Kampfeinsatz nicht gefragt". Die solidarische Unterstützung durch deutsche Soldaten in den AWACS-Aufklärern oder die Erlaubnis zur Nutzung von US-Basen in Deutschland seien bisher nicht infrage gestellt worden. Deshalb sei das Ganze eine „virtuelle deutsche Wahlkampfdiskussion".
Selbst die damalige Wehrexpertin der Grünen, Angelika Beer, meint: „Kanzler Schröder hat zwar gesagt, unter seiner Führung werde es keine deutsche militärische Beteiligung an einem Angriffskrieg gegen den Irak geben. Diese Beteiligung ist aber gar nicht gefordert. Das Einzige, was wir können und bereits tun, ist die Beteiligung an AWACS-Aufklärungsflügen. Genau die kündigt Schröder nicht." FDP-Fraktionschef Wolfgang Gerhardt ebenso: „Jeder weiß, dass die Bundeswehr für einen Kampfeinsatz gegen den Irak überhaupt nicht in Frage kommt, weil sie das mit ihrer Ausstattung gar nicht könnte. Trotzdem schürt Schröder mit seiner Phantomdiskussion die Kriegsangst, um mit dumpfem Anti-Amerikanismus auf Stimmenfang zu gehen. Ich bin sicher, die Wähler werden darauf nicht hereinfallen." Ähnlich kritisiert der Vorsitzen-

de des Auswärtigen Bundestags-Ausschusses, Hans-Ulrich Klose (SPD), seinen Parteifreund Schröder.
Doch der Kanzler kommt mit seiner Kurzformel „Krieg – nein danke" bei den Wählern an. Stoiber bleibt nichts anderes übrig, als ins gleiche Horn zu blasen. Einmal will er dabei Schröder sogar übertreffen. Ohne Spreng an seiner Seite erklärt Stoiber kurzentschlossen in ein Mikrofon, er würde den USA die Nutzung amerikanischer Einrichtungen auf deutschem Boden für einen Irakkrieg untersagen. Als Spreng das erfährt, kommen ihm Zweifel. Kurioserweise bin ich gerade auf dem Weg zu Schröders großer Wahlkundgebung, als Spreng mich über Handy fragt, ob man den USA die Nutzung ihrer Stützpunkte in Deutschland überhaupt verbieten könne. Ich warne davor, denn damit würde Deutschland gleich gegen mehrere verbindliche Abkommen mit den USA verstoßen. Dazu gehören das NATO-Truppenstatut und das Abkommen „Partnerschaft und Frieden" mit Verträgen über den Aufenthalt der Truppen in Deutschland, in dem Deutschland Bewegungsfreiheit und Nutzung garantiert. Also rudert Spreng in Stoibers Namen zurück, spricht von einem Missverständnis und betont die deutsche Vertragstreue.
Das ging noch einmal gut.

Das erste TV-Duell

Nächste Knackpunkte sind die beiden TV-Duelle. Im Vorfeld verhandelt Spreng mit der Schröder-Truppe über Themen und die beiden Termine, damit die Stoiber-Jungs das Ergebnis der ersten Sendung am zweiten Termin noch „nachsteuern" können. Alles ist penibel festgelegt. Jeder bekommt 90 Sekunden zur Beantwortung einer Frage und zur Nachfrage nochmal 60 Sekunden.

Das erste TV-Duell der Kanzlerkandidaten in der deutschen Geschichte findet am 25. August im Privatfernsehen statt. Peter Kloeppel (RTL) und Peter Limbourg (SAT.1) nennen schon gleich zu Beginn die Knackpunkte: Jahrhundertflut, Irak und Arbeitslosigkeit. Schröder beginnt staatsmännisch mit sonorer Stimme, kein Lächeln, eher Nussknacker-Miene. Stoiber pendelt wirksam zwischen Lächeln und Angriffslust. Sein Lieblingsthema sind die vier Millionen Arbeitslose der Schröder-Zeit. Er brilliert zwar mit Zahlen, aber nicht so penetrant wie sonst. Auch sein störendes „Äh" kommt seltener als gewohnt. Gefragt nach der Flut, lobt er sogar Schröder für die Regierungsarbeit, kommt aber schon im nächsten Atemzug wieder auf die Arbeitslosigkeit zu sprechen. Hinterher betont das langjährige WDR-Urgestein Friedrich Nowottny, Stoiber habe angriffslustig den besseren Eindruck hinterlassen. Der damalige „Spiegel"-Chef Stefan Aust lobt Spreng und dessen Truppe: „Die haben gute Arbeit geleistet. Stoiber hat Punkte gemacht."
Zwei Wochen später sieht das schon wieder ganz anders aus. Diesmal stellen Sabine Christiansen (ARD) und Maybritt Illner (ZDF) die Fragen. Stoiber beginnt zunächst munter wie gehabt, doch nach etwa einer halben Stunde bricht er förmlich ein, wird fahrig, wirft mit Fakten um sich, als würde seine Festplatte überlaufen. Schröder wird immer souveräner und krönt seinen Punktsieg mit einem staatsmännischen Schlusswort.
Gleichzeitig schwächelt auch Stoibers Wunschkoalitionspartner FDP. Deren mächtiger NRW-Landeschef Jürgen Möllemann jongliert nicht nur rechtswidrig mit Spendengeldern, sondern löst auch noch mit einem israelkritischen Wahlkampfflyer ohne Absprache mit der Bundespartei eine Antisemitismus-Debatte aus.
Stoiber versucht mit einem Marathon an Interviews und Wahlkampfauftritten, Boden gutzumachen. Am Wahlabend zeigen ihn erste Hochrechnungen sogar als künftigen Kanzler. Aber nur kurz.

CDU und CSU legen zwar um 3,4 Prozent zu und kehren damit erstmals einen 16 Jahre andauernden kontinuierlichen Abwärtstrend der Unionsparteien bei Bundestagswahlen um. Aber es reicht nicht. Die SPD verliert 2,4 Prozentpunkten und erreicht wie die Union 38,5 Prozent, liegt jedoch mit insgesamt 6.027 Stimmen (das sind 0,01 Prozentpunkte) vor der Union mit ihren 38,5 Prozent. Mit Hilfe der Überhangmandate wird die SPD stärkste Fraktion. Die FDP legt trotz Möllemann von 6,2 vier Jahre zuvor noch auf 7,4 Prozent zu, aber Stoiber verfehlt sein Ziel, Kanzler einer schwarz-gelben Koalition zu werden. Vorbei.
Wieder als Kanzler im Amt, lässt Gerhard Schröder seinen Freund Peter Hartz die später nach diesem genannten Gesetze zur Sozialreform komplett ausarbeiten und bereitet die wichtige „Agenda 2010" vor. In der Außenpolitik nimmt der heraufziehende Irak-Krieg immer ernstere Formen an.

Halbwahrheiten im Irakkrieg

Was in Schröders Bundestagswahlkampf noch nach totalem Pazifismus klang, hört sich im anschließenden Regierungsalltag schon wieder anders an – als hätte jemand im Kanzleramt einen Sachkundigen gefunden, der internationale Verträge lesen kann: Das NATO-Truppenstatut vom 19. Juni 1951 gilt heute in der fortgeschriebenen Fassung vom 22. Januar 2001. Dazu kommen Verträge, etwa über den Aufenthalt ausländischer Streitkräfte vom 23. Oktober 1954 und das Übereinkommen „Partnerschaft für den Frieden" vom 19. Juni 1955. Darin sind für die Verbündeten Bewegungsfreiheit und Nutzung militärischer Einrichtungen auf deutschem Boden zugesichert, um „Deutschland zu durchqueren und zu verlassen". Eine deutsche Ein- und Ausreisekontrolle findet nicht statt. Zu ge-

genseitiger Unterstützung arbeiten die deutschen Behörden und die der Truppen eng zusammen. Diese Verpflichtungen will Schröder ausdrücklich einhalten und stellt sie sogar als Unterstützungsgeste für Washington dar. So haben die USA für den Fall eines Irakkriegs erbeten und sollen erhalten:

- Gewährung von Überflugrechten für die USA und NATO-Mitgliedstaaten, die das wünschen.
- Reibungslosen Transit für Truppen der USA und der NATO-Mitglieder.
- Nutzung der US-Militäreinrichtungen in Deutschland durch die USA und die Mitglieder.
- Schutz von Einrichtungen durch Bundeswehrsoldaten.

Damit respektiert die Bundesregierung geschlossene Verträge und Deutschland wird bei einem Irakkrieg für die Amerikaner wie schon 1991 zur militärischen Drehscheibe.
Die sicherheitspolitische Expertin der Grünen, Angelika Beer, hält erfolglos dagegen: „Wenn die USA den Irak ohne neues UN-Mandat angreifen, müsste Deutschland konsequenterweise jede Hilfe verweigern bis hin zu Überflugrechten. Denn nach Artikel 26 unseres Grundgesetzes ist die Beteiligung an einem Angriffskrieg verfassungswidrig und strafbar. Ein bisschen Pazifismus und ein bisschen Krieg gehen da nicht."
Erst Jahre später erfahre ich von einem Mitglied des Parlamentarischen Kontrollgremiums (PKG), in dem bestimmte Abgeordnete in geheimer Sitzung die Arbeit der Geheimdienste kontrollieren, dass zwei Mitarbeiter des BND vor Ort waren, als am 20. März 2003 die ersten US-Bomben auf Iraks Hauptstadt Bagdad fielen. Während die USA mit ihrer Koalition der Willigen, allen voran Großbritannien, ohne UNO-Mandat in den Irak einmarschierten, blieben die

beiden Deutschen weiter in Bagdad und lieferten von dort wichtige Informationen. Nach einem Bericht der Bundesregierung leitete der BND Informationen an US-Stellen weiter, „die u. a. den Charakter der militärischen und polizeilichen Präsenz in der Stadt beschrieben. In einzelnen Meldungen waren diese Beschreibungen mit geografischen Koordinaten zu Aufenthaltsorten militärischer Kräfte (Einzelfahrzeuge in der Nähe des Offiziersclubs der Luftwaffe; Personal und Material irakischer Spezialtruppenteile) versehen." In welchem Umfang die Zielhinweise für die USA kriegswichtig waren, blieb selbst unter Fachleuten umstritten. Unbestritten ist dagegen, dass BND-Mann Reiner M. später vom Pentagon mit der Medaille „Meritorious Service" für seine Hilfe an den US-Militärgeheimdienstes DIA geehrt wurde.

Am 1. Mai erklärte US-Präsident George W. Bush den Krieg bereits offiziell beendet, Saddam Hussein wurde am 13. Dezember 2003 festgenommen, den Abzug der US-Truppen verkündete US-Präsident Barack Obama 2012. Zurück blieb der Irak im Bürgerkrieg.

Noch während der offiziellen Kriegsphase mahnte CDU-Chefin Angela Merkel, Politik dürfe sich nicht nur an Meinungsumfragen ausrichten. Am Telefon fügte sie hinzu: „Natürlich habe ich viel Verständnis für die Sorgen und Ängste der Menschen. Aber es darf nicht vergessen werden, wer für die militärische Auseinandersetzung die Verantwortung trägt: Saddam Hussein." Am Ende dieses Gesprächs hat sie erstmals in all den Jahren, die wir uns kennen, auf eine Absegnung verzichtet mit dem Hinweis: „Sie machen das schon."

So heftig die Schlagzeilen vom Krieg auch waren, in Deutschland kam noch ein anderes Thema hinzu, das für Bundeskanzler Gerhard Schröder zum unangenehmen Dauerbrenner wurde: Die Arbeitslosigkeit stieg ungebremst auf 4,7 Millionen. Seine Reformagenda sollte langfristig, daher der Name „Agenda 2010", Abhilfe schaffen. Doch die Mehrheit dazu bröckelte.

SPD-Fraktionschef Franz Müntefering warnte bereits vor dem Verlust der Kanzlermehrheit, Schröder dachte an Rücktritt, wie Peter Struck später berichtete. Die Zerreißprobe um die notwendigen Reformen in Deutschland erfasste die gesamte SPD und führte zu einer Wahlniederlage nach den anderen in Ländern und Kommunen. Gleichzeitig gewinnt CDU-Chefin Angela Merkel an Einfluss weit über die eigene Partei hinaus. Sie nimmt Anlauf auf das Kanzleramt und gewinnt. Wenn Sie wollen, reden wir darüber in meinem nächsten Buch: „Muttis Macht – Das System Merkel", natürlich auch über den Reparaturbetrieb an den Geburtsfehlern des Euro und die Achterbahnfahrten von SPD und FDP.

Nachwort – Rundgang durch den Reichstag

Falls die bisherige Lektüre Sie dazu animiert, sich das Zentrum der Macht in Berlin näher anzusehen, werden Sie im Bundestag auf ein Kuriosum stoßen, das ich Ihnen nicht vorenthalten möchte. Wenn Sie einverstanden sind, drehen wir zum Schluss noch schnell eine Runde durch das Reichstagsgebäude, das im April 1999 in neuer Form eingeweiht wurde.

Beginnen wir nicht mit dem bekannten Bild der schwarzen Limousinen, sondern nehmen wir den Eingang für Insider an der Wilhelmstraße, gegenüber dem ARD-Hauptstadtstudio. Der Pförtner öffnet per Knopfdruck die Tür. Kurze Gesichts- oder Ausweiskontrolle. Zwei weitere Glastüren gehen schon schwerer auf. Die Fußgängerbrücke aus Holz und Stahl, von hohen Glaswänden geschützt, führt zum gigantisch wirkenden Haupttrakt des Löbe-Hauses. Im Keller die große Kantine (Bezahlen mit Magnetkarte) ebenerdig das Restaurant (Barzahlung). Links die Bibliothek mit 1,3 Millionen Bänden.

Darüber die Büros der Abgeordneten und ihrer Mitarbeiter. Rechts oben, hübsch übereinander, die Räume der Fraktionschefs. Links im Innenhof halten Stahltrosse drei Ruder-Achter in den Farben Schwarz, Rot und Gold in unterschiedlicher Schwebe auf und ab – wenn die Technik nicht wieder versagt.

Im Keller beginnt der erste Tunnel zum Reichstag, der früher das Präsidenten-Palais mit dem Parlament verband. Über Laufband oder den breiteren Weg unter dem Reichstag angekommen, gibt es Geld, Tickets und saubere Schuhe: Drei Geldautomaten, zwei Check-in-Automaten, zwei Schuhputzautomaten.

Dahinter die erste Konfrontation mit einem Kunstwerk der besonderen Art. „Archiv des deutschen Abgeordneten" von Christian Boltanski aus Paris sind 4.781 Blechdosen (23 × 21,5 × 9 Zentimeter) mit den Namen aller bisher gewählten Abgeordneten des Bundestages samt Wahldatum. Ein schwarzes Loch in der Mitte soll an das Fehlen der Demokratie von 1933 bis 1945 hinweisen. Kostenpunkt für das Werk: 250.000 D-Mark.

Ein Stockwerk höher ist der fernsehbekannte Eingang. Hier kommen Bundeskanzlerin oder Bundeskanzler und deren Minister regelmäßig an, grüßen schon mal die Garderobiere, geben aber keinen Mantel ab, denn das Auto steht ja vor der Tür.

Zum ersten Stock, der Plenarebene. Die rechte Treppe führt direkt zur Regierungsbank im Plenarsaal – und schräg gegenüber zum Reichstagsbüro der Kanzlerin.

Die Treppe links bringt uns zur Bundesratsbank, aber Ministerpräsidenten lassen sich hier selten blicken – es sei denn, es gibt irgendwo Landtagswahlen.

Ein paar Meter weiter, dem Plenarsaal gegenüber, steht auf dem blauen Türschild „Andachtsraum". Wer hier Glasmalerei, Christusbilder oder auch nur ein Kreuz an der Wand erwartet, wird enttäuscht. Auf den Altar kann der Besucher „bei Bedarf", wie es offiziell heißt, das dort oder in der Nähe liegende kleine Holzkreuz stellen. Für den anderen Bedarf gibt es vorn rechts die Gebetsecke mit Fenster gen Mekka. Die sieben großflächigen (360 × 120 Zentimeter) Werke mit Nägeln und Holz von Günther Uecker aus Mecklenburg sollen zur inneren Ruhe verhelfen. Hier gibt es regelmäßig ein halbe Stunde vor Sitzungsbeginn eine ökumenische Andacht. Die kleine Elektroorgel wird vom Nebenraum hereingerollt, ein Mitarbeiter des Bundestages spielt „Gott ist gegenwärtig". Meist stimmen zehn bis 15 Gläubige ein. Für Andersgläubige steht in der Vitrine ein Chanukka-Leuchter, daneben der weiße Schal des Dalai Lama.

Zurück zum Flur. Etwas weiter auf der Südseite kommen wir zur Lobby. Der Blick nach draußen zeigt den großzügigen Vorplatz, die Besucherschlange vor dem Eingang mit Aufzug zur Kuppel, die Deutschland- und EU-Fahnen und dahinter das Kanzleramt. Oft liegt hier leichter Tabakgeruch in der Luft, obwohl doch in diesem öffentlichen Gebäude Rauchverbot herrscht. Des Rätsels Lösung heißt: „Lobby-Clubraum". Der ist die Pufferzone zwischen Rauchern und Nichtrauchern. Links folgt der Raucher-Club. Rote Wände, Tresen, Ledersessel, kein Personal, keine Getränke, aber zehn Aschenbecher. Putzfrauen, Saaldiener, Abgeordnete qualmen hier nach Herzenslust – aber kein Foto bitte.
Wieder zum Flur. Die Mitte hinter dem Plenarsaal ist für Besucher und Journalisten tabu. Dort holen sich die Abgeordneten ihre Stimmkarten. Bei geheimer Abstimmung soll ihnen niemand über die Schulter sehen. Ein paar Meter weiter, noch immer mit Blick zum Kanzleramt liegt das Käfer-Restaurant mit Frühstücksbuffet, Mittag- und (seltener) Abendessen. Meist ist die Unterhaltung dabei so angeregt, dass viele gar nicht registrieren, was sie essen.
Auf der gegenüberliegenden Seite fällt der Blick auf einen alten Holztisch mit zwei Kästchen, von denen Kabel zu zerbeulten Kugeln führen. Das ist der ganze Stolz der einstigen Bundestagspräsidentin Rita Süssmuth. Hier steht, was in Bonn nicht sein durfte. Damals, im Karneval von 1995, glaubten wir erst an einen Scherz. Denn dieses Möbel entpuppte sich als Kunstwerk von Joseph Beuys, des Bürgerschrecks der deutschen Kunstszene. Die damalige Bundestagspräsidentin fand daran so viel Gefallen, dass sie das Stück für 400.000 D-Mark auf Kosten der Steuerzahler kaufen wollte. Kaum hatten wir das gemeldet, gab es einen Aufstand dagegen. Tisch, Kästchen und Kugeln verschwanden und gerieten in Vergessenheit. Nicht aber bei Rita Süssmuth. Ohne den Haushaltsausschuss zu fragen, spannte sie in aller Stille das Stuttgarter „Institut

Der vieldiskutierte Tisch von Joseph Beuys im Reichstag

für Auslandsbeziehungen" ein, das (aus Steuermitteln finanziert) den Beuys-Tisch für 350.000 D-Mark kaufte. Jetzt steht er als Stuttgarter Leihgabe (Spitzname: „Ritas Rache") doch in der Lobby des Deutschen Bundestags. Diese Frauenpower setzte sich durch.

Falls Sie von einem Abgeordneten zum Rundgang eingeladen sind, können Sie anschließend mit ihm in der altehrwürdigen Parlamentarischen Gesellschaft gegenüber dem Reichstag einen Kaffee trinken. Das geht aber nur in Begleitung eines der Abgeordneten, die hier Hausrecht haben. Wenn es dämmert, empfiehlt sich anschließend ein Abstecher in die Kellerbar. Sie wurde über Jahrzehnte geprägt von Ossi Cempellin. In Wirklichkeit ein Wessi, genauer gesagt ein Italiener, der schon im Bonner Wasserwerk hinter dem Tresen stand, als Beichtvater für Politiker aller Parteien. Gott sei Dank blieb Ossi auch in Berlin noch für Jahre ganz der Alte. Ansonsten hat sich natürlich viel geändert.

Das unter Bundeskanzler Helmut Kohl geplante Regierungsviertel ist monumental, entspricht einer Weltstadt. Fragt man Menschen in Paris, New York, London oder Moskau, so wird immer deutlicher, dass Berlin heute sogar die angesagte Weltstadt ist.

Aber auf die Politik hat sich das ganz anders als erwartet ausgewirkt. Keiner weiß das besser als Ossi Cempellin: „In Bonn war alles kleiner, familiärer. Unser größtes Gebäude war der ‚Lange Eugen'. Über so ein Abgeordnetenhaus würde man in Berlin nur müde lächeln. Hier ist alles ein paar Nummern größer. Ich finde, würdig für das wiedervereinigte Deutschland." Ja, auch die Menschen haben sich mit dem Umzug verändert, das reicht vom einfachen Abgeordneten bis hin zur Regierungsspitze. Besonders in den nächsten Jahren. Ein originelles Beispiel wird Kurzzeit-Parteichef Kurt Beck geben. Bei seinem Ausflug zur Berliner SPD-Spitze ließ er anfangs sogar Journalisten von der Einladungsliste streichen, wenn ihm auch nur eine Zeile gegen den Strich ging. Schon nach wenigen Monaten musste er die Praxis ändern, denn sonst wäre es noch einsamer um ihn geworden.

Dagegen wurde Angela Merkel als Kanzlerin so etwas wie „Mama Deutschland", die sich auch international behauptet. Am 23. September 2007 nahm sie souverän vom Dalai Lama den weißen Schal im Kanzleramt entgegen. Das war zur Bonner Zeit in der Regierungsspitze noch undenkbar. Bundeskanzler Helmut Kohl (CDU) verweigerte sich konsequent dem tibetischen Oberhirten mit Rücksicht auf China. Klaus Kinkel (FDP) hielt als Außenminister bei der ersten Begegnung mit dem freundlichen Mann aus dem Osten den rechten Arm so stocksteif ausgestreckt, dass der Schal nicht in seine Nähe kam. Dagegen hörte sich Kanzlerin Merkel in aller Ruhe an, was der Dalai Lama ihr sagte: „Wir streben keine Unabhängigkeit an, sondern wollen gewaltfrei nur eine stärkere religiöse und kulturelle Autonomie, wie sie auch in der chinesischen Verfassung steht. Und mit dem Ziel der Wahrung der Identität von Tibet." Darüber habe er schon sechsmal schwierige Gespräche mit der chinesischen Regierung geführt. Um ihn auszugrenzen, haben sie seinen Heimatort durch neue Grenzziehung außerhalb von Tibet gelegt. Nach dem Motto: „Der kommt ja gar nicht aus Tibet." Bitter beklagt der Dalai Lama: „Die Chinesen erschießen Flüchtlinge sogar im Schnee vor den Augen von Bergsteigern." Dagegen sein persönliches Lob an die Gastgeberin im Kanzleramt: „Immer wieder wenn ich Fotos von Ihnen sehe, erinnere ich mich gern an unser erstes Treffen. Viele Menschen bauen in hohen Ämtern eine weite Distanz auf. Das ist bei Ihnen nicht der Fall. Sie sind eine Frau von Prinzipien. Sie sind geblieben, wie Sie waren." Na ja, etwas härter ist sie schon geworden. Davon kann mancher im Inland, aber auch im Ausland ein Lied singen, etwa Kreml-Herrscher Putin oder Türkei-Regent Erdogan. Mehr über Stärken und Schwächen der Angela Merkel, Macht und Ohnmacht der anderen und Lügen auf dem Weg zur Macht im nächsten Buch.

Auf bald,
Ihr *fwm*

Anhang

Genscher aus Sicht seines engsten Vertrauten

Sein langjähriger Mitarbeiter und Vertrauter Klaus Kinkel gab mir mal eine liebevolle Schilderung seines Ex-Chefs: „Genscher war immer fanatisch nach aktuellen Nachrichten. Wenn es damals schon Internet aufs Handy gegeben hätte, wäre es nicht zum Aushalten gewesen. Wir hatten noch Funkgeräte ‚Funk G7B'. Er hieß Forelle. In seiner Wohnung stand das Gerät ‚Forellenhof'. Forelle 1 war seine Frau Reitzer im Ministerium. Wenn er mit dem Flugzeug oder Hubschrauber gelandet war, rief er sofort: ‚Forelle 1 von Forelle kommen.' Aber noch schneller als Frau Reitzer war seine Mutter am Gerät: ‚Dieter, bist Du gelandet?' Und er rief wütend ins Gerät: ‚Funkdisziplin!' Aber Mutter Genscher ließ sich nicht beirren: ‚Dieter, kommst du jetzt zum Essen, es gibt Erbsensuppe, Deine Lieblingsspeise.' Danach hat er das Funkgerät bei seiner Mutter abmontiert. Aber der Grenzschutz hatte den gesamten Funkverkehr pflichtgemäß aufgezeichnet. Dann haben sie an seinem Geburtstag diesen Funkverkehr mit der Mutter als Hintergrundmusik abgespielt: ‚Dieter, es gibt Bohnensuppe.' Das war eine Gaudi, über die Genscher besonders herzlich lachen konnte.
Später ließ GSG-9-Chef Ulrich Wegener, genannt Terror-Ulli, mit seinen Leuten vor Genschers Augen zur Übung die Tür in einem ehemaligen Fabrikgebäude sprengen. Dabei hat es mächtig gekracht, es ging auch etwas mehr zu Bruch. Aber wie wichtig die Übung war, hat sich später in Mogadischu gezeigt, als die GSG 9 perfekt und erfolgreich das Flugzeug der Entführer gestürmt hat. Wenn er mal als Innenminister schlechte Laune hatte, haben wir

Genscher einen Parker angezogen, ein Fernglas gegeben und an die innerdeutsche Grenze geschickt. Da hat er rübergeschaut, mit BGS-Leuten Lieder gesungen. Da war er der glücklichste Mensch der Welt. Der BGS hat auf ihn gewirkt wie eine Spielzeugeisenbahn. Umtriebig wie er ist, musste sonst alles immer schnell gehen. So wollte er zwar an der Ausfahrt eines Containerschiffes teilnehmen, aber gleich darauf sollte ihn auf See ein Grenzschutzboot wieder abholen und zurückbringen. Er kletterte mit einer Helmut-Schmidt-Mütze die Strickleiter runter, um von einem Schiff zum anderen zu springen. Doch die See war einfach zu unruhig und plötzlich flog er ins Wasser, die Mütze schwamm neben ihm. Mit einem Fangnetz wurde er platschnass auf das BGS-Boot geholt. Aus Dankbarkeit hat er dem Grenzschützer seine Armbanduhr geschenkt und die ganze Mannschaft eingeladen.

In diese Zeit als Innenminister fiel auch die schwierigste Situation seines Lebens. 1972 hat er nach dem Terroranschlag auf die israelische Olympiamannschaft sofort seinen Rücktritt angeboten, was der Bundeskanzler aber strikt abgelehnt hat. Er musste auch in der RAF-Zeit erleben, wie sein engster Mitarbeiter von Braunmühl erschossen wurde. Das waren bittere und schwere Stunden.

Als Außenminister wurde der Quervernetzungskünstler überaus beherrscht und vorsichtig. Und immer behielt er die Wiedervereinigung als sein Lebensziel im Auge. Er ist jedes Jahr zu den Gräbern seiner Eltern nach Halle gefahren, schwer bewacht vom MfS. Sein Faible für die Heimatstadt Halle ist geblieben." Am Ende seiner Erzählung erinnert er an den Abschied: „Im Mai 1992 ist Genscher zur allgemeinen Überraschung plötzlich als Außenminister zurückgetreten. Manche haben damals und später noch abenteuerliche Gründe vermutet. Dabei ist die Wahrheit ganz einfach. Er sah den richtigen Zeitpunkt für gekommen an, das Ruder aus der Hand zu geben und er war einfach körperlich nach verzehrend anstrengenden Jahren und zwei Herzinfarkten fertig."

Genschers PR-Firma

Noch im Jahr 2012 berichtete der „Spiegel" (Ausgabe 1/2012), wie Hans-Erich Bilges als Leiter der PR-Firma mit Genscher als Ehrenvorsitzender im Beirat das Unrechtsregime von Aserbaidschan in Deutschland hoffähig machen wollte. Sein Mitarbeiter Dr. Michael Andreas Butz, den ich in Bonn als informativen Sprecher des Innenministers kennengelernt hatte, erklärte dem „Spiegel", politische Gefangene gäbe es nicht nur in Aserbaidschan, sondern „genau genommen auch in Deutschland". Als Beispiel nannte er ausgerechnet den einstigen Linksterroristen Horst Mahler, der inzwischen als rechtsaußen stehender Holocaustleugner wegen Volksverhetzung im Gefängnis saß.

Trendumkehr: Franz Josef Strauß will 1975 die „Spiegel"-Affäre umschreiben

Als Jungredakteur des früheren Bonner Monatsmagazins „Esprit" bekam ich 1975 mit viel Glück den damaligen CSU-Chef und bayerischen Ministerpräsidenten Franz Josef Strauß an die Strippe. Der Abstand zwischen großem Politiker und kleinem Redakteur war schnell geklärt. Er examiniert mich: „Haben Sie Abitur, haben Sie das große Latinum?" Beide Fragen kühn mit Ja zu beantworten, entpuppte sich als Fehler, zumal ich in Latein ein lausiger Schüler war. Strauß stellte zur Bedingung: „Fragen Sie in Deutsch, ich antworte in Latein." Nur mit dem bekannten Stowasser und der gütigen Hilfe unseres Pfarrers gelang die schwerste Lateinarbeit meines Lebens. Das Ergebnis war toll, denn Strauß versprach zur Belohnung für die Fleißarbeit ein großes Interview, das „Aufsehen erregt". Und er hielt Wort, denn er wollte ganz offensichtlich die „Spiegel"-Affäre umschreiben. Der Skandal aus den Anfängen der Bonner Republik hatte sich längst von einer „Spiegel"- zur Strauß-Affäre gewandelt. Hatte doch der Bundesgerichtshof am 13. Mai 1965 die „Spiegel"-Mitarbeiter freigesprochen, genauer gesagt, die Eröffnung des Hauptverfahrens aus Mangel an Beweisen abgelehnt. Dagegen musste Strauß als Verteidigungsminister zurücktreten. Das aber hat der Bayer zeitlebens nie verwunden. Er fühlte sich unverdrossen im Recht.

Das bewies er, als ich im Januar 1975 zum großen Interview in seinem Bundeshausbüro antanzte. Erst geht der Bayer heftig mit Terroristen ins Gericht und fordert: „Wenn Häftlinge nicht mehr zwangsweise ernährt werden, hören auch die Hungerstreiks auf. Wenn man erfährt, dass Kalbfleisch und Spargel auf der Gefängnisspeisekarte dieser Terroristen stehen, weil durch Hunger ihr Magen Schonkost verlangt, schlägt es endgültig dreizehn. Haferschleim wäre besser und billiger." Und: „Wenn zwei Hungerstreiker 140 Beamte binden und dies Schule macht, könnten aus den deutschen Gefängnissen ein paar hundert entschlossene Häftlinge den Staat an den Rand der Funktionsfähigkeit bringen."

Anschließend kommen Staatsschulden, Wirtschaft und Gewerkschaften an die Reihe. Er beginnt mit einem „grundsätzlichen Fehler der meisten westlichen Demokratien: nämlich von Jahr zu Jahr mehr verteilen zu wollen, als real erarbeitet wird. In diesem Teufelskreis befinden wir uns." Das war 1975! Zum Vergleich: 1979 macht die Schmidt-Regierung 35 Milliarden D-Mark (etwa 17,5 Milliarden Euro) neue Schulden und Strauß prangert die bis dahin höchste Neuverschuldung an, weil das in Hundertmarkscheinen einen Schuldengipfel von „35 Kilometer Höhe" bedeutet. Ein Pfiffikus hat die Rede inzwischen in YouTube gesetzt.

Auch die Bosse kommen bei Strauß nicht besser weg: „Ich kritisiere gewisse Herren der Industrie, bei denen eine große politische Instinktlosigkeit festzustellen ist." Gemeint sind unerfüllbare Forderungen. Und die Gewerkschaften sollen gefälligst bei ihren Themen bleiben: „Wenn Gewerkschaften Stellung nehmen zu Problemen der Sicherheit am Arbeitsplatz, der arbeitsmedizinischen Betreuung, so ist das nicht nur ihr gutes Recht, sondern ihre Pflicht. Wenn sie aber zur Änderung des Paragrafen 218 Stellung nehmen, so hat dies nicht mehr und nicht weniger Gewicht als die der katholischen Männergesangvereinigung, des Bauernverbandes oder des Deutschen Fußballbundes."

Nach gut 40 Minuten bricht aus ihm heraus, was er noch dringender loswerden will, die nachträgliche Korrektur der Strauß-Affäre von 1962, die er noch immer als Dorn im eigenen Fleisch empfindet. Die Affäre sei „der einzige Fall, über den die Juristen inzwischen sehr unterschiedlicher Meinung sind. Es handelt sich um den die ganze Affäre auslösenden Haftbefehl gegen Conrad Ahlers.[95] Dieser Haftbefehl wurde ja nicht von der Polizei oder Staatsanwaltschaft, sondern vom Ermittlungsrichter des Bundesgerichtshofes unterschrieben. Ich habe seinerzeit als Verteidigungsminister durch einen Anruf beim deutschen Militärattaché in Madrid aufgrund dieses Haftbefehls lediglich sichergestellt, dass Herr Ahlers Spani-

---

95 CONRAD AHLERS (1922–1980) schrieb 1962 als stellvertretender Chefredakteur des Magazins „Der Spiegel" seinen sensationellen Artikel „Bedingt abwehrbereit" mit als geheim eingestuften Details über Probleme der jungen Bundeswehr.

en nicht verlassen konnte, bevor die Sache aufgeklärt war. Er war nämlich im Begriff, nach Marokko zu fliegen." Und wie war das mit dem Rücktritt des Verteidigungsministers Franz Josef Strauß: „Ich bin seinerzeit gegangen, weil wir einen Sicherheitsfall sehr ernst genommen haben. Willy Brandt dagegen musste gehen, weil er sich um Sicherheit überhaupt nicht mehr gekümmert hat." Auch eine Sichtweise.

Im Frontalangriff gegen einen hohen Offizier im Verteidigungsministerium will Strauß diesen als „Spiegel"-Informanten entlarven: „Der Oberst wurde aus dem Dienst entlassen. Aber das gegen ihn laufende Landesverratsverfahren wurde eingestellt. Diese Entscheidung basierte auf einer Bestimmung des Strafgesetzbuches, wonach bei Landesverratsdelikten das zuständige Gericht mit Zustimmung der Staatsanwalt- und der Bundesanwaltschaft das Verfahren einstellen kann, wenn der bei der Durchführung des Verfahrens entstehende Schaden größer ist, als der Rechtswert der Bestrafung des Täters. Bei einem Verfahren gegen den Oberst hätten nämlich auch alle die Akten, die den militärischen Stempel „Cosmic" (höchste Geheimhaltungsstufe der NATO, wie in Deutschland „Streng geheim") trugen, verwendet werden müssen. Hierdurch wäre das Material zwangsläufig einem großen Kreis zugänglich gemacht worden. Aus diesem Grunde entging Oberst … damals einer mehrjährigen Freiheitsstrafe, und uns wurde das Ganze dann aufgehalst."

Staunend gab ich meine erste große Exklusiv-Story an die Agenturen und war vom Ergebnis verblüfft. Alle meldeten die Strauß-Zitate bis hin zur „Tagesschau". Reichweite der Zeitung erweitern, würde man heute sagen. Der attackierte Oberst war allerdings nicht begeistert. Also haben wir anschließend natürlich auch seine gegenteilige Meinung gedruckt.

Waterkantgate 1987–1993

Im Dezember 1986 wird Reiner Pfeiffer (*1939, anfangs Juso- und SPD-Mitglied) Medienreferent in der Kieler Staatskanzlei.
Im Januar 1987 will Pfeiffer nach eigenen Angaben von CDU-Ministerpräsident Uwe Barschel den Auftrag zu einer anonymen Anzeige gegen SPD-Spitzenkandidat Björn Engholm bei der Steuerfahndung und zu einem entsprechenden Schreiben an den Finanzminister erhalten haben. Zusätzlich habe Barschel die Engholm-Bespitzelung durch Privatdetektive angeordnet haben. Einer der beauftragten Detektive, Stefan Rüdell, nimmt sich 29. Oktober das Leben.
Ab Januar laufen unter Pfeiffers Beteiligung Schmutzkampagnen, die sich steigern von Warnungen vor „rot-grünem Chaos" über Engholm als Mann mit „Gummirückgrat", der „Kommunisten und Neonazis" in den Staatsdienst holen und „Abtreibung bis zur Geburt freigeben" will. Pfeiffer streut das Gerücht, Engholm sei AIDS-infiziert, er und seine SPD wollten „straffreien Sex mit Kindern".
Am 22. April 1987 trifft sich Reiner Pfeiffer mit dem Bremer Finanzsenator Claus Grobekker (*1935, SPD-Finanzsenator bis 1991), um diesem zu erklären, er sei in der Kieler Staatskanzlei beschäftigt und suche einen Kontakt zur SPD. So steht es später auf Seite 168 im Protokoll des zweiten Untersuchungsausschusses.
Am 16., 21., 27. Juli und am 3. August 1987 offenbart sich der Barschels Manager für üble Wahlkampfmethoden, Reiner Pfeiffer, ausführlich dem Kieler SPD-Sprecher Klaus Nilius. Auch das erfahren wir erst später aus dem Protokoll des Untersuchungsausschusses.
Am 3. August kommt Barschels Finanzstaatssekretär Dr. Carl Hermann Schleifer auf Bitten von SPD-Oppositionschef Björn Engholm in dessen Büro und bestätigt ihm in einem 90-minütigen Gespräch,

dass eine anonyme Anzeige gegen Engholm vorliegt. Wunschgemäß erhält Engholm am nächsten Tag eine Kopie der Anzeige mit der Unterschrift eines anonymen „besorgten Bürgers".

Am 6. September, dem Sonntag vor der Wahl, laufen Vorabmeldungen des Magazins „Der Spiegel" zur Engholm-Bespitzelung über die Agenturen. Pfeifer gibt an, Barschel habe ihn an dem Tag in zwei Telefonaten aufgefordert, „um Himmels Willen den Mund zu halten und nicht nervös zu werden".

Am 7. September, dem Montag vor der Wahl in Schleswig-Holstein, erscheint der Spiegel mit Informationen, wonach SPD-Spitzenkandidat Björn Engholm von Privatdetektiven beschattet wird, und auf Seite 18 berichtet das Magazin über die anonyme Anzeige wegen „fortgesetzter Steuerhinterziehung" in Höhe von mehreren hunderttausend Mark – und das alles mindestens mit Wissen des amtierenden CDU-Ministerpräsidenten Uwe Barschel.

Am 7. September erstattet der Hamburger Rechtsanwalt Peter Schulz um 10.00 Uhr fernschriftlich Strafanzeige im Namen und mit Vollmacht von Björn Engholm gegen Unbekannt. (Quelle: Erklärung des Oberstaatsanwalts vom 6. Oktober)

Am 7. September informiert SPD-Sprecher Nilius den SPD-Landeschef Günther Jansen (*1936, wurde im folgenden Jahr Landessozialminister) darüber, dass ein Mitarbeiter der Landesregierung Auskunft geben wolle „über die Hintergründe der gegen uns und Björn Engholm laufenden Schmutzkampagne". (Quelle: SPD-Mitteilung vom 9. Oktober)

Am 7. September um 21.45 Uhr treffen sich die Herren Schulz, Nilius, Jansen und Pfeiffer im Lübecker Hotel „Lysia". Wie Nilius später vor dem Ausschuss erklärt und Jansen handschriftlich aufgezeichnet hat, werden Pfeiffers Schmutzkampagnen im Wahlkampf durchgesprochen. Die SPD-Spitze, einschließlich Engholm-Anwalt, ist also informiert. Dabei habe niemand aus der SPD Pfeiffer empfohlen, diese Arbeit einzustellen. Im Gegenteil. Nach Pfeiffers Aussage raten ihm die Herren Wahlkampfgegner, „mit gebremstem Schaum weiterzuarbeiten". Da Schulz später die Aussage verweigert, weil er „als Rechtsanwalt von Björn Engholm teilgenommen" habe, muss er nach Paragraf 39 der Standesordnung seinen Mandaten Engholm über die Pfeiffer-Erkenntnisse „unverzüglich unterrichten". Sonst hätte er gegen die Standesordnung verstoßen. Also muss Engholm über die Pfeiffer-Machenschaften spätestens zu diesem Zeitpunkt im Bilde sein.

Am 8. September erkundigt sich der amtierende SPD-Bundesvorsitzende Hans-Jochen Vogel bei Landeschef Jansen, was es mit dem „Spiegel"-Artikel auf sich habe. Jansen sinngemäß: Es gibt Informationen, dass dies stimmen könne. Vogel darauf: „Um Gottes Willen, das ist doch unmöglich! Seid bloß vorsichtig und macht jetzt im Wahlkampf keinen Fehler!"

Am 8. September telefoniert Pfeiffer erstmals mit Engholm-Anwalt Schulz und verabredet sich mit ihm.

Am 8. September will Pfeiffer nach eigenen Angaben von Barschel die Anweisung erhalten haben, eine „Wanze oder ein ähnliches Abhörgerät" zu beschaffen, angebracht nicht im Engholm-Büro, sondern am Telefon des Ministerpräsidenten. Dort sollte diese bei einer von Barschel angeordneten Überprüfung gefunden werden. Dazu habe Barschel gesagt, wenn das gelingt, dann „sähe Herr Engholm ja wohl schlecht aus".

Am 8. September erbittet Pfeiffer nach seinen Angaben vom polizeilichen Kriminalamt eine Wanze, die dann bekanntlich nicht mehr zum Einsatz kommt. Pfeiffer erklärt dazu, diese geplante Abhör-Intrige habe ihn veranlasst, nicht mehr mitzumachen.

Am 9. September erscheint Pfeiffer laut Ausschussbericht, Seite 192, begleitet von Engholm-Anwalt Schulz bei Notar Dr. Ekkehard Nümann, um in einer Eidesstattlichen Versicherung auszupacken.

Am selben Tag offenbart sich Pfeiffer nach eigenen Angaben dem „Spiegel" und SPD-Sprecher Nilius offenbart SPD-Parteichef Jansen im Restaurant des Lübecker Hotels „Lysia" seine Gespräche mit Pfeiffer. (Quelle: Ausschussbericht, Seite 175)

Am 12. September, dem Samstag direkt vor der Wahl, legt der „Spiegel" nach. Das Magazin verbreitet in Vorabmeldungen eine eidesstattliche Erklärung, wonach Barschels Medienreferent Pfeiffer die Anzeige wegen Steuerhinterziehung und die Bespitzelungsaktion in direktem Auftrag seines Chefs Uwe Barschel gestartet habe. Genauer, Barschel habe ihm im Januar die anonyme Anzeige bei der Steuerfahndung und ein Schreiben an den Finanzminister „selbst diktiert". Die Typenräder der genutzten Schreibmaschine seien danach „in einen privaten Mülleimer" geworfen worden. Obendrein habe Barschel „persönlich" Ende Januar angeordnet, Engholm zu überwachen. Eine zuverlässige Agentur solle mit Fotos beweisen, dass Engholm als smarter Frauentyp „homosexuell" sei, zugleich aber auch ein „ausschweifendes Leben mit dem anderen Geschlecht führt". Die Kosten von 50.000 D-Mark für die Bespitzelung Engholms wollte demnach der Direktor des Schwarzkopf-Kosmetikkonzerns, Karl Josef Ballhaus, übernehmen.

Am 12. September erklärt Jansen gegenüber Journalisten, er wisse nichts von Pfeiffers Aktivitäten. Am selben Tag werden „Spiegel"-Meldungen über die Schlammschlacht gegen Engholm über alle Sender bekannt, nicht aber die Pfeiffer-Kontakte zur SPD.

Am 13. September 1987 informiert Nilius nach eigener Aussage vor dem Ausschuss (Protokoll Seite 172) Björn Engholm über seine Kontakte zu Pfeiffer. Damit wird Engholm erneut ins Bild gesetzt!

Am 13. September 1987 beschert die Landtagswahl der CDU den Verlust von 49 auf 42,6 Prozent, der SPD Gewinne von 43,7 auf 45,2 Prozent, die FDP schafft mit 5,2 Prozent (2,2 Prozent) den Sprung in den Landtag. Noch am Wahlabend behauptet Pfeiffer, er könne die Machenschaften im Auftrag von CDU-Ministerpräsident Barschel gegen SPD-Kandidat Engholm allesamt belegen und der „Spiegel" versicherte: „Die Geschichte ist hundertprozentig wasserdicht". Außerdem habe Pfeiffer kein Geld bekommen.

Am 13. September, noch in der Wahlnacht, betont der in Wirklichkeit längst informierte Engholm mehrfach, dass er unwissendes Opfer der Pfeiffer-Machenschaften sei, bestätigt diese Falschaussage sogar anschließend vor dem Untersuchungsausschuss des Landtages. Engholm und seine SPD stehen in der Öffentlichkeit als unwissende Opfer da. Barschel hält dagegen: „Alles erstunken und erlogen."

Am 15. September bietet Barschel nach eigenen Angaben seiner Partei seinen Rücktritt an und erklärt anschließend: „Die Partei hat mich gebeten, im Amt zu bleiben, die Kampagne durchzustehen." Am selben Tag geht die neu wieder in den Landtag eingerückte FDP auf kritische Distanz zu Barschel und der Landes-CDU.

Am 17. September erklärt Pfeiffers Sekretärin Jutta Schröder: „Ich habe am Telefon mitgehört, wie Uwe Barschel die Wanze bei Herrn Pfeiffer angefordert hat, um das der SPD in die Schuhe zu schieben." Im zweiten Untersuchungsausschuss zieht sie diese Aussage wieder zurück.

Am 18. September beteuert Barschel über vier Stunden vor der Presse seine Unschuld, bekräftigt durch eine siebenseitige Erklärung an Eides statt und erklärt in die Mikrofone: „Über diese Ihnen gleich vorzulegende eidesstattlichen Versicherungen hinaus gebe ich Ihnen, gebe ich den Bürgerinnen und Bürgern des Landes Schleswig-Holstein und der gesamten deutschen Öffentlichkeit mein Ehrenwort, ich wiederhole: Ich gebe Ihnen mein Ehrenwort, dass die gegen mich erhobenen Vorwürfe haltlos sind."

Ebenfalls am 18. September verkündet Engholm in seiner Pressekonferenz (nach Barschels Pressekonferenz) laut Protokoll: „Wir haben das nachgeprüft. Es gibt weder beim Landesvorstand noch beim Fraktionsvorstand noch bei mir noch sonst wo eine erkennbare Anlaufstelle für Pfeiffer." Später befragt der Ausschuss dazu Nilius, der als Sprecher mit Engholm auf der Pressekonferenz anwesend war: „Da muss Ihnen doch aufgefallen sein, dass die Aussagen falsch waren." Nilius darauf: „Mir ist diese Aussage aufgefallen und ich zuckte zusammen." Mehr nicht. Das öffentliche Eingeständnis der Wahrheit lässt noch lange auf sich warten.

Am 25. September tritt Barschel mit Wirkung vom 2. Oktober als Ministerpräsident zurück, beteuert aber weiter seine Unschuld und verbringt Anfang Oktober einen Urlaub auf Gran Canaria. Sein Stellvertreter Henning Schwarz übernimmt die Amtsgeschäfte.

Am 2. Oktober setzt der Landtag einen Untersuchungsausschuss zur Klärung der Affäre um Barschel und Pfeiffer ein, dem nach der Wahl ein zweiter Ausschuss folgen soll.

Am 10. Oktober berichtet der „Express", dass der CDU-Wahlmanager Pfeiffer „bereits seit Juli Kontakt mit der SPD hatte" und dass er „bei verschiedenen Treffen mit SPD-Sprecher Klaus Nilius und SPD-Landeschef Günther Jansen sowie SPD-Anwälten" Informationen geliefert habe über „die Affäre und die Drahtzieher". Engholm behauptet aber weiter, man wisse von nichts.

Am 11. Oktober gehen die beiden „Stern"-Reporter Sebastian Knauer und Hanns-Jörg Anders (Fotograf) durch die offene Tür in das Zimmer Nummer 317 im Genfer Hotel „Beau Rivage". Dort sehen sie kurz vor ein Uhr durch die halboffene Badezimmertür Uwe Barschel bekleidet in der Badewanne. Die Reportage mit dem Foto geht um die Welt. Nach dem offiziellen Ergebnis der polizeilichen Ermittlungen hat sich Barschel mit Medikamenten das Leben genommen, aber Zweifel daran werden nie ganz ausgeräumt. SPD-Bundesgeschäftsführerin Anke Fuchs erklärt: „Barschel war wohl dem Druck nach dem Aufdecken der Affäre nicht mehr gewachsen gewesen. Sein Tod sollte uns Anlass sein, über den Umgang miteinander, den politischen Stil und die politische Kultur unserer Demokratie nachzudenken."

Am 14. Oktober erfährt der „Express" aus Schweizer Polizeikreisen, dass es dort ein Foto gebe, auf dem Pfeiffer mit SPD-Landeschef Günther Jansen zu sehen ist. Dieses Foto habe ein Mann mit Tarnnamen Robert Roloff Barschel in Genf übergeben. Damit habe dieser möglicherweise die Aktionen seines Referenten Pfeiffer als Komplott enttarnen wollen. Die Meldung sorgt in der SPD für Unruhe. Hatte doch Barschel in seinen letzten Telefonaten aus Genf mit Ehefrau Freya und Bruder Eike „ganz begeistert von Beweisen seiner Unschuld und von einem Komplott politischer Gegner" gesprochen, die er „möglicherweise enttarnen könne".

Am 14. Oktober fasst Wolfgang Kubicki (damals noch stellvertretender FDP-Fraktionschef, später Fraktionschef im Kieler Landtag) für den „Express" zusammen, was Engholm noch jahrelang leugnen wird: „Wir fordern Björn Engholm jetzt glasklar auf, sich an seine eigenen Worte zu erinnern. Dann bleibt ihm nur der Rücktritt als Spitzenkandidat. Denn juristisch und menschlich gilt: Wer wissentlich gegen sich selbst schmutzige Tricks geschehen lässt, ohne einzugreifen, ist kein Opfer, wie Engholm gern von sich behauptet. Es passt viel mehr der SPD in ihre Strategie, die CDU am Ende des Wahlkampfes als Dreckschleuder zu entlarven." Und mehr noch: „Führende SPD-Mitglieder haben, nach Pfeiffers eigenen Angaben, ihm zur Seite gestanden, obwohl dieser seinen ersten Auftrag von der CDU hatte. So was nennt man nicht nur im Krimi Doppelagent."

Am 16. Februar 1988 wird in der Debatte über den Ausschuss im Kieler Landtag bekannt, dass Pfeiffer 165.000 D-Mark vom Spiegel kassiert hatte.

Am 8. Mai 1988 gewinnt SPD-Kandidat Björn Engholm die vorgezogene Neuwahl in Schleswig-Holstein mit 54,8 Prozent, wird als neuer Regierungschef am 29. Mai sogar SPD-Bundesvorsitzender und designierter Kanzlerkandidat. Trotzdem berichtet der „Express" weiter, dass Engholm in der Kieler Affäre die Unwahrheit gesagt hat. Dagegen protestiert Engholm beim Verleger, weil ich als zuständiger „Express"-Redakteur ein Kampagnenjournalist „wie in den Nazi-Zeiten" sei. Der Protest bleibt erfolglos.

Am 10. November 1988 übergibt Nilius an Pfeiffer mindestens 25.000 D-Mark, die SPD-Chef Günther Jansen nach eigenen Angaben über Monate in kleineren Beträgen in der Schublade gesammelt hat. Über den Betrag und dessen Herkunft gibt es unterschiedliche Angaben. Daraus wird eine so genannte „Schubladenaffäre", die sich bis 1993 hinzieht.

Am 4. März melden Agenturen und Zeitungen, dass Björn Engholm von SPD-Geldern für Barschels Medienreferenten Pfeiffer („Schubladenaffäre") seit Februar gewusst habe. Engholm nennt diese Tatsache „abstrus und aberwitzig" und sieht „null Handlungsbedarf".

Am 6. März 1993 erklärt uns Wolfgang Kubicki (inzwischen FDP-Fraktionschef): „Engholm will die Bevölkerung für dumm verkaufen." CDU/CSU-Fraktionschef Wolfgang Schäuble meint: „Erst hieß es, Engholms engste Mitarbeiter hätten sich nicht getraut, ihren Chef einzuweihen, weil dieser solche problematischen Informationen nicht verkraften könne. Dann gesteht der Ministerpräsident unter dem Druck der Öffentlichkeit, dass er doch etwas wusste, aber keinen Handlungsbedarf gesehen habe. Engholm disqualifiziert sich damit selbst als Ministerpräsident und Kanzlerkandidat."

Am 7. März 1993 (Hessen-Wahlabend) gesteht Engholm dem Sender VOX auf die Frage, ob die Affäre Pfeiffer/Jansen ihn als Kanzlerkandidaten beschädigt habe: „Objektiv kann man das nicht leugnen." Die Verwicklungen würden „nicht ohne Folgen bleiben".

Am 23. März tritt Günther Jansen wegen der „Schubladenaffäre" als Sozialminister von Schleswig-Holstein zurück.
Am 30. April meldet auch der ‚Spiegel', dass Engholm über die Machenschaften des Reiner Pfeiffer früher als bisher zugegeben gewusst hat und darüber den Untersuchungsausschuss falsch informiert habe.
Am 1. Mai 1993 melden alle Agenturen und Fernsehanstalten, was die „BamS" vom folgenden Sonntag berichtet: Engholm gesteht seine Lügengeschichte in Sachen Barschel-Pfeiffer. Ja, er habe das früh gewusst, aber dies für eine „Petitesse" gehalten. Am 3. Mai folgt sein Rücktritt von allen Ämtern.

Auf den Spuren von Bundespräsident Roman Herzog

Im Kielwasser von Bundespräsident Roman Herzog durfte ich 1996 erleben, dass Präsidentenreisen auch eine recht vergnügliche Veranstaltung ohne Probleme sein können. Am späten Samstagabend Anfang Mai ging es mit dem Luftwaffen-Airbus 310 von Köln/Bonn nach Bonair. Nie gehört? Ich bis dahin auch nicht: Das kleine Taucherparadies (288 Quadratkilometer, 13.000 Einwohner) mit 80 Tauchrevieren ist eine niederländische Antillen-Insel unter dem Winde, daher – wie man uns erklärte – von vernichtenden Stürmen verschont. Nach rund elf Stunden erreichten wir um 2.45 Uhr Ortszeit das Traumziel 55 Kilometer vor der Küste von Venezuela. Am Sonntag stand in dem sonst so penibel genauen Programm des Staatsbesuchs: „Privates Programm". Für das Präsidentenpaar bedeutete das Ausruhen, Akklimatisieren, um sich an die Zeitverschiebung (sechs Stunden) und die feuchte Hitze (27 °C) zu gewöhnen. Schließlich hatte Christiane Herzog gerade erst eine siebenwöchige Hepatitis überwunden (von einer Krebserkrankung erfuhren wir, wie von ihr angeordnet, erst nach ihrem Tod am 19. Juni 2000). Ausschlafen, Spaziergänge am Strand und zum Yachthafen. „Hier könnte man es auch länger aushalten", meinte Herzog. Er bestand während des gesamten Staatsbesuches in Lateinamerika wie zu Hause auf seiner einstündigen täglichen Mittagsruhe. Sein Motto: Wenn die Termine sitzen, sind auch Pausen drin.

Für uns vom Tross gab es auf Bonair Inselrundfahrt, Flamingos zu bewundern, schwimmen, gut essen und trinken abends mit Lagerfeuer am Strand. Als Dienstreise haut das hin.

Am folgenden Montag war um 10.00 Uhr Abflug mit Winke-Winke von Gouverneur und Konsul. Erst um elf Uhr wurde es richtig offiziell auf dem Flughafen von Managua. Die Staatspräsidentin der Republik Nicaragua, Violeta Barrios de Chamorro, begrüßte ihren Staatsgast mit militärischen Ehren und Blumenkindern. Nun musste der Bundespräsident entscheiden, ob er sich an die Vorgaben des deutschen Protokolls hält. Die Frage war, darf das deutsche Staatsoberhaupt die Präsidentin von Nicaragua küssen? Nein, denn „das ist unschicklich", befand der deutsche Protokollchef Dietmar Kreusel. Der Gesandte war eigens zur Beratung in Bonair zum Tross gestoßen. Seine Vorgabe galt auch, als Bundespräsident Roman Herzog Präsidentin Chamorro mit dem Großen Bundesverdienstkreuz am Bande auszeichnete. Um jeder Kussvariante auszuweichen, hängte er den Orden nicht um, sondern drückte ihn ihr in die Hand. Umgekehrt aber galt das Kuss-Verbot nicht: Immer wieder herzte die Präsidentin den deutschen Gast auf die Wangen, bückte sich erwartungsvoll einer Erwiderung entgegen – vergebens. Später bei einer Diskussion mit Professoren und Studenten im „Haus der drei Welten" in Granada, bewies Herzog, dass er auf Etikette doch nicht so großen Wert legt. Als ein Universitätsdekan seine Frage mit „Exzellenz" begann, unterbrach ihn der Bundesprä-

sident locker: „Sie können mich ruhig mit meinem Namen ansprechen. Bei Exzellenz werde ich immer unruhig."
Als sich später einige der sieben Teilnehmer des Zentralamerika-Gipfels verspäteten, nutzte Herzog die Wartezeit zu Einzelgesprächen. Dabei traf er offenbar den richtigen Ton, denn unversehens machten ihn die Gipfelteilnehmer zum „Ehrenzeugen" einer Erklärung für einen Frieden in Guatemala. Der Bundespräsident, mittlerweile als „Freund-Präsident Herzog" angesprochen, wurde aufgefordert, das Dokument mit seiner Unterschrift wie ein Notar zu besiegeln. Sichtlich zufrieden sagte er mir am Abend: „Es war eindrucksvoll, dass so unterschiedliche Staatschefs wie die zentralamerikanischen untereinander befreundet sind, bei allen Gegensätzen immer ein menschlicher Kitt dazwischen ist. Mich hat besonders berührt, dass sie mich sofort als einen der Ihren aufgenommen haben. Das war nicht das übliche internationale Gepränge für einen Gast. Ich hatte bei diesem Treffen das Gefühl, ein Heimspiel zu spielen."
Dieses Heimspiel wurde auf der nächsten Station Venezuela in ein engeres Protokoll gezwängt. Bei der Gelegenheit sollte ich einmal aufzeigen, wie detailliert diese Vorgaben bei Staatsbesuchen sind. In dem Programmheft, das allen Delegationsmitgliedern ausgehändigt wurde, beginnt das schon gleich nach der Landung mit Ablauf 1:

Begrüßung mit militärischen Ehren durch den Präsidenten der Republik Venezuela
Donnerstag, 09. Mai 1996
16.30 Uhr
Ankunft auf dem Flughafen Simon Bolivar in Maiquetia
ChefProt (Hinweis von mir: Protokollchef) *Venezuela und der deutsche Botschafter kommen an Bord der Maschine. Presse verlässt das Flugzeug über den hinteren Ausgang zur Presseposition.*

ChefProt Venezuela geleitet den Bundespräsidenten und Frau Herzog die Gangway hinab. Die Sondergäste und offizielle Delegation folgen in leichtem Abstand und werden zur Position "Deutsche Delegation" geleitet.
Begrüßung durch Präsident Caldera am Fuß der Gangway. Gemeinsamer Gang zum Podest. Aufstellung nach Plan (Grafik im Heft). *Die Verbindungsoffiziere nehmen Aufstellung auf dem Podest hinter den Staatsoberhäuptern.*
Abspielen der deutschen und der venezolanischen Nationalhymnen, 21 Schuss Salut. Staatspräsident Caldera stellt dem Bundespräsidenten und Frau Herzog die zur Begrüßung erschienenen venezolanischen Persönlichkeiten vor, der Bundespräsident stellt die Mitglieder der deutschen Delegation dem venezolanischen Präsidenten vor.
Willkommensadresse Präsident Caldera, Erwiderung des Bundespräsidenten (konsekutiv gedolmetscht).
Die Delegationsmitglieder, die nicht an dem sich an die Begrüßungszeremonie anschließenden Gespräch teilnehmen, werden zu den Fahrzeugen geleitet und fahren nach Caracas.
Kommandant Ehrenformation meldet angetretene Paradeeinheit. Abschreiten der Ehrenformation, Verbindungsoffiziere folgen den Staatsoberhäuptern, Kommandant meldet ab. Gang zum Gespräch in den Präsidentensalon des Flughafengebäudes.
Parallelgespräch Frau Herzog mit Frau Caldera im Salon neben dem Präsidentensalon.

Nach dem Abendessen beim deutschen Botschafter folgt am nächsten Morgen wieder ein penibles Protokoll mit Ablauf 2:

Kranzniederlegung am Panteon Nacionai (Sarkophag Simon Bolívar) Freitag, 10. Mai 1996

09.00 Uhr
Vorfahrt in Begleitung des Außenministers. Direktor Panteon geleitet Bundespräsidenten zu dem auf Treppenaufgang des Panteon wartenden Innenminister. Bundespräsident wendet sich der Ehrenformation zu, VO steht hinter BuPrä. Abspielen der Deutschen Nationalhymne. Anschließend Gang (Aufstellung nach Plan) in das Panteon, Delegation folgt durch linken Seiteneingang.
Trommelwirbel und Trompetenspiel.
Gang über roten Teppich bis zur schwarzen Linie. Delegation verbleibt im Hintergrund, Verbindungsoffizier begibt sich mit venezolanischem Verbindungsoffizier links neben den Sarkophag. Direktor Panteon lädt zur Kranzniederlegung ein.
Zwei ven. Offiziere platzieren den Kranz vor dem Sarkophag. Bundespräsident geht alleine über Treppenaufgang in die Apsis. Er ordnet die Kranzschleife und verharrt. (Gedenkminute) BuPrä tritt neben den Kranz und wendet sich den am Treppenaufgang wartenden AM und IM zu.
Abspielen der deutschen und venezolanischen Nationalhymnen.
Gang zum Tisch und Zeichnung des aufliegenden Gedenkbuches. Innen- und Außenminister zeichnen ebenfalls.
Anschließend Gang zum Haupteingang. Venezolanische Nationalhymne. Gang zu den Fahrzeugen.

Solche Angaben sind für so ziemlich jeden Tag eines Staatsbesuches üblich. Nach Ordenstausch, Werksbesichtigungen, Ansprachen ging es am nächsten Samstag zum Nationalpark Canaima mit Überflug des höchsten Wasserfalls der Welt, dem Salto Angel. Der Hubschrauberflug über den Nationalpark war schon allein die Reise wert. Unser Pilot ließ die Schiebtür auf, damit wir mit Kameras in der Hand die Wasserfälle besser sehen konnten. Dann gab es noch Investitionsabkommen, Schuleinweihungen und den Besuch der deutschen Siedlung Selva Negra, gegründet 1843 von 376 Einwanderern aus dem Schwarzwald. Fachwerkhäuser, die Dorfkapelle spielte deutsche Lieder, fröhliche Menschen begrüßten uns in ihrer Schwarzwaldtracht in deutscher Sprache. Obst, Wurst, Brot, deutscher als in Deutschland mit einem Hauch von Disneyland. Trotzdem gefiel uns dieser Staatsbesuch. Ja, auch die Dienstreise haut hin. Da bleiben wir doch gleich im Thema und springen zu seiner nächsten Reise, Ankunft am 18. November morgens um 10.35 Uhr in Peking. Nach neun Stunden über Nacht im Flugzeug stand erst Tourismus auf dem Programm. Die Große Mauer, Ming-Gräber und ein privates Abendessen. Am nächsten Morgen Treffen mit Stipendiaten der Humboldt-Stiftung, Besuch der Verbotenen Stadt, privates Mittagessen im Staatsgästehaus und private Zeit. Erst um 16.30 Uhr wird es richtig offiziell in der Großen Halle des Volkes. Groß genug für militärische Ehren mit Nationalhymnen. Im Protokoll liest sich das so:

Dienstag, 19. November 1996
15.50 Uhr
Fahrt eines Teils der Delegation vom Shangri-La Hotel zur Großen Halle des Volkes
Wagenfolge 4 Pek – (steht für PKW)
16.10 Uhr Ankunft
16.20 Uhr
Fahrt zur Großen Halle des Volkes
Wagenfolge 5 Pek –
16.30 Uhr
Begrüßung mit militärischen Ehren durch den Staatspräsidenten der Volksrepublik China, Herrn Jiang Zemin

Ablauf:
Begrüßung durch den Chairman of the Reception Committee, Herrn Song Defu, und Frau Jing Ping
Gang in die 1. Vorhalle
Zusammentreffen mit dem chinesischen Staatspräsidenten
Gang in die Große Halle des Volkes
Vorstellung der chinesischen Ehrengäste
Vorstellung der deutschen Delegation
1. Reihe: Sondergäste, Staatsminister, Staatssekretäre, Botschafter und Frau
Gang zum Podest
(Frau Herzog verbleibt bei der deutschen Delegation)
Abspielen der deutschen und chinesischen Nationalhymne
Der Kommandeur der Ehrenformation meldet dem Bundespräsidenten die angetretene Ehrenformation
Abschreiten der Ehrenformation mit kurzer Verbeugung vor der chinesischen Fahne
(AdC's folgen den Präsidenten)
16.45 Uhr
Gespräch mit dem Staatspräsidenten
Große Halle des Volkes –
anschließend
Unterzeichnung eines FZ-Abkommens
Hebei-Halle –
Sonderprogramm für Frau Herzog
16.45 Uhr
Fahrt zum Staatsgästehaus
Wagenfolge SoPro (Sonderprogramm) *Peking*
16.55 Uhr Ankunft
18.10 Uhr

Fahrt zur Großen Halle des Volkes
Wagenfolge SoPro Peking
18.20 Uhr Ankunft
gegen 18.00 Uhr
Der Bundespräsident begibt sich in den Xinjiang Raum
Kurze Begegnung mit der Presse
gegen 18.15 Uhr
Staatspräsident Jiang Zemin begrüßt die Sondergäste
18.30 Uhr
Staatsbankett zu Ehren des Bundespräsidenten und von Frau Herzog, gegeben vom Staatspräsidenten der Volksrepublik China, Herr Jiang Zemin
Kleiderordnung: Dunkler Anzug/Kurzes Kleid (knielang) –
19.30 Uhr
Fahrt eines Teils der Delegation vom Shangri-La Hotel zum 21st Century Theatre
20.00 Uhr
Fahrt zum 21st Century Theatre
Wagenfolge 1 Pek –

Schon die ersten Gespräche in der gigantischen Halle dauerten länger als ursprünglich geplant. Bundespräsident Roman Herzog sprach nach Auskunft der Begleiter bei seiner achttägigen Staatsvisite immer wieder das heikle Thema Menschenrechte an.
Direkt neben dem riesigen Platz des Himmlischen Friedens in Peking, auf dem am 3. und 4. Juni 1989 der Ruf nach Demokratie so blutig erstickt worden war, spielten die Soldaten der „Volksbefreiungsarmee" die chinesische Nationalhymne, deren Titel lautet: „Steht auf, steht auf und erhebt euch gegen die Unterdrücker."
Höflich hörte Herzog sich auch die in blumige Worte gefasste Kritik am Beschluss des Bundestags vom 20. Juni gegen die chinesische

Unterdrückung von Tibet an: „Nach Regen folgt auch Sonnenschein", formulierte Chinas Staatspräsident Jiang Zemin. Herzog konterte: „Aber es kann auch wieder Regen kommen, da muss man schon auf die Wolken achten." Anschließend sagte mir Herzog: „Mein Rat nach dieser Reise betrifft nicht nur die Menschenrechte und die Wirtschaftsbeziehungen, sondern alle politischen Bereiche: Ich kann sagen, dass bei der chinesischen Führung ein uneingeschränkt positives Interesse an Deutschland und der Zusammenarbeit mit uns besteht. Das hat nicht nur die Art gezeigt, wie ich hier aufgenommen wurde, sondern das wurde mir in den Gesprächen immer wieder versichert."

Geheimnisse um den Staatsbunker

Mitte September 1995 bekam ich Unterlagen, die belegten, dass die Bundesregierung trotz des Umzug nach Berlin im Geheimen beschlossen hatte, den atombombensicheren Regierungsbunker in den Weinbergen von Bad Neuenahr mit einem Millionenaufwand auszubauen. Ein befreundeter Innenpolitiker erklärte mir, dass in den Weinbergen bei Bad Neuenahr, 20 Kilometer vor den Toren Bonns, ein Millionengrab liegt, von dem die Steuerzahler nichts wissen sollen: der Atombunker der Bundesregierung. Im Zeitalter des kalten Krieges haben in den 30 Kilometer langen Stollen Politiker und Militärs Angriffe aus dem Osten und Gegenschläge des Westens durchgespielt. Seit März 1989 herrscht friedliche Ruhe unter der Eifel. Doch fünf Jahre nach dem Zusammenbruch des Warschauer Pakts und vier Jahre vor dem Regierungsumzug nach Berlin will Bundesinnenminister Manfred Kanther (*1939, CDU-Innenminister von 1993 bis 1998) in einer streng geheimen Kommandoaktion 200 Millionen D-Mark in den Bonner Regierungsbunker investieren. Der Mann mit dem Spitznamen „Schwarzer Sheriff" (schaffte 1983 über 20 Millionen D-Mark Schwarzgelder der CDU in die Schweiz) hat seine Pläne unter dem Aktenzeichen AZ 0 III 1/713103/16/95 geh. („geheim") zu Papier gebracht hat. Titel des Geheimpapiers: „Bericht der Bundesregierung zur Konzeption für den Ausweichsitz der Verfassungsorgane des Bundes (AdVB)". Am 10. Oktober befassen sich erstmals neun Abgeordnete des Bundestagshaushaltsausschusses mit der Vorlage. Dieses Gremium ist zuständig für die Überwachung geheimhaltungsbedürftiger Ausgaben – zum Beispiel der Geheimdienste.

In Kanthers Geheimpapier werden allein für 1996 insgesamt 14,5 Millionen D-Mark für Renovierung und Instandsetzung sowie elf Millionen D-Mark für Wach- und Wartungspersonal veranschlagt. Darüber hinaus will der Bundesinnenminister in den nächsten zehn Jahren insgesamt 176,9 Millionen Mark für die „Herstellung der Funktionsfähigkeit und deren Aufrechterhaltung" ausgeben. Die vorgesehenen Arbeiten in der „Dienststelle Marienthal" und ihre geplanten Kosten sind penibel aufgelistet – zum Beispiel: Brandschutz (110 Millionen DM), Küchen- und Sanitäranlagen (12 Millionen), Stromgeneratoren mit Dieselmotoren (17 Millionen), neue Fernschreib- und Funkeinrichtungen (14 Millionen), Erneuerung der Lüftungsanlagen (10 Millionen), Sicherung der Fernsprecheinrichtungen gegen Atomschläge (7 Millionen), neue Leitungen und neue Möbel (6 Millionen).

Acht Millionen Mark werden für die Vergrößerung der Räume des Notparlaments, des gemeinsamen Ausschusses von Bundesrat und Bundestag, fällig, der nach der Wiedervereinigung größer geworden ist, aber schon bald in Berlin tagen wird.

Ganz geheim hat der Bundesrechnungshof schon Bedenken an der Seriosität von Kanthers Geheimberechnungen angemeldet. Unrealistisch sei zum Beispiel der Ansatz für den Brandschutz. Im

Vergleich mit früheren Daten sei er viel zu niedrig. Statt der von Kanther angegebenen 110 wären wohl etwa 200 Millionen D-Mark realistischer, bemängeln die Rechnungshof-Kontrolleure bereits mit Datum vom 26.5.1995 (AZ II 3/3604/93/Tech Org./37/95 [1] geh.). Zudem sei die „Belegungszahl" von 2.212 Personen im Bunker „nicht nachvollziehbar". Eine Überprüfung habe ergeben, dass wesentlich weniger schützenswerte Personen im Ernstfall in diesem Bunker hausen müssen. Die Kosten für den Regierungsbunker könnten daher deutlich reduziert werden. Außerdem, so der Rechnungshof, sollte die Bundesregierung besser einen Bunker der früheren DDR nahe Berlin übernehmen.

Von mir über Kanthers Pläne informiert, laufen Politiker Sturm gegen die geplanten Millionen-Investitionen. Helmut Wieczorek (SPD), Vorsitzender des Haushaltsausschusses: „Wir brauchen ein Katastrophenzentrum zum Schutz vor Natur- oder Umweltkatastrophen. Aber der alte Regierungsbunker in Bad Neuenahr passt nicht mehr in die Zeit. Den sollte man einfach schließen und die Kosten sparen." Finanzausschuss-Vorsitzender Carl-Ludwig Thiele (FDP): „Diese Investitionen sind so überflüssig wie die unmoralischen Atombombentests." Sein Parteifreund und Verteidigungsexperte Jürgen Koppelin: „Der Bunker ist überflüssig wie ein Kropf, das Geld sollte man sinnvoller verwenden." Der verantwortliche Minister sieht das natürlich ganz anders. In seinem Geheimbericht weist er darauf hin, dass der Regierungsbunker bisher schon einen „Investitionswert von fünf Milliarden Mark" darstellt, den es allein schon wegen seines „Eigenwerts" zu erhalten gelte.

Kaum hatte Innenminister Kanther meinen Artikel gelesen, da musste auch schon der Staatsanwalt gegen mich wegen Landesverrats ermitteln. Bei der Vorladung verwies ich auf mein Zeugnisverweigerungsrecht. Aber Kanther ließ nicht locker. Zumal weitere Berichte folgten. Der „Spiegel" und Tageszeitungen griffen den Bericht auf. Als ich am 27. Oktober mit weiteren Daten und Gegenstimmen nachlegte, befragte die Staatsanwaltschaft sogar Abgeordnete, ob sie mich mit den geheimen Unterlagen beliefert hätten. Ergebnis erwartungsgemäß: null. Und ich blieb am Thema dran, bis der Bundesminister des Innern am 9. Dezember 1997 erklären musste: „Das Bundeskabinett hat in der heutigen Sitzung beschlossen, den Ausweichsitz der Verfassungsorgane des Bundes in Marienthal zu schließen. Die Anlage entspricht nicht mehr dem heutigen Stand der Technik; das gilt insbesondere für den Brandschutz. Eine baufachliche Untersuchung hat ergeben, dass trotz baulicher Verringerung des Objekts bei einer umfassenden Renovierung der technischen Einrichtung mindestens 93 Millionen DM aufgewendet werden müssten. Eine Sanierung der Anlage würde mindestens zehn Jahre in Anspruch nehmen. Unter Berücksichtigung der gegenwärtigen sicherheitspolitischen Lage und der Kosten-/Nutzenabwägung ist die Anlage Marienthal entbehrlich. Der Bundesinnenminister hat daher vorgeschlagen, sie zu schließen. Diesem Votum hat sich das Bundeskabinett angeschlossen und den Bundesinnenminister beauftragt, die anderen Verfassungsorgane über dieses Ergebnis zu unterrichten und das weitere Verfahren zu erörtern." Na also.

Bekenntnisse der Hannelore Kohl

Als junger Redakteur des Monatsmagazins „Esprit" lernte ich im Rheinland, was so alles in einer Homestory stecken kann.
Es ist der April 1975. Mit meinem großen Kollegen Karl Garbe fahren wir nach Oggersheim bei Ludwigshafen zu Hannelore Kohl. Der schwarze Riese, wie Helmut Kohl damals gern genannt wurde, regiert als Ministerpräsident in Mainz, seine Frau im damals

noch nicht so streng bewachten Haus. Die Söhne Walter (damals 11) und Peter (damals 9) sind „natürlich" nicht da, denn sie sollen nicht „in die Öffentlichkeit gezerrt werden". Sie meint das ernst. Für alle Beteiligten zu dem Zeitpunkt unvorstellbar, dass Walter diese Fürsorge ausgerechnet zum Lebensende des Vaters im Jahre 2011 mit einem höchst privaten Paukenschlag unter dem Titel „Leben oder gelebt werden" in ein anderes Licht rücken würde.

Hannelore lacht herzlich im schwarzen Hosenanzug auf dem exakt getrimmten grünen Rasen des Gartens. Auf Wunsch wechselt sie „selbstverständlich gern" ihre Kleidung für die Optik. Strahlend sitzt sie in rotem Kostüm mit schwarzem Rolli auf der braunen Couch neben Strelitzien. Dann „wie wäre es mit Abendkleidern?" – „Aber gern." Gefühlte Sekunden später bittet sie: „Machen Sie mir doch mal den Reißverschluss zu." Als junger Reporter staune ich.

Beim Fotografieren erzählt sie ungefragt, dass ihr Gesicht „etwas flach wirkt: Das liegt daran, dass mir nach dem Krieg ein Sowjetsoldat seinen Gewehrkolben ins Gesicht geschlagen hat. Damals erlitt ich auch eine Wirbelverletzung, die mir noch heute Probleme bereitet." Genauso offen reagiert sie auf Alltagsfragen. Ja, gern würde sie rasante Autos fahren, aber: „So reich sind wir nicht. In diese schnittigen Wagen geht außerdem nichts rein. Ich habe einen simplen Peugeot 504." Unverschnörkelt bekennt sie sich zu ihrer Begeisterung für Waffen, geerbt vom Vater, der in Leipzig wissenschaftlich an der Erforschung und Entwicklung von Waffen arbeitete: „Combatschießen, also Verteidigungsschießen auch aus der Hüfte, habe ich gern gemacht. Aber das ist jetzt vorbei." Mit ihrem Charme wickelt sie uns um den Finger.

Ja, sie träumt von der Macht in Bonn. Lobt die Arbeit ihres Mannes absichtsvoll. Doch dann wird die meist einsame Politikerehefrau plötzlich nachdenklich und holt zu einem Monolog aus, bei dem Regierungssprecher Hanns Schreiner die Stirn in Falten legt (aber

hinterher den Text freigibt): „Es kommen schon Zeiten, da kocht es in einem hoch. Wer in diesen Schuhen steht und davon weiß, der würde einfach lügen, wenn er das verschweigt. Es sei denn, man kann – und das ist nicht meine Meinung – den fehlenden Vater dadurch ersetzen, dass man sich nun ständig diesen schillernden Medien widmet. Meine Buben haben die temperamentvolle Art ihres Vaters. Wenn die väterliche Hand mal da ist, weiß ich das wohl zu schätzen. Aber leider passiert das ja nicht in dem Maße, wie es sein müsste." (Heute kann man ahnen, warum zur Gedenkfeier ihres zehnten Todestages am 5. Juli 2011 Helmut Kohl nicht gemeinsam mit den Söhnen in den Dom zu Speyer kam.)
Es folgt ein Wortspiel über ihren Mann, das ich mir später mehrmals anhöre: „Wenn er mal da ist, ist es ja genug. Allerdings müssen die Daseinszeiten von den Hierseins Zeiten noch getrennt werden. Denn wenn er da ist, ist er noch ‚langs nit do'. Das echte Da-Sein müssen wir voll ausnützen. Er kommt in der Woche zwei-, dreimal nach Hause (die Entfernung Mainz-Oggersheim beträgt 79 Kilometer, Fahrzeit knapp eine Stunde). Ich habe mich daran gewöhnt. Es war am Anfang hart. Ich habe sehr darunter gelitten. Jahre. Ich habe mich zunächst mal nach dem sogenannten kleinen Glück gesehnt, weil ich aus einem Elternhaus stamme, das sehr ähnlich strukturiert war. Aber es hat keinen Sinn, wenn ich mir ständig vormache, wie es wäre wenn. Das macht jeder mal eine Weile, bis er einsieht, dass es sinnlos ist und man sich verausgabt. Man versucht eben, das Beste daraus zu machen."
Schon nimmt sie ihn wieder auf ihre spezielle Art in Schutz: „Mein Mann ist ein solcher Vollblutarbeiter für das, was er übernimmt, dass er sich nicht vorstellen könnte, dass ich keine Zeit für ihn habe, wenn er nach Hause kommt. Das trifft gelegentlich mal zu und das ist furchtbar. Ein grässlicher Zustand, der auch dann und wann zu schwierigen Momenten führt." Und noch deutlicher: „Dass ich ir-

gendetwas Notwendiges tue, wenn er kommt – durchaus auch in seinem Fachbereich – das gibt es bei uns nicht." Auch später spricht sie nicht von ihrem politischen Einfluss, hilft ihm zwar sprachgewandt beim Empfang internationaler Politgrößen, will ihm aber nicht reinreden. Nur in einem Punkt bleibt sie eigen: Selbst für Menschen, die aus Gründen der Machttaktik in den Bannstrahl von Helmut Kohl geraten, ist sie immer noch zu sprechen.
Ganz offiziell erklärt sie: "Wenn er kommt, bin ich da. Da wächst man rein. Es ist nicht der allein seligmachende Zustand. Aber mein Mann rennt nach Hause, sobald sich die Möglichkeit ergibt. Wenn ich dann nicht für ihn da wäre!" Ihre Art des Verwöhnens: "Natürlich ist es wesentlich einfacher, seiner eigenen Kappe zu folgen und zu sagen: Das will ich, das tue ich. Aber was gibt einer guten Ehe die Basis? Einer muss dem anderen zuarbeiten. Wenn mein Mann einen Vollblutpolitikertyp zur Frau hätte, das ginge nicht gut. Ich passe mich an. Und ich habe mit Sicherheit einen geheiratet – oder besser: er hat mich geheiratet – der weiß, dass ich anpassungsfähig bin. Ich habe lange gebraucht, dass ich alles so akzeptiere. Mir ist es sehr schwer gefallen, aufzuhören und im Haus zu bleiben."
Sie schaut uns an, zögert kurz und kommt doch lieber auf Stress und Erfolg ihres Mannes zu sprechen: "Es gehört eine ungeheure physische Kapazität neben allen anderen Fähigkeiten mit Sicherheit dazu. Das habe nicht gewusst früher, wie mörderisch dieser totale Job ist. Ministerpräsident und Parteivorsitzender, das ist ein totaler Job. Das muss man hinnehmen und auch begreifen."
Gefragt nach ihrer Rolle, wenn die nächste Bundestagswahl Helmut Kohl Kanzler werden lässt, reagiert sie nur ganz kurz: "Da wird es meines Erachtens dann hektisch."
Dieser neue Alltag etwa an einem Dienstag im September 1990 sah so aus: Morgens um sieben Frühstück mit schwarzem Tee (im Gegensatz zur späteren Bundeskanzlerin Angela Merkel, die Pfeffer-

minztee bevorzugt), Brötchen mit Honig, etwas Naturjoghurt. Ihr Mann sitzt zu der Zeit in München mit der CSU-Spitze zusammen: „Wir haben uns seit Sonntag nicht gesehen." Erster Termin: der traditionelle Bonner Jahrmarkt (Pützens Markt). 400 Schausteller haben behinderte Kinder aus der Umgebung eingeladen. Ober- und Bezirksbürgermeister, Abgeordnete und die üblichen Verbandsfunktionäre sind artig angetreten. Blumen, Sprüche zur Begrüßung und jeder hofft auf ein Foto mit der Kanzlergattin. Hannelore Kohl reicht die Blumen mit Dank gleich weiter: „Ich brauche meine Hände für die Kinder frei." In schnellem Schritt geht sie auf die jungen Menschen in Rollstühlen zu: „Wie seid ihr zum Rummelplatz gekommen? Können wir euch helfen? Freut ihr euch aufs Karussellfahren?" Sie drückt die Hände, streichelt Kuscheltiere, erntet das strahlende Lächeln dankbarer Kinder.

Ein paar Meter weiter spielt die Kapelle ehemaliger Zirkusleute auf. Für Adolf Lemuine (78) kommt die große Stunde: Hannelore Kohl tanzt mit ihm Walzer auf dem Rummelplatz. Applaus, Bewunderung. Im Festzelt nebenan nimmt sie einen Spendenscheck der Schausteller für ihr „Kuratorium ZNS" (Zentrales Nervensystem) entgegen. Vor knapp sieben Jahren hat sie die Einrichtung gegründet: „Zentrales Ziel ist die Wiedereingliederung hirnverletzter Unfallopfer in Familie, Beruf und Gesellschaft." Aus dem Stand hält sie eine kurze Dankesrede. Autogramme und Abmarsch.

Zurück im Kanzlerbungalow, wechselt sie die Jacke: Marineblau mit großen Messingknöpfen für den nächsten Termin. Die Feuerwehr aus dem nahegelegenen Siegburg rückt mit dem Ehrenflorian an, den sie Menschen verleihen, die sich „um andere in vorbildlicher Weise kümmern". Zur Gaudi der Fotografen rollt Stadtbrandmeister Wilhelm Hansmann den Feuerwehrschlauch aus. Hannelore Kohl lässt sich nicht lange bitten, greift zur Spritze: „Das wollte ich immer schon." Dem Rasen tut es auch noch gut. Im Bungalow Plauderstunde mit der Feuerwehr. Sie erinnert sich an Feuersbrünste zur Kriegszeit und lobt: „Sie können stolz sein auf das, was Sie leisten." Dann kommt wie immer der Zusatz: „Ich darf Ihnen schöne Grüße von meinem Mann ausrichten. Sie wissen, wie sehr er Sie alle und Ihre Arbeit schätzt."

Nächster Gast: Gemeindeschwester Rosa-Maria Wichmann aus Erftstadt-Liblar bei Bonn. Stolz das Bundesverdienstkreuz am Revers, sprudelt es aus ihr heraus: „Ich kann Ihnen gar nicht sagen, wie sehr wir den Bundeskanzler bewundern – aber auch Sie. Ein Mann steht und fällt mit seiner Frau." Hannelore Kohl korrigiert sanft: „Naja, aber bringen muss er es ja letztlich allein." Ausführlich schildert die Schwester ihren Arbeitstag. Ihre Anreden werden immer überschwänglicher. Da korrigiert Hannelore Kohl: „Ich bin keine Frau Bundeskanzler und kein Doktor, sondern ich bin einfach Frau Kohl."

Draußen steht schon der Wagen bereit. Weiter geht es zum ZNS-Büro. Post erledigen. Zurück zum Bungalow. Wir spazieren kurz über den Rasen. Sie hakt sich unter: „Ich bin froh, dass der Tag so gut läuft. Ich freue mich schon auf ein ungestörtes Bier. Dazu sehe ich mir einen guten alten Krimi an, am liebsten mit Humphrey Bogart. Und eine Zigarette ohne Zuschauer. Denn in der Öffentlichkeit wäre das kein gutes Vorbild."

Am nächsten Morgen ist der Kanzler mit dem Hubschrauber im Wahlkampf unterwegs. Sie fährt nach Bad Hersfeld. Seniorinnen führen ihren Volkstanz in gesetztem Tempo auf. Sie lächelt freundlich, sieht mich an und flüstert mir zu: „Herr Weckbach-Mara, achten Sie auf Ihre Mimik, man sieht Ihnen an, was Sie denken." Recht hat sie. Pardon. In einer zwanzigminütigen freien Rede verteilt sie viel Lob und streut geschickt Hinweise auf das ZNS-Kuratorium ein. Am nächsten Tag begrüßt Hannelore Kohl mit ihrem Mann das ehemalige Präsidentenpaar Nancy und Ronald Reagan mit Wan-

genküsschen. Sie erklärt Garten und Umgebung in fließendem Englisch. Nächster Termin auf dem Petersberg. Im dortigen Nobelhotel hat sie zusammen mit Außenminister-Ehefrau Barbara Genscher die Ehefrauen der 40 neu akkreditierten Botschafter geladen. Tee, Gebäck und Small Talk. Am Abend gesteht mir Hannelore Kohl: „Manchmal bin ich natürlich auch müde. Aber es ist ein schönes Gefühl, etwas erreicht zu haben."
Frage: Versucht Ihr Mann Ihnen zu helfen, oder halten Sie ihm den Rücken frei?
Sie: „Ich glaube, beides stimmt. Aber natürlich muss ich vor allem bei den häuslichen und familiären Dingen das Meiste regeln. Aber das ist nicht erst seit vorgestern so."
Nehmen Sie Einfluss auf die Arbeit Ihres Mannes?
Sie: „Nein."
Auf die Schwächen ihres Mannes geht sie wie bei meinem ersten Interview 1975 ähnlich klar ein: „Er isst gern und liebt die Sachen, die dick machen. Er muss sein Gewicht steuern." Von diesem Steuern habe ich in all den Jahrzehnten nichts merken können.

Wehners überraschende Heirat

Nach meiner Kündigung bei der „Bild"-Zeitung verabschiedete ich mich an meinem letzten Arbeitstag von der dortigen Redaktion mit der Exklusiv-Schlagzeile „Wehner heiratet seine Stieftochter". Der Tipp kam aus dem Rathaus. Wehner, inzwischen nicht mehr im Bundestag, sagte mir: „Das ist die Frau, ohne die der, der vor ihnen steht, heute nicht mehr leben würde." Greta Burmeister, Tochter von Wehners zweiter Frau Charlotte, die vier Jahre zuvor an Krebs gestorben war, ist seit 1959 seine engste Vertraute, chauffiert ihn im Volvo, kocht, erinnert ihn an seine Diabetesmedikamente und ist zugleich seine Sekretärin. Seit diesem Donnerstag auch seine Ehefrau und damit zugleich für ihr Alter versorgt, wie Wehner betont. Unionsfraktionschef Alfred Dregger liest es in „Bild" und meint: „Den beiden kann man nur Glück wünschen. Es ist ja bekannt, dass Greta Burmester für Herbert Wehner seit Jahren die einzige Stütze war. Bei seiner schweren Krankheit ist er seit Jahren auf sie angewiesen." FDP-Fraktionschef Wolfgang Mischnick geht mit einem großen Frühlingsstrauß zu den beiden.

Schewardnadse aus Genschers Sicht

In Bonn kommentierte Außenminister Hans-Dietrich Genscher die dramatischen Ereignisse um Schewardnadse so: „Als Eduard Schewardnadse im Dezember 1990 in einer leidenschaftlichen, engagierten Rede die reaktionären Intrigen der ‚Obristen mit den goldenen Schulterstücken' anprangerte und von seinem Amt als Außenminister zurücktrat, wurde dies als eine deutliche Warnung aufgefasst. Eduard Schewardnadse war in den Jahren seiner Amtszeit zum Symbol der Perestroika nach außen geworden – das neue Gesicht der Sowjetunion, eine vertrauensbildende Maßnahme in Person. Uns beide hatte von Beginn unserer Zusammenarbeit an die gemeinsame Überzeugung verbunden, dass die einstmals getrennten Teile Europas wieder zusammenfinden. Während des 2+4-Prozesses (Gespräche zwischen den früheren Alliierten und den damals noch getrennten deutschen Staaten) sind Eduard Schewardnadse und ich uns auch persönlich nähergekommen. Wir sind Freunde geworden. Am Morgen des Putsches in Moskau fanden wir ihn dort, wofür er immer gekämpft hatte: auf der Seite der Demokratie und des Rechts. Der historische Umwandlungsprozess in der früheren Sowjetunion braucht starke Persönlichkeiten, die ihn gestalten können. Eduard

Schewardnadse ist eine solche Persönlichkeit. Es zeugt von großem, staatsmännischem Verantwortungsbewusstsein, dass er sich dieser gewiss nicht leichten Aufgabe stellt. Als Kollege und Freund bezeuge ich dafür meinen größten Respekt."

Brandt zur Einheit

Im August 1991 erklärte uns der SPD-Ehrenvorsitzenden Willy Brandt nach dem Putsch in Moskau für die „BamS": „Ich habe gerade von Schewardnadse und auch von anderen aus Moskau gehört, dass ein schwerer Winter vor der Tür steht. Deshalb ist es wichtig, dass der Westen hilft, die drohende Hungersnot zu bannen. Die EG sollte ihre riesigen Lebensmittellager öffnen und einen Teil ihrer Überschüsse liefern. Außerdem müssen Russland und die anderen Republiken, die sich neu zusammenfinden, mehr technische und verwaltungsmäßige Unterstützung bekommen. Auch müssen sie an die mit Währung und Handel befassten internationalen Organisationen herangeführt werden. Das ist wichtiger als die Ankündigung riesiger Kredite."
Die alte Sowjetunion löst sich auf. Wie geht es weiter?
„Russland bleibt eine große Macht. Die meisten Mitgliedstaaten der alten Sowjetunion streben offenbar ein neues, zwischenstaatliches Dach und vor allem eine wirtschaftliche Gemeinsamkeit an. Eine solche Wirtschaftsgemeinschaft im Osten liegt auch in unserem Interesse. Die EG kann ja nicht eines Tages bis Wladiwostok reichen, sondern da wird es eher zwei Wirtschaftsgemeinschaften geben: Die EG mit den neuen Mitgliedern Polen, Ungarn, ČSSR, vielleicht auch den baltischen Staaten, und im Osten die Wirtschaftsgemeinschaft aus den meisten ehemaligen Ländern der UdSSR. Natürlich müssten diese beiden Gemeinschaften dann eng zusammenarbeiten."

Was passiert mit der riesigen Rüstungsmaschinerie der Sowjetunion?

„Offenbar wollen Jelzin und seine Leute – wie auch schon Gorbatschow – die Rüstung runterfahren, um Mittel für den Aufbau des Landes frei zu bekommen. Deshalb ist es jetzt von großer Bedeutung, dass die Abrüstungsverhandlungen weitergehen, nicht nur über den Abbau strategischer Waffen. Ich unterstütze nachdrücklich unseren Außenminister, der auf Beseitigung der atomaren Kurzstreckenwaffen drängt."

Das klingt nach großer Zustimmung zur Außenpolitik der Bundesregierung ...

„Nicht nur. Die Bundesregierung möchte sich mit niemandem in der EG anlegen. Das ist verständlich, führt aber leicht zum Verlust an Profil. Dabei denke ich nicht nur an die von vielen als jammervoll empfundene Rolle gegenüber Jugoslawien. Was zum Teufel hätte die Europäer daran gehindert, massiv einzuwirken, als durchaus noch die Chance bestand, in Jugoslawien eine friedliche Lösung unter einem neuen gemeinsamen Dach herbeizuführen?"

Haben Sie in Ihren kühnsten Träumen damit gerechnet, noch Zeuge des Untergangs der KPdSU zu werden? Und welchen Zusammenhang gibt es mit der seinerzeit umstrittenen Ostpolitik?

„Wichtige Partner, mit denen man jetzt in Russland redet, räumen ein, dass unsere damalige Politik der heutigen Entwicklung schon etwas geholfen hat. Vor allem, weil wir die antideutsche Karte aus dem Spiel genommen haben. Aber dass wir 1991 in Europa dieses Ende der kommunistischen Herrschaft erleben würden, hatte ich nicht erwartet."

Hat die Bundesregierung aus Ihrer Sicht auf dem Weg zur deutschen Einheit Fehler gemacht?

„Ich war und bin der Meinung, dass der außenpolitische Teil zur Vorbereitung der deutschen Einheit im Wesentlichen richtig angelegt war. Die Unsicherheiten in der bisherigen Sowjetunion haben im Übrigen gezeigt, dass es von Vorteil war, die Vereinbarungen nicht auf die lange Bank zu schieben. Innenpolitisch bleibe ich dabei: Die Umstellung auf die D-Mark West war unausweichlich – erzwungen durch die Menschen drüben. Wir alle haben ja noch den Satz im Ohr: ‚Wenn die D-Mark nicht zu uns kommt, kommen wir zur D-Mark.' Aber ich bedaure, dass gewichtige kritische Hinweise zur Währungs- und Wirtschaftseinheit überhört worden sind."

Und menschlich?

„Ich meine, dass die Zusammenführung aller gutwilligen Kräfte vernachlässigt worden ist. Nun werden die Ossis von sich aus selbstbewusster, das ist ein sehr gesundes Zeichen. Es war aber ein Versäumnis, Ende 90, Anfang 91 nicht dafür zu sorgen, dass mehr Ossis in führende Positionen kommen. Keiner von ihnen sitzt beispielsweise im Präsidium des gesamtdeutschen Bundestags. Ich bedaure, dass ich auf dieses Versäumnis nicht selbst deutlich genug hingewiesen habe."

Genau sechs Wochen nach unserem Treffen operiert Professor Heinz Pichlmaier den 77-jährigen Willy Brandt (aus Gründen der Geheimhaltung in die Klinik unter dem Namen Max Müller eingeliefert) in der Kölner Universitätsklinik am Dickdarm. Diagnose: Krebs. Die Operation übersteht Brandt zunächst gut, wie seinen Herzinfarkt im November 1978. Doch schon im Mai des nächsten Jahres kommt er erneut in die Kölner Klinik. Die zweite Krebsoperation am 22. Mai muss vorzeitig und ohne Erfolg beendet werden. Der Krebs hat sich bereits im ganzen Körper mit Metastasen („Filiae") ausgebreitet. Zu einem weiteren Interview kommen wir leider nicht mehr. Der große Mann der Sozialdemokratie stirbt am 8. Oktober 1992 in seinem Haus am Rheinufer von Unkel.

Fischers Visionen

Im Wahljahr 1994 stiegen die Grünen in den Umfragen und Meinungsforscher sagten sogar schon Chancen für eine rot-grüne Mehrheit voraus. Da zog es den hessischen Umweltminister Joschka Fischer immer deutlicher nach Bonn. Zur Erinnerung: Seine Grünen-Partei entstand als Bündnis 90/Die Grünen am 17. Januar 1993 in Hannover aus der Ost-Partei Bündnis 90 und den West-Grünen. Der Grünen-Mann Fischer erzählte uns Anfang Februar im hessischen Landtag, wie nahe er das Ende der Kohl-Regierung sah: „Die Bundesrepublik Deutschland ist zurzeit in einer dreifachen Krise. Die Einheitskrise stellt uns vor ungeahnte Herausforderungen. Helmut Kohl hat der Mut, den er bei der Einheit hatte, sofort wieder verlassen. Es war ein Riesenfehler, dass man nicht direkt nach der Berlin-Entscheidung sofort dorthin umgezogen ist. Dann wäre gleich deutlich geworden: Dieses Land ist nicht mehr die alte Bonner Republik. Es wäre ein Zeichen gewesen, dass man Neues wagen und nicht den politischen Reparaturbetrieb nach altem Muster weiterführen will. Zweitens fehlte eine verfassunggebende Versammlung mit einer breit angelegten Diskussion über die neue Rolle Deutschlands. Da wurde eine historische Chance vertan. Und zum dritten müssen wir unsere Wirtschaft grundlegend verändern. Vor uns liegen zehn bis 20 Jahre, in denen es gilt, in den ökologischen Umbau und damit in die Zukunft zu investieren. Das bedeutet Konsum und Einkommensverluste für alle."
Dann kamen die Autofahrer dran. Er forderte: „Vorfahrt für Schiene und öffentlichen Nahverkehr! Wir müssen sicher das Auto zurückdrängen – etwa aus den Innenstädten. Im Westen kann der Straßenbau sofort um 20 Prozent eingeschränkt werden. Gleichzeitig müssen wir den öffentlichen Nah- und Fernverkehr deutlich

verbessern, finanziert durch eine ökologische Steuerreform. Wenn es nach mir geht, wird der Liter Benzin nach heutigem Geldwert in zehn Jahren mindestens vier Mark kosten. Wenn diese Entwicklung aber absehbar ist, wird die Industrie ganz schnell Autos bauen, die nur drei Liter verbrauchen. Ich möchte das Öko-Auto auf der Straße haben." Ähnlich spektakulär waren die Spritpreisforderungen von Oskar Lafontaine, nur dass der Finanzministerkandidat der SPD aus dem Saarland über die von ihm produzierte Schlagzeile: „Das Steuerkonzept von Oskar Lafontaine, SPD: Benzin, Strom und Gas müssen teurer werden!", erschrak und heftig bei uns protestierte. Dabei hatte er dies alles meinem Kollegen Alfred Merta und mir Anfang August 1994 in seiner Saarbrücker Staatskanzlei erzählt und hinterher den Text ganz offiziell wie üblich zum Druck freigegeben.

Der versuchte Rausschmiss

Über eine geplante Entlassung von „BamS"-Chefredakteur Michael Spreng schrieb das „Managermagazin" im März 1997 so ausführlich: *„Bild am Sonntag" soll auf Kanzler-Kurs getrimmt werden: Chefredakteur Spreng stört dabei. Der Mann, der Helmut Kohl aus der Zeitung vorlesen muss, ist Andreas Fritzenkötter (38). Eine undankbare Aufgabe. Fritzenkötter ist Öffentlichkeitschef im Kanzleramt und somit Pressewart und Produkt-Manager des Kanzlers. Eine schlechte Presse bekommt keinem von beiden. Wenn Fritzenkötter dem Kanzler also vorliest, dann mit den vorsichtigen Augen des Mannes, der den Himmel nach feindlichen Bombern absucht.*
Am 20. Oktober vergangenen Jahres sichtete Fritzenkötter den Feind, und das sogar in den eigenen Reihen. In der „Bild am Sonntag" („BamS") hatte sich Chefredakteur Michael H. Spreng (48) an

diesem Tag den CDU-Bundesparteitag vorgenommen. Der „Kanzler in den Wolken", höhnte der Journalist, „scheint von seiner eigenen geschichtlichen Größe so ergriffen, dass er den Blick für die innenpolitische Realität verliert". Und noch eins drauf: „Die schnellen Geschichtsschreiber haben möglicherweise ihre Kohl-Hymnen zu früh gedichtet. Noch ist offen, ob Helmut Kohl als Kanzler der Wiedervereinigung in die Geschichte eingeht oder auch als der Kanzler, der an der Bewältigung ihrer Folgen gescheitert ist."

Die „BamS" hat eine sonntägliche Meinungsmacht von 2,5 Millionen Exemplaren. Fritzenkötter war elektrisiert. Die Exegese von Sprengs Kommentar im Kanzleramt: ein unverantwortlicher Angriff gegen die Regierung. Ähnlich interpretierte auch Leo Kirch (70) den Text. Der Filmhändler ist Großgesellschafter (35 Prozent plus eine Aktie) der „Bild"-Werkstatt Axel Springer Verlag (ASV) und (alles Zufall) persönlicher Freund von Kanzler Kohl. Nun soll Spreng bei der „BamS" hinausbefördert werden.

„Die Kirch-Leute versuchen massiv, Spreng abzuschießen", sagt ein Springer-Aufsichtsrat. Da werde antichambriert und Stimmung gemacht. Kirch-Adlatus und Springer-Kontrolleur Joachim Theye (56) akquiriere im Aufsichtsrat bereits „Stimmen gegen den ‚BamS'-Chef", sagt der Mann. Auf dem Weg zum konservativen Medienverbund fallen Leute wie Spreng zur Last. Im Jahr vor der Bundestagswahl möchten Kirch und Fritzenkötter die renitente und meinungsmächtige „BamS" auf strammen Kanzler-Kurs trimmen.

Bei diesem Unterfangen erweist es sich als nützlich, dass des Kanzlers Stimme, Fritzenkötter, enge Kontakte zu seinem Altersgenossen Gottfried Zmeck (40) unterhält, dem Chef des Kirch-Senders DF1 und ehemaligem Kirch-Sprecher. Mit im Bunde ist außerdem Kai Diekmann (32), Mitglied der Chefredaktion von „Bild". Die drei, heißt es, befänden sich in ständigen Telefonkonferenzen.

Diekmann verfasste das weitgehend analysefreie Buch „Helmut Kohl:

Ich wollte Deutschlands Einheit", seit Herbst auf dem Markt ("Handelsblatt": "Heldenverklärung"). Der flott gestylte "Bild"-Mann gilt als Favorit von Kohls Büroleiterin Juliane Weber. "Kaidi" nennt sie den Jungredakteur. Doch das gut eingespielte Team agiert in einer Gemengelage gestörter Verhältnisse. Die "medienpolitische K. u. K.-Monarchie" ("Sonntagsblatt") von Kanzler Kohl und Kaufmann Kirch kann ihre Wirkung nicht offen entfalten.

So einfach wie früher hat es Kirch beim größten deutschen Zeitungsverlag indes nicht mehr. Vor zwei Jahren noch hatte Kirch gewagt, die "umgehende Ablösung" des "Welt"-Chefredakteurs Thomas Löffelholz wegen eines missliebigen Kommentars zu fordern. Damals hatte sich Jürgen Richter (55), Vorstandsvorsitzender des Hamburger Verlagshauses, demonstrativ vor seinen Chefredakteur gestellt. Die Attacke endete für Kirch blamabel.

Danksagung

Rund vier Jahrzehnte habe ich voll Dankbarkeit die herausragenden Verleger Axel Springer, Alfred Neven DuMont und Mathias Döpfner erlebt. In der Zeit durfte ich mit Chefredakteuren der Extraklasse wie Michael Spreng und Peter Huth erfolgreich zusammenarbeiten. Dafür danke ich ihnen von ganzem Herzen. Ein besonderer Dank gilt auch den großartigen Kolleginnen und Kollegen, die mich unermüdlich mit der Kamera begleitet und mir großzügigerweise so manches Foto zur Verwendung überlassen haben. Und nicht zuletzt danke ich meinem Lektor André Schinkel für seine hilfreiche Unterstützung.

Bibliografische Information der Deutschen Nationalbibliothek
Die Deutsche Nationalbibliothek registriert diese Publikation in der Deutschen Nationalbibliografie; detaillierte bibliografische Daten im Internet unter http://d-nb.de.

Alle Rechte vorbehalten.
Das Werk ist urheberrechtlich geschützt. Jede Verwertung außerhalb der Freigrenzen des Urheberrechts ist ohne Zustimmung des Verlages unzulässig und strafbar. Das gilt insbesondere für Vervielfältigungen, Übersetzungen, Mikroverfilmungen und die Einspeicherung und Verarbeitung in elektronischen Systemen.

2016
© mdv Mitteldeutscher Verlag GmbH, Halle (Saale)
www.mitteldeutscherverlag.de

Gesamtherstellung: Mitteldeutscher Verlag, Halle (Saale)
Lektorat: André Schinkel, Halle (Saale)

ISBN 978-3-95462-584-0

Printed in the EU